网络与新媒体传播核心教材系列

丛书主编 尹明华 刘海贵

大数据时代的计算舆论学：
理论、方法与案例

周葆华 梁 海 主编

复旦大学出版社

本书是国家社会科学基金重大项目（20ZDA060）、国家自然科学基金重点项目（71731004）、复旦大学上海新媒体实验中心项目的阶段性成果

丛书序

尹明华　刘海贵

互联网对新闻传播业的影响之深、之大、之广,我们有目共睹。不仅业界深感忧虑,学界亦坐立不安。互联网的迅猛发展甚至引发了国家层面的系列行动,如互联网＋战略、工业4.0计划等,旨在在新的环境中谋求长治久安之道。

就新闻传播教育来说,2011年教育部开始启动新的专业建设,如网络与新媒体专业、数字出版专业等,短短五六年,前者数量已经超过百家。

然而,招生容易,培养不易。从全国范围看,新的专业面临着三难:课程不成体系、教材严重滞后和师资非常匮乏。以复旦大学新闻学院为例,近几年来,通过充实教师队伍、兴建新媒体实验室、资助新的研究项目等手段,尽管情况有所改善,但面对快速变化的网络和新媒体实践,仍然有些力不从心。

如何破解互联网所带来的冲击?面对这一时代命题,作为教育战线工作者,我们认为,以教材优化驱动课程升级,以课程升级带动教学改革,应该是一条良策。基于这一设想,我们推出了"网络与新媒体传播核心教材系列"丛书。

经过审慎细致的思考和评估,这套教材的编写遵循四个原则。

第一,系统性。表现在两个方面:一方面,整个系列既包括理论和方法教材,也包括业务操作教材,兼顾业界新变化;另一方面,每种教材尽量提供完整的知识体系,摒弃碎片化、非结构化的知识罗列。

第二,开放性。纸质教材的一大不足就是封闭化的知识结构,难以应对快速发展的网络与新媒体实践。为此,在设计教材目录之时,将新的现象、新的变化以议题的方式列入其中,行文则留有余地,同时配以资料链接,方便延伸阅读。

第三,实践性。网络世界瞬息万变,本系列尽量以稳定和成熟的观点为主,同时撷取鲜活、典型的案例,以贴近网络与新媒体一线。

第四,丰富性。从纸质教材到课堂教学,是完全不同的任务。为方便教师授课,每本教材配套有教材课件、案例材料和延伸材料。

万事开头难,编著一套且是首套面向全国的网络与新媒体教材丛书,任务艰巨,挑战很大。但是,作为全国历史最悠久的新闻学院之一,我们又有一种使命感,总要有人牵头来做这件事情,为身处巨变之中的新闻传播教育提供一种可能。这种责任感承续自我们的前辈。

早在1985年,复旦大学新闻学系(新闻学院前身)就在系主任徐震教授的带领下,以教研组的名义编写出版了一套新闻教材,对于重建新闻传播教学体系影响深远,其中的一些教材在经历了数次修订后,已经成为畅销不衰的经典教材。

参加编写这套网络与新媒体传播核心教材系列丛书的人员,来自复旦大学新闻学院的10位教授、3位副教授等,秉承同样的传统和理念,他们尽己所能为新时期的新闻传播教育贡献智慧。我们不敢奢望存世经典,只期待抛砖引玉,让更多的专家、学者参与其中,为处于不确定中的新闻业探索未来提供更明晰的思考。

作者名录

（按章序排列）

周葆华，复旦大学新闻学院教授、博士生导师、副院长，新媒体传播专业硕士项目主任，兼任复旦大学信息与传播研究中心研究员、复旦大学国家发展与智能治理综合实验室研究员。国家万人计划哲学社会科学领军人才，教育部首批青年"长江学者"（2015）。国家社会科学基金重大项目首席专家。主要研究兴趣为新媒体传播、计算与智能传播、受众与传播效果、舆论研究等。在 New Media & Society、International Journal of Communication、《传播与社会学刊》《新闻与传播研究》等国内外核心期刊发表论文数十篇。获教育部人文社会科学优秀成果二等奖、上海市哲学社会科学优秀成果一等奖、霍英东教育基金会全国优秀青年教师奖等数十项教学、科研奖励，获复旦大学本科生"我心目中的好老师"等荣誉。

许未艾，美国马萨诸塞大学阿默斯特分校传播系副教授，计算社会科学院和数据与计算社会科学硕士项目核心教职成员。主要从事网络平台政治传播研究，关注政治极化、网络舆论战、公共外交和网络公民社会等议题。在各类中英文学术刊物上发表论文30余篇，代表作多发表于核心社科期刊，如 Digital Journalism、International Journal of Communication、Computers in Human Behavior、Telematics and Informatics 等。研究获得加拿大卫生研究院和美国国家科学基金会的资助。

师文，暨南大学新闻与传播学院网络与新媒体系副教授。研究方向为计算传播、智能传播、科学传播等。在《新闻与传播研究》《国际新闻界》《现代传播《新闻界》《新闻记者》等CSSCI、SCI期刊上以第一作者发表论文十余篇。代表作有《社交机器人在新闻扩散中的角色和行为模式研究——基于〈纽约时报〉"修例"风波报道在Twitter上扩散的分析》《分布与互动模式：社交机器人操纵Twitter上的中国议题研究》等。

陈昌凤，清华大学新闻学院教授，智媒研究中心主任。国家万人计划领军人才，中宣部文化名家暨"四个一批"人才，兼中国新闻史学会名誉会长，亚太新闻传播学会联盟主席等。近十年研究方向集中于智能媒体、算法伦理，相关著作4部，CSSCI、核心期刊论文100余篇，主持国家社会科学基金重大项目"智能时代的信息价值观引领研究"。出版专著《媒体融合：策略与案例》(2019)，编著《智能传播：理论、应用与治理》(2021)、《算法人文主义：公众智能价值观与科技向善》(2021)等。

林嘉琳，清华大学新闻与传播学院博士研究生/博士候选人。主要从事传媒法规与伦理、互联网治理等领域的研究。在各类中英文学术刊物上发表论文十篇，代表作有《我国公众智能价值观的现状评估与引领研究——基于2020年智能技术的热点舆情分析》《批判性思维与新冠疫情报道的伦理问题》《后现代网络信息行为的伦理反思》等。

黄荣贵，复旦大学社会发展与公共政策学院社会学系教授、复旦大学社会治理研究中心副主任。长期从事互联网与社会、网络社会心态与社会思潮、社会运动等领域的研究。在各类中英文学术刊物上发表论文50余篇，著有《从参与到维权——业主行动的变迁与行动策略》、《当代中国医生心态研究》(合著)、《寻找网络民意：网络社会心态研究》(合著)、《理解丰裕一代：对当代大学生生活与观念的追踪研究》(合著)和《互联网时代的社群与表达》。

秦洁，美国佐治亚州萨凡纳艺术设计学院传播学教授，香港城市大学互联网挖掘实验室成员。中国人民大学学士，清华大学硕士，香港城市大学博士。主要从事计算传播学、数字人文领域的研究。论文多发表于 *The International Journal of Press/Politics*、*Internet Research* 等SSCI期刊,出版《理解媒介:媒介与文化研究的关键文本》等译著三本,发表报刊文章40余篇。

范锐,中国电子科技集团公司电子科学研究院工程师。主要从事社交网络分析、情绪传播等领域的研究。研究成果多发表于 *Nature Human Behaviour*、*PLoS ONE* 等国际权威期刊,代表作有"Anger Is More Influential than Joy: Sentiment Correlation in Weibo""The Minute-scale Dynamics of Online Emotions Reveal the Effects of Affect Labeling"等。

赵吉昌,北京航空航天大学经济管理学院长聘副教授,数据科学与脑机智能高精尖创新中心高级研究员,博士生导师。在 *Nature Communications*、*Journal of Computer-Mediated Communication*、*Social Networks* 等国内外期刊发表SCI/SSCI论文30余篇。主要研究兴趣为复杂系统与计算社会科学。研究成果获教育部自然科学一等奖、北航优秀博士论文,获北航优秀青年教师等称号。

许可,北京航空航天大学软件开发环境国家重点实验室教授,博士生导师。主要研究领域为算法、人工智能和网络传播等。研究成果发表于计算机、传播学和统计物理等领域的国际顶级期刊,代表作有"Exact Phase Transitions in Random Constraint Satisfaction Problems""Anger Is More Influential than Joy: Sentiment Correlation in Weibo""Who Creates Trends in Online Social Media: The Crowd or Opinion Leaders?"等。

张伦,北京师范大学艺术与传媒学院数字媒体系副教授,中国新闻史学会计算传播学研究委员会理事。主要研究方向为基于数据挖掘方法的新媒体信息传播。在SSCI、SCI、CSSCI索引期刊发表论文40余篇,合著出版《计算传播学导论》(北京师范大学出版社,2018)、《社交网络上的计算传播学》(高等教育出版社,2015)等书。

张子恒，北京师范大学数字媒体艺术专业硕士。研究方向为计算传播学范式的社交媒体用户行为研究及信息设计与数据可视化。

梁海，香港中文大学新闻与传播学院副教授，香港城市大学互联网挖掘实验室成员。主要从事计算社会科学、政治传播和公共卫生等领域的研究。在各类中英文学术刊物上发表论文40余篇，代表作多发表于顶级传播学期刊，如 *Communication Research*、*Human Communication Research*、*Journal of Communication*、*Journal of Computer-Mediated Communication* 等。

胡海波，华东理工大学商学院副教授。主要从事社交网络、计算传播学和计算社会科学领域的研究，在管理学、经济学、计算机科学、物理学和综合性权威期刊上发表论文40余篇，合著有《社交网络上的计算传播学》和《商务数据分析方法与应用：R语言》。

汪翩翩，深圳大学传播学院副教授，优秀青年教师（"荔园优青"），新锐研究生导师，美国得克萨斯大学奥斯汀分校访问学者。主持或参与多项国家级课题，在SSCI和传播学中文权威期刊上发表多篇论文，代表作有"Issue competition on social media in China：The interplay among media, verified users, and unverified users"、《融合与分化：疫情之下微博多元主体舆论演化的时序分析》等。

郭蕾，美国波士顿大学传播学院（新兴媒体部门）副教授，计算机科学系兼任教授，计算与数据科学学院创始教授成员。主要研究问题为新闻媒体议程设置效果、大数据传播、国际信息流动及其带来的国家话语权转变等。擅长使用数据科学方法分析大量传统新闻媒体和新兴社交媒体数据。在国际知名期刊发表学术论文30余篇，编著"*The Power of Information Networks: New Directions for Agenda Setting*"。

王成军，南京大学新闻传播学院（新闻与新媒体系）副教授，香港城市大学媒体与传播系互联网挖掘实验室成员。主要从事计算传播、信息扩散、注意力流动等领域的研究。在各类中英文学术刊物上发表论文 30 余篇，代表作有"Jumping over the Network Threshold of Information Diffusion：Testing the Threshold Hypothesis of Social Influence"等。

前言

　　计算社会科学与计算传播学近年来获得了长足发展,本书是将计算方法运用于舆论研究的首次集中尝试。书中提出"计算舆论学"概念,指运用计算方法(computational methods)对社会舆论的状态及其过程进行科学分析与研究。计算舆论研究既是舆论研究的前沿领域,也是计算社会科学及倡导文理交叉融合的"新文科"发展的重要组成部分;不仅具有理论意义与学术价值,亦具有社会意义与公共价值。

　　本书采取别具特色的创新设计,兼顾计算舆论学的理论、方法与案例,注重理论、方法原理的讲解与具体研究应用的结合,希望为感兴趣的读者认识、理解计算舆论学,以及学习、借鉴、展开自己的研究实践,提供切实有效的帮助。

　　本书面向高年级本科生及以上的传播学、舆论学、政治学、社会学等学科相关师生与研究人员,可以作为计算传播、舆论学方面的课程教材与高级教辅资料,也可为计算机、数据科学、人工智能、管理科学等对计算传播和计算舆论感兴趣的跨学科研究者,以及政府部门和业界人士提供重要参考。

　　下面对本书定位特色、主要内容与写作结构做一简介。

一、定位特色

　　第一,定位前沿。本书紧扣大数据与计算社会科学发展,聚焦计算舆论研究,是首次对该领域专门、集中的介绍,无论内容还是写作结构,在国内外均属首创。

　　第二,聚焦专题。本书采取专题方式,除绪论外,每章阐述一个计算舆论学专题,该专题聚焦舆论研究的一个重要理论或概念,并配合研究该理论或概念所适配使用的主要计算方法,从而形成对特定理论和方法的集中讲解,帮助读者较为系统、全面地了解计算舆论研究的主要内容,启发开展相关专题的深入研究。

第三,注重实用。本书注重教材的实用性,在基础的理论和方法原理讲解之后,采用案例分析的视角。精选计算舆论研究的高质量、代表性案例,由原作者为读者展现具体的研究设计和分析过程,不仅详细剖析案例,而且提供原始一手数据(或数据样例)和编程代码,给予读者真正可以"上手"的教学内容。读者可以跟随本书,学习、掌握具体的分析方法和技术,切实提高实践能力。我们还专门附有延伸阅读材料,鼓励读者在学习过程中举一反三,扩展视野。

第四,本土经验。本书注重国际与本土的平等对话。不但结合国际与中国经验阐释"计算舆论学"整体概念,而且诸多章节基于中国经验与案例(如涉华舆论中的社交机器人、劳工议题、微博情绪、微博信息扩散、中国网络议题竞争),提炼、发展舆论学理论。

第五,作者权威。本书作者均为在计算社会科学、计算传播和计算舆论研究领域具有丰富经验的研究人员,包括知名专家和青年才俊,也包括跨学科的学者,来源覆盖海内外。作者均属相关专题领域代表性的研究者之列,确保了本书内容的权威性。

二、内容与结构

本书内容包括计算舆论学简介(绪论)、舆论主体挖掘(第一章和第二章)、舆论内容挖掘(第三章至第五章)、舆论过程与演化(第六章至第十二章)四大部分。每章内容简介详见目录。

除绪论(总体介绍计算舆论学的内涵、路径与发展)外,其他各章采取统一的书写结构,均包括十个部分的具体内容,依次如下。

第一,理论背景。每章所属专题的概述,阐述舆论研究某一方面的理论问题或核心概念。

第二,方法背景。每章主要应用的计算方法概述,注重介绍其应用场合、该方法的优势与劣势、主要注意事项等。

第三,案例介绍。在理论背景与方法背景介绍的基础上,进入对核心案例的介绍,展示舆论理论和计算方法如何运用于具体的计算舆论研究。

第四,研究设计。这是每章着重强调的部分,包括如何将理论/概念与方法对接、为何选择该计算方法、如何进行数据采集和测量等。

第五,数据分析。包括主要的数据分析逻辑、研究问题的回答、分析结果的解读等。

第六,案例小结。对本研究专题和案例的总结、反思,对继续研究的提示,也包括部分对业界实务应用的探讨与启示。

第七,参考文献。每章所引用的参考文献列表。

第八,延伸阅读。围绕该理论专题、计算方法提供延伸性阅读文献、软件或工具,并附简要的推荐语,方便读者深入学习参考。

第九,数据代码。为增强教材实用性,我们结合每章专题和案例,提供可供实际练习的数据,在研究设计和数据分析部分也提供了最核心的操作代码(在每章内部使用一种编程语言,为 R 或 Python),完整版统一放 GitHub,供读者进一步查询。

第十,思维导图。用关键词和流程图简明呈现每章使用的理论、方法、案例等,为读者提供清晰的总结回顾。

我们希望通过上述统一的写作格式,实现理论、方法与案例的有机结合,体现本书对理论性与实用性的同等重视,最大限度地方便读者阅读、学习和操作。

需要说明的是,本书首次通过系统化的方式呈现了计算舆论研究的主要专题,是希望推进中国计算社会科学和计算传播研究的一次学术努力。但它并非对该领域的完整总结,还有不少有价值的计算舆论研究专题有待未来加以补充。因此,希望我们的努力能对读者诸君有所帮助,更欢迎大家给我们提出宝贵意见或建议,以帮助我们在未来推出更加完善的版本(联系邮箱:cpor2022@yeah.net)。

现在,就请和我们一起,开始"计算舆论学"之旅吧。

目录

绪论　大数据时代的计算舆论学 / 1

第一章　舆论表达主体与意见领袖挖掘 / 31

　　社交媒体上海量的数字足迹数据让意见领袖研究有了新的可能。本章从意见领袖的理论源头出发,运用平台数据和社会网络分析的计算方法,基于两个研究案例,试图回答两个核心问题。第一,数字平台上的意见领袖是哪些人？有什么特征？他们与传统的社会精英有何差别？第二,如何通过定量方法寻找意见领袖,并测量其影响力？

第二章　网络舆论中的社交机器人：识别与挖掘 / 66

　　社交媒体在当今信息生态系统中扮演越来越重要的角色。随着技术的发展,自动化手段越来越广泛地被应用于干预社交媒体上的信息传递和意见形成。社交机器人对舆论的影响作用已经引起国内外学术界的关注。本章试图厘清社交机器人研究的关键概念、前沿进展和相关技术实现。

第三章　网络舆论表达中的文本挖掘与主题模型 / 96

　　文本是网络舆论、社会心态、公共议题、认知框架表达的重要载体,对文本进行系统的挖掘和主题分析是舆论研究必不可少的方法。随着大数据时代的到来，研究者面对海量文本数据，急需自动化的文本挖掘和主题分析手段。本章介绍隐狄利克雷主题模型，并通过案例展示了隐狄利克雷主题模型的分析工具、建模步骤、基于主题模型结果的统计分析和可视化分析。

第四章 网络舆论中的框架分析：基于语义网络分析方法 / 124

框架理论在舆论研究中有三种进路：舆论刻画、舆论建构、舆论接受。社交媒体上的海量舆论数据对传统自上而下的框架分析方法提出了挑战。本章认为"筛选"与"强调"是框架理论的两个核心机制，从概念、机制、操作三个层面分析了传统框架分析在社交媒体语境中面临的挑战，并介绍如何运用语义网络分析方法来应对这些挑战。

第五章 网络舆论中的情感分析 / 150

情绪和情绪传播是舆论学研究中的经典话题。本章基于海量微博数据，综合采用机器学习、复杂网络、统计模型等多种方法，研究不同情绪在用户交互网络中的影响力。本章将情绪细分为愤怒、厌恶、高兴和悲伤四类，通过对每种情绪的深入研究，发现愤怒情绪的影响力最强，同时，情绪影响力也与网络局部结构相关。

第六章 网络舆论中的信息扩散：结构性扩散度 / 186

信息扩散研究旨在定量描述和刻画信息在社会系统中，特别是在社交媒体平台上的传播效率。本章着重介绍"结构性扩散度"这一能充分反映在线信息扩散效率的指标，并系统总结和比较社会化媒体信息扩散的测量指标之间的差异，包括结构性扩散度的分布特征、结构性扩散度与其他传播效果测量方式的相关性/差异性、结构性扩散度的影响因素。

第七章　网络舆论中的信息扩散：选择性分享 / 214

在社交媒体中，信息扩散和媒体选择性的关系变得更为紧密。用户可以通过关注好友分享获得信息。因此，用户如何分享信息（选择性分享）不仅体现了用户自身选择偏见，而且通过信息扩散影响其他用户所看到的信息，从而影响整体舆论走向。本章通过重构传播链条发现，当信息传播遵循广播模式时，选择性分享更可能发生；而病毒式传播模式会减弱选择性分享的趋势，从而让更多元的用户接触到同一消息。

第八章　网络舆论演化动力学：模型构建与分析方法 / 248

本章聚焦社交媒体和大众媒介对舆论的共同影响，通过构建并分析舆论动力学模型发现，社会网络内部的人际交流会增加持有某种观点的人的数量，大众媒介不仅可以通过全局广播直接改变人们的观点，还可以通过社会网络中个体之间的同伴影响间接改变人们的观点。

第九章　讨论网络与舆论的协同演化 / 282

政治讨论是舆论形成，甚至是整个政治传播过程中最为核心的一部分。政治讨论不仅通过讨论频次，还通过讨论网络结构来影响舆论。互联网中的非正式讨论呈现出更复杂的讨论结构。本章介绍一种网络协同演化模型来研究讨论网络与舆论之间的关系。本章发现，不同意识形态但同时具有一定话语基础的人更可能展开讨论，这种讨论又增加了不同意识形态者之间的话语基础。

第十章　议题竞争与时间序列分析 / 316

舆论发展包含议题竞争的过程。社会中存在的各类议题想要获得人们的注意力，需要经过议题竞争的过程。议题竞争的过程是一个

"零和游戏",即一个议题关注度的提升会以另一个议题关注度的衰减为代价。本章以社会化媒体中的日常讨论作为切入角度,展示了如何在社会化媒体平台中运用计算方法检验三种重要的议题竞争机制,即留存效应、征召效应和分流效应。本章还将传统媒体与社会化媒体中的信息结合起来,讨论了中国语境下的议题竞争问题。

第十一章　第三层议程设置：网络议程设置模型 / 356

2011年,郭蕾和麦库姆斯提出网络议程设置模型,即议程设置理论的第三层次。与传统的议程设置研究相比,网络议程设置模型认为,新闻媒体不仅能够向公众传递单一的某件事或某个人的显著性,而且能够传递广博的、错综复杂的图景。本章阐释了网络议程设置模型的理论框架及计算方法,详细探讨了进行此类研究需要注意的问题及未来的研究方向。

第十二章　沉默的螺旋：多主体模型 / 384

因畏惧孤立而服从多数人意见是舆论研究当中的一个经典问题,也是沉默的螺旋理论的根源。大众媒介的意见与参考群体的意见构成了个体所能感知到的"双重意见气候"。然而,已有研究过于强调大众媒介的作用,忽略了参考群体的影响。互联网时代,数字媒体的发展增强了参考群体的影响。本章展示了如何使用多主体模型方法找回"失落"的参考群体,并分析了双重意见气候对沉默的螺旋的影响。

后记 / 418

绪 论

大数据时代的计算舆论学[*]

大数据和计算方法的出现正在影响和改变着社会科学的版图,其中包括舆论研究①。一方面,互联网,特别是社交与智能媒体的发展,使得大规模的网络数据成为舆论的重要表征;另一方面,文本挖掘、机器学习、网络分析等计算方法的发展,使得对大规模网络舆论数据的分析成为可能。因此,本书提出"计算舆论学"(computational public opinion research,简称CPOR)概念,指的是运用计算方法(computational methods)对社会舆论的状态及其过程进行科学分析与研究。计算舆论学既是舆论研究的前沿领域,也是计算社会科学及倡导文理交叉融合的"新文科"发展的重要组成部分。计算舆论学的发展,不仅关心计算方法如何运用于舆论相关的各个专题(如舆论表达主体、舆论文本的分析),更关心如何借由计算方法的应用推动和促进舆论研究的理论发展与创新,以及经由研究更好地理解和把握舆论规律,促进国家发展、社会进步与公众福祉。

一、舆论研究的两大传统及其进展

何谓舆论?舆论(public opinion)是公众针对公共议题、事件或人物的意见表达过程与结果。针对舆论研究侧重"过程"还是"结果",在舆论研究的历史传统与现实实践上,存在两条不同的"河流"。其中一条偏向静态"结

---

* 本章作者为周葆华。部分内容改写自周葆华(2019)。
① 计算社会科学的发展,可参见拉泽等(Lazer et al., 2009;2020)的综述性文章,教材可参见马修·萨尔加尼克(2019);计算传播学的发展,可参见祝建华等(2014;2018)的综述或对话性文章,国内出版的教材可参见张伦、王成军、许小可(2018)。

果",可称之为大众意见(mass opinions)式的舆论研究。它所关注的是在特定时间点上的意见分布,即基于个体的意见表达(通过民意调查等方法)获得聚合层面的结果,呈现为针对舆论议题、事件或人物的意见分布(例如多少人赞成某种政治观点或支持某个政治人物),而并不关心这些意见及其分布是基于何种过程所生成与演变。在这个视域下,意见表达的主体是"大众"(mass),即由一个数量很多的个体组成的集合,这些个体分散在遥远的地方(如全国上下),由于分散,他们之间互不认识、很少交流,因此缺乏有机的联系。但当研究者采用现代民意调查方法去征询他们对于特定议题、事件或人物的意见时,他们也会给出答案(例如赞同程度、好恶与否)。当把这些个人的意见汇聚起来时,就得到了所谓"民意调查"的结果(通常表现为一个百分比或平均数)。有的关于"舆论"的定义恰恰就是从这一视角出发,包含对于"多数人意见"、"相对一致的意见"或"共识"的要求,强调舆论是多数人相对一致的意见,甚至可以具体到比例,比如超过三分之一或四分之一(刘建明,1990;陈力丹,1999)。然而,这种情况下获得的只是"大众意见",而非"舆论"或"公众意见"(public opinion),因为这些分散的个体并没有就公共议题产生任何实质意义上的相互连接、讨论与交流,仅是相互割裂的个人意见的简单叠加,缺少"公众"的内涵。

　　大众意见式的舆论研究自20世纪以来获得长足发展,专注这一取向的舆论学者们通过不断发展和优化抽样调查方法与统计技术,增进大众意见调查的精度。以美国芝加哥大学民意调查中心(NORC)、皮尤基金会(PEW)、盖洛普(Gallup)、零点等著名民意调查机构为代表,积累了大量关于舆论调查的成果,成为舆论研究在公众认知中的主要"意象"。就中国舆论研究发展历程而言,除了偶尔回溯20世纪30年代早期零星的舆论调查外,通常会重点回顾改革开放之初到20世纪80年代所进行的民意调查(比如1981年复旦大学新闻系进行的"林彪江青反革命集团"审判调查、1988年中国人民大学舆论研究所进行的"首都知名人士龙年展望调查"等),并以之作为新时期舆论研究的滥觞。这都表明以抽样调查为主要方法、以描述性百分比为主要形态、聚焦单一时间点大众意见分布的舆论研究,在舆论研究中占有重要地位。这些舆论结果数据成为表征民意、服务决策、提供合法性的重要来源(如选举前的民调)。精确新闻或数据新闻报道中涉及舆论的大多数内容,也主要停留于报告大众意见式舆论研究的调查结果。舆论调查的方法与手段随着技术发展而变迁,从早期的面访、邮寄调查、电话调查,发展到后来的计算机辅助电话调查(CATI)、计算机辅助面访(CAPI)及网络与手机调查等,但也面临成本高昂、样本代表性不足、拒访、自我报告的准确性低等影响调查频率与质量的问题。

将舆论作为特定时间点(one-shot)的大众意见分布只是舆论研究的一条"河流",另一条则是将舆论视为一种动态的社会过程(social process)(Allport,1937;Blumer,1946;Childs,1939;Davison,1958;Noelle-Neumann,1974;Glynn,2005;潘忠党,2002;周葆华,2014)。这一传统所关心的不仅是民意在特定时间点的分布,而且聚焦舆论生成与演变的过程,即舆论因何而生、何以变化,直至最终的消亡(议题结束或被取代)或稳定(意见保持均衡不变状态)。如果说前者是静态的舆论观,后者则是动态的舆论观。

与大众意见式的舆论研究相比,社会过程式的舆论研究有三个鲜明特点。

第一,更为关注舆论表达主体之间的联系、互动与影响。大众意见式的舆论研究假设个体的意见表达独立形成并存在,因此,采用的研究方式是针对每个个体分别询问其意见或态度,并在此基础上进行叠加或平均。在这种研究方式中,表达意见的个体被区分、割裂对待,并不考察他们之间的联系、互动与讨论。然而,早在20世纪初,美国芝加哥学派社会心理学家们(如库利和米德)就强调,个人意见不可能在真空状态中独立生成,首属群体(个体经常面对面接触的亲密群体)在影响个体认知与态度形成方面具有远超一般大众的优势;其后,"二级传播"(two-step flow)理论也指出,人际渠道对于个人信息获取的重要意义,在劝服效果方面,人际渠道甚至具有比大众媒介更强的影响(Katz & Lazarsfeld,1955)。因此,社会过程式的舆论研究高度关注"人"的角色,突出舆论形成过程中人际影响的作用(包括首属群体、参考群体、感知他人意见等),这也是"公众意见"概念所强调的规范性内涵——意见表达的主体是围绕公共议题展开讨论的相互联系的"公众",而非仅仅调查意见被割裂的分散"大众"。

第二,社会过程式的舆论研究强调揭示影响舆论的力量与因素。既然是社会过程,发生的社会条件与情境就格外重要,因此,需要高度关注并着重考察舆论形成过程中的各种力量与影响因素,不仅包括社会心理学因素,而且将舆论视为政治运作过程的一部分,关注舆论形成过程中的操控性力量(如政治精英、权力机构、新闻媒体等)。如果说大众意见式的舆论研究着重的是调查方法和统计技术,社会过程式的舆论研究则更多与社会学、心理学、政治学理论发生关联,更能体现出舆论作为一个复杂的社会过程所蕴含的多层次(连接微观心理与宏观结构/权力)和跨学科特征。

第三,社会过程式的舆论研究高度关注舆论生成与演变的动力学机制。如果说"大众意见"主要回答"是什么"(what)的问题,社会过程式的舆论研究则重在回答"为什么"(why)和"怎么样"(how)的问题。它高度强调舆论的传播特征(communicative nature),即舆论并非分散个体意见的集合,而是相互交流互动的产物,并视之为舆论与其他形态的群体行为[如聚众行为(crowd behavior)]的重要区别。因此,与大众意见式的舆论研究关心分布结果的倾向性不同,社会过程式的舆论研究并不强调意见分布的多数性,而更为关心意见生成、改变与演化的具体过程及作用机制。无论是早期的首属群体、参考群体概念,还是后来更为复杂的群体动力学模型、跨层次的舆论演化模型(如沉默的螺旋)、意见表达同质性(homophily)过程中的选择机制(self-selection)与影响机制(social influence)等,都凸显了这一点。

回溯舆论学、传播学的理论,社会过程式的舆论研究传统大体有如下进展。

第一,议题的生成与演变。正如格林(Glynn,2005)所说,舆论过程的起点是议题的生成与浮现。在传播学视域中,媒介效果理论关注议题生成与演变的过程。例如,麦考姆斯和肖(McCombs & Shaw,1972)系统阐明和实证检验的议程设置理论揭示了公众议程受媒体议程影响的重要机制;祝建华(Zhu,1992)的零和游戏(zero-sum)理论重点分析议题之间的相互竞争动态过程,指出在传统媒体有限空间和公众注意力的有限范围内,不同议题展开竞争,以赢得媒体和公众的关注;罗杰斯(Rogers,1995)对创新扩散理论的系统总结提示关注议题和观点在社会群体中的扩散过程;关于新闻扩散的"J-曲线"(J-Curve)研究(Greenberg,1964;Greenberg & Parker,1965)则发现不同类型的议题在扩散范围和渠道上存在差异,揭示了事件重要程度、扩散总体比例与人际渠道重要性之间的关联性。

第二,公众态度与表达强度的演变。首先,如果大众意见式的舆论研究能够超越单一时间点,展开针对同一问题的历时性追踪调查(如盖洛普长期进行的"当前所面临的最重要问题"/MIP调查),随着数据的积累,进行趋势分析(trend analysis),则可以在总体层面观测对某个共同议题的注意力和态度的变化,从而理解社会舆论的变迁,包括建立与时代背景、关键事件之间的关联(Uscinski,2009);其次,关注意见表达强度的变化,例如"极化"(polarization)概念既可在静态意义上强调舆论强度两端对立的状态,更关注意见的分布是否随着时间变化越来越呈现两极对立状态的演化过程(DiMaggio,Evans,&Bryson,1996);再次,沉默的螺旋理论关注随着个体感知和局部表达的变化,总体层面的社会舆论是否偏向单一方面的意见表达而另一方则日趋沉默的过程。

第三,舆论演化的影响机制和因素。舆论过程研究不仅描述议题、意见和态度的演变,更重要的是,解释其背后的原因和机制。研究者们分析了影响态度及其改变的诸多因素(Albarracin & Shavitt,2018;Xia,Wang,& Xuan,2011),如个人层面(包括自身的价值观、目标、生命阶段、态度体系之间的相互影响等)、群体层面(如社会规范、群体压力、服从效应等)、社会层面〔如"羊群效应"(held behavior)、"乐队花车效应"(bandwagon effect)、"门槛模型"(threshold model)、"关键多数模型"(critical mass)等〕和社会与文化因素(如代际差异、时代变迁、文化差异等)。在意见表达机制方面,关注影响态度和意见表达中的传播因素,特别是大众媒介与人际渠道之间的相互关系,它们在影响个体意见表达过程中可能相互促进,也可能分化、抵制、冲突,这在诸多舆论理论的影响机制研究中都有体现(如议程设置、架构效果、沉默的螺旋理论)。相对于静态因素(如常规的人口统计学、人格特质等变量),社会过程式的舆论研究关注更加具有动态性的因素,如群体互动(群体内与群体外传播、同质性与异质性交互)、对意见气候的感知、议题公众(issue public)及其流动等,这些变量可因议题、时间和具体情境的变化而产生更大的变异。

尽管如此,整体上动态性的舆论过程研究并未得到充分重视,并存在三个主要局限。

第一,除个别理论外,现有传播学视域中的舆论学理论只关注和涉及舆论过程中的局部环节和因素,较少提出包含具体机制的过程性模型。例如,议程设置理论只涉及媒介议程对公众议程排序的影响(媒介议程→公众议程),架构效果仅提示媒介框架对受众框架的影响(媒介对特定议题的报道框架→公众对特定议题的思考框架),却不包含舆论发生和演变的其他环节。像沉默的螺旋这样包含较长链条、跨越不同层次的舆论过程理论或假说,并不多见。

第二,理论假说与经验研究的断裂。现有舆论过程模型大都集中在理论阐释或假说层次,并未落实为具体可操作、可验证的经验模型。由于主要体现为框架或原则,反映舆论过程的动力机制和边界条件等都不甚清晰(例如创新扩散并未给出意见扩散曲线的刻画模型或速率计算方法,沉默的螺旋也未交代意见气候感知影响个体意见表达的门槛值等)。

第三,现有研究受制于明显的方法缺陷。首先,由于传统舆论研究主要采用调查方法,成本高昂,因此,主要局限于单一时间点实施的横截面(cross-sectional)研究,难以做到可持续、长时段的跟踪研究,即便有跟踪研究,也多是针对同一总体所抽取的不同样本,而非基于同一样本的面板(panel)追踪调查。因此,大众意见式的舆论研究在实证层面容易操作,而社会过程式的舆论研究需要对舆论表达主体、互动过程及其结果进行长期观察与追踪,数据的搜集更为困难。其次,传统舆论研究虽在考察个人意见表达时可以检验他人意见的影响,但在方法层面只能体现为个体报告(self-report)的自我中心网(ego-network)数据,而无法真正观察个体之间的联系与互动过程(协商/慎思民调过程包括讨论,但主要关心参加讨论前后的态度或意见变化)。再次,传统研究局限于单一层次(或个体、或总体),但舆论过程涵盖和跨越微观、中观、宏观的不同层面。例如,个体在微观层面的意见气候感知与表达门槛会影响其表达行为的发生,随着个体表达,会改变其他个体所感知的舆论气候,进而逐步影响群体乃至整体层面的舆论演变。这样的研究不但需要长时段的观察,而且需要跨层次的研究。因此,传统研究单一时点、单一个体、单一层次的方法局限严重制约了舆论过程研究在操作层面的有效开展。

二、大数据时代计算舆论学的兴起

互联网等新媒介技术的发展,特别是社交媒体、移动媒体、智能媒体的兴起,深刻改变了舆论生态。舆论表达的主体更多元(不仅包括传统精英,也包括原本主要停留于私人空间表达的普通个人,甚至包括非人类行动者,如社交机器人),空间更广阔(社交媒体与数字平台成为网络舆论表达、流动与交互的新空间),过程更可见(网络舆论生成和发展的过程可以被追溯、被观察,当然也会被新的机制隐匿),机制更复杂(例如人际影响超越个体面对面接触的狭窄范围而经由社交网络产生更大的影响,个性化推荐与热点聚合系统等算法新机制也在深刻影响舆论)。可以说,舆论研究,特别是网络舆论(online public opinion)研究,也进入了数据量更大、形态更复杂(多模态、长时段、跨层次、网络化)的大数据时代。与传统依赖问卷调查、小样本控制实验、焦点小组访谈等方法不同,大数据时代在数据、方法和模型三方面都为计算舆论学的兴起与发展提供了契机和条件。

1. 数据

大数据时代,人类的舆论表达在互联网上留下了大量的"自然"数据,即关于态度、意见和情绪表达的数字足迹(digital footprints)。相对于传统舆论研究所采用的问卷调查法,大数据不依赖标准化问卷的询问和被访者的自我报告,而是意见表达主体日常化、"自下而上"的表达行为记录。虽然我们不能简单认为网络舆论的大数据中不存在伪造与操控(相反,"水军"、社交机器人的舆论表达问题本身是计算舆论学的研究内容之一),但它相对"自然"的特性为舆论研究提供了新的数据来源,也使得舆论研究不再拘泥于"自上而下"的人为主观设计(可能存在认知偏差),而可以捕捉与把握多元舆论主体针对所关注议题、事件或人物的丰富性的表达(Chen & Tomblin, 2021)。与此同时,网络舆论大数据允许研究者获得至少单一平台上意见表达的"全数据"(尽管存在样本代表性、内容删除等问题),也为刻画网络空间"大众意见"的分布状况带来了新的机遇。

同时,"巧妇难为无米之炊",以往社会过程式的舆论研究开展不足,很大程度上受制于缺少过程性动态数据,而网络舆论大数据在这方面具有显著优势。第一,大数据之所以"大",除了因表达主体规模巨大,很重要的是源于其时间上相对传统数据形态的打破。与传统横截面的数据采集方式不同,以在线数据为代表的网络舆论大数据依托公民个体在新媒体平台上日常化的表达行为,除非人为删除,将以时间线的方式持续记录并保存下来,因此,有助于获得原本很难获取的长时段的跟踪数据(longitudinal data),并且是弥足珍贵的个体层面面板数据(panel data)。第二,大数据的核心特点在于它是网络形态的数据,而非割裂的个体数据,因此,允许研究者观测舆论表达主体之间的互动之"网"(如关注、转发或评论网络),"网"(状)数据与"长"(时)数据相结合,则允许研究者观察用户互动与相互影响随着时间演变的状态及其结果,这是舆论过程研究所要求的数据形态。第三,跨层次的数据。无论是基于地域、群体归属还是基于时间维度,网络舆论大数据通常都是跨层次的嵌套数据,这就为我们分析微观、中观和宏观层面的舆论交互演变机制提供了新的契机。概言之,大数据对舆论研究而言,既对大众意见式的舆论研究富有意义,更为社会过程式的舆论研究提供了原本"可望而不可即"的跨时间、跨层次、网络化的数据。

2. 方法

对于计算舆论学的发展,与数据同等重要的是计算方法的发展。计算社会科学中的主要方法均可应用于舆论研究领域,包括文本挖掘(用于对舆论表达文本的分析)、行为挖掘(用于对公众在线意见表达行为的规律分析)、在线实验(用于对舆论表达机制和效果的因果分析)、在线档案(采用搜索引擎、热搜指数、数字图书等聚合数据刻画舆论)等。在具体的分析过程中,也会运用到不同的数据分析技术,既包括典型的计算方法,如文本分析(包括主题模型、情感分析、词向量模型、语义分析等)、网络分析(可用于挖掘舆论意见领袖、信息扩散结构、文本结构等)、机器学习与深度学习(可用于对舆论表达文本进行主题或情感分类、识别社交机器人等)、计算机视觉(可用于处理多模态舆论表达数据)等,也包括与经典统计分析技术(如多层分析、时间序列分析)的结合。

计算方法的运用既为大众意见式的舆论研究提供了新的机遇,例如通过对社交媒体文本或在线档案资料的挖掘刻画网民所关注的议题、事件、人物及其意见的分布,更为社会过程式的舆论研究带来了新的可能。一方面,计算方法(文本挖掘、网络分析等)与时间序列等经典方法相结合,可以动态地观测议题分布、态度和情感趋势,以及讨论网络的演变等舆论过程问题;另一方面,以多主体模型(agent-based modeling,简称 ABM)为代表的计算方法有助于考察舆论过程中的跨层次互动与演变。

多主体模型是 20 世纪 90 年代兴起的一种新的建模仿真范式。ABM 中的"模型"指的是为了特定的研究议题而由研究者设定好环境参数的电脑程序,它所"模拟"的是通过程序来呈现和记录多个行为主体(agents)按照不同的行为规律而采取行动的过程及其结果(刘正山,2008)。ABM方法所基于的是经济学、物理学、生物学和生态学中强调的"复杂适应系统"(complex adaptive system,简称CAS)概念,致力于研究复杂现象(complexity),即行动者种类多、数量大且同步行动、长时间互动的现象(Epstein & Axtell,1996)。ABM方法的基本逻辑是:通过对现实进行模拟设定(an artificial social setting),在这个设定中包含各类主体(模拟真实社会系统的行动单元),它们被赋予简单的行为规则(例如根据邻居分布的阈值决定是否搬家或是否表达意见),随着时间变化进行互动,从而得以观察其经过一段时间的互动之后形成的形态(patterns)(如种族隔离或意见分布的结果)。与传统方法不同,ABM方法强调不仅要发现事物之间的相关性或因果性(causal relationships or causal references),还要能够呈现这些复杂的形成过程(因果机制,causal mechanisms)。因此,它特别适用于:① 当研究者假定某个简单机制导致了某个复杂现象的发生,希望检查这个微观-宏观的连接是否存在;② 当研究者观察到有趣的形态在模拟过程中浮现;③ 当研究者要检视某个理论是否对某现象的发生有解释能力。在舆论过程研究中,多主体建模方法可以模拟观测多表达主体在设定条件下的互动过程,以及微观层面的互动如何逐步导致了宏观层面的舆论现象的发生(如沉默的螺旋理论)。

3. 模型

"计算舆论学"主要指向的是计算方法的运用,但由于它文理交叉的跨学科特性,也可为传统社会科学视域下的舆论研究带来理论资源与视野的拓宽。传统社会科学取向的舆论研究主要在传播学及其相近的社会科学(包括心理学、社会学、政治学等)理论层面发展其概念与理论,计算舆论学则将物理学、计算机、复杂系统科学等不同学科关涉舆论的研究模型带入。其中,典型的是有关意见动力学(opinion dynamics,或称观点/观念动力学)的研究。根据介绍(王龙、田野、杜金铭,2018),意见动力学是控制理论、物理学、生物学和社会科学的交叉研究领域,关心社会网络中观点的产生、扩散和聚合过程,分析不同个体意见的局部相互作用如何在宏观层面产生复杂的涌现现象(emergence),这正是社会过程式的舆论研究所关注的内容。

意见动力学的模型,根据个体的观点状态为离散(如投票中的支持还是反对,购买决策中的购买与否)或连续(包含意见程度),可以分为两类:离散模型(discrete opinion space models)与连续模型(continuous opinion space models)。前者主要包括投票模型(voter model)、Galam多数者规则模型(majority rule model)、Sznajd模型、Axelrod文化传播模型(culture dissemination model)等,后者主要包括 DeGroot 模型、Friedkin 模型、Deffuant模型和Hegselmann-Krause(HK)模型[这两类可统称"有界信任模型"(bounded confidence model)]等(Noorazar,2020)。这些模型分别对个体意见的表达条件、状态差异(如对自身初始意见的固执程度)、交互方式(如交往范围、信任边界)、决策过程(如偏见同化、博弈学习)、时变情况等提出假设,进而分析舆论因此演变的过程及结果。在为计算舆论研究带来新的模型视角的同时,这些以物理学为中心的意见动力学模型对局部互动规则的假设普遍偏简单,较忽视人类心理与行为的复杂性,因而亟待加强与传统社会科学的连接与整合(如前述关于意见形成与改变的社会科学研究)。此外,它们主要运用仿真方法加以研究,也有待在真实世界的经验数据中加以检验(Xia, Wang, & Xuan, 2011;Zhang & Fung, 2020)。

三、作为"大众意见"的计算舆论研究

对以社交媒体(微博、微信公众号、推特、脸书等)为代表的网络平台上的大规模"自然"数据进行挖掘与推断,成为理解作为"大众意见"的舆论表达"结果"的重要路径,它们与传统以民意调查为代表的"线下"舆论"结果"之间的相互关系也成为这一路径下的重要研究内容。

1. 舆论文本挖掘

文本挖掘(text mining)是广泛应用于网络舆论研究的主要计算方法,被用于分析新闻网站评论、社交媒体发言和评论、论坛社区讨论等舆论表达的文本内容,从中提取网络时代的大众意见。通过词频统计、主题建模(如无监督的LDA/STM主题模型方法或基于人工编码划分主题的机器学习)、情感分析(常见方法包括词典法和结合人工标注的机器学习方法)、语义网络分析(构建表达用词之间的"共现"网络关系)、词嵌入模型(如word2vec),研究者可以对网络舆论所表达的主要议题、态度、情感和语义结构(可代表舆论表达的"框架")进行分析解读。对这些方法及其运用的解释和

示例参见本书第三章至第五章。借由文本挖掘方法,我们可以对作为表达"结果"的网络舆论做出刻画,并可与其他变量组合,进一步分析不同主体的舆论表达(与表达主体变量结合)、不同表达内容的影响力(与文本中的行为数据,如阅读数、转发数、点赞数等变量结合,值得指出的是,文本中的行为数据挖掘本身也是计算舆论研究的重要内容①),以及随时间变化的趋势(与时间变量结合,此时已经可以转化为作为社会过程的舆论研究)等。总体上,目前对于网络舆论文本的挖掘集中于文字性内容,对于图片、视频等视觉性内容的计算分析尚属少数(如 Haim & Jungblut,2021;Zhang & Pan,2019)。

2. 舆论主体挖掘

在传统以问卷调查为主的大众意见式的舆论研究中,通常是将舆论表达主体默认为缺乏相互联系和交互的分散"大众",从而计算总体的"大众意见",或者划分出不同"群体"(如按照人口学变量、党派变量等),计算并比较各自的"大众意见"。在计算舆论研究中,对舆论主体的挖掘既可以构成计算舆论研究的独立部分,也可与上述舆论文本挖掘结合起来加以分析。其中,对计算方法的运用主要如下。

第一,运用机器学习方法预测舆论表达主体的用户特征。不同于问卷调查可以询问被访者的个体人口学信息,社交媒体用户通过平台自我披露的信息非常有限,而且很不准确,因而给分群体的计算舆论研究带来了挑战。解决这一问题的方法,除了通过联系发言者发放问卷获得其自我报告的身份信息外,主要是通过类似方法获得部分人口学信息,结合用户在社交平台上的其他信息(如自填身份信息、发言特征、社交特征等),通过有监督的机器学习方法预测其个体特征(Pennacchiotti & Popescu,2011;Rao et al.,2010)。常见的被预测的舆论表达主体的特征变量包括性别、年龄(Al Zamal,Liu,& Ruths,2012)、党派(Boutet,Kim,& Yoneki,2013)、政治意识形态(Barberá et al.,2015)等。

---

① 这里我们采用"文本中的行为数据"表示的是以文本形态出现的用户行为的集合性记录(如转发数、评论数),区别于个体层面的用户行为数据。需要指出,理论上大众意见式的计算舆论研究也可包括直接运用个体层面的用户行为数据来分析舆论(例如通过后台日志采集个体用户的点赞或投票数据),但因为此类数据不易得,所以基于大规模实际用户行为数据表征舆论的研究相对较少。

第二，网络舆论中的社交机器人账号检测。随着人工智能技术的发展，网络舆论表达主体中不仅包括人类用户，也包括越来越多的机器账号，即社交机器人(social bots)，它们在舆论表达中扮演日益活跃的角色，可谓与人类用户"共生"于舆论生态中。因此，作为"大众意见"的网络舆论中的"大众"，已经不再是传统默认的"人类大众"，而是人机共生的"大众"。相应地，也产生了检测社交机器人，进而做"去伪存真"式的舆论分析，或者承认它的存在并比较它与人类舆论不同特征的研究需求。目前对社交机器人的检测主要包括：基于账号行为和内容特征的无监督机器学习方法，基于上述特征结合准确标注的有监督机器学习方法，以及介于两者之间的半监督机器学习方法。其中，针对推特平台基于有监督机器学习方法开发的开源工具相对比较成熟，最主要的包括两种——基于 Python 语言开发的 Botmeter (Davis et al.，2016)和基于 R 语言开发的 Tweetbotornot2(Kearney，2018)。具体介绍参见本书第二章。

第三，舆论主体之间的网络关系、社群划分及意见领袖挖掘。除了通过机器学习方法预测舆论表达主体的人口学、政治倾向等特征，以及识别社交机器人账号外，划分用户的计算方法还包括通过网络分析方法挖掘其网络关系，进而展开社群和意见领袖识别等相关工作(参见本书第一章)。当然，在运用网络分析方法时，实际上已经超越传统作为"大众意见"的舆论研究思路，因为其不再预设舆论主体之间缺乏联系，而是考察其相互关注或传播交互关系(如转发、提及、评论、回复等)。我们在这里提及，主要是其也可以作为划分舆论表达主体的一种方式(如区分所属的网络社群)，进而深化作为"大众意见"的网络舆论研究(如比较不同社群的意见分布)。

3. 舆论档案挖掘

运用计算方法分析作为"大众意见"的舆论还有一种重要形态，即挖掘在线档案资料(archive)，主要针对的是网络舆论形成过程中的集体注意力，即大众对哪些议题表达关注，所运用的代表性资料包括搜索引擎记录(如谷歌趋势、百度指数)、平台热搜榜(如微博热搜、百度热搜)等(Scharkow & Vogelgesang，2011；Arendt & Fawzi，2019)。它们与前述文本数据不同，不是个体层面(individual-level)的用户行为或内容，而是基于用户搜索行为或表达内容所构成的聚合层面(aggregate-level)的结构化数据，被视为代表用户在特定时间对特定议题的关注与兴趣，进而形塑意见表达的基础。例如,某个关键词的搜索指数在某个时间点突然增加,可能意味着大众对该词语背后的议题、事件或人物的集中关注,因而成为舆论的重要表征,可以通过这类指数理解"大众意见"的关注焦点。

4. 基于计算方法挖掘的网络舆论与线下舆论的关系

采用计算方法挖掘作为"大众意见"的舆论研究中的一个重要内容,就是将所挖掘的网络舆论(如社交媒体文本态度或情感倾向、搜索引擎注意力指数)与线下舆论进行比较(Chen & Tomblin, 2021; Featherstone & Barnett, 2020; O'Connor et al., 2010)。其所蕴含的一个基本思路是:如果网络舆论能够代表并预测民意,则可以取代传统的调查方法(费时、费力、费钱、回应率低)。因此,这类研究不仅关注作为"大众意见"的网络舆论,而且需要结合传统"小数据"进行分析,所采用的校验标准主要包括传统民意调查数据(如盖洛普的"当前所面临的最重要问题"/MIP调查、密歇根大学消费者信息指数等)及其他社会事实性数据(如选举结果、股市波动、疫情发展等)。例如,不少研究采用谷歌趋势或社交媒体数据预测流行病爆发(Gencoglu & Gruber, 2020; Ginsberg et al., 2009)、经济或股市走势(Bollen, Mao, & Zeng, 2011; Choi & Varian, 2012)、消费行为(Vosen & Schmidt, 2011)等。在预测选举结果方面,现有研究探索了三类社交媒体舆论指标:① 以搜索、点击等为代表的注意力与支持度声量;② 对政策、政党、政客的在线情感挖掘;③ 基于用户关注的结构关系(Skoric et al., 2015)。总的来说,这些基于计算的舆论挖掘形成了对线下舆论或社会事实的许多成功预测,但其经验结果也远未稳定(Gayo-Avello, 2013; Lazer et al., 2014)。

究其原因,需要理解计算舆论研究所挖掘的"大众意见"的代表性问题(Klašnja et al., 2015)。首先,网络或社交媒体用户的代表性。尽管计算舆论研究所分析的是"大数据",但本身并非一个代表全部人口的"全样本"或"随机样本",而是具有偏向性,例如更多代表年轻、政治兴趣浓厚、表达意愿强烈的网民。由于通常无法获得网络用户的真实人口指标(需要通过采集真实用户数据运用机器学习方法作出预测),对网络样本与真实人口分布之间的不一致也缺乏准确评估。同时,如前所述,网络用户甚至不代表真实的人类用户,而是存在诸多营销或机器账号。其次,网络文本采集存在缺失的问题。既可能来自关键词的不同选择策略、API采集方法与总量的差异,也可能来自历史数据难以采集、数据删除等问题。再次，文本或行为多大程度上属于"诚实"的表达。如果说在传统舆论调查中存在"社会取悦"问题，网络舆论本身同样不能排除这样的问题，如受到操控或诱导。计算舆论的发展为刻画网络"大众意见"带来了巨大契机，与此同时，需要仔细考察和处理这些代表性问题。例如，基于网络随机样本采集数据（Zhu et al.，2011）、通过多层回归与事后分层（multilevel regression and post-stratification，简称 MRP）方法进行校正（其中需要对用户特征进行预测）（Wang et al.，2015）、通过人机协作的迭代方法确定关键词（King et al.，2017）、理解网络表达行为的背后逻辑（例如是否受到媒体报道或平台算法的驱动）（Lazer et al.，2014）等。

同时，询问基于计算方法挖掘的网络舆论是否"代表"线下舆论并以后者作为校验（validation）标准，可能只是理解两者关系的一种视角——它假设了问卷调查结果代表"真实的舆论"，而网络舆论则并非如此。但从建构主义角度理解，两者可能只是代表了在不同社会情境与研究方式下不同的舆论表达结果，都属于"舆论"这一社会过程的有机组成部分——前者是用户、议题与网络环境交互之下的特定表达结果，而后者是研究者"自上而下"通过问题设置方式的征询结果。我们可以通过线下舆论或真实结果来"校验"网络舆论挖掘结果，或通过网络舆论来"预测"线下舆论与真实结果，也可以考察两者之间的相互"影响"，例如网络意见表达是否受到线下舆论结果的影响，或是网络舆论如何影响线下舆论与真实结果（如选举结果）。

四、聚焦舆论过程与动态演化的计算舆论研究

基于计算方法的舆论研究不仅有助于理解网络"大众意见"，而且可以极大地促进作为社会与传播过程的舆论研究。这方面的研究主要基于三个重要的因素：时间维度的演化、网络结构的互动关系和跨越宏微观的多层次过程。

1. 刻度（scale）之变：网络舆论的时间演化

传统上长时段追踪式的舆论研究，例如盖洛普的 MIP 调查数据刻度以月为单位，已属相当不易，由于大数据记录格式是自然式地采集，可以更为容易地获取不同时间点，并且时间刻度可以精确到天，甚至更小的时

间单位(如分钟),从而可以精确刻画议题、意见或情绪演化的过程。其中一类代表性的过程式舆论研究是有关议程设置和架构效果的时间演化分析。例如,鲁塞尔·纽曼等(Russell Neuman et al.,2014)发表在《传播学刊》(Journal of Communication)上的论文指出,在线追踪数据为研究舆论演化,特别是公众注意力的演化提供了契机。它所关心的研究问题是:在传统媒体与社交媒体之间,谁设置了谁的议程,谁设置了谁的框架?通过抓取美国2012年全年社交媒体(包括推特、博客和论坛)和传统媒体(报纸和电视)对29个公共议题报道或讨论的内容数据,该研究以天为单位,描述并可视化展示这些议题在一年之中随着时间演化的规律,包括周内、周间、月度和随着重要政治事件发生而变化的特征,从而了解舆论注意力如何在议题之间发生转化。不仅如此,大数据还可以分析传统媒体和社交媒体在报道中的议程先后顺序,从而发现其设置关系。运用时间序列分析中的格兰杰分析(Granger analysis),该研究发现,议题和框架在传统媒体与社交媒体之间并非传统研究所预设的单向设置关系,而是呈现更复杂的形态——在所有29个议题中,约一半发现了单向的议程设置关系(其中,10个从社交媒体流向传统媒体,4个从传统媒体流向社交媒体),另外四分之一则发现两者之间相互设置、相互影响,在框架设置分析中也发现了类似的动态交替影响,表明媒体注意力和公众在社交媒体上的表达注意力两者之间的关系因议题而异。

不同于经典议程设置理论所强调的议程从大众媒介向公众的传递,格鲁什琴斯基和瓦格纳(Gruszczynski & Wagner,2017)使用议程采纳(agenda uptake)概念来分析网络环境下主流媒体、网络小众媒体(niche media)和公众搜索议题之间的动态关系与流动过程。该研究采用谷歌搜索记录(Google Trends)来代表受众议程,其数据可以细化到每天层面。通过采集三类议题(大众常态议题、小众兴趣议题、短期突发事件)在三类主体(主流媒体、网络小众媒体、公众搜索)上的数据,观察议题注意力随着时间演变的情况。通过向量自回归(vector autoregression)和格兰杰分析,该研究发现:对小众兴趣议题而言,网络小众媒体和公众搜索可以影响主流媒体的报道;对大众常态议题而言,主流媒体和网络小众媒体可以影响公众搜索量,公众搜索也可以影响主流媒体和网络小众媒体的报道量;对短期突发事件而言,公众搜索可以影响主流媒体和网络小众媒体的报道,反之则不成立。这表明三类媒体之间的议程流动关系因议题特征而异。一项针对中国场景下议题竞争的计算舆论研究参见本书第十章。

其他具有代表性的时间维度的舆论演化研究包括：基于社交媒体分析舆论极化（polarization）趋势（Garimella & Weber，2017；Waller & Anderson，2021；Yarchi et al.，2021；Yardi & Boyd，2010），议题或事件的注意力周期与子事件发展（Lehmann et al.，2012；Vasterman，2018；Saeed et al.，2019），通过数字档案（如谷歌图书）挖掘社会心态的长时段变迁（Chen & Yan，2016）等。理论上，舆论演化不仅可以分析集合层面，还可以深入分析个体层面议题、态度或情绪的变迁。

2. 在线讨论网络及其动态演化

上述有关舆论演化的分析主要是在聚合层面呈现公共议题、框架、观点、情绪等随时间变化的过程。社会过程式的计算舆论研究的另一个重点是，打破大众意见式舆论研究分割看待意见表达主体的思路，强调公众之间的交往、讨论与辩论过程，致力于考察在线交互、讨论的网络结构及其动态演化。这方面第一个代表性的研究取向是分析舆论生成与发展过程中信息、意见和情绪的扩散过程——公众意见恰恰生长、浮现于这一过程之中。通过社交媒体讯息的转发等关系可以精准构建其扩散过程，进而刻画扩散的规模、速度、广度、深度和结构性扩散度（structural virality）等（参见本书第六章），包括其中的选择性分享机制（参见本书第七章）。另一个重要的研究领域是对于在线讨论结构的计算分析。不仅是前文提到的对于网络舆论表达主体（包含人类与机器人账号）的交往关系结构的刻画、社群划分与意见领袖识别等，而且可以结合文本挖掘和社会网络方法分析交往结构与表达内容的关系，例如不少研究都揭示出网络讨论中政治观点倾向的"同质性"（homophily）现象或"回音室"（echo chamber）问题（Himelboim et al.，2013；Colleoni et al.，2014），还可以运用纵贯网络分析在线讨论结构的动态演化及其影响。

虽然分析政治态度与社会互动之间的关系及其演变在大数据时代之前已有开展，特别是回答"社会影响机制"（态度变化是社会互动的结果）与"社会选择机制"（态度相似的个体彼此连接）谁占上风的问题，但以往的研究只基于小样本和少数的时间点（Lazer et al.，2010），基于网络舆论大数据的计算分析为运用非自我报告的实际行为数据检验提供了契机。梁海

(Liang，2014)的研究致力于分析网络讨论与共同话语基础(common ground)之间的共同演化(coevolution)关系,即考察网络公共讨论是否能促进公众的相互理解。共同话语基础,指的是个体在思考议题,以及组织他们观念、情感和信念方面的相似性,换言之,在公共讨论中,即便无法获得共识/一致意见(consensus),也至少有共同讨论的话题基础,包括共享的知识(事实)和知识结构(事实的关系)。传统调查研究中只能根据研究者的事先预设主观地调查公众对议题的讨论及其知识结构,计算舆论分析则允许观察自下而上的知识及其结构的浮现。基于文本挖掘方法,该研究采用语义相似性(semantic similarity,操作化为文本余弦相似度)来测量讨论者之间共享知识(事实)的程度,用基于词共现关系的诠释框架(interpretive framework)测量知识结构的相似程度,进而通过纵贯网络分析(longitudinal network analysis)来分析网络凝聚力(密度、集聚系数、模块度)随时间演化的情况,以及个体层面的公众讨论网络与内容网络、语义网络之间的影响关系——更符合社会影响机制(越讨论,共同基础越多)抑或社会选择机制(共同基础的人之间更多讨论)。结果发现:在选举期的11个月之间,网络论坛上公众讨论所运用的概念及其关系越来越相似(共同基础提高);在讨论的早期阶段,相互讨论会促进内容相似度的提高(讨论者使用的语言越来越相似)(后期则未必),而内容相似性对讨论网络的影响则不显著;在讨论网络与语义网络的关系上,两者之间存在相互的正向影响,网络讨论会促进语义网络共性的提高,语义网络的相似也会推动讨论的发生。该研究不但对在线讨论内容和结构相似性的动态演化进行了描述,而且寻求解释讨论内容和结构相似性的影响因素(参见本书第九章)。

梅达利亚和杨(Medaglia & Yang，2017)的研究同样聚焦网络讨论的动态性。他们以中国天涯论坛BBS上的四个公共事件讨论为例,分析在线讨论网络中同质(similar-minded)和异质(different-minded)互动随时间动态演化的情况。该研究强调,公众协商(public deliberation)本身是一个不断发展与变化的动态过程,其中,接触和倾听不同意见是健康的公众协商的重要内涵和基础,而讨论者之间的网络同质性(network homophily)则可能会加剧情感极化。通过机器辅助的情感分析(划分为正面、中性、负面),研究发现,四个案例中的三个讨论都集中在同质互动(正-正、负-负互动),但其中有的案例随着事件的发展演化,同质与异质互动的程度会交错变化(例如在特定时间,异质观点之间的交锋会上升);当观点差异的双方规模更接近时,跨观点的异质互动更容易发生;同质互动随时间提高的情况在正面观点的群体中更加显著。

以上对网络分析思维和方法的应用主要以交往中的公众/用户为网络节点,另一种运用网络思维的计算舆论研究是分析公众议程属性或客体的关联网络,以及它与媒体报道属性或客体关联网络之间的相互影响关系,这被称为"第三层议程设置"或"网络议程设置"研究(参见本书第十一章)。

3. 舆论过程的跨层次动力机制

舆论是一个跨越微观(个体)、中观(群体和网络)、宏观(社会)的多层次(multi-level)社会过程。复杂的舆论动力学机制研究,涉及舆论过程中的跨层次动力关系,特别是个体层面局部的行为如何影响整体层面的舆论变化(参见前文关于意见动力学的介绍和本书第八章)。这方面的理论代表之一是"沉默的螺旋"。作为一个典型的过程性舆论理论,沉默的螺旋包含个体感知外部舆论气候、形成民意分布印象及对于未来意见走向的估计,在此基础上形成其个人意见表达,进而影响相邻个体的意见感知和表达,并逐步影响整体层面的舆论发展。虽然该理论勾画了从个体到整体的舆论动态过程,但传统研究只是进行局部性的研究,例如在个体层面检验意见气候感知对意见表达的影响,而无法模拟整个过程。随着多主体模型仿真模拟等计算方法的兴起,为理解沉默的螺旋这一跨层次模型的舆论动力机制提供了新的契机。

索恩和戈德纳(Sohn & Geidner,2016)的研究指出,传统的沉默的螺旋研究强调大众媒介作为提供个体感知意见气候信息来源的影响,但这种大众媒介偏向存在问题,因为人们实际在很大程度上通过身边的参考群体来感知意见和决定是否表达。更值得重视的是,随着网络和社交媒体的兴起,人们的人际交流网络超越了狭隘的地理和社会接近性,而得以了解到大量超越他们身边群体的他者意见。在早期研究中,诺埃勒-纽曼(Noelle-Neumann,1993)指出,人们囿于其观察视野,无法准确感知全局层面的意见分布。如果人的传播网络扩大,特别是包含更多可以带来新信息和意见的弱连接,则有可能感知更加多元的意见。暴露于更多元的意见反过来则可能使得个体的意见感知更接近于整体的真实的意见分布,即他们对自己是否处于少数意见的估计会更为准确。如果拥有大人际网络的个体占据多数,他们对自身处于少数意见的估计因而更加稳定,会促进沉默的螺旋的形成;反之,如果更多的个体主要通过有限邻居(immediate neighbors)来感知意见气候,其对意见气候的感知整体上会更分散、碎片化,也不容易准确感知是否处于少数群体,从而会抑制沉默的螺旋的形成。

正是基于上述基本思想,该研究进行了多主体模型设定:在一个40×40的NetLogo空间内分布1 000个行为主体(agents),每个主体有自己的态度值(包括强度和信心度)和表达意见的门槛阈值(指个体表达意见所需要的公共支持的最低限度),每个个体的初始态度和阈值随机设定,在第一个时间点的时候,四分之一的个体表达态度而其余人保持沉默,然后在每个时间点每个个体随机选择方向移动一步,设定一个监测邻居意见网络的半径(按照指数分布),并根据所监测的意见气候和个体表达阈值规则运行,每次模拟重复100次。模拟结果发现:沉默的螺旋出现的情况随着人际网络规模发生变化,当平均网络规模最小时,即多数人在这种情况下只能感知到很小范围的意见气候,这时候整体层面的多数意见与少数意见之差最小且保持稳定,沉默的螺旋未形成;当平均网络规模达到4时,沉默的螺旋(多数意见与少数意见之差)在早期就很明显且随着时间推移逐步上升。

因此,沉默的螺旋的发生与否与个体感知意见气候的范围有关。当绝大多数个人只能观测到小于1%的意见气候时,整体层面的沉默的螺旋不会发生;随着人际网络的规模扩大,沉默的螺旋发生的可能性增大,但直到扩大到一定程度,才真正有可能发生,换言之,螺旋的发生并不取决于有少数人特别准确地估计意见气候而另外少数人不能,而取决于绝大多数人都位于感知全局意见气候误差的中间位置。该研究发现,整体层面的螺旋过程直到平均网络规模等于4(大约15%的主体可以观察到超过整体人群的10%的意见气候)时才得以发生,这样的条件在传统社会环境下不会发生(很难感知所有人的10%的意见分布),因此,沉默的螺旋在大众媒介出现之前很难在现实中实现。在大众媒介时代,大众媒介是造成沉默的螺旋的主要机制。但在社交媒体时代,人们可以不依赖大众媒介,而通过自身不同规模的社交网络感知意见的分布,同样可造成沉默的螺旋的结果。本研究不但模拟了沉默的螺旋从个体意见感知到整体螺旋形成的动态过程,而且揭示其得以发生的边界条件。这是运用计算方法模拟舆论过程理论的典型体现,也再次证明模拟研究的价值:宏观层面的社会结果不能简单地由个体特征所推断,而是个体特征与互动过程、社会情境、分布规则等高阶现象综合作用的结果。本书第十二章也提供了有关沉默的螺旋的多主体模型研究介绍。

在沉默的螺旋理论之外,桑和博姆加登(Song & Boomgaarden, 2017)的研究运用多主体模型模拟方法研究党派媒介选择性接触、人际讨论的同质与异见、与态度极化效果之间的关系。该研究基于的是斯莱特(Slater,2007;2015)所提出的媒介使用-效果之间"相互强化的螺旋"(mutually reinforcing spiral,简称 RSM)理论。该理论强调媒介接触是个体的信念、兴趣、自我或群体认同的产物(选择性接触机制),反过来又强化了个体信念、兴趣或认同(媒介效果),这一过程呈现反复不断的螺旋化发展。例如,在态度极化的语境中,基于党派身份与预存立场的选择性接触强化了意见的极端化发展(强化了原来的意见立场)。但是,由于经验研究的稀缺(多次的面板研究缺少),这一假说很少在实际中被证明。不仅如此,人们的媒介接触不可能在真空中单独发挥作用,而是与人际讨论交织在一起,人际讨论既可以直接影响人们的态度与意见,也可以调节媒介接触的效果,但在传统研究中,媒介接触与人际讨论的整合研究更为稀缺。因此,该研究基于下列规则进行多主体建模:个体的政治兴趣外在于媒介接触和人际讨论,政治兴趣强度决定初始意见态度的强度,优先与态度相近邻居展开人际互动,只接受相似媒介信息(选择性接触),从而得以观察态度的改变结果。研究的确验证了媒介使用与效果之间相互强化的螺旋。另一项运用多主体模型仿真模拟方法研究舆论极化跨层次涌现机制的案例参见葛岩等(2020)。

需要指出的是,囿于篇幅所限,本章上述讨论的只是计算舆论过程研究的几种主要取向。其他代表性的研究还包括运用在线实验或用户行为日志方法挖掘舆论过程中的具体机制,如选择性接触(Knobloch-Westerwick & Meng,2009;Song et al.,2020),以及分析算法推荐系统对观点接受多样性、选举结果等的影响(Bakshy et al.,2015;Epstein & Robertson, 2015)等人工智能时代舆论过程与演化的新议题。

五、本章小结

本章先回溯舆论基本概念与历史发展过程,强调大数据与计算社会科学(计算传播研究)的兴起为舆论研究带来了新的契机。我们因此提出"计算舆论学"①或"计算舆论研究"的概念,指向一个以社交媒体等网络空间的意见表达(包括其与其他表达空间的舆论过程之关系)为研究对象,以文本挖掘、机器学习、网络分析等计算方法为主要研究方法,以与经典舆论理论对话并发展面向数字舆论的理论为核心目标,面向促进公众意见表达与讨论、推动社会福祉与进步为价值追求的舆论研究新领域与新取向。计算方法的运用是该领域的主要特征,但它致力于舆论理论的发展与创新。在这个意义上,本章指出舆论研究的两条"河流"——"大众意见式"与"社会过程式"的舆论研究。传统上,囿于理论、方法与数据的多重缺陷,社会过程式的舆论研究总体不足、滞后明显。计算舆论研究的发展,一方面,对推进作为"大众意见"的舆论研究带来了新的契机——社交媒体的意见表达、搜索指数等在线档案等可被视为数字时代舆论的重要表征,因此,文本挖掘、视觉分析、在线档案分析等多元计算方法的运用可以刻画数字时代的"大众意见",并将之与传统民意调查或社会事实结果进行比较、校验和预测,以及探讨两者之间的相互影响关系,从而促进了对数字时代"大众意见"的精准理解;另一方面,也是更重要的,计算舆论研究具有支持过程与动态演化研究的天然优势,特别在弥补理论与数据落差方面具有重要意义。首先,由于大数据采集自然行为的连续性,极大地扩展了舆论数据的刻度,使得原本很难采集的历时性数据得以比较便捷地获取,从而得以在集群层面观察议题、框架、意见、情感的动态演化与发展过程;其次,"网"数据的特征与网络分析等计算方法(以及与"长"数据的结合),允许精确刻画舆论发展过程中信息、观点和情感的扩散流动过程,分析在线交往与讨论网络的结构形态及其时间演化规律;再次,通过仿真模拟等方法,可以设定个体状态和交互规则来观察舆论动力机制及其演变的后果,分析舆论发展的跨层次涌现过程。正因为大数据和计算方法突破了单一时点、单一层次、割裂个体的囿限,从而给迈向过程化、交互化、跨层次的舆论过程研究带来了新的想象空间与理论发展的潜能。

---

① 需要指出,使用"计算舆论学"主要是遵从学科领域的表达惯例,并指向基于舆论大数据、运用计算方法、以挖掘舆论规律和发展舆论理论为旨趣的研究取向。这并不意味着它已经形成封闭的知识体系,我们更愿意用"计算舆论研究"指向这一学术领域的开放性与探索过程。

当然,在拥抱大数据和计算方法给舆论研究带来机遇的同时,也要注意网络数据和计算方法本身的局限,比如在线样本的代表性、网络平台的代表性、数据生成过程中的操纵和遮蔽、计算方法追求的可预测性与可解释性之间的张力等。方法不是"炫技"的工具,计算舆论研究需要格外仔细地对待研究的信度与效度,谨慎地解读发现与结论。

最后,对于计算舆论研究的未来发展,我们还想强调以下几点。

第一,保持研究领域的开放性。虽然我们是从传播研究的角度切入舆论研究,但正如舆论研究历来具有多学科交叉融合的开放传统,计算舆论研究的发展也是开放的。本章已经介绍,计算舆论研究,特别是舆论过程与演化研究,受到物理学、计算机、管理科学、复杂科学等诸多学科领域的激发与推动,传播学作为舆论研究所寄身的主要人文社会科学,需要更好地与这些学科融合,共同推动兼具人文关怀、社会价值与科学精神的计算舆论研究。

第二,保持对舆论理解的开放性。尽管计算舆论研究为分析网络舆论带来了巨大契机,但要注意避免大数据研究常见的"路灯效应"——囿于数据获取问题影响对真正问题的研究。换言之,因为只能"抓取"某些特定的数据,便以为采用精致的计算方法挖掘到的是"舆论",殊不知往往只是舆论作为社会过程之"冰山一角"。因此,如本章前文呼吁,需要加强对线上舆论与线下舆论的关系研究,在"大数据"与"小数据"、计算方法与传统方法(包括量化、质化方法)的比较、整合中更好地理解和把握社会舆论。那些数据无法获取的隐匿、下沉的"舆论",同样值得我们高度关注。

第三,坚守研究的价值立场。"计算"指数字时代研究舆论的重要创新方法,而不是"算计"。计算舆论研究应当始终服务于社会福祉与发展进步,而非操纵与控制。在计算舆论研究过程中,也需要高度重视公民隐私保护、数据伦理等问题。

参考文献

陈力丹(1999).舆论学——舆论导向研究.北京:中国广播电视出版社.

葛岩,秦裕林,赵汗青(2020).社交媒体必然带来舆论极化吗:莫尔国的故事.国际新闻界,42(2),67-99.

刘建明(1990).当代舆论学.西安：陕西人民教育出版社.

刘正山(2008).代理人基模途径的政治学方法论根基.政治科学论丛，36,149-186.

马修·萨尔加尼克(2019).计算社会学：数据时代的社会研究.赵红梅,赵婷译,北京：中信出版社.

潘忠党(2002).舆论研究的新起点.武汉大学新闻与传播学院组编.新闻与传播评论·2001年卷.武汉：武汉大学出版社.

王龙,田野,杜金铭(2018).社会网络上的观念动力学.中国科学：信息科学,48(1),3-23.

张伦,王成军,许小可(2018).计算传播学导论.北京：北京师范大学出版社.

周葆华(2014).社会化媒体时代的舆论研究：概念、议题与创新.南京社会科学,1,115-122.

周葆华(2019).网络舆论过程与动态演化：基于计算传播研究的分析.西北师大学报(社会科学版),56(1),37-46.

祝建华,彭泰权,梁海,王成军,秦洁,陈鹤鑫(2014).计算社会科学在新闻传播研究中的应用.科研信息化技术与应用,5(2),3-13.

祝建华,黄煜,张昕之(2018).对谈计算传播学：起源、理论、方法与研究问题.传播与社会学刊,44,1-24.

Albarracin, D., & Shavitt, S. (2018). Attitudes and attitude change. *Annual Review of Psychology*, 69(1), 299-327.

Allport, F. H. (1937). Toward a science of public opinion. *Public Opinion Quarterly*, 1(1), 7-23.

Al Zamal, F., Liu, W., & Ruths, D. (2012). Homophily and latent attribute inference: Inferring latent attributes of twitter users from neighbors. *Proceedings of the Sixth International AAAI Conference on Weblogs and Social Media* (Vol. 6, No. 1, pp. 387-390).

Arendt, F., & Fawzi, N. (2019). Googling for Trump: Investigating online information seeking during the 2016 US presidential election. *Information, Communication & Society*, 22(13), 1945-1955.

Bakshy, E., Messing, S., & Adamic, L. A. (2015). Exposure to ideologically diverse news and opinion on Facebook. *Science*,348(6239),1130-1132.

Barberá, P., Wang, N., Bonneau, R., Jost, J. T., Nagler, J., Tucker, J., & González-Bailón, S. (2015). The critical periphery in the growth of social protests. *PloS One*,10(11),e0143611.

Blumer, H. (1946). Collective behavior. In Alfred M. Lee (Ed.), *New outlines of the principles of sociology*. New York: Barnes and Nobel.

Bollen, J., Mao, H., & Zeng, X. (2011). Twitter mood predicts the stock market. *Journal of Computational Science*,2(1),1-8.

Boutet, A., Kim, H., & Yoneki, E. (2013). What's in Twitter, I know what parties are popular and who you are supporting now! *Social Network Analysis and Mining*,3(4),1379-1391.

Chen, K., & Tomblin, D. (2021). Using data from reddit, public deliberation, and surveys to measure public opinion about autonomous vehicles. *Public Opinion Quarterly*,85,289-322.

Chen, Y., & Yan, F. (2016). Economic performance and public concerns about social class in twentieth-century books. *Social Science Research*,59(1),37-51.

Childs, H. (1939). By public opinion I mean... *Public Opinion Quarterly*,4,553-569.

Choi, H., & Varian, H. (2012). Predicting the present with Google Trends. *Economic Record*,88,2-9.

Colleoni, E., Rozza, A., & Arvidsson, A. (2014). Echo chamber or public sphere? Predicting political orientation and measuring political homophily in Twitter using big data. *Journal of Communication*,64(2),317-332.

Davis, C. A., Varol, O., Ferrara, E., Flammini, A., & Menczer, F. (2016, April). Botornot: A system to evaluate social bots. *Proceedings of the 25th International Conference Companion on World Wide Web* (pp. 273-274).

Davison, W. P. (1958). The public opinion process. *Public Opinion Quarterly*, 22(2), 91-106.

DiMaggio, P., Evans, J., & Bryson, B. (1996). Have American's social attitudes become more polarized? *American Journal of Sociology*, 102(3), 690-755.

Epstein, J. M., & Axtell, R. (1996). *Growing artificial societies: Social science from the bottom up*. Cambridge, MA: MIT Press.

Epstein, R., & Robertson, R. E. (2015). The search engine manipulation effect (SEME) and its possible impact on the outcomes of elections. *Proceedings of the National Academy of Sciences*, 112(33), E4512-E4521.

Featherstone, J. D., & Barnett, G. A. (2020). Validating sentiment analysis on opinion mining using self-reported attitude scores. *2020 Seventh International Conference on Social Networks Analysis, Management and Security* (pp. 1-4). IEEE. doi: 10.1109/SNAMS52053.2020.9336540.

Garimella, V. R. K., & Weber, I. (2017, May). A long-term analysis of polarization on Twitter. *Proceedings of the International AAAI Conference on Web and Social Media* (Vol. 11, No. 1, pp. 528-531).

Gayo-Avello, D. (2013). A meta-analysis of state-of-the-art electoral prediction from Twitter data. *Social Science Computer Review*, 31(6), 649-679.

Gencoglu, O., & Gruber, M. (2020). Causal modeling of Twitter activity during COVID-19. *Computation*, 8(4), 85.

Ginsberg, J., Mohebbi, M. H., Patel, R. S., Brammer, L., Smolinski, M. S., & Brilliant, L. (2009). Detecting influenza epidemics using search engine query data. *Nature*, 457(7232), 1012-1014.

Glynn, C. J. (2005). Public opinion as a social process. In Dunwoody, S., Becker, L. B., McLeod, D. M., & Kosicki, G. M. (Eds.), *The evolution of key mass communication concepts: Honoring Jack M. McLeod*. Cresskill, NJ: Hampton Press.

Greenberg, B. S. (1964). Diffusion of news of the Kennedy assassination. *Public Opinion Quarterly*, 28(2), 225-232.

Greenberg, B. S., & Parker, E. B. (1965). *The Kennedy assassination and the American public: Social communication in crisis*. Stanford, California: Stanford University Press.

Gruszczynski, M., & Wagner, M. W. (2017). Information flow in the 21st century: The dynamics of agenda-uptake. *Mass Communication and Society*, 20(3), 378-402.

Haim, M., & Jungblut, M. (2021). Politicians' self-depiction and their news portrayal: Evidence from 28 countries using visual computational analysis. *Political Communication*, 38(1-2), 55-74.

Himelboim, I., McCreery, S., & Smith, M. (2013). Birds of a feather tweet together: Integrating network and content analyses to examine cross-ideology exposure on Twitter. *Journal of Computer-mediated Communication*, 18(2), 154-174.

Katz, E., & Lazarsfeld, P. (1955). *Personal Influence: The part played by people in the flow of mass communications*. Glencoe, Illinois: The Free Press.

Kearney, M. (2018). Tweetbotornot. https://tweetbotornot2.mikewk.com/index.html (accessed 31 January 2022).

King, G., Lam, P., & Roberts, M. E. (2017). Computer-assisted keyword and document set discovery from unstructured text. *American Journal of Political Science*, 61(4), 971-988.

Klašnja, M., Barberá, P., Beauchamp, N., Nagler, J., & Tucker, J. A. (2015). Measuring public opinion with social media data. In Atkeson, L. R., & Alvarez R. M. (Eds.), *The Oxford handbook of polling and survey methods* (pp. 555-582). New York: Oxford University Press.

Knobloch-Westerwick, S., & Meng, J. (2009). Looking the other way: Selective exposure to attitude-consistent and counterattitudinal political information. *Communication Research*, 36(3), 426-448.

Lazer, D., Kennedy, R., King, G., & Vespignani, A. (2014). The parable of Google Flu: Traps in big data analysis. *Science*, 343(6176), 1203-1205.

Lazer, D., Pentland, A., Adamic, L., Aral, S., Barabasi, A. L., Brewer, D., ... & Van Alstyne, M. (2009). Computational social science. *Science*, 323(5915), 721-723.

Lazer, D. M., Pentland, A., Watts, D. J., Aral, S., Athey, S., Contractor, N., ... & Wagner, C. (2020). Computational social science: Obstacles and opportunities. *Science*, 369(6507), 1060-1062.

Lazer, D., Rubineau, B., Chetkovich, C., Katz, N., & Neblo, M. (2010). The coevolution of networks and political attitudes. *Political Communication*, 27(3), 248-274.

Lehmann, J., Gonçalves, B., Ramasco, J. J., & Cattuto, C. (2012, April). Dynamical classes of collective attention in Twitter. *Proceedings of the 21st International Conference on World Wide Web* (pp. 251-260).

Liang, H. (2014). Coevolution of political discussion and common ground in web discussion forum. *Social Science Computer Review*, 32(2), 155-169.

Medaglia, R., & Yang, Y. (2017). Online public deliberation in China: Evolution of interaction patterns and network homophily in the Tianya discussion forum. *Information, Communication & Society*, 20(5), 733-753.

McCombs, M., & Shaw, D. L. (1972). The agenda-setting function of mass media. *Public Opinion Quarterly*, 36(2), 176-187.

Noelle-Neumann, E. (1974). The spiral of silence: A theory of public opinion. *Journal of Communication*, 24(2), 43-51.

Noorazar, H. (2020). Recent advances in opinion propagation dynamics: A 2020 survey. *The European Physical Journal Plus*, 135(6), 1-20.

O'Connor, B., Balasubramanyan, R., Routledge, B., & Smith,

N. (2010). From tweets to polls: Linking text sentiment to public opinion time series. *Proceedings of the International AAAI Conference on Web and Social Media* (Vol. 4, No. 1).

Pennacchiotti, M., & Popescu, A. M. (2011, July). A machine learning approach to twitter user classification. *Proceedings of the International AAAI Conference on Web and Social Media* (Vol. 5, No. 1).

Rao, D., Yarowsky, D., Shreevats, A., & Gupta, M. (2010, October). Classifying latent user attributes in Twitter. *Proceedings of the 2nd International Workshop on Search and Mining User-generated Contents* (pp. 37-44).

Rogers, E. (1995). *Diffusion of innovations*. New York: Free Press, 1995.

Russell Neuman, W., Guggenheim, L., Mo Jang, S., & Bae, S. Y. (2014). The dynamics of public attention: Agenda-setting theory meets big data. *Journal of Communication*, 64(2), 193-214.

Saeed, Z., Abbasi, R. A., Maqbool, O., Sadaf, A., Razzak, I., Daud, A., ... & Xu, G. (2019). What's happening around the world? A survey and framework on event detection techniques on Twitter. *Journal of Grid Computing*, 17(2), 279-312.

Scharkow, M., & Vogelgesang, J. (2011). Measuring the public agenda using search engine queries. *International Journal of Public Opinion Research*, 23(1), 104-113.

Skoric, M., Liu, J., & Lampe, C. (2015, May). Gauging public opinion in the age of social media. *International Communication Association Annual Conference*.

Slater, M. D. (2007). Reinforcing spirals: The mutual influence of media selectivity and media effects and their impact on individual behavior and social identity. *Communication Theory*, 17(3), 281-303.

Slater, M. D. (2015). Reinforcing spirals model: Conceptualizing the relationship between media content exposure and the development and maintenance of attitudes. *Media Psychology*, 18(3), 370-395.

Sohn, D., & Geidner, N. (2016). Collective dynamics of the spiral of silence: The role of ego-network size. *International Journal of Public Opinion Research*, 28(1), 25-45.

Song, H., & Boomgaarden, H. G. (2017). Dynamic spirals put to test: An agent-based model of reinforcing spirals between selective exposure, interpersonal networks, and attitude polarization. *Journal of Communication*, 67(2), 256-281.

Song, H., Cho, J., & Benefield, G. A. (2020). The dynamics of message selection in online political discussion forums: Self-segregation or diverse exposure? *Communication Research*, 47(1), 125-152.

Uscinski, J. E. (2009). When does the public's issue agenda affect the media's issue agenda (and vice-versa)? Developing a framework for media-public influence. *Social Science Quarterly*, 90(4), 796-815.

Vasterman, P. (2018). *From media hype to Twitter storm* (pp. 333-354). Amsterdam: Amsterdam University Press.

Vosen, S., & Schmidt, T. (2011). Forecasting private consumption: Survey-based indicators vs. Google trends. *Journal of Forecasting*, 30(6), 565-578.

Waller, I., & Anderson, A. (2021). Quantifying social organization and political polarization in online platforms. *Nature*, 600(7888), 264-268.

Wang, W., Rothschild, D., Goel, S., & Gelman, A. (2015). Forecasting elections with non-representative polls. *International Journal of Forecasting*, 31(3), 980-991.

Xia, H., Wang, H., & Xuan, Z. (2011). Opinion dynamics: A multidisciplinary review and perspective on future research. *International Journal of Knowledge and Systems Science*, 2(4), 72-91.

Yarchi, M., Baden, C., & Kligler-Vilenchik, N. (2021). Political polarization on the digital sphere: A cross-platform, over-time analysis of interactional, positional, and affective polarization on social media. *Political Communication*, 38(1-2), 98-139.

Yardi, S., & Boyd, D. (2010). Dynamic debates: An analysis of group polarization over time on Twitter. *Bulletin of Science, Technology & Society*, 30(5), 316-327.

Zhang, L. & Fung, A. (2020). Opinion dynamics research on social media: Breakthroughs and challenges. *Telematics and Informatics*, 46, 101314.

Zhang, H., & Pan, J. (2019). Casm: A deep-learning approach for identifying collective action events with text and image data from social media. *Sociological Methodology*, 49(1), 1-57.

Zhu, J. (1992). Issue competition and attention distraction: A zero-sum theory of agenda-setting. *Journalism & Mass Communication Quarterly*, 69(4), 825-836.

Zhu, J. J., Mo, Q., Wang, F., & Lu, H. (2011). A random digit search (RDS) method for sampling of blogs and other user-generated content. *Social Science Computer Review*, 29(3), 327-339.

第一章

舆论表达主体与意见领袖挖掘[*]

一、理论背景

数字平台越来越多地与物理世界重合,甚至替代了物理世界,成为民意聚集和媒体聚焦的公共领域(public sphere)。意见领袖在数字平台中扮演的角色显得重要,也更加微妙。在传播学者对互联网技术乌托邦般的愿景叙事中,意见领袖是一个从精英到平民被赋权的概念。因为数字平台上扁平化的组织结构和去中心化的传播途径(Bennett & Segerberg, 2012),普通用户似乎有了更大的空间发声并成为草根的意见领袖(Papacharissi & de Fatima Oliveira, 2012)。而同时,一部分意见领袖在现实中成为有破坏力的政治力量。在过往的公共事件中,从英国脱离欧洲联盟、乌克兰危机、欧美的右翼民粹浪潮到新冠疫情,都有网络意见领袖在其中散发假消息和政治宣传(Howard, 2020)。在中国的互联网现实里,意见领袖也常引发关于平台治理的诸多讨论。意见领袖是谁、有何特征、如何定位,不但是网络舆论研究的重要内容,也涉及网络空间善治的现实考量。虽然本章侧重于意见领袖分析的计算技术层面,但是毋庸置疑,意见领袖的讨论背后具有更加宏大的叙事,即数字平台在社会治理和改良中扮演的角色。对于意见领袖的分析不应仅是利用技术手段对社群的定位和人物画像。去理论化、脱离现实讨论的单纯技术应用很可能沦为政治经济营销工具,并可能引发侵权行为。本章希望呈现如何通过计算方法挖掘舆论主体,以更好地了解时代和公众的诉求,推动舆论发展与社会善治。

---

* 本章作者为许未艾。

学术文献中的意见领袖概念起源于卡茨（Katz）与拉扎斯菲尔德（Lazarsfeld）的二级传播理论（two-step flow）和罗杰斯（Rogers）的创新扩散理论（diffusion of innovations）。意见领袖是一个社会系统里（如社区、组织）那些有高威望、信息源广阔并有广泛社会联系的人物（Rogers, 2003）。在信息渠道有限流动单一的大众传媒时代，意见领袖起到重要的信息中介作用：他们将媒体上的新知识、观点和行为带入社区，实现这些新事物的普及（Katz, 1957）。很显然，这个陈述已经十分陈旧。在开放的互联网社会，普通用户同精英群体能大致享有一致的信息获取权。在内容制作和传播上，普通用户并不面临明显的技术壁垒。传播研究表明，用户生成内容（user-generated content）已经成为主流媒体内容的重要替代品。自媒体内容早已在挑战主流大众媒介的议程设定（Meraz, 2009）。

研究网络时代的意见领袖有两个综合问题。第一，数字平台上的意见领袖是哪些人、有什么特征，他们与传统的社会精英有何差别？第二，意见领袖如何定位？

关于第一个问题，大量的研究试图归纳总结意见领袖的一般身份和行为属性。例如，在早期的意见领袖文献里，一个社群里的意见领袖与其社会经济地位、教育水平、社交能力相关，他们的影响力也来源于对某个话题的兴趣和参与度。例如，市场调查研究就非常关注潜在意见领袖对特定产品的兴趣和关注度（Zaichkowsky, 1985）。意见领袖的话题兴趣可以是持续的或是短暂的（Bergadaa, Faure, & Perrien, 1995）。实证研究表明，无论是线下社群还是线上社群，有更高参与度的用户在话题知识和专业知识上都更胜于普通人群（Sun et al., 2006; Tsang & Zhou, 2005）。但是意见领袖并不直接由某个社会特征（如教育程度、收入、社交地位）定义。网络时代意见领袖的影响力来自注意力经济（attention economy）和网络口碑（online word-of-mouth）。虽然意见领袖的影响力的最终表现是受影响群体的思维行为改变，但是在内容过剩、注意力分散的现实网络社会里，获取公众有限且分散的注意力成为凝聚影响力的第一站。因此，网络上的意见领袖是那些能影响信息流与公众关注焦点的人物和机构（Cha, Haddadi, Benevenuto, & Gummadi, 2010; Sun et al., 2006）。考虑到数字内容制作和传播成本较低，不同用户并不一定能在内容制作能力上一决高下。虽然在极端的例子中，通过大规模内容生产和转发（如转发机器人和僵尸粉）可以获取一定的影响力,但更关键的实力在于用户能否引导社群其他成员参与其原创内容的转发。这当然取决于原创内容的质量,同时也受益或受制于该用户自身的社交能力。根据幂律(power law)原理,网络社群里仅有少部分用户能激发病毒式传播。这一小部分群体就是网络时代的意见领袖。

如果意见领袖基于注意力经济和网络口碑,那么简单转发行为的重要性就毋庸置疑了。虽然单个用户的转发行为可以是随机的,或由多个因素推动,但大规模、以社群为基础的转发行为则可以提炼出观点市场(marketplace of ideas)里的群体智慧(wisdom of the crowd)。网络空间的集体转发行为类似于本科勒(Benkler,2006)提出的共享对等生产(commons-based peer production)。该生产可以有效地呈现某个社区的主流诉求。这一观点也是试图通过网络数据分析预测公共舆论的理论基石。更具体地说,点赞和转发构成了实际意义上的网络公众投票。他们的选票将公众认为的最有价值的内容和人物推向前端,并因此获取主流媒体的关注(Jackson & Welles,2015)。那些被网络社群众包的人物则成为"众包意见精英"(crowdsourced elite)。"众包意见精英"来自并扎根于社区,也可以代表社区挑战强势观点(Jackson & Welles,2015;Meraz & Papacharissi,2013)。众包过程让普通用户参与议程设置、信息把关和议题框架发生改变(networked gatekeeping and framing),使得他们成为数字空间的把关人(Barzilai-Nahon,2008)。而在传统媒体时代,这样的把关人是由专业新闻机构和记者等媒体精英把持。可见,小小的转发行为能演变成社会变革推进器。网络时代的话语权不再由某一特定群体把持。从网红经济到"大V"现象,越来越多的例子都表明网络空间的确存在创业型意见领袖(opinion entrepreneurs)(Dreier & Martin,2010)。他们通过精心的内容包装和关系维护来建立网络时代的影响力。我们看到,数字时代的意见领袖逐渐与其线下的资源和身份脱钩。虽然不少研究表明,传统机构和主流媒体在网络平台上能继续享受较高的影响力(Papacharissi & de Fatima Oliveira,2012),但是平台用户似乎更加相信自己社交圈里的熟人信息源(Silverman,2001;Sun et al.,2006),或者志同道合的熟人,甚至陌生人(Hsu & Park,2011)。

第二个问题是关于意见领袖如何定位。根据网络时代用户行为所积累的大量数字足迹(digital footprints),我们可以勾画出用户的社会网络图。社会网络关系的视角认为万物皆可连接。用户们借着转发、回复和关注,构建他们基于平台的用户关系圈。社会网络分析可以通过对这一关系圈的结构和数理分析挖掘出潜在的意见领袖。例如,研究者用网络中心度(centrality)挖掘处于网络结构最中心区域的潜在意见领袖(下一节会具体介绍)。不过在做网络关系分析的同时,我们需要对意见领袖的影响域做界定:一个领域的"大 V"可能是另一个社群的普通用户。意见领袖的影响力是有边界的,特别是在当下互联网社群巴尔干化(cyber-balkanization)的背景下。这里的巴尔干化指的是互联网社会组织的分化。分化的原因有很多,包括地缘政治和商业利益造成的以国界划分的分裂互联网(splitnet)(Malcomson,2016),也有由于政治见解、价值取向和用户喜好产生的回音室(echo chambers)(Colleoni,Rozza,& Arvidsson,2014)。一方面,这样的分化是物以类聚、人以群分的同质偏好自然法则(homophily)的体现;另一方面,也是由于平台纷纷采用基于兴趣观点价值共同点的推荐算法导致的过滤气泡(filter bubbles)和同温层。

另外,网络空间公共领域的分化也体现了政治经济权力的博弈。互联网上的公共领域并不是单一的,而是形成了不同人群参与、相互重合影响的多元公共空间(Bruns & Burgess,2015)。布伦斯和布格斯(Bruns & Burgess,2015)认为,不同议题事件、观点和身份认同都可能引发公众讨论和集体行动,而因这些议题聚集的公众是互联网上的即席公众(ad hoc public)。例如,平台上的话题标签可以成为社群构建的基石,把对一个话题有共同兴趣和观点的人群聚在一起,形成基于话题标签的即席公众(hashtag ad hoc publics)(Jackson,Bailey,& Welles,2020)。即席公众是转瞬即逝的。当热点事件爆发后,用户可以借着话题标签参与讨论并形成流动性的信息分享网络(ambient news network)。当热点事件退出公众视野后,这些社群也随之消散。存留下来的小部分活跃即席公众议题则能继续维持公众对该议题的长期关注。在流动演变的即席公众里,意见领袖的影响力也可能转瞬即逝,或是随着社群而演变。此外,由于社会公众有限的注意力,共存的公共领域之间会形成竞争(Bruns & Burgess,2015)。当主流的公共领域被强势话语权把控时,处于社会边缘的成员或弱势成员则可以在网络空间中形成对抗性公众(counterpublics),以挑战主流话语权(Jackson & Welles,2015)。这两个公共领域里的意见领袖特征各异。主流强势的公共领域里的意见领袖或许是传统的知识媒体政治经济精英;而在对抗性公共领域里,意见领袖或许恰恰是线下社会的弱势群体,他们因为获得网络社群的支持,有对新闻现场的第一线观察,继而通过观点鲜明和煽动性的表达(Papacharissi & de Fatima Oliveira,2012)来重构影响力(Jackson & Welles,2015)。在近年来频见于期刊的对抗性公众研究中,西方社会主流思潮中被排挤或者忽略的声音(如极端右翼团体、反气候变暖团体、反女权团体)依靠社交平台凝聚了一股不可忽视的政治影响力。当然,以社会进步为议题的对抗性公众(如非洲裔维权、女性维权)也通过他们的社交平台运行,产生了各自基于社群的意见领袖,从而试图推动社会进步。

二、方法背景

我们可以通过问卷调查和田野观察的传统方法让社群成员提名有声望与话语的个体和组织,透过社群成员的提名来追踪影响力来源。这个做法耗时耗力,也未必精确。社会网络理论(social network theory)及其分析方法提供了一个系统性观察意见领袖的视角。该方法量化社群内个体交往的行为数据,进而分析影响力的流动。在数字时代,用户行为被大量记录保存,研究者更加容易获得这类行为数据。在一个线上的社会网络里,用户可被视为网络的节点(nodes),用户与用户之间的关系(ties)取决于相应的数字行为。最常见的用户间的关系有三种:关注/被关注(following/followed),转发(retweeting),回复/提及(reply/mention)。基于这三种关系,可构建三个不同内涵的用户网络关系。以关注关系为基础的社会网络代表用户之间常态的信息流和影响力分布。以转发为基础的关系代表实际的信息流,并可以用于定位信息的突发性病毒式传播。虽然以转发为主的社会网络结构可以解释信息的流动,但因为转发行为的偶然性和转瞬即逝的特征,基于这个网络中心的意见领袖更类似于上文提到的流动性的即席公众。基于回复/提及的社会网络关系则更加有选择性,用户被列入的门槛也更高:相对于被动的转发行为,回复和提及需要一方用户投入更多注意力并贡献内容。在这样的网络里,回复和提及其他用户的背后有不同的传播动机。例如,在 Twitter 上,公共机构和人物会用"@"提及第三方用户,以强调他们之间的关系。这样做类似于机构网站之间的互相链接,更像是向公众展示有公关色彩的象征性的网络关系(representative networks)

(Shumate & Lipp，2008)。除了这三种基本用户关系外，最新的研究开始以内容相似度建立用户间的关系。例如，巴伊（Bail，2016）认为，可以基于不同机构用户议题讨论的重合度构建用户网络。基于文化桥梁（cultural bridge）的概念，巴伊（Bail，2016）认为，这样的网络代表文化中心度（cultural betweenness）的分布：那些处于网络中心的机构用户能够平衡契合不同的议题，扮演桥梁角色。类似的基于内容相似/雷同度的网络方法还被应用到检测平台上是否有异常传播行为。例如，当一群用户在短时间内发布高度类似的原创内容或是发送同一链接时，这往往是滥用平台算法进行宣传战的证据之一（Giglietto，Righetti，Rossi，& Marino，2020）。基于不同用户关系所形成的网络里的意见领袖的内涵自然也不同。

  网络中心度是社会网络分析（social network analysis，简称SNA）里常用的量化指标。中心度是对网络里节点是否处于中心的测量，数值越高代表节点越居于网络中心。中心度被用于定位意见领袖。虽然中心度高的用户未必就是意见领袖，但是中心度高的用户通常处于社交和信息流通网络的中心，把持更多社会关系，可以视中心度为其影响力的核心体现。SNA里有多种中心度的测量法，如点度中心度（degree centrality）、接近中心度（closeness centrality）、特征向量中心度（eigenvector centrality）和中介中心度（betweenness centrality）。不同的测量方法对应不同内涵的意见领袖。点度中心度指的是与一个用户节点有社交关系的其他节点的数量。最直观的例子是社交平台上某个用户的粉丝数。用点度中心度作为影响力的测量指标有局限性，一个用户节点的关系多并不一定意味着该用户处在社会网络战略核心位置。接近中心度考虑了一个用户节点在网络关系图中几何意义上的中心位置，即其与其他节点最短距离越小，其接近中心度越高。类似的测量还有中介中心度，其衡量的是某节点是否处在其他两个结点之间的最短的路径上（Freeman，1977）。换言之，中介中心度指向节点充当"中介"和"桥梁"的角色（Himelboim，Golan，Moon，& Suto，2014）。网络空间因同质偏好和推荐算法而分化成多个派系群组，从而造成传播的阻断和分散。那些能整合各个群组人脉和资源的节点（有更高中介中心度的节点）就扮演了搭桥牵线的意见领袖角色。出于这个原因，中介中心度通常被视为默认的意见领袖指标。特征向量中心度考虑了用户节点相邻节点的影响力。若一个用户的相邻用户具有影响力，该用户的特征向量中心度也相对更高。

以图 1.1 呈现的转发关系为例,中介中心度排名最高的用户拥有最多用户节点(最高点度中心度),接近中心度和特征向量中心度则分别指向不同用户。

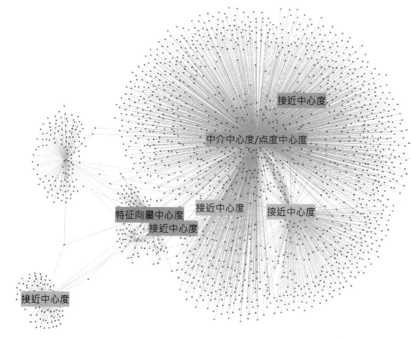

图 1.1　各类中心度测量对比

此外,也应当考虑平台用户关系的方向性(directedness)。常见的用户关系,如转发、关注和回复,都具有指向性。例如,当用户 A 关注了用户 B,其连接是从节点 A 指向节点 B。主动去连接其他节点和被其他节点连接代表截然不同的网络影响力。以最简单的入度中心度(in-degree centrality)为例,当一个用户被更多地转发,则该用户具有更高的入度中心度。而更高的出度中心度(out-degree)对应积极转发他人内容。高入度的用户影响力在于其口碑,高出度的用户影响力则源自其动员能力和内容搬运工的角色。

基于这个逻辑,也可以用更加复杂的 HITS(hyperlink-induced topic search)算法的权威(authority)或者枢纽(hub)值来定位意见领袖(Weber & Monge,2011)。该算法来源于网页链接分析。高权威度指与某领域或话题相关,并被其他网页节点多次链接的高质量节点。枢纽指的是引用很多高质量、高权威度节点链接的网页节点。网页之间的链接和引用被引用关系同社交平台上的关注转发关系类似,都代表信息源的质量。那些被多次转发的用户可被视为权威,而频繁转发高质量用户的个体可被视为枢纽。以此诞生了链接分析中的 HITS 算法。HITS 算法最早应用于网页之间的链接,也可以很恰当地应用于社交平台的信息发送和关注关系。那些更多被引用的网页或者更多被转发的用户被视为权威,而更多引用其他网页和转发他人的被视为枢纽。值得一提的是,与 HITS 算法类似的 PageRank 算法正是当下主流搜索引擎对搜索结果排序的雏形。

至于网络公共领域里因人群差异而产生的各类分割的派系,可用 SNA 里的社群发现算法(community detection algorithm)来定位。这类算法根据用户之间的关系强弱多寡,区分一个整体网络里内部紧密连接而与外部节点相对脱离的聚类(cliques)。常见的如根据 K-core 值划分出一个内部各个用户至少有 K 条互相连接的聚类。在面对大型网络时,常用的社群发现算法还有 Louvain 算法(Blondel, Guillaume, Lambiotte, & Lefebvre, 2008),其运算快捷,适用于社交平台海量数据。例如,Python 环境下用于提取 Twitter 数据里的社会网络的 TSM 库就是基于 Louvain 算法。社群发现算法划分的聚类之间往往存在价值观、话题兴趣、政见和地缘文化之间的明显差异。可见,在利用网络中心度对意见领袖挖掘前,有必要对整体网络做一个宏观分析,并逐一分析每一个聚类里的特定意见领袖。

在通过 SNA 里的量化指标定位潜在的意见领袖后,可进一步筛选,以确定用户身份和影响力的真实性。当然,在网络平台上,意见领袖的定义可以很宽泛,这就包括非个体的用户,甚至去人格化的用户(如转发机器人)。传统意义上的意见领袖背后包括复杂的人物特征(如性格、性别、社会经济地位、受教育程度等)。在面对真实用户时,这类信息可以帮助我们更精确地对用户进行画像。除了用 SNA 定位意见领袖,也有必要了解意见领袖在网络行为中体现的其他特征。一般意义上的网络人物画像基于用户在平台上的行为和资料。在大多数情况下,研究者并不掌握大量后端平台数据。随着平台对用户隐私保护的加强和对个人数据安全的立法,研究者可以获取的用户信息越加有限。因此,有必要探索如何利用有限的公开数据测量用户特征。常用的社交平台,如 Twitter,会提供 API 公开接口。通过 API 接口授权可以获得公开 Twitter 用户的资料页。在 Twitter 这类公开平台上,用户资料页已经成为公共表达的重要部分。Twitter 用户常在资料页使用话题标签以表明自己的身份认同和政治立场。用户使用这类话题标签的程度在一定程度上体现了该用户对某话题的兴趣热度。用户也会公开填写所在城市。这类信息虽然不完整且信噪比高,但对意见领袖的地理划分很关键。当然,也可根据用户发布的内容做话题和参与度的测量,这类测量可以通过传统内容编码分析完成,也可以借助于机器学习自动处理。

三、案例介绍

回顾前面提出的两个综合问题,即数字平台上的意见领袖是谁、有什么特征,他们与传统的社会精英有何差别?意见领袖如何定位?在此介绍两篇文献作为案例。

Xu, W. W., Sang, Y., Blasiola, S., & Park, H. W. (2014). Predicting opinion leaders in Twitter activism networks: The case of the Wisconsin recall election. *American Behavioral Scientist*, 58(10), 1278-1293.

第一篇侧重回答第一个问题。在成文的2013—2014年,社交媒体还被视为相对新鲜的媒体形式,其对传统行业和媒体的冲击力刚刚显现。在这个大背景下,作者探索的是传统的意见领袖框架是否仍适用于网络时代。

Xu, W. W. (2020). Mapping connective actions in the global alt-right and Antifa counterpublics. *International Journal of Communication*, 14, 22.

第二篇是发表于2020年的文章。在这篇更新的文章里,作者所要研究的网络现实已经发生明显的变化:社交媒体和线上力量已经凝聚成一股巨大的政治潮流,并与线下的政治发展融合。该文呈现了在政治社会撕裂的后真相时代里,意见领袖如何定位,影响力如何产生,以及意见领袖的政治经济背景。

第一篇文章侧重的是理论框架的应用。基于罗杰斯的早期意见领袖框架和口碑传播的研究,意见领袖有如下特征:超群的社交能力和对话题的高度投入。网络时代的社交能力体现在用户在用户关系组建的社会网络的位置上。而对话题的投入度可以从用户生成的内容的多个方面体现。在研究中，作者选取了三个数据来源：用户资料页的个人描述、用户提供的地理位置和用户帖文的特点。此外，随着线上意见领袖的兴起，用户对组织的依赖性也引发了讨论。虽然早期意见领袖还有其他身份特征，但是以上两点在当时可以借助定量方法测量。研究提出如下假设和研究问题。

假设一：用户基于社交网络的社交能力与话题讨论中的口碑呈正相关。

假设二：基于用户资料页判定，在某话题越活跃的用户，在相关话题的讨论中更多地被转发。

假设三：基于用户地理位置判定，在某话题越活跃的用户，在相关话题的讨论中更多地被转发。

假设四：基于用户产生的内容判定，在某话题越活跃的用户，在相关话题的讨论中更多地被转发。

研究问题一：用户的个体/机构身份是否对话题讨论中转发数有影响？

在第二篇文章中，作者的研究针对一系列基于话题标签形成的社群。这些话题标签社群组成即席公众。由于社会分化，社交平台上存在多个意见相左、相互对抗的即席公众。许（Xu，2020）研究即席公众如何利用各类联结性行动（connective actions）构建影响力。其中一个联结性行动叫众包把关（crowdsourced gatekeeping）。在一个网络公共领域里，各类用户都参与了非中心化、个体化和网络化的内容创作与搬运。这些微观具体的行为综合起来可以筛选出代表一个社群声音和诉求的意见领袖，即众包意见领袖（crowdsourced elites）。在研究中，作者探讨了在政治分化的现实中，不同话题社群里形成的不同的众包领袖。

研究问题二：在利益相对抗、意见不一致的网络公共领域里，话题社区如何利用网络众包行为产生意见领袖？

四、研究设计

第一个研究数据来自 Twitter 上对于 2012 年美国威斯康星州州长补选的

讨论。作者采用当时常用的社交媒体数据挖掘工具 NodeXL，收集了 2012 年 5 月 29 日到 6 月 5 日期间包含 # wirecall 话题标签的推文①。原始数据库包括 8 957 名用户。为了方便之后的手动编码，作者从中随机抽样出 1 000 名用户。

设计模型有三组自变量：社交能力（social connectivity）、话题相关度（involvement）、个体/组织身份。

社交能力可以用用户所处的社会网络的节点特征来测量。作者用 NodeXL 软件收集了这 1 000 名随机用户的关注/被关注（following/followed）关系，以此计算每一个用户的中介中心度。社交能力用中介中心度来测量，中介中心度数值越高则代表用户社交能力越强。图 1.2 展示的是用户间关注关系在 Excel 图表中的呈现。第一列代表关注关系的起点用户（发起关注的用户），第二列代表被关注的用户。

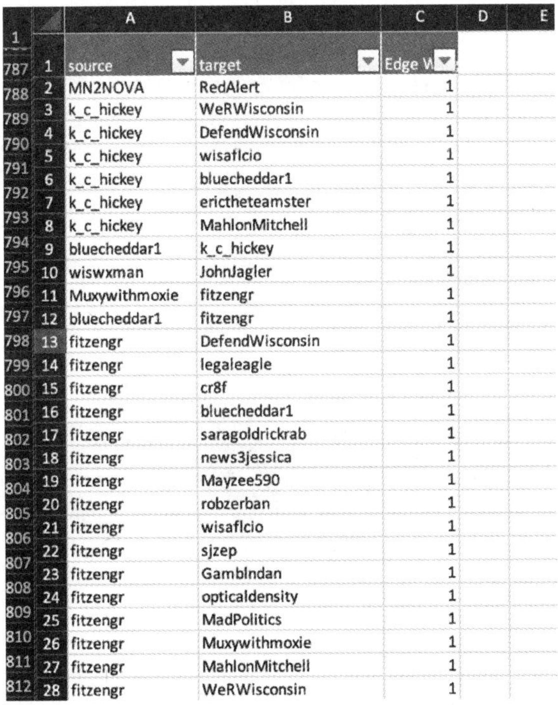

		A	B	C	D	E
787	1	source	target	Edge W		
788	2	MN2NOVA	RedAlert	1		
789	3	k_c_hickey	WeRWisconsin	1		
790	4	k_c_hickey	DefendWisconsin	1		
791	5	k_c_hickey	wisaflcio	1		
792	6	k_c_hickey	bluecheddar1	1		
793	7	k_c_hickey	erictheteamster	1		
794	8	k_c_hickey	MahlonMitchell	1		
795	9	bluecheddar1	k_c_hickey	1		
796	10	wiswxman	JohnJagler	1		
797	11	Muxywithmoxie	fitzengr	1		
798	12	bluecheddar1	fitzengr	1		
799	13	fitzengr	DefendWisconsin	1		
800	14	fitzengr	legaleagle	1		
801	15	fitzengr	cr8f	1		
802	16	fitzengr	bluecheddar1	1		
803	17	fitzengr	saragoldrickrab	1		
804	18	fitzengr	news3jessica	1		
805	19	fitzengr	Mayzee590	1		
806	20	fitzengr	robzerban	1		
807	21	fitzengr	wisaflcio	1		
808	22	fitzengr	sjzep	1		
809	23	fitzengr	Gamblndan	1		
810	24	fitzengr	opticaldensity	1		
811	25	fitzengr	MadPolitics	1		
812	26	fitzengr	Muxywithmoxie	1		
	27	fitzengr	MahlonMitchell	1		
	28	fitzengr	WeRWisconsin	1		

图 1.2　呈现用户关注关系的 Excel 图表

① 简单的数据挖掘工具，如 NodeXL，已经不能满足当下对海量数据的采集要求。最新的 Twitter 数据研究多通过 Python 和 R 语言与 Twitter API 接口完成。

这类表格数据被称为 edgelist。在 R 或者 Python 环境下，可以很容易导入 edgelist 数据用于社会网络分析。例如，R 的用户可以用 igraph 库导入 edgelist，并可视化该网络（详见如下代码和图 1.3）。

```
library(igraph) #导入 igraph 库
library(readr) #导入 readr 库

edgelist <- read.csv("https://curiositybits.cc/files/edgelist.csv") #导入 edgelist.csv 文件并存为名叫 edgelist 的数据库
g <- graph.data.frame(edgelist, directed = TRUE)
#基于该 edgelist 构建网格

plot (g, layout = layout_with_kk,
    vertex.color = "green", vertex.label = NA,
    vertex.size = 0.0001, edge.arrow.size = 0.001) ## 可视化
```

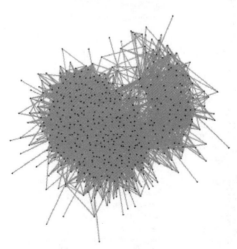

图 1.3 可视化网络

对于不熟悉编程的读者，可以考虑使用 Excel 插件 NodeXL 或者免费开源的网络可视化软件 Gephi 做基本的 SNA。例如，在 Gephi 导入该 edgelist 文件后，利用 forceatlans2 算法对网络进行绘图，可有如图 1.4 的呈现。

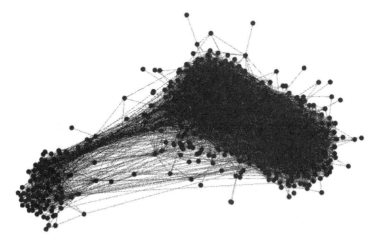

图 1.4 用户关注关系的可视化

检视该网络发现,多数用户有相互关注关系。此外,图中显示,用户被分裂成两个子群。考虑到议题涉及美国政治中左右路线之争,图中用户的分化显示了政治撕裂在数字平台社会网络上的体现。

对于第二个变量,即话题相关度,作者采用三个维度的测量。

第一,基于该话题的政治属性,作者测量的是用户的政治相关度。用户通常在 Twitter 资料页上填写政治类词汇(如保守派、共和党、民主党、奥巴马支持者、茶党等)或代表政见和身份认同的话题标签(如♯occupywallstreet)。此外,用户可以使用含有政治信息的头像。用户是否在资料页上进行政治表达,从侧面体现了用户的政治热度。因此,根据资料页上有无政治表达,将用户归为两类:热衷政治的用户和非政治化用户。虽然这样的划分在当下看显然是比较粗糙的,因为政治热度有强弱之分,也不能完全判定没有政治标语的用户就对政治冷感(越来越多的用户为了保护隐私和数字安全,选择回避公开政治信息),但是考虑到这个变量需要人工编码核实,简单的两分法可以避免人工编码上产生过多分歧。根据这个测量,60.5%的用户被标识为热衷政治的用户。

第二,作者利用用户公开的地理位置信息来判定被讨论的话题与用户的相关度。这次采用的是 Twitter 资料页上用户公开的城市、州和国家名。考虑到被讨论的议题是威斯康星州的一个地方事件,作者假定州内的用户与该事件更加相关。基于这个方法,82.2%的用户资料页上显示他们居住在威斯康星州,17.8%的用户没有提交地理位置信息。值得一提的是,该划分法也存在缺陷:并不是所有用户都愿意提供完整或真实的地理位置,此外,该州的州长补选也引起了全美公众的关注,仅仅依据用户提交的地理位置信息来判定事件对用户的相关性是有限数据背景下做的必要假定。

第三,作者根据用户所发的推文内容是否有互动性(engaging),将用户归为话题高参与度和低参与度。这里的理论框架依据的是洛夫乔伊和萨克斯顿(Lovejoy & Saxton,2012)对公共推文做的三类划分,简称ICA框架。I指的是信息类(information),通常是点到多点(point to many)的广播类内容;C指的是社群类(community),涉及用户之间的互动内容,如寒暄和情感表达;A则是动员类(action),指的是呼吁用户参与线下活动或是线上转发的内容。虽然这个框架基于十年前Twitter的生态,但它体现了话题参与度的三个层级:在信息层级,用户只是简单,甚至被动地提供信息;在社交层级,用户不仅提供信息,还试图建立关系;在最高的行动层级,用户试图让用户的注意力转化成实际的推动力(如参与投票、签名或者集体转发)。根据用户所发的3 546条推文,作者依照ICA框架将推文分为信息类、社群类和动员类。其中,后两类被认为是更加有互动性的内容,即互动类推文(engaging tweets)。作者判定,当一个用户发送更多互动类推文时,该用户可以被认为对话题更加投入。推文的分类用了手动的内容分析法,并取得合格的稳定性测试(alpha reliability=0.76)。在收集的推文中,62.2%为信息类,社群类比例为25.7%,最少的是动员类(12.1%)。

最后一组自变量是用户的个体或组织身份。依据公开的资料页信息,作者将用户划分成三类:个体用户、机构用户和媒体用户。研究模型的因变量是用户在这一话题讨论中的口碑,即每个用户被平均转发的次数。这1 000名随机选取的用户平均被转发7次(方差值=50.16)。由于数据偏度高,作者使用对数变换来校正分布①(参考 Liu, Xu, & Li, 2019; Song, Dai, & Wang, 2016)。

在第二个研究中,作者关注的是西方政治里代表极左派别和极右派别产生的众包意见领袖。代表极左派别的是Antifa,这是一个全球化扁平化

---

① 这一做法存在争议,对于类似偏度高的转发类数据,目前更常见的做法是用负二项分布回归模型或者Hurdle模型。

的反法西斯主义组织,近年来活跃于欧美,以街头冲突抗争他们眼中日益法西斯右翼化的主流社会。由于该组织成员多支持无政府主义,在西方主流语境中,Antifa 被认为是极端和边缘化的政治团体。由于其边缘化的地位,它的成员必须依靠社交平台拓展话语权。另一个边缘化的政治团体是代表极右的带有白人至上、极端国族和右翼民粹色彩的另类右派(the alt-right)。与 Antifa 一样,另类右派也是一个没有明显组织结构、在互联网平台扁平化存在的社群。他们借着去中心化的在线网络和内容分享来维持联系。总而言之,这两个极端政治团体都是数字时代的产物。作者讨论了这两个组织在 2016—2017 年间如何通过众包意见领袖和其他一系列网络行为拓展边缘政治团体的话语权。由于这两个组织的扁平化和无明显组织结构的特征,作者必须依靠关键的话题标签来定位这两个社群。这些社群也更像基于话题标签的即席公众。代表 Antifa 的话题标签为♯antifa,代表另类右派的话题标签是♯bluehand(该话题标签被反对西方社会政治正确和伊斯兰化的用户采用)和 ♯whitegenocide(这个话题标签的使用者多为相信白人种族灭绝阴谋论的用户)。♯bluehand 和♯whitegenocide 两个话题标签代表一部分另类右派的即席公众,而♯antifa 这一标签用来代表 Antifa。

作者利用 Python 脚本通过公共的 Twitter 接口采集了 2018 年 4 月 15 日至 8 月 15 日之间包括以上话题标签的推文。去重后,数据集里包括 33 271 条来自♯bluehand 的推文、58 917 条来自♯whitegenocide 的推文、217 285 条来自♯antifa 的推文。研究所涉及的社会网络包含使用任何一个被选话题标签的用户,用户与用户间的关系是基于转发或者提及。参照过往的众包意见领袖研究的方法(Jackson & Welles,2015,2016;Vicari,2017),作者采用中介中心度作为衡量指标。基于转发和提及关系的 Twitter 用户网络可以通过 Python 软件包 tsm 实现(Freelon,2014)。在创建的基于转发的网络中,一共有 1 011 167 个节点(账户)和 196 518 个用户关系(转发关系)。在基于被提及的网络里,有 27 059 个节点和 39 664 个边。考虑到网络社群分化的自然现象,即便是一个话题标签也可以分裂出多个社群,作者采用布隆德等(Blondl, Guillaume, Lambiotte, & Lefebvre,2008)的 Louvain 算法将整体网络划分为多个集群(子组)。文章侧重分析整体网络中最大的五个集群里的众包意见领袖。

五、数据分析

在第一篇文章中,作者使用线性回归模型检验假设。在模型中,用户的转发数为因变量,用户的身份、三个层面测量的话题投入度和基于中介中心度的社交能力为自变量。表1.1罗列了各变量间的相关系数。

表1.1 模型变量相关系数

	转发	社交能力	基于地理位置的话题参与度	基于资料页的话题参与度	个体/组织身份	是否为媒体账号	基于推文的话题参与度
转发	1.08(0.22)	0.34**	0.27**	0.05	0.19**	0.19**	−0.31**
社交能力		5.3(2.68)	0.06	0.11**	0.14	0.08	0.20**
基于地理位置的话题参与度			1.18(0.38)	−0.11**	0.04	0.11**	0.21**
基于资料页的话题参与度				0.61(0.49)	0.08*	−0.09*	0.02
个体/组织身份					1.11(0.31)	0.02	0.14**
是否为媒体账号						0.04(0.19)	0.12
基于推文的话题参与度							0.40(0.03)

注:** $p<0.01$;* $p<0.05$。
转发数=对数转换的转发数量+100。
基于地理位置的话题参与度:本州用户编码为1,否则为2。
基于资料页的话题参与度:个人资料页有政治表达为1,没有为0。
个体/组织身份:个体用户编码为1,组织用户编码为2。
是否为媒体账号:传统媒体中的用户编码为1,否则为2。
基于推文的话题参与度=互动性推文与用户总推文数的比例。
表格对角线上为相应变量的均值和标准差。

表1.2中回归模型整体上显著,解释了26%的方差,$F(6,593)=8.22$,$p<0.001$。第一个假设涉及用户的社交能力和转发数。模型结果与假设一致。中介中心度越高的用户与转发的次数呈正相关($\beta=0.26$)。更具体地

说,处于关注关系网络中心的用户更多地被转发。这个正相关关系可以有如下解释:较高的中介中心度本身意味着该用户有广泛的受众群体,这有利于消息的分发。同样,作为中介和桥梁的用户可以从社会网络的各方面获得丰富多样的信息与观点(Freeman,1977),这样有助于高质量内容的生产。关于第二个假设,基于用户资料页测量的话题参与度与被转发的能力并不显著相关,这与假设不一致。可见,对于政治的热度并不一定转化为分享有价值的信息。当时的 Twitter 用户可能更喜欢客观或翔实的消息和评论。关于第三个假设,以用户地理位置和新闻事件的远近来判断的话题参与度与转发数显著相关,这符合文中的假设:威斯康星州的本地用户比外州用户更有可能被转发($\beta=0.20$)。能解释这一关系的原因如下:本地用户对被讨论的事件的了解更多,他们作为新闻一线的见证人,坐拥第一手资料,人脉和在地观察等因素都可能有助于他们制作更有传播价值的内容。此外,本地用户之间可能早已存在线下关系,这也有助于内容的转发。关于第四个假设,基于用户推文推断的话题参与度与转发数有关:越多发送互动性推文的用户,越多地获得转发($\beta=0.21$)。研究也测试了个人和机构用户在获得转发能力上是否存在差异。模型显示,机构用户的转推次数多于个人用户的转推次数($\beta=0.11$),但是新闻机构与其他组织之间的转发数没有显著差异。

表 1.2 回归模型

	用户被转发数	
	β	Robust SE
社交能力	0.26**	0.003
基于地理位置的话题参与度	0.20**	0.03
基于推文的话题参与度	0.21*	0.73
基于资料页的话题参与度	0.05	0.02
个体/组织身份	0.11*	0.04
是否为媒体账号	0.12	0.08
F, Adj. R^2	$F(6,593) = 8.22, 0.26$**	

注: ** $p<0.01$; * $p<0.05$。

在第二篇文章中,作者先构建基于三个极左和极右政治的话题标签而形成的即席公众社会网络,随后采用 Louvain 社群发现算法定位聚类。分析的操作流程如下。

先需要将含有推文和相关用户信息的数据库转换为 edgelist 形式。这一过程可以利用 R 语言下的 GraphTweet 包完成(参考 https://graphtweets.john-coene.com)，也可以使用 Python 环境下的 tsm 库。图 1.5 呈现的是原始数据库部分截图，原始数据包括用户名、推文、发送时间等元数据(metadata)。

created_at_text	month	year	content	from_user_screen_name	from_user_followers_count	from_user_friends_count	from_user_listed_count
Thu Oct 12 04:57:40 +0000 2017	10	2017	.@richardbspencer will be back. https://t.co/v...	ALTRIGHT___	1917	47	8
Wed Oct 11 13:26:54 +0000 2017	10	2017	This wasn't the travel ban we voted for. https...	ALTRIGHT___	1917	47	8
Wed Oct 11 05:18:45 +0000 2017	10	2017	#Milo #HarveyWeinstein #VegasShooting #Religio...	ALTRIGHT___	1917	47	8
Wed Oct 11 00:20:33 +0000 2017	10	2017	This is what actual suppression of activists I...	ALTRIGHT___	1917	47	8
Wed Oct 11 00:14:45 +0000 2017	10	2017	More like diversity+proximity=conflict https:/...	ALTRIGHT___	1917	47	8
Wed Oct 11 00:12:28 +0000 2017	10	2017	Never forget, the world is run by "Dracula", a...	ALTRIGHT___	1917	47	8

图 1.5　推文原始数据

为构建社会网络，我们需要发送者(在 Twitter 环境下代表转发或回复他人的用户)、接受者(被转发和回复的用户)和沟通频率等基本信息。这类信息在原始数据库中分别存于 from_user_screen_name、content 和 created_date 这三列里。Python 环境下的 tsm 库针对推文的文本特征能提炼文本中被“@”的用户名。在下面代码中(完整代码见 GitHub)，作者自定义了两个 Python 函数。第一个函数 to_tsm 用于数据清理，从原始数据库中筛选 from_user_screen_name、content 和 created_date 三个表格列，并去除缺失数据。第二个函数 get_edgelist_fromtsm 利用 tsm 内带的功能将推文转换成基于转发、回复和“@”提及的 edgelist。将这两个函数应用到命名为 allaccount_tsm.csv 的数据库即可生成 csv 格式的 edgelist。

```
import community
import networkx as nx
import tsm
import pandas as pd
import community as community_louvain
```

```
import matplotlib.cm as cm
import matplotlib.pyplot as plt

#定义 SNA 函数
def to_tsm(df): #to_tsm 函数用于清理原始数据并生成包括三列(from_user_screen_name, content, created_date)的 csv 表格
    df = df.loc[df['from_user_screen_name'].isnull() == False]
    df = df.loc[df['content'].isnull() == False]
    df_fortsm = df[['from_user_screen_name', 'content', 'created_date']]
    df_fortsm = df_fortsm.dropna()
    return df_fortsm

def get_edgelist_fromtsm(csv_filename): # get_edgelist_fromtsm 函数用于提炼 Twitter 文本中的三层网络关系(retweet, mention, reply),并生成 edgelist
    all_el = tsm.t2e(csv_filename, 'ALL', save_prefix = str('all' + csv_filename))
    rt_el = tsm.t2e(csv_filename, 'RTS_ONLY', save_prefix = str('rt' + csv_filename))
    mt_el = tsm.t2e(csv_filename, 'AT_MENTIONS_ONLY', save_prefix = str('mt' + csv_filename))
    reply_el = tsm.t2e(csv_filename, 'REPLIES_ONLY', save_prefix = str('reply' + csv_filename))
    return len(all_el), len(rt_el), len(mt_el), len(reply_el)

def create_networkx(edgelist_file): # create_networkx 函数用于将 edgelist 转换成 networkx 对象和 GraphML 文件
    EDGELIST_matrix = pd.read_csv(edgelist_file, header = 0)
```

```
EG = nx.DiGraph()
for index, tweet in EDGELIST_matrix.iterrows():
    EG.add_edge(tweet[0], tweet[1])
print (nx.number_of_edges (EG))
print (nx.number_of_nodes (EG))
#EG_igraph = nx.to_pandas_dataframe(EG)
nx.write_graphml(EG, str(edgelist_file + "graph.graphml"))
print (str(edgelist_file + "graph.graphml"))
return EG
```

#将 get_edgelist_fromtsm 函数应用于原始 csv 数据。成功操作后会生成三个 csv 文件: allallaccount_tsm.csv_edgelist.csv, rtallaccount_tsm.csv_edgelist.csv, mtallaccount_tsm.csv_edgelist.csv, replyallaccount_tsm.csv_edgelist.csv
get_edgelist_fromtsm("allaccount_tsm.csv")
Edge list created.
Data saved to file "allallaccount_tsm.csv_edgelist.csv".
Edge list created.
Data saved to file "rtallaccount_tsm.csv_edgelist.csv".
Edge list created.
Data saved to file "mtallaccount_tsm.csv_edgelist.csv".
Edge list created.
Data saved to file "replyallaccount_tsm.csv_edgelist.csv".
(54510, 18066, 20283, 19630)

#将 create_networkx 应用于基于转发关系的 edgelist(rtallaccount_tsm.csv_edgelist.csv),该函数可生成一个 GraphML 文件并属于一个 networkx 对象(根据下文代码定义,该 networkx 对象命名为 rt)
rt = create_networkx("rtallaccount_tsm.csv_edgelist.csv")
5602
4271
rtallaccount_tsm.csv_edgelist.csvgraph.graphml

在上文代码中，create_networkx 是一个自定义的 Python 函数，读者可以利用该函数生成一个 edgelist，并将 edgelist 转换成通用的 GraphML 格式。读者可以利用开源的社会网络可视化软件 Gephi 导入 GraphML 文件并计算基本的网络节点数据（如中心节点）。例如，在 Python 编程环境下可定义如下函数，使用 networkx 库计算几类网络节点指标：入度、出度、中介中心度、接近中心度、特征向量中心度、HITS 算法的权威度和枢纽度。

```
def get_network_metrics(gramphml_filename): # get_network_
    metrics 函数用于计算各类 SNA 指标
    graph = Graph.Read_GraphML(gramphml_filename)
    graph_list = list(graph.vs['id'])
    graph_descriptive = pd.DataFrame(graph_list)
    graph_descriptive.columns = ['node']
    graph_descriptive['indegree'] = graph.vs.degree(type = "in")
    graph_descriptive['outdegree'] = graph.vs.degree(type = "out")
    graph_descriptive['rawbt'] = graph.betweenness(directed = True) # could not find normaized bt score in igraph
    graph_descriptive['closeness'] = graph.closeness(normalized = True)
    graph_descriptive['evcent'] = graph.evcent()
    graph_descriptive['hub'] = graph.hub_score()
    graph_descriptive['authority'] = graph.authority_score()
    graph_descriptive['coreness'] = graph.coreness()
    graph_descriptive.to_csv(str("Network_Metrics" + gramphml_filename + '.csv'), sep = ',', index = False, header = True)
    return graph_descriptive
```

	node	indegree	outdegree	rawbt	closeness	evcent	hub	authority	coreness
0	altright___	2	52	115.25	0.404970	0.211396	0.031844	0.659780	9
1	anthonycumiaxyz	1	0	0.00	0.288260	0.088640	0.000000	0.016416	1
2	amrenaissance	9	0	0.00	0.377742	0.452681	0.000000	0.890983	9
3	rooshv	3	0	0.00	0.359943	0.300036	0.000000	0.676196	3
4	steve_sailer	6	0	0.00	0.373742	0.562904	0.000000	0.813218	6
...	...	...	...	...	...	...	...	...	...
4266	katrinapierson	1	0	0.00	0.306863	0.262868	0.000000	0.061200	1
4267	yspeari	1	0	0.00	0.306863	0.262868	0.000000	0.061200	1
4268	usaassociation	1	0	0.00	0.306863	0.262868	0.000000	0.061200	1
4269	geraldorivera	1	0	0.00	0.306863	0.262868	0.000000	0.061200	1
4270	rjhaier	1	0	0.00	0.306863	0.262868	0.000000	0.061200	1

下一步是利用社群发现算法定位多个不同话题和立场的聚类。这一过程可以在 Gephi 中完成。Gephi 提供了基于 Louvain 社群发现算法定位聚类，并在可视化中以不同颜色体现不同聚类。在代码环境下，可以用 Python 环境下的 community 库做相关操作。

```
#使用社群发现算法定位聚类

rt = rt.to_undirected(reciprocal = False, as_view = False)
#Louvain算法仅适用于 undirected graph，因此，先将网络转化为
undirected 模式

partition = community_louvain.best_partition(rt)
#应用社群发现算法

## 可视化,用不同颜色标注不同社群
pos = nx.spring_layout(rt)
cmap = cm.get_cmap('viridis', max(partition.values()) + 1)
nx.draw_networkx_nodes(rt, pos, partition.keys(), node_size = 40,
cmap = cmap, node_color = list(partition.values()))
nx.draw_networkx_edges(rt, pos, alpha = 0.5)
plt.show()
```

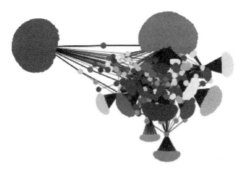

图1.6 社群可视化

图 1.7 显示了基于转发关系形成的社会网络。为简化可视化里的信息,作者在 Gephi 中用 k-core 算法呈现至少有六个互相连接的用户关系图。若使用 Python 代码,读者可参考前文自定义的 get_network_metrics 函数。应用该函数后可得 coreness 核数值。根据该数值,可以对网络进行 k-核分解。譬如图 1.7 呈现的是 k-6。该图中呈现的用户与至少其他六个用户有转发/回复/提及关系。

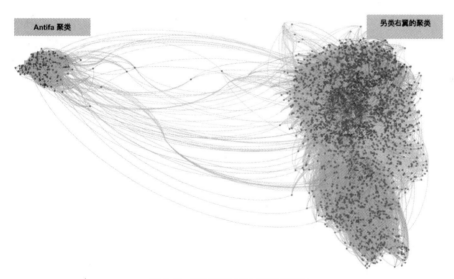

图1.7 基于转发关系的网络图

图 1.7 中显示有五个大的聚类。它们分割并有明显的政治立场和话题差别。例如,左上侧的聚类代表 Antifa;右侧的多个集群在空间上相对集中并有重合,它们代表另类右翼或泛保守派的社群,这中间有倡导美国利益优

先的 MAGA("让美国再次伟大")运动、欧洲大陆反政治正确的 bluehand 运动和相信白人种族屠杀这一阴谋论的群体。代表极左和极右的社群在社会网络中有明显的割裂,图中只有少数用户同时转发了代表左右双方的内容。在已有研究中,转发关系形成的社会网络通常能体现政见分歧(Brady et al.,2017)。这并不奇怪,转发代表某种意义上的背书。

对于意见领袖的定位基于各个聚类。这里要回答的问题是,谁是意见领袖且有什么特征。图 1.7 左上角的 Antifa 为最大的聚类(包含 11 348 名用户,占总用户数的 11.2%)。根据中介中心度对聚类内的用户进行排名,前 20 位的众包意见领袖大多与 Antifa 运动相关联。它们包括基于主要城市的 Antifa 团体、基层的无政府主义者政治组织和人士,以及研究 Antifa 运动的学者。图 1.7 右上角为第二大集群(包括 10 038 名用户,占整个网络的 9.92%),里面的众包意见领袖多为文化保守派和特朗普支持者。在排名前 20 位的众包意见领袖中,有 11 个账户在个人资料页面填写了与特朗普及其 MAGA 运动相关的关键字和话题标签。第三大集群(包括 9 957 名用户,占总用户数的 9.84%)里的众包意见领袖包括匿名的极右翼账户(譬如#bluehand 运动的发起账户)、极右派媒体和#bluehand 追随者。第四大集群(包括 7 504 名用户,占总用户数的 7.42%)与第二大集群相似,因为它的众包意见领袖多为亲特朗普保守派用户。第五大集群(包括 7 107 名用户,占总用户数的 7.03%)主要是由对所谓的"白色种族灭绝"的讨论形成的。它的众包意见领袖精英阶层包括美国、英国、澳大利亚、南非和欧洲的账户。

考虑到越来越多的众包意见领袖实为匿名的社交机器人(bots),因此,在讨论众包意见领袖特征时必须判断用户的真实性。不少用户在资料页中填写假信息以混淆视听。在研究中,作者在分析具体推文时发现了部分冒充 Antifa 成员、试图渗透抹黑 Antifa 运动的另类右派账户。在判断账户真实性时,作者采用两个指标。第一,在数据分析时,该账户是否已经被 Twitter 公司注销。近年来,Twitter 公司加大对网络水军的打击,若用户滥用平台,账号会被注销。第二,通过 R 语言下的 bots 识别算法(tweetbotornot)。一般的 bots 识别算法基于机器学习,识别常规 bots 的发送规则和行为特征,并将其提取的特征用于计算一个账号是否为 bots 的可能性。最新的传播学研究中常用 Botometer(R 语言下的操作见 https://

github.com/marsha5813/Botcheck)。由于 Botometer 需要有专业的 API 接口接入，对于小规模数据，可以使用另外一个库（https://github.com/mkearney/tweetbotornot）。操作如下：

```
prob <- tweetbotornot(id) #id 为用户 ID 号
```

可以获得某个用户 ID 是否为 bots 的概率。针对一系列用户，可以用如下代码逐个判断，并记录下每个账户的概率。该类操作需要 Twitter 的 API 接入许可。

```
library(tweetbotornot)

token <- create_token(
  app = "", #enter the app name
  consumer_key = "", #enter consumer key
  consumer_secret = "", #enter consumer secret
  access_token = "", #enter access token
  access_secret = "") #enter access secret

nodes$prob_bot <- NA

for (id in nodes$username.y[1:3]){
  tryCatch({
    print(c("finding info for:",id))
    #Sys.sleep(10)
    prob <- tweetbotornot(id)
    nodes[nodes$username.y==id,]$prob_bot<-prob$prob_bot
    prob<NA
    Sys.sleep(10)
    #dev.off()|
```

```
},error = function(e){cat("ERROR:",conditionMessage(e), "\n")})
}
```

用户若被算法标识为有99%的嫌疑,则被认为是bots。在第五大聚类,即以白人种族屠杀阴谋论驱动的聚类中,中介中心度排名最高的50名用户里,被Twitter平台注销账户的比率高达37%;在Antifa聚类中,中介中心度排名最高的50名用户里,被标识为bots的比率为4.7%。不过,在排名前20位的众包意见领袖中,bots和注销账户很少。

六、案例小结

本章介绍的两个研究分别代表意见领袖研究的两个不同关注点。在2014年的研究中,作者更关注意见领袖框架在数字时代的适用性。毕竟在数字浪潮的席卷下,有各种权力重组、平民逆袭精英的案例。2014年的研究显示,传统的意见领袖特征在数字媒体上仍然有一定的参考价值。例如,传统的意见领袖框架强调个人在社区社会网络中的社交地位。这一特征可以在社交平台上延续。社交平台用户可以更加有策略性地建立其线上联系,甚至发展其基于社交平台的社会资本(social media-based social capital)(Xu & Saxton, 2019)。然而,网络平台上的意见领袖似乎并没有完全脱离其线下的成分,例如用户是否为讨论话题的一线观察经历者、是否为机构用户都与转发数相关。在2020年的研究中,作者关注的是基于话题标签形成的众包意见领袖。他们的行为和身份特征更加多样。在涉及政治议题的讨论和动员中,由社区用户众包出的意见领袖有较强的政治立场,他们会在资料页上清楚表明其政治身份。根据数据,我们难以判断众包意见领袖是否有其线下身份作支撑。但是,可以肯定的是,这些众包意见领袖并非线下的公众人物,有的仅仅是一个匿名账号。在2014年的研究中,作者发现,用户的政治关注度并不决定转发数。这个结论能否在政见对立的现实中站得住脚,值得商榷。同样值得关注的是,在社群分化的今天,意见领袖的影响力似乎被局限在政见一致的聚类里,跨越政治立场的意见领袖比较少见。当众包意见领袖变得匿名化,并脱离线下身份,其政治影响力越加需要学者关注。

在方法论上,意见领袖的判定可以依据直观的转发能力,即依照网络口碑指标。若掌握用户关系的网络数据,则可以用更具体的社交网络中心度来判断。这些算法,无论是判断中心度还是社群发现,在各个软件和编程语言的库里(如 R 的 igraph、Python 的 networkx)都非常普及。当意见领袖挖掘的技术门槛逐渐降低,我们更加知道需要意见领袖的真实来历和背后的传播动机。

在最新的社会网络和意见领袖研究中,我们看到更多对于传播者和传播动机真实性的讨论。社交平台固然提供了基本的数字架构,让信息有了病毒式扩散的机会,但是因为网络水军和平台算法滥用行为的存在,这类爆发式传播是否等同于真实意见,被打上了问号。吉列托(Giglietto)等在对媒体虚假信息的追踪中发现,政治团体收买操纵大批量社交账号,并利用这些账号在短时间内(通常表现为 60 秒)转发雷同内容以制造虚假热点内容(Giglietto, Righetti, Rossi, & Marino, 2020)。通过社会网络分析可以发现,内容传播的路径始于几个行为一致和紧密连接的网络聚类。目前已经有多个开源代码能应用于检测这类虚假的病毒式传播,如 Python 语言下的 coordination-network-toolkit 和 R 语言下的 CooRnet。传播学研究未来会越来越多地关注这类假象的另类意见领袖。此外,科技公司正逐渐向学者开放平台数据,例如 2021 年年初,Twitter API 向学术类研究者开放了历史推文的获取,这有助于未来基于纵向历史数据的研究,以更好地了解社会网络结构在不同时间段的演变(Stier, Schünemann, & Steiger, 2018)。随着算法驱动的文本分析在一定程度上也应用了网络概念(如 semantic web),我们未来会有更多将社会网络同语义网络相结合的研究。例如,赫尔斯滕和莱德斯多夫(Hellsten & Leydesdorff, 2020)提出 socio-semantic(社会语义网络)的概念,考虑了网络平台中用户与讨论话题之间的联系,将用户-用户行为拓展到用户-话题行为。

七、参考文献

Bail, C. A. (2016). Combining natural language processing and network analysis to examine how advocacy organizations stimulate conversation on social media. *Proceedings of the National Academy of Sciences*, 113(42), 11823-11828.

Barzilai-Nahon, K. (2008). Toward a theory of network gatekeeping: A framework for exploring information control. *Journal of the American Society for Information Science and Technology*, 59(9), 1493-1512.

Bennett, W. L., & Segerberg, A. (2012). The logic of connective action: Digital media and the personalization of contentious politics. *Information, Communication & Society*, 15(5), 739-768.

Benkler, Y. (2006). *The wealth of networks: How social production transforms markets and freedom*. London: Yale University Press.

Bergadaa, M., Faure, C., & Perrien, J. (1995). Enduring involvement with shopping. *Journal of Social Psychology*, 135(1), 17-25.

Blondel, V. D., Guillaume, J. L., Lambiotte, R., & Lefebvre, E. (2008). Fast unfolding of communities in large networks. *Journal of Statistical Mechanics: Theory and Experiment*, 2008(10), P10008.

Brady, W. J., Wills, J. A., Jost, J. T., Tucker, J. A., & Van Bavel, J. J. (2017). Emotion shapes the diffusion of moralized content in social networks. *Proceedings of the National Academy of Sciences*, 114(28), 7313-7318.

Bruns, A., & Burgess, J. (2015). Twitter hashtags from ad hoc to calculated publics. In Rambukkana, N. (Eds.), *Hashtag publics: The power and politics of discursive networks* (pp. 13-28). New York: Peter Lang Publishing.

Colleoni, E., Rozza, A., & Arvidsson, A. (2014). Echo chamber or public sphere? Predicting political orientation and measuring political homophily in Twitter using big data. *Journal of Communication*, 64(2), 317-332.

Cha, M., Haddadi, H., Benevenuto, F., & Gummadi, K. (2010). Measuring user influence in Twitter: The million follower fallacy. *Fourth International AAAI Conference on Weblogs and Social*

Media. George Washington University.

Dreier, P., & Martin, C. R. (2010). How ACORN was framed: Political controversy and media agenda setting. *Perspectives on Politics*, 8(3), 761-792.

Freelon, D. (2014). *Twitter Subgraph Manipulator (Version 3)*. Python. Retrieved from https://github.com/dfreelon/TSM.

Freeman, L. C. (1977). A set of measures of centrality based on betweenness. *Sociometry*, 40(1), 35-41.

Giglietto, F., Righetti, N., Rossi, L., & Marino, G. (2020). It takes a village to manipulate the media: Coordinated link sharing behavior during 2018 and 2019 Italian elections. *Information, Communication & Society*, 23(6), 867-891.

Giglietto, F., Righetti, N., Rossi, L., & Marino, G. (2020, July). Coordinated link sharing behavior as a signal to surface sources of problematic information on facebook. *International Conference on Social Media and Society* (pp. 85-91).

Hellsten, I., & Leydesdorff, L. (2020). Automated analysis of actor-topic networks on twitter: New approaches to the analysis of socio-semantic networks. *Journal of the Association for Information Science and Technology*, 71(1), 3-15.

Himelboim, I., Golan, G. J., Moon, B. B., & Suto, R. J. (2014). A social networks approach to public relations on Twitter: Social mediators and mediated public relations. *Journal of Public Relations Research*, 26(4), 359-379.

Howard, P. N. (2020). *Lie machines: How to save democracy from troll armies, deceitful robots, junk news operations, and political operatives*. London: Yale University Press.

Hsu, C. L., & Park, H. W. (2011). Sociology of hyperlink networks of Web 1.0, Web 2.0, and Twitter: A case study of South Korea. *Social Science Computer Review*, 29(3), 354-368.

Jackson, S. J., & Foucault Welles, B. (2015). Hijacking #

myNYPD: Social media dissent and networked counterpublics. *Journal of Communication*, 65(6), 932-952.

Jackson, S. J., & Foucault Welles, B. (2016). #Ferguson is everywhere: Initiators in emerging counterpublic networks. *Information, Communication & Society*, 19(3), 397-418.

Jackson, S. J., Bailey, M., & Welles, B. F. (2020). #HashtagActivism: Networks of race and gender justice. Cambridge, MA: MIT Press.

Katz, E. (1957). The two-step flow of communication: An up-to-date report on a hypothesis. *Public Opinion Quarterly*, 21(1), 61-78.

Liu, X., Xu, W. W., & Li, B. (2019). Reason and passion in public discussion on Sina Weibo. *Telematics and Informatics*, 45, 101285.

Lovejoy, K., & Saxton, G. D. (2012). Information, community, and action: How nonprofit organizations use social media. *Journal of Computer-Mediated Communication*, 17(3), 337-353.

Malcomson, S. (2016). *Splinternet: How geopolitics and commerce are fragmenting the World Wide Web*. OR Books.

Meraz, S. (2009). Is there an elite hold? Traditional media to social media agenda setting influence in blog networks. *Journal of Computer-Mediated Communication*, 14(3), 682-707.

Meraz, S., & Papacharissi, Z. (2013). Networked gatekeeping and networked framing on #Egypt. *The International Journal of Press/Politics*, 18(2), 138-166.

Papacharissi, Z., & de Fatima Oliveira, M. (2012). Affective news and networked publics: The rhythms of news storytelling on #Egypt. *Journal of Communication*, 62(2), 266-282.

Rogers, E. M. (2003). *Diffusion of innovations, fifth edition*. New York: Simon & Schuster.

Shumate, M., & Lipp, J. (2008). Connective collective action online: An examination of the hyperlink network structure of an NGO issue network. *Journal of Computer-Mediated Communication*, 14(1), 178-201.

Silverman, G. (2001). *The secrets of word-of-mouth marketing*. New York: American Management Association.

Song, Y., Dai, X. Y., & Wang, J. (2016). Not all emotions are created equal: Expressive behavior of the networked public on China's social media site. *Computers in Human Behavior*, 60, 525-533.

Stier, S., Schünemann, W. J., & Steiger, S. (2018). Of activists and gatekeepers: Temporal and structural properties of policy networks on Twitter. *New Media & Society*, 20(5), 1910-1930.

Sun, T., Youn, S., Wu, G., & Kuntaraporn, M. (2006). Online word-of-mouth (or mouse): An exploration of its antecedents and consequences. *Journal of Computer-Mediated Communication*, 11(4), 1104-1127.

Tsang, A. S. L., & Zhou, N. (2005). Newsgroup participants as opinion leaders and seekers in online and offline communication environments. *Journal of Business Research*, 58(9), 1186-1193.

Vicari, S. (2017). Twitter and non-elites: Interpreting power dynamics in the life story of the (♯) BRCA Twitter stream. *Social Media + Society*, 3(3), 1-14.

Weber, M. S., & Monge, P. (2011). The flow of digital news in a network of sources, authorities, and hubs. *Journal of Communication*, 61(6), 1062-1081.

Xu, W. W. (2020). Mapping connective actions in the global alt-right and Antifa counterpublics. *International Journal of Communication*, 14, 22.

Xu, W., & Saxton, G. D. (2019). Does stakeholder engagement pay off on social media? A social capital perspective. *Nonprofit and Voluntary Sector Quarterly*, 48(1), 28-49.

Xu, W. W., Sang, Y., Blasiola, S., & Park, H. W. (2014). Predicting opinion leaders in Twitter activism networks: The case of the

Wisconsin recall election. *American Behavioral Scientist*，58（10），1278-1293.

Zaichkowsky，J. L.（1985）. Measuring the involvement construct. *Journal of Consumer Research*，12(3)，341-352.

八、延伸阅读

1. 经典文献

［1］Freelon，D.，McIlwain，C.，& Clark，M.（2018）. Quantifying the power and consequences of social media protest. *New Media & Society*，20(3)，990-1011.

该研究提出了对于互联网社会运动的几个量化指标。大部分指标是基于信息转发和话题标签的在线社会网络，对网络社群影响力的定位有非常重要的借鉴意义。

［2］Hansen，D.，Shneiderman，B.，& Smith，M. A.（2010）. *Analyzing social media networks with NodeXL: Insights from a connected world*. Burlington，MA：Morgan Kaufmann.

该书是一本社会网络分析的入门著作，对基于互联网社会中的各类用户人际网络（如 Twitter 转发网络、YouTube 订阅网络）均有介绍。该书所用的网络分析软件 NodeXL 是基于 Excel 的入门级分析工具，可供不熟悉编程环境、更喜欢图文界面的读者学习。

［3］Smith，M. A.，Rainie，L.，Shneiderman，B.，& Himelboim，I.（2014）. Mapping Twitter topic networks：From polarized crowds to community clusters. *Pew Internet & American Life Project*. Retrieved from http://www. pewinternet. org/2014/02/20/mapping-twittertopic-networks-from-polarized-crowds-to-community-clusters/

该研究列举了 Twitter 平台上常见的六类在线社会网络结构。网络结构的差异形成了不同的传播路径和各异的意见领袖。虽然该研究成文较早，里面分析的数据也可能过时了，但是作者对社交平台社会网络结构的总结和分类值得参考。

2. 工具类

（1）R 语言下的 SNA 分析库

[1] igraph：https://igraph.org/r/（各类语言环境下较为流行的社会网络分析包）

[2] GraphTweets：http://graphtweets.john-coene.com/（支持从推文中提炼并可视化社会网络）

[3] voson.tcn：https://github.com/vosonlab/voson.tcn（由社会科学家开发的网络链接分析平台）

[4] vosonSM：https://github.com/vosonlab/vosonSML（从 Twitter、YouTube、Reddit 等平台数据中提炼社会网络）

[5] visNetwork：https://github.com/datastorm-open/visNetwork（社会网络的动态可视化）

（2）Python 语言下的 SNA 分析库

[1] NetworkX：https://networkx.org/（Python 环境下的社会网络分析包）

[2] python-igraph：https://igraph.org/python/（igraph 是一个跨语言的社会网络分析包，python-igraph 是 igraph 的 Python 版本）

[3] tsm：https://github.com/dfreelon/TSM［由传播学者德恩·弗里隆（Deen Freelon）开发的抓取 Twitter 上网络关系的分析包］

（3）非编程环境下的 SNA 分析和可视化工具

[1] NodeXL：https://nodexl.com/（基于 Excel 的社会网络分析工具）

[2] Gephi：https://gephi.org/（常见的网络分析可视化软件）

[3] Netlytic：https://netlytic.org/（基于浏览器的社交平台网络分析工具）

九、数据代码

完整代码见 GitHub 链接：https://github.com/rainfireliang/CPOR/tree/main/Xu%20(2014_2020)

十、思维导图

第一章 舆论表达主体与意见领袖挖掘

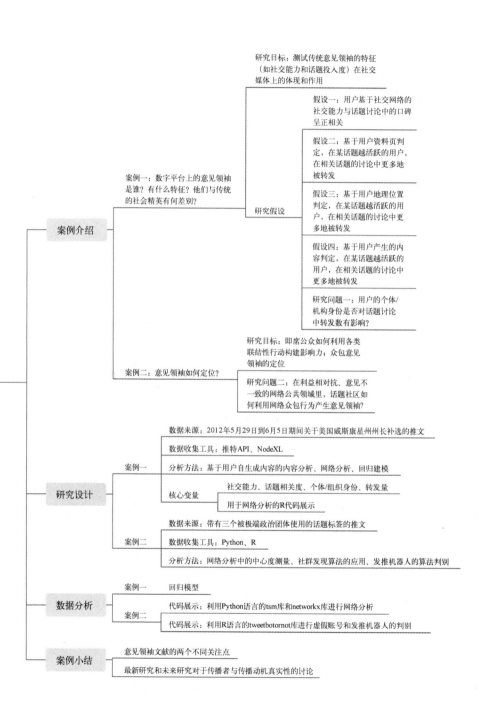

第二章

网络舆论中的社交机器人：识别与挖掘*

一、理论背景

社交媒体在当今信息生态系统中扮演着越来越重要的角色。由于社交媒体上的信息不仅可以反映用户对于特定事物的观点，还可以改变和强化公众的观点，因而在政治选举、社会运动、国际事件中，社交媒体均被视为影响舆论的关键渠道。随着技术的发展，自动化手段越来越广泛地被应用于干预社交媒体上的信息传递和意见形成。如今，大量社交媒体用户被证实并非真正的人类，而是被自动化程序操纵的机器人，包括社交机器人（social bot）、僵尸网络（botnet，一系列自动化信息发布账户）、巨魔（troll，发布挑衅言论的账户）、聊天机器人（chatbot，可以自动与用户发生对话交互的程序）等等。本章将聚焦对社交媒体舆论发挥重要影响的社交机器人及其识别与挖掘。

社交机器人是一种社交导向的（socially oriented）在线自动化程序，是社交媒体平台上模仿人类用户展开发帖行为的自动化用户，它们的目的是推动某种特定信息的传播。在形态上，它们是社交媒体上由算法控制、可以一定程度模拟人类行为并介入公众讨论的自动化程序（automated program）账户，可以在算法驱动下自动化地生成账号和设定个人信息，模拟人类关注其他用户和发布消息。这类自动化程序的设计目的是替代人类与人类用户交流（Zhao，2003），在现实应用中通常会模糊人类用户与机器人账户之间的界限，使二者看起来难以区分（Chu，Gianvecchio，Wang，&

---

* 本章作者为师文、陈昌凤、林嘉琳。

Jajodia，2010）。

在政治、经济、文化生活等领域都有社交机器人的行迹。近年来广受关注的是用于政治目的的社交机器人。各类政治团体出于其政治目的，在社交媒体平台上大规模地开发并部署社交机器人，传播有利于己方的信息，其中不乏营造虚假民意支持的信息，借以操纵舆论并影响政治走向（Bessi & Ferrara，2016；Woolley & Howard，2016）。例如，在英国脱离欧洲联盟（简称英国脱欧）、2016 年美国总统大选、2017 年法国总统选举和 2017 年德国大选等多个政治事件中，研究者均发现有社交机器人操纵舆论以实现其政治目的的痕迹，如表 2.1 所示。

表 2.1 部分国家的政治事件中(社交)机器人的活跃情况

政治事件	社交机器人活动痕迹
英国脱欧	在英国脱欧的讨论中，最活跃的脱欧派与留欧派账号都是机械转发新闻的机器人（Howard & Kollanyi，2016）
2016 年美国总统大选	选举前几天，社交机器人生产的推文占总量的 25%（Howard, Kollanyi, & Woolley，2016）
2017 年法国总统选举	大量社交机器人参与"马克龙泄密事件"的讨论。对参与讨论的用户进行分析发现，这些用户的个人简介中最高频出现的两个词是"MAGA"（让美国再次伟大）和"Trump"（特朗普），表明这些用户与美国政治有较为紧密的关联（Ferrara，2017）
2017 年德国总统大选	七个党派 Twitter 账号的关注者中，社交机器人的数量所占比例从 7.1%增加到 9.9%（Keller & Klinger，2019）

此外，社交机器人也正渗透进除政治之外的其他领域。研究发现，社交机器人积极介入公共健康卫生事件的讨论。有些社交机器人被用于实现良善目的，例如科学家曾设计个性化社交机器人用于科普，以期对吸烟者进行个性化干预，提升公共健康意识（Deb et al.，2018）。但在更多情况下，机器人被认为是公共健康事件讨论中的恶意行动者，对公共健康构成威胁。研究发现，社交机器人会蓄意扩大健康议题中的某些侧面，而回避另一些侧面。例如，社交机器人倾向于强调大麻在治疗身体和心理疾病方面的医学效用，但较少谈及大麻的危害性（Allem, Escobedo, & Dharmapuri，2020）。

机器人还声称电子烟是有效的戒烟辅助工具,并出于商业目的对某些品牌的电子烟进行推广(Allem, Escobedo, & Dharmapuri, 2020)。在疫苗接种的辩论中,社交机器人高频转发与其意见一致的用户的信息(Yuan, Schuchard, & Crooks, 2019),有些更具策略性的机器人还会同时扩大支持疫苗和反对疫苗双方的观点(Broniatowski et al., 2018),通过"错误平衡"(false balancing)在疫苗有效性方面制造争议,以动摇公众接种疫苗的决心。在早期的突发公共卫生事件中,如寨卡病毒的相关讨论中,社交机器人已被检测为社交媒体上具有影响力和主导性的声音(Rabello et al., 2018)。在新冠疫情大流行期间,美国卡内基梅隆大学的研究人员发现,许多社交机器人传播和放大了错误的医疗建议、阴谋论,尤其是宣传"重新开放美国"的信息(CNN, 2020);社交机器人参与生成和扩散低可信度信息(Yang, Torres-Lugo, & Menczer, 2020);被用来传播政治阴谋和分裂标签,而不是传播公共卫生问题(Ferrara, 2020)。

在传播内容层面,社交机器人的存在可增加人类用户对于特定信息的接触。研究发现,疑似机器人的用户更容易转发由巨魔生产的内容,以促进政治操纵(Badawy, Lerman, & Ferrara, 2019);机器人更倾向于转发来自低可信度信源的内容,而不愿意转发事实核查网站发布的内容(Shao et al., 2018)。在西班牙加泰罗尼亚独立公投的讨论中,机器人增加了用户对于负面信息和煽动性信息的接触,并试图干扰用户对事物之间关联的认知(Stella, Ferrara, & De Domenico, 2018)。

在用户交互层面,社交机器人可以成功渗入社交网络,改变既有的信息交互结构。在 Facebook 上,机器人对社交网络渗透的成功率高达 80%(Boshmaf, Muslukhov, Beznosov, & Ripeanu, 2011)。对大型枪击事件线上讨论的研究发现,机器人在互动网络中具有显著地位(Schuchard, Crooks, Stefanidis, & Croitoru, 2019)。在加泰罗尼亚独立公投中,虽然机器人是社交网络中的外围角色,但它们可以通过与有影响力的人类进行策略型互动来施加影响力(Stella , Ferrara, & De Domenico, 2018)。

不过,虽然当前这一领域涌现出大量成果,但是相关研究存在不同程度的概念不清和术语混用的情况(Gorwa & Guilbeault, 2020;Stieglitz, Brachten, Ross, & Jung, 2017)。为使读者清晰地掌握社交机器人相关研究的现状,本章先在此厘清与社交机器人相关的三个概念:机器人(bot)、社交媒体机器人（social media bot）、社交机器人（socialbot/socialbots/social bot/social bots）。

在现有文献中，这三个概念表达常被替换使用，致使关于社交机器人的研究呈现出概念界定不清的特点。机器人（bot）是一个相当综合的概念。就目前来看，不论是从学术研究还是从政策制定的角度，机器人这一概念的界定都存在范畴模糊（category ambiguity）的问题（Gorwa & Guilbeault，2020）。从词源上看，"bot"是英文"robot"的缩写。在计算机科学或信息安全领域，"bot"源于"software robot"（Orabi, Mouheb, Al Aghbari, & Kamel，2020），通常指的是运行于在线平台中的自动化代理（automated agent）（Franklin & Graesser，1996）或自动化在线软件程序或脚本（automated online software program or script）（Woolley，2020），包括网络爬虫（crawler）、搜索引擎的索引器（indexer）、交互性的聊天机器人（interactive chatbot），以及在网络游戏中扮演特定角色的自主代理（autonomous agent）等（Leonard，1998）。可以看出，机器人这一概念强调两个方面的特征：第一，它是由算法实现、无需人工干预运行的计算机程序；第二，它运行于网络环境中。两者缺一不可。如今，无论是服务于计算机操作系统在线更新任务的代码串，还是社交媒体平台上模仿人类用户行为的自动化虚假账号，都可以称为机器人。可见，机器人的外延相当丰富，囊括了许多功能各异、效果截然不同的客体。

在社交媒体平台中运行的机器人被称为社交媒体机器人（social media bot）。社交媒体机器人也是一个大而化之的概念，其下囊括功能各异的不同类型。然而，许多文献并没有清晰界定这一概念与相关概念（如"social bot"、"socialbot"和"sybil"等）之间的区别。斯蒂格里茨（Stieglitz）等学者尝试将"意图"和"模仿人类行为"作为归类社交媒体机器人的两个维度，对现有文献中提及的社交媒体机器人做出分类（如表2.2所示），并提出只有模仿人类行为的社交媒体机器人才是所谓的"社交机器人"（social bot）（Stieglitz et al.，2017）。换言之，社交机器人（socialbot/social bot）是社交媒体机器人的一个类别，它具有区别于其他自动化程序的社交属性，特别体现为模仿真实人类用户账号建构和在线信息发布行为。

表 2.2 社交媒体机器人的分类方案(Stieglitz et al., 2017)

		意图(intent)		
		恶意(malicious)	中性(neutral)	良性(benign)
模仿人类行为 (imitation of human behavior)	程度高 (high: social bots)	• 水军机器人 (astroturfing bot) • 僵尸网络(social botnets in political conflicts) • 关系渗透型社交机器人 (infiltration of an organization) • 干预讨论型社交机器人 (influence bots) • 社交机器人 (sybils) • 身份盗用机器人 (doppelgänger bots)	• 幽默信息生成机器人(humoristic bots)	• 聊天机器人 (chat bots)
	程度低 (low to none)	• 垃圾信息/邮件传播机器人 (spam bots) • 虚假账户(fake accounts used for botnet command & control) • 流量吸引机器人 (pay bots)	• 无意义信息生成机器人 (nonsense bots)	• 新闻机器人 (news bots) • 招募机器人 (recruitment bots) • 公共发布类账号 (public dissemination account) • 地震速报机器人 (earthquake warning bots) • 维基百科编辑、反破坏机器人 (editing bots, anti-vandalism bots on Wikipedia)

二、方法背景

社交机器人相关研究开展的前提是对网络环境中的社交机器人进行识别。在当前的社会科学成果中,不少研究将高频发帖作为评估账号是否是机器人的依据,例如将每日在目标话题下发帖频率为 50 设为识别机器人的临界值(Howard & Kollanyi, 2016)。这种"一刀切"的分类方式容易将社交媒体重度用户、社会活动家误判为社交机器人,也容易遗漏同时在多个话题下活跃的机器人。此外,这种方法默认活跃程度是机器人用户与人类用户之间唯一的区别特征,遗漏了诸如用户个人信息、社交关系、语言风格等一系列特征。

事实上,计算机科学界为检测社交机器人做出了大量努力,机器人的识别模型要远比统计发推频率复杂。在内容方面,推文中含有的标签数、链接数、标点符号、语言种类可以辅助检测,研究也曾证明机器人的语言情感特征与人类不同(Dickerson, Kagan, & Subrahmanian, 2014);在行为方面,机器人行为密集但间隔规律(Chu, Gianvecchio, Wang, & Jajodia, 2012),经常反复转推(Ghosh, Surachawala, & Lerman, 2011),或与其他看似无关的用户发生冲突,以便发布重复内容(Lumezanu, Feamster, & Klein, 2012);在用户信息方面,用户名有自动生成的痕迹,用户头像或为空,或可以在网络数据库中找到;在社交网络方面,与人类相比,机器人用户关系网中的机器人比例(Subrahmanian et al., 2016)、关注者与被关注者比例(Wang, 2010)、互动关系网络(Varol, Ferrara, Davis, Menczer, & Flammini, 2017)均有不同;在附加信息方面,机器人较少在 Twitter 上加上地理位置标记,更多使用电脑浏览器而非手机客户端发布消息(Subrahmanian et al., 2016)。

在本章中,我们采用美国印第安纳大学开发的综合性工具 Botometer(原名 BotOrNot)(Davis, Varol, Ferrara, Flammini, & Menczer, 2016)。该工具基于机器学习算法,综合网络、用户、朋友、时间、内容和情感六个维度提取账号特征,评估账号为机器人的概率。如果待检测账号未设置隐私权限且有足够多的信息供分析,则 Botometer 会依据账号的公开信息和推文,计算出一个位于 0 与 1 之间的概率值。该值越接近 1,则有越大概率表明该账号被机器人操纵；该值越接近 0，则有越大概率表明该账号属于人类用户。自 2014 年发布以来，Botometer 在社会科学界得到广泛应用（Luceri，Deb，Giordano，& Ferrara，2019；Badawy，Ferrara，& Lerman，2018；Ferrara，2017；Shao et al.，2018）。然而，Botometer 并非社交机器人检测的完美工具，有研究曾指出 Botometer 检测社交机器人会出现假阳性问题（Rauchfleisch & Kaiser，2020）。此外，还有研究者针对特定的社交平台开发了专门的社交机器人识别工具，如 tweetbotornot[①]，也可作为社交机器人识别工具的替代选择。

下文为基于 Python 语言的 Botometer 使用样例。值得注意的是，Botometer 针对海外社交平台 Twitter 开发，需要从 Twitter 上获取账号信息，因此，这种方法需要先申请获得 Twitter API 权限。Botometer 有免费、付费等多个版本，每天可识别的账户规模有所差异，用户可以根据自己的数据需求进行选择，并对代码的调用命令做出相应调整。

```
import botometer

rapidapi_key = "xxxxxxxxxxxxxxxxxxxxxxxxxxxxx"
#Botometer 发售平台 rapidapi 提供的密钥
twitter_app_auth = {
    'consumer_key': 'xxxxxxx',
    'consumer_secret': 'xxxxxxxxxx',
    'access_token': 'xxxxxxxx',
    'access_token_secret': 'xxxxxxxxxx',
}                                       #Twitter API 相关密钥
bom = botometer.Botometer(wait_on_ratelimit = True,
                          rapidapi_key = rapidapi_key,
                          **twitter_app_auth)
#不同版本的 Botometer，此调用命令可能有差异
```

---

① https://github.com/mkearney/tweetbotornot.

```
# 可以根据账号的 screenname 或者 id 测定其机器人评分
result = bom.check_account('@clayadavis')
# 括号中为账号的 screenname
result = bom.check_account(1548959833) # 括号中为账号的 id

# 测一组账户的机器人评分
accounts = ['@clayadavis', '@onurvarol', '@jabawack']
for screen_name, result in bom.check_accounts_in(accounts):
    # Do stuff with 'screen_name' and 'result'
```

Botometer 返回的测量结果样例如下,可以根据数据特征及研究目的选择性地取用结果中的部分。例如,研究者可以根据自己研究对象的语言特征,决定选择"english"还是"universal";也可以根据研究需求,设定区别人类和机器人的阈值。此外,最新版的 Botometer 还对社交机器人的类别做了进一步的划分,如虚假粉丝等,使可研究的内容变得更加丰富。

```
{
    "cap": {
    #机器人评分大于等于此值的账户被自动化操纵的条件概率
        "english": 0.8018818614025648,
        "universal": 0.5557322218336633
    },
    "display_scores": {
    #机器人评分的展示分,位于[0,5]之间
        "english": {
            "astroturf": 0.0,
            "fake_follower": 4.1,
            "financial": 1.5,
            "other": 4.7,
```

```
            "overall": 4.7,
            "self_declared": 3.2,
            "spammer": 2.8
        },
        "universal": {
            "astroturf": 0.3,
            "fake_follower": 3.2,
            "financial": 1.6,
            "other": 3.8,
            "overall": 3.8,
            "self_declared": 3.7,
            "spammer": 2.3
        }
    },
    "raw_scores": {            #机器人评分原始分,位于[0,1]之间
        "english": {
#将英语语言信息作为一个特征,辅助机器人识别
            "astroturf": 0.0,
#人工标注的机器人或账户,往往出现在"follow trains"中
            "fake_follower": 0.81,
#被买来增加粉丝数量的僵尸粉机器人
            "financial": 0.3,
#发言时使用货币符号的机器人
            "other": 0.94,
#根据人工标注、用户反馈等方式确定的其他各类机器人
            "overall": 0.94,   #总体得分
            "self_declared": 0.63,
#根据botwiki.org确定的机器人
            "spammer": 0.57
#现有数据集中标记为发布垃圾信息的机器人账户
```

```
    },
    "universal": {
 #将非语言信息作为一个特征,对各类语言具有通用性
        "astroturf": 0.06,
        "fake_follower": 0.64,
        "financial": 0.3133333333333333,
        "other": 0.76,
        "overall": 0.76,
        "self_declared": 0.74,
        "spammer": 0.47
    }
},
"user": {                    #用户信息
    "majority_lang": "en",
#根据大多数推文推断的用户主要语言
    "user_data": {
        "id_str": "11330",            #用户 ID
        "screen_name": "test_screen_name" #用户 screenname
    }
 }
}
```

三、案例介绍

本章采用的案例为：

师文,陈昌凤(2020).议题凸显与关联构建：Twitter 社交机器人对新冠疫情讨论的建构.现代传播(中国传媒大学学报),42(10),50-57.

该案例运用数据挖掘与分析方法，以 Twitter 社交机器人参与的新冠疫情英文讨论为分析对象，解析社交机器人的舆论操纵行为，探究并进行议题的凸显和关联构建。研究发现，约 9.27% 的疫情信息的内容由社交机器人发布。结构主题模型和语义相似度计算的结果显示，就讨论的主题而言，虽然人类更关注美国国内疫情，但是社交机器人热衷发布世界上其他国家的疫情；社交机器人还被用于发布疫情流行的动态。就关联构建而言，在社交机器人语料中，与"coronavirus"（冠状病毒）最相似的词汇为"wuhancoronavirus"（武汉冠状病毒），而在人类语料中，最相似的词汇为"virus"（病毒）。这反映出社交机器人试图在病毒起源问题上进行倾向性影射，而人类的表述更为客观中性。此外，社交机器人常常标榜其发布的内容为"coronavirustruth"（新冠疫情的真相），而人类更常使用"rumor"（谣言）一词，表达对信息的批判性审视。

四、研究设计

本案例选择海外社交平台 Twitter 作为研究对象，参考世界卫生组织（World Health Organization，简称 WHO）官方网站上发布的时间线，以世界卫生组织的行为为基准，挑选出三个重要时间点收集数据：① 2020 年 1 月 22 日，WHO 驻中国代表团发表声明称，有证据表明武汉的疫情存在人传人现象，但需要更多的调查以了解传播的全部范围，标志着 WHO 开始注意并评估对新冠疫情的潜在传播能力；② 2020 年 1 月 30 日，WHO 宣布将新冠疫情列为"国际关注的突发公共卫生事件"（PHEIC），标志着新冠疫情在世界范围内引发关注；③ 2020 年 3 月 11 日，WHO 宣布新冠疫情已经构成全球性大流行病（pandemic），标志着新冠疫情在全球范围内爆发。

由于涉及疫情在世界范围内的流行，本研究遵循 Twitter 平台数据收集规则，以事件发生时刻对应的 GMT+0 时区时间为标准确定检索日期，获取事件发生当天的推文。WHO 将新型冠状病毒感染的肺炎命名为"COVID-19"，以表示"Corona Virus Disease 2019"，但是该命名的确定日期为 2020 年 2 月 11 日，而本研究的时间区间包含该命名确定之前和确定之后，为保证数据的一贯性，我们仍选择"#coronavirus"（不区分大小写）作为检索关键词。

我们使用自主设计的 Python 脚本,抓取指定时间发布、含有上述关键词的原创英文推文。值得注意的是,该抓取方法要求推文作者亲自直接提及"♯coronavirus"一词。如果作者转发了一条含有"♯coronavirus"的推文,但转发时并未亲自提及该词,则本条转发推文不在抓取之列。该抓取逻辑确保含有"♯coronavirus"的文本由作者本人写出,与本研究试图探究作者身份与文本关系的研究意图相吻合。我们清洗掉文本中的表情、符号、超链接,并将文本统一成小写。

五、数据分析

1. 数据

本研究共获取 195 198 条推文,经采用 Botometer 检测,其中,18 497 条(9.48%)由机器人生产,176 166 条(90.25%)由人类用户生产,535 条(0.27%)由未知用户生产。以上推文共由 118 718 名不同用户生产,其中,10 865 名(9.15%)是机器人用户,107 478 名(90.53%)是人类用户,375 名(0.32%)是未知用户。虽然有研究认为 bot score 超过 0.3 即可被怀疑为机器人(Luceri et al., 2019),但在本研究中,我们参考文献(Badawy et al., 2018;Ferrara, 2017;Shao et al., 2018),采用较保守的做法,将 0.5 作为区分人类与机器人的临界值。

2. 分析方法

(1)结构主题模型分析(STM)

在主题模型研究领域,隐含狄利克雷分布(latent Dirichlet allocation,简称 LDA)自 2003 年被提出以来得到广泛应用。然而,LDA 的局限性在于其只能输出主题分布,而不生成进行假设检验的置信区间。如果研究者希望探究元数据对于主题分布的影响,进而对元数据中的变量和 LDA 输出主题分布的关系进行统计分析,这一结果会缺乏统计置信度。

为解决将主题模型应用于社会科学研究时面临的统计分析需求,2013 年,罗伯特(Robert)等人在 LDA 的基础上提出基于无监督学习的结构主题模型(structural topic model,简称 STM),将文档级别的协变量引入主题模型,在模型计算过程中输出一个或多个协变量与主题分布、词汇分布的关系。对比实验证明,STM 主题模型中对变量计算的准确性高于将传统统计方法额外加诸 LDA 主题模型。此外，STM 还可计算变量对于特定主题中词汇分布的影响，该优点使 STM 在近年的计算传播研究中得到越来越多的关注。在分析"女司机"相关讨论的话题时，有学者使用 STM 研究不同平台（报纸、微博）对于话题分布产生的影响（Li & Luo，2020）。也有学者使用 STM 分析媒体将网站上不同主题的新闻同步至社交媒体时所遵循的把关原则（Pak，2019）。

具体而言，我们使用 R 语言中的 STM 包对文本展开结构主题模型分析。在本研究中，我们训练了两个 STM 模型：① 在 STM1 中，我们将机器人和人类的所有推文输入模型，并将作者身份（社交机器人、人类）作为主题流行度协变量引入模型，意在探究作者身份对于疫情讨论主题的影响；② 在 STM2 中，我们仅将机器人和人类生产的含有"china"的推文输入模型，并将作者身份（社交机器人、人类）作为主题流行度协变量引入模型，意在探究作者身份如何影响疫情讨论中涉及"中国"的推文主题分布。STM 的主题个数 K 需要用户自行指定。根据 STM 模型的原理，K 并无绝对最优解，需要由使用者基于可解释性进行判断。对于 STM1 和 STM2，我们均在 K=6 至 K=14 之间进行尝试。经过比较，我们将 STM1 中的 K 值确定为 12，将 STM2 中的 K 值确定为 8。

（2）词向量化及语义相似度

在本研究中，我们首先对语料库中的单词进行向量化。传统的独热（one-hot）编码思路为对每个词进行稀疏的 N 维独热编码，此处 N 为语料库的词汇量，相应地，语料库中每个词的索引为 0～N-1，通过建立一个 N 维的向量，将每个词转化为一个独特的 N 维向量。在该向量中，只有该词的索引位为 1，其余位均为 0。然而，在这种传统的向量表示里，维度等于词典大小，而实践中词典大小往往在万词量级，这会导致维数灾难，矩阵过于稀疏导致空间利用率较低。此外，因为独热编码中任意两个向量两两正交，所以任意两个词的余弦相似度固定为 0，独热编码无法表达词汇之间的关系。在本研究中，我们采用更为前沿的 word2vec 技术。该技术由 Google 团队于 2013 年发布，采用无监督神经网络，基于连续词袋模型（CBOW）或者跳字模型（skip-gram），借助神经网络中的隐藏层将独热编码下的高维词语文本映射到较低维空间，通过训练获取新的向量表示，词与词之间的关联可以通过两个词向量之间的余弦相似度计算得出。

具体而言,我们使用 Python 语言,调用 gensim 库中的 word2vec 接口,选择连续词袋模型,将机器人语料和人类语料分别输入模型,获取基于机器人语料的词向量和基于人类语料的词向量。随后,我们使用 most_similar 接口,分别获取机器人和人类语料中,与"coronavirus"、"china"关联最为紧密的 30 个词汇(详细代码参见 GitHub 链接)。

总而言之,在对推文作者身份进行识别之后,我们使用以上方法做了四组分析:① 在疫情讨论中,作者身份(社交机器人、人类)是否影响话题的分布?② 在社交机器人和人类的语料中,哪些词与"coronavirus"(新冠病毒)具有最紧密的关联?③ 在与中国相关的疫情讨论中,作者身份(社交机器人、人类)是否影响话题的分布?④ 在社交机器人和人类的语料中,哪些词与"china"(中国)具有最紧密的关联?

3. 分析结果

(1) 疫情话题在机器人和人类中的呈现

表 2.3 呈现了 STM1 输出的 12 个主题及其高区别度词汇,除了主题 1 没有明确的意义指向之外,其他 11 个主题涵盖英国、美国、中国、意大利的疫情,疫情对经济、学校的影响,疫情的预防措施,医疗状况,公共健康等方面。

表 2.3　疫情讨论中,12 个主题的意义及代表性词汇

主题序号	意　义	高 区 别 度 词 汇
1	\	people, time, good, flu, thing, call, today, month, start, coming, ive, thought, die, long, best
2	英国等地疫情暴发	coronavirus, covid, coronavirusupdate, corona, well, coronavirusoutbreak, coronavirusuk, coronavid, coronavirususa, coviduk, officially, coronaoutbreak, coronavirusupdates, pandemia
3	美国疫情	coronavirus, trump, going, cant, realdonaldtrump, panic, american, toilet, paper, president, real, medium, house, america, word
4	疫情带来的计划变动	coronavirus, event, cancelled, march, game, cancel, concern, fan, conference, big, canceled, meeting, decision, postponed, going

续 表

主题序号	意 义	高区别度词汇
5	意大利疫情	coronavirus, case, health, italy, death, confirmed, country, state, emergency, number, breaking, update, positive, total, tested
6	公共健康	coronavirus, help, news, read, live, great, watch, question, situation, community, expert, latest, free, public, advice
7	中国疫情	coronavirus, china, spread, outbreak, virus, wuhan, travel, ncov, quarantine, chinese, flight, international, iran, city, novel
8	医疗状况	pandemic, coronavirus, test, testing, disease, hospital, doctor, cdc, patient, system, spread, healthcare, vaccine, classifies, action
9	疫情的经济影响	coronavirus, work, business, sick, government, crisis, plan, online, student, impact, market, budget, economy, class, employee
10	疫情对学校的影响	coronavirus, day, school, week, close, spreading, fast, social, nation, shut, hour, kid, ago, open, area
11	预防措施	coronavirus, hand, virus, dont, stay, keep, corona, wash, safe, mask, face, hope, avoid, kill, worried
12	疫情风险	coronavirus, life, year, care, risk, better, symptom, lot, family, told, serious, bad, sure, contact, making

如上文所述,我们将作者身份(机器人和人类)作为主题流行度协变量引入 STM1 模型,用以探究人类和机器人在选择讨论主题时遵循的不同逻辑。图 2.1 展示了机器人和人类对每个主题的倾向。图中的零点表示标准化之后的各主题在语料库中的分布。如果话题分布位于零点左侧,则该话题在作者身份为人类的推文中得到更多呈现;如果话题分布位于零点右侧,则该话题在作者身份为机器人的推文中得到更多呈现。如果一个话题对应的横坐标值为 0.1,则表明该话题在人类推文中的呈现比在机器人推文中的呈现多 10%。从图 2.1 可以看出,大多数主题分布在零点附近,表明机器

人和人类讨论中的疫情主题分布差异有限。相较而言，机器人更多发布英国疫情、意大利疫情的信息，而人类更关注美国疫情和疫情带来的计划变动。

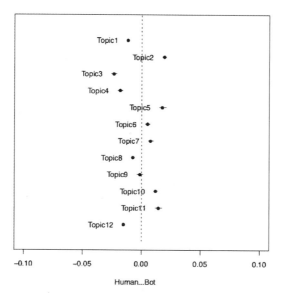

图 2.1　作者身份对疫情讨论主题的影响

目前，STM 只支持 R 语言，简化样例代码如下。注意需根据自己的数据特征及需求进行调整，比如数据的行列名称、是否进行数据清洗、如何锁定 K（主题个数）值、是否使用协变量等。

```
#加载必要的包
library(stm) #加载 STM 包

#加载数据
data<-read.csv("data.csv")

#提取推文文本
tweet_text<-as.character(data$tweet)
identity<-as.character(data$identity)
```

```
#加载停用词
cstop<-readLines("stopwords.txt")

#预处理
tweet_text = gsub("^ ","",tweet_text)
tweet_text = gsub("[^a-zA-Z]"," ",tweet_text)
tweet_text = gsub("\""," ",tweet_text)
tweet_text = gsub("\'","",tweet_text)
tweet_text = gsub("\\/","",tweet_text)
tweet_text = gsub("?","",tweet_text)
processed<- textProcessor(tweet_text,        metadata=data,
stem=FALSE,language="en",customstopwords=cstop)
docs<-out$documents
vocab<-out$vocab
meta<-out$meta

#构建STM
stm_12<-
stm(out$documents, out$vocab, K=12, prevalence=~identity,
init.type='Spectral', max.em.its = 200, data=out$meta, seed=
2013)

labelTopics(stm_12,n=15)
```

（2）与中国相关的讨论在机器人和人类中的呈现

表2.4呈现了STM2输出的8个主题及其高区别度词汇，涵盖疫情预防与治疗、各国疫情动态、疫情跨国传播、食用野生动物、政治与阴谋等方面。

表 2.4 与中国相关的疫情讨论中,8 个主题的意义及代表性词汇

主题序号	意 义	高区别度词汇
1	疫情预防与治疗	mask, american, cant, month, work, face, vaccine, working, west, feel, ill, treatment, german, lesson, wearing
2	各国疫情动态	covid, italy, iran, coronavirusupdate, france, rate, spain, slows, coronavid, coronavirusupdates, covidchina, chinalies, mortality, coronavirusitaly, coviduk
3	亚洲疫情增长	pray, russia, contained, alarming, grow, china, growing, passed, close, coronavirus, inaction, scary, asia, approaching, full
4	疫情规模	case, death, confirmed, total, taiwan, number, reported, worldwide, toll, update, province, transmission, hubei, rise, mainland
5	政治与阴谋	communist, hand, blame, best, job, regime, shit, democrat, created, left, drug, party, bioweapon, body, weapon
6	经济影响	economy, crisis, economic, true, student, money, rapidly, god, cure, asian, aid, step, online, oil, demand
7	食用野生动物	human, animal, originated, symptom, resident, center, bat, cdcgov, respiratory, wild, wildlife, prevention, sign, returned, seattle
8	疫情跨国传播	health, emergency, travel, flight, public, declared, international, declares, organization, concern, airport, passenger, continues, screening, thursday

如上文所述,我们将作者身份(机器人和人类)作为主题内容协变量引入 STM2 模型,用以探究疫情讨论中,人类和机器人谈及中国时的主题分布。如图 2.2 所示,机器人和人类在与中国相关的主题讨论上有更大差异:机器人热衷于发布疫情动态,如死亡数、确诊数等,更倾向于讨论疫情对经济、贸易的影响;相对而言,人类更多讨论疫情的预防与治疗和跨国传播。

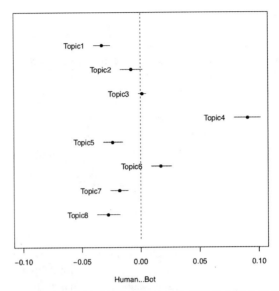

图 2.2 作者身份对与中国相关的疫情讨论主题的影响

(3) 机器人和人类语言中的语义关联

基于对词向量的相似度计算,我们获取了机器人和人类如何分别围绕疫情(coronavirus)与中国(china)构建语义关联,结果如表 2.5 所示。

表 2.5 机器人和人类语料中,与"coronavirus"和"china"相似度排名前 30 的词汇

序号	coronavirus		china	
	机器人	人 类	机器人	人 类
1	wuhancoronavirus	virus	outside	chinese
2	covidindia	covid	iran	wuhan
3	coronavirususa	globally	southkorea	europe
4	atlantic	extent	date	ccp
5	coronaalert	further	toll	country
6	coronavirustruth	rumor	japan	chinas
7	coronavid	healthanalytics	slows	hubei
8	coronavirusec	handful	korea	iran

续 表

序号	coronavirus		china	
	机器人	人类	机器人	人类
9	wuhanvirus	growing	mainland	taiwan
10	codvid	mend	deaths	korea
11	coronaoutbreak	worldwide	death	illegal
12	coronavirusindia	reagan	surpassing	epicenter
13	novelcoronavirus	stave	panama	nigeria
14	coronavirusinindia	corona	wuhan	hk
15	coronaviruskenya	interpreted	total	african
16	coronavirusus	hopefully	soar	originated
17	covidespana	becoming	surpassed	daegu
18	combsdaelpe	unknown	hubei	africa
19	coronaindia	undetected	rise	germany
20	forbes	bermuda	usa	hongkong
21	coronaviruscanada	amongst	indonesia	islamic
22	coronavirusnyc	easily	vietnam	abroad
23	covid	jab	ratio	worstaffected
24	wuhanoutbreak	potential	italy	epicentre
25	wuhanpneumonia	possibility	raising	lombardy
26	gocorona	lengthen	south	fold
27	coronvirusuk	fast	recovery	battle
28	cdc	wider	globally	southkorea
29	trumpantichrist	elder	totaling	europes
30	covidusa	paranoia	discharged	origin

以下为计算词语间相似度的示例代码，代码基于python语言，使用了gensim库。

```
data_bot,data_human = get_data() #读取数据,get_data()函数略
docs_bot = get_doc(data_bot)
#为 bot 和 human 分别构建语料库,get_doc()函数略
docs_human = get_doc(data_human)
model_bot = gensim.models.Word2Vec(docs_bot)
#需根据数据特征进行参数设置
model_human = gensim.models.Word2Vec(docs_human)

for item in model_bot.most_similar(u"china", topn = 30):
    print(item[0])
for item in model_human.most_similar(u"china", topn = 30):
    print(item[0])
```

比较机器人和人类语料中与"coronavirus"相似度排名前 30 的词汇可以发现,在机器人语料中,"wuhancoronavirus"(武汉冠状病毒)一词与目标词汇相似度最高。该词汇以"武汉"这一地区名对病毒进行命名,意在对地区进行污名化,并试图构建中国武汉与病毒起源的关联。相比之下,在人类语料中,与目标词汇相似度最高的是"virus"(病毒)。该词是对冠状病毒这一事物的客观表达,未含有污名化意图。值得注意的是,"wuhancoronavirus"、"wuhanvirus"(武汉病毒)、"wuhanpneumonia"(武汉肺炎)在机器人语料中与"coronavirus"的相似度分别位于第 1 名、第 9 名和第 25 名,但是三者在人类语料库中与"coronavirus"的相似度均未进入前 30 名。这表明机器人有更明显的意图将"武汉"这一意象与病毒名称关联起来,在病毒起源这一敏感议题上进行倾向性引导。此外,在机器人语料中,大量高相似度词汇由"coronavirus"和国家名先后组合而成,用于表达特定国家的疫情状况。这与上文所说的社交机器人热衷于发布各国疫情信息相吻合。结合此前研究(师文、陈昌凤,2020),我们认为,这反映出大量新闻机器人参与到疫情讨论中,被用于发布疫情动态信息及警报。

还值得注意的是,在机器人语料中,"coronavirustruth"(新冠病毒真相)一词与目标词汇的相似度排名高居第 6 名;而在人类语料中,"rumor"

(谣言)一词与目标词汇的相似度排名位于第 6 名。这一差异表明,社交机器人发言时经常标榜其发布的新冠相关内容为"真相"或"内幕真相",而人类用户更多提及"谣言"这一概念,表达对信息环境的批判性审视。

在社交机器人语料中,国外地名、疫情增长等词汇与"china"关联程度较高;相较而言,在人类语料中,出现更多与"china"相关联的中国国内地名。这一差异说明,社交机器人更关注各国疫情增长,而人类更关注中国作为疫情"震中"的情况。

六、案例小结

本章案例聚焦于文本层面,试图探究社交机器人对新冠疫情讨论的话题凸显和关联构建。研究发现,社交机器人在讨论中的作用具有多面性:一方面,社交机器人被应用于进行疫情新闻速报,随着新冠疫情在全球范围内流行,社交机器人大量发布世界各地的疫情发展动态,客观上起到了传播新闻的作用;另一方面,社交机器人发布信息的质量值得商榷,社交机器人对于不同国家疫情的讨论强度差异也值得思考。

由于社交机器人是以内容发布、转发、关注、点赞等多种方式深度参与社交平台,因而本章难以呈现社交机器人在新冠疫情讨论中的角色的复杂全貌。在计算文本研究的基础上,未来研究或可基于社群传播、人机交互等视角进一步挖掘社交机器人在疫情讨论中的角色,或对机器人与人类行为之间的因果关系进行统计学检验。

本章希望跳脱出特定案例的视角来审视当前社交机器人的研究现状。社交机器人相关研究自 2011 年左右开始出现,但 2011—2015 年间研究并不多,2015 年后,相关研究数量持续大量增长,这与英、美、法、德等国家均开始将社交机器人技术实际应用于政治选举和舆论操控的时间一致。目前,对社交机器人的关注来自计算机科学界和新闻传播两大领域,前者以电气与电子工程师协会(IEEE)旗下刊物及会议(如 ASONAM、*Information Sciences* 和 *IEEE Transactions on Dependable and Secure Computing*)为代表,后者以 *Journal of Communication*、*International Journal of Communication*、*New Media & Society* 和 *Digital Journalism* 为代表。此外,从心理学视角关注计算机使用的刊物 *Computers in Human Behavior*、综合类权威期刊 Science 和 Nature 也对此类话题有所触及。这反映出社交机器人不仅作为一种智能技术而存在，而且正在对社交媒体时代的传播生态产生影响，成为一种引发关注的社会现象。

现阶段，社交机器人研究领域的热门词汇包括在线社交网络、社交媒体、Twitter、机器人检测、行为研究、信息分类、机器学习、信息使用、舆论等。关于社交机器人的研究整体集中于自然科学领域，主要关注技术层面的开发和升级，包括社交机器人的更新和检测。相比之下，来自社会科学领域的研究严重不足，主要分散于机器人与社交媒体中的信息传播、社交机器人的社会影响研究（政治选举、股市操纵、公共健康）、人机传播中的行为研究等领域，也有更为前沿的研究关注到社交机器人对公众议程的影响、对线上知识生产的影响等问题。值得一提的是，中文学术界有关社交机器人的研究数量尚不多。以"社交机器人"为关键词，在中国知网对国内关于社交机器人的研究情况进行检索，结果总共只有 102 份。其中，占比最大的研究从自动化技术研发的视角关注社交机器人（40%），这也是国内最早的关于社交机器人的研究；来自新闻传播学领域的关注也占有较大比例；还有相当一部分研究从功能性角度关注社交机器人作为心理疗愈工具的作用。可以肯定的是，社交机器人对社交媒体舆论的介入已是一个全球性、全方位的事实。在社会科学领域，社交机器人对当代舆论生态的系统性影响仍未得到充分挖掘，这一领域有待学者进一步探索。

七、参考文献

师文，陈昌凤(2020). 社交机器人在新闻扩散中的角色和行为模式研究——基于《纽约时报》"修例"风波报道在 Twitter 上扩散的分析. 新闻与传播研究，27(5)，5-20.

Allem, J. P., Escobedo, P., & Dharmapuri, L. （2020）. Cannabis surveillance with Twitter data: Emerging topics and social bots. *American Journal of Public Health*，110(3)，357-362.

Arlt, D., Rauchfleisch, A., & Schäfer, M. S. （2019）. Between fragmentation and dialogue. Twitter communities and political debate about the Swiss "nuclear withdrawal initiative". *Environmental*

Communication, 13(4), 440-456.

Badawy, A., Ferrara, E., & Lerman, K. (2018). Analyzing the digital traces of political manipulation: The 2016 Russian interference Twitter campaign. *2018 IEEE/ACM International Conference on Advances in Social Networks Analysis and Mining*.

Badawy, A., Lerman, K., & Ferrara, E. (2019). Who falls for online political manipulation? *Companion Proceedings of the 2019 World Wide Web Conference*.

Bessi, A., & Ferrara, E. (2016). Social bots distort the 2016 U.S. presidential election online discussion. *First Monday*, 21(11-7).

Boshmaf, Y., Muslukhov, I., Beznosov, K., & Ripeanu, M. (2011). The socialbot network: When bots socialize for fame and money. *Proceedings of the 27th Annual Computer Security Applications Conference*.

Broniatowski, D. A., Jamison, A. M., Qi, S., AlKulaib, L., Chen, T., Benton, A., ... Dredze, M. (2018). Weaponized health communication: Twitter bots and Russian trolls amplify the vaccine debate. *American Journal of Public Health*, 108(10), 1378-1384.

Chu, Z., Gianvecchio, S., Wang, H., & Jajodia, S. (2010). Who is tweeting on Twitter: Human, bot, or cyborg? *Proceedings of the 26th Annual Computer Security Applications Conference*.

Chu, Z., Gianvecchio, S., Wang, H., & Jajodia, S. (2012). Detecting automation of Twitter accounts: Are you a human, bot, or cyborg? *IEEE Transactions on Dependable and Secure Computing*, 9(6), 811-824.

CNN (2020). Nearly half of the Twitter accounts discussing "reopening America" may be bots, researchers say. Retrieved from https://edition.cnn.com/2020/05/22/tech/twitter-bots-trnd/index.html.

Cohen, J. (1960). A coefficient of agreement for nominal scales. *Educational and Psychological Measurement*, 20(1), 37-46.

Cresci, S. (2020). A decade of social bot detection. *Communications of the ACM*, 63(10), 72-83.

Davis, C. A., Varol, O., Ferrara, E., Flammini, A., & Menczer, F. (2016). Botornot: A system to evaluate social bots. *Proceedings of the 25th International Conference Companion on World Wide Web*.

Deb, A., Majmundar, A., Seo, S., Matsui, A., Tandon, R., Yan, S., ... Ferrara, E. (2018). Social bots for online public health interventions. *Proceedings of the 2018 IEEE/ACM International Conference on Advances in Social Networks Analysis and Mining*.

Dickerson, J. P., Kagan, V., & Subrahmanian, V. (2014). Using sentiment to detect bots on twitter: Are humans more opinionated than bots? *Proceedings of the 2014 IEEE/ACM International Conference on Advances in Social Networks Analysis and Mining*.

Ferrara, E. (2017). Disinformation and social bot operations in the run up to the 2017 French presidential election. *First Monday*, 22(8).

Ferrara, E. (2020). #COVID-19 on Twitter: Bots, conspiracies, and social media activism. arXiv preprint arXiv: 2004.09531.

Franklin, S., & Graesser, A. (1996). Is it an agent, or just a program? A taxonomy for autonomous agents. *International Workshop on Agent Theories, Architectures, and Languages*.

Freitas, C., Benevenuto, F., Ghosh, S., & Veloso, A. (2015). Reverse engineering socialbot infiltration strategies in Twitter. *Proceedings of the 2015 IEEE/ACM International Conference on Advances in Social Networks Analysis and Mining*.

Garimella, V. R. K., & Weber, I. (2017). A long-term analysis of polarization on Twitter. *Eleventh International AAAI Conference on Web and Social Media*.

Ghosh, R., Surachawala, T., & Lerman, K. (2011). Entropy-based classification of "retweeting" activity on Twitter. arXiv preprint arXiv: 1106.0346.

Gorwa, R., & Guilbeault, D. (2020). Unpacking the social media bot: A typology to guide research and policy. *Policy & Internet*, 12(2), 225-248.

Hadgu, A. T., Garimella, K., & Weber, I. (2013). Political hashtag hijacking in the US. *Proceedings of the 22nd International Conference on World Wide Web*.

Howard, P. N., & Kollanyi, B. (2016). Bots, #StrongerIn, and #Brexit: Computational propaganda during the UK-EU referendum. Available at SSRN: https://ssrn.com/abstract=2798311

Howard, P. N., Kollanyi, B., & Woolley, S. (2016). Bots and automation over Twitter during the US election. *Computational Propaganda Project: Working Paper Series*.

Keller, T. R., & Klinger, U. (2019). Social bots in election campaigns: Theoretical, empirical, and methodological implications. *Political Communication*, 36(1), 171-189.

Leonard, A. (1998). *Bots: The origin of new species*. New York: Penguin Books Limited.

Li, M., & Luo, Z. (2020). The "bad women drivers" myth: The overrepresentation of female drivers and gender bias in China's media. *Information, Communication & Society*, 23(5), 776-793.

Luceri, L., Deb, A., Giordano, S., & Ferrara, E. (2019). Evolution of bot and human behavior during elections. *First Monday*, 24(9).

Lumezanu, C., Feamster, N., & Klein, H. (2012). #bias: Measuring the tweeting behavior of propagandists. *Proceedings of the Sixth International AAAI Conference on Weblogs and Social Media*.

Meraz, S. (2017). Hashtag wars and networked framing. In Tellería, A. S. (Eds), *Between the public and private in mobile communication* (pp. 303-323). New York: Routledge.

Orabi, M., Mouheb, D., Al Aghbari, Z., & Kamel, I. (2020). Detection of bots in social media: A systematic review. *Information Processing & Management*, 57(4), 102250.

Pak, C. (2019). News organizations' selective link sharing as gatekeeping: A structural topic model approach. *Computational Communication Research*, 1(1), 45-78.

Rabello, E. T., Matta, G. C., Costa, A., Teixeira, A., Barbosa, C., Flaim, G., & Silva, T. (2018). Visualising engagement on Zika epidemic. Recuperado de Smart Data Sprint Blog—Inova Media Lab—Universidade Nova de Lisboa website: https://smart.inovamedialab.org/smart-2018/project-reports/visualising-engagement-on-zika-epidemic

Rauchfleisch, A., & Kaiser, J. (2020). The False positive problem of automatic bot detection in social science research. *PloS one*, 15(10), e0241045.

Schuchard, R., Crooks, A., Stefanidis, A., & Croitoru, A. (2019). Bots fired: examining social bot evidence in online mass shooting conversations. *Palgrave Communications*, 5(1), 1-12.

Shao, C., Ciampaglia, G. L., Varol, O., Yang, K.-C., Flammini, A., & Menczer, F. (2018). The spread of low-credibility content by social bots. *Nature Communications*, 9(1), 4787.

Stella, M., Ferrara, E., & De Domenico, M. (2018). Bots increase exposure to negative and inflammatory content in online social systems. *Proceedings of the National Academy of Sciences*, 115(49), 12435-12440.

Stieglitz, S., Brachten, F., Ross, B., & Jung, A.-K. (2017). Do social bots dream of electric sheep? A categorisation of social media bot accounts. arXiv preprint arXiv: 1710.04044.

Subrahmanian, V., Azaria, A., Durst, S., Kagan, V., Galstyan, A., Lerman, K., ... Menczer, F. (2016). The DARPA Twitter bot challenge. *Computer*, 49(6), 38-46.

Van Eck, N. J., & Waltman, L. (2014). Visualizing bibliometric networks. In Ding, Y. et al. (Eds), *Measuring scholarly impact: Methods and practice* (pp. 285-320). Berlin: Springer.

Varol, O., Ferrara, E., Davis, C. A., Menczer, F., & Flammini,

A. (2017). Online human-bot interactions: Detection, estimation, and characterization. *Eleventh International AAAI Conference on Web and Social Media*.

Wang, A. H. (2010). Detecting spam bots in online social networking sites: A machine learning approach. *IFIP Annual Conference on Data and Applications Security and Privacy*.

Woolley, S. C. (2020). Bots and computational propaganda: Automation for communication and control. In Persily, N., & Tucker, J. A. (Eds.), *Social media and democracy: The state of the field and prospects for reform* (p. 89). New York: Cambridge University Press.

Woolley, S. C., & Howard, P. N. (2016). Political communication, computational propaganda, and autonomous agents: Introduction. *International Journal of Communication*, 10.

Yang, K.-C., Torres-Lugo, C., & Menczer, F. (2020). Prevalence of low-credibility information on Twitter during the COVID-19 outbreak. arXiv preprint arXiv: 2004.14484.

Yuan, X., Schuchard, R. J., & Crooks, A. T. (2019). Examining emergent communities and social bots within the polarized online vaccination debate in Twitter. *Social Media ＋ Society*, 5(3).

Zhao, S. (2003). Toward a taxonomy of copresence. *Presence: Teleoperators and Virtual Environments*, 12(5), 445-455.

八、延伸阅读

[1] Shao, C., Ciampaglia, G. L., Varol, O., Yang, K.-C., Flammini, A., & Menczer, F. (2018). The spread of low-credibility content by social bots. *Nature Communications*, 9(1), 4787.

该研究依托美国大选期间的真新闻、假新闻扩散对比,发现社交机器人不成比例地扩散来自低可信度信源的新闻。在文章传播开之前,机器人会在早期传播时刻促进此类内容的扩散。该研究还通过回复和提及来锁定拥有众多粉丝的重要社交媒体用户。该研究有助于了解社交机器人在假新闻扩散中扮演的角色。

[2] Stella, M., Ferrara, E., & De Domenico, M.（2018）. Bots increase exposure to negative and inflammatory content in online social systems. *Proceedings of the National Academy of Sciences*, 115（49）, 12435-12440.

基于2017年西班牙加泰罗尼亚独立公投事件，该研究发现，社交机器人主要针对有影响力的人类用户，并会根据其目标的两极分化立场生成语义内容。它们生成并宣传针对独立主义者的暴力内容，最终加剧了在线社会冲突。该研究有助于提升对于社交机器人传播策略的理解。

[3] 师文,陈昌凤(2020).分布与互动模式：社交机器人操纵Twitter上的中国议题研究.国际新闻界,42(5),61-80.

该研究运用计算传播学的方法，以Twitter上中国议题的分布与互动为分析对象，解析社交机器人操纵行为，探究其行为模式及其与人类的交互关系，发现在用户互动网络中，机器人用户转发、提及，但较少引用和回复。机器人可以成功地引发人类用户主动与之互动，但人类更倾向于与人类交互。该研究有助于分析社交机器人的互动行为。

[4] 师文,陈昌凤(2020).社交机器人在新闻扩散中的角色和行为模式研究——基于《纽约时报》"修例"风波报道在Twitter上扩散的分析.新闻与传播研究,27(5),5-20,126.

该研究运用计算传播学的方法，基于两级传播模型，探讨社交机器人在专业媒体新闻扩散过程中扮演的角色和行为模式。该研究有助于在新闻传播的视角下分析社交机器人与新闻扩散的关系。

九、数据代码

完整代码见GitHub链接：https://github.com/rainfireliang/CPOR/tree/main/Shi%20et%20al.%20(2020)

十、思维导图

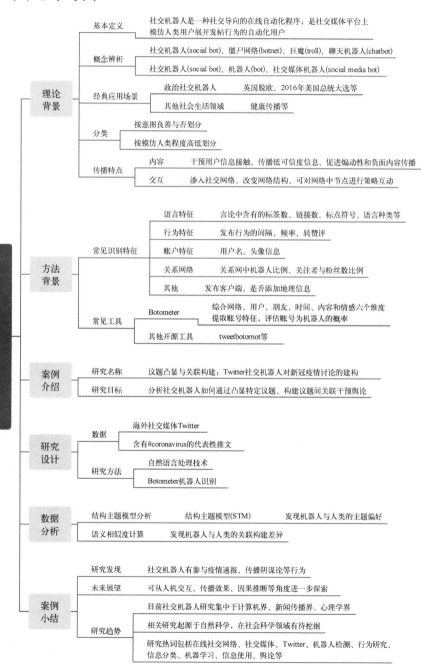

第三章

网络舆论表达中的文本挖掘与主题模型[*]

一、理论背景

互联网技术和社交媒体的快速发展为民众提供了公共表达和公共辩论的新空间,而在线表达也常常被研究者看作非正式政治参与的重要形式。在此背景下,对网络舆论表达的系统分析不仅是理解中国网络社会的结构和性质的一个重要手段,也是窥视转型中国这一特定社会情景中各社会群体多元化社会心态和利益诉求的一个关键窗口。例如,郑雯和黄荣贵(2015)通过潜类分析模型(latent class analysis)考察了微博用户对重大公共事件的在线讨论水平,从经验上指出网络空间中存在着"公共事务冷漠群体"、"严肃政治关注群体"、"公共安全关注群体"和"高参与度群体"的分化,并在一定程度上回应了社交媒体空间"过度政治化"和"过度娱乐化"等学术争论。类似地,桂勇等人(2015)指出,网络的匿名性和信息传播的便捷性为极端情绪的在线表达提供了肥沃的土壤,而网络的社交性和圈层化则强化了极端情绪人群的聚集和互动;系统地分析网络空间表达的极端情绪后发现,根据微博用户在网络空间表达的极端情绪,可将其划分为"酱油众"、"冷漠族"、"铁血爱国派"、"愤世嫉俗派"和"民粹主义者"五类群体。上述研究都表明,互联网空间为网络用户提供了一个自然的社会表达情景,网民在不受研究过程干预和影响的条件下表达出自身对重要的社会政治议题的态

---

[*] 本章作者为黄荣贵。本章是"大数据驱动的网络社会思潮谱系及演进规律研究"(20YJC840017)、"中国网络民粹主义的类型、成因及演变(2013—2020)"(2018BSH003)和"大数据驱动的网络社会心态发展规律与引导策略研究"(19ZDA148)的阶段性成果。

度倾向和认知模式,并围绕自身的议题偏好形成网络圈子。从这个意义上说,对网络表达的质性观察和归纳研究有助于研究者从网络社会事实出发,通过本土化的研究发展出适用于中国社会情景的理论模型,并在此基础上通过后续的实证分析进行验证或证伪。例如,桂勇等人(2018)采用混合研究方法对网络左翼社群进行深入的考察,提出一个由"思想理论资源"和"立场取向"两个维度构成的网络左翼思潮的类型学模型,并综合运用文本分析技术和社会网络分析技术来分析左翼用户的网络表达,从而识别出不同类型的网络左翼社群。总之,这些研究利用网络社会提供的表达性数据,在实证和理论层面加深了我们对中国网络社会多样化和复杂性的理解。

不少已有研究试图对网络舆论进行主题分析来揭示互联网技术与网络舆论事件对国家社会关系的影响。例如,有学者对两起网络事件的微博舆论的主题进行系统的分析。数据分析结果发现,关于这两起事件的讨论涉及不同类型的主题(theme),其中,一部分舆论主题对政府的合法性提出挑战,另一部分舆论主题则有助于强化政府的合法性(Tong & Zuo, 2014)。郭圣莉等人(2016)对多起公共政策舆论讨论的案例分析发现,网络舆论通过影响市场媒体和官方媒体的报道,并最终影响公共政策的制定过程,其中,公共政策的社会回应性在民生议题领域尤其明显。吴英女等人(2014)对微博意见领袖在净网行动前后的关注议题进行纵向比较分析,发现净网行动后政治议题的表达活跃度下降,而法制类议题的表达活跃度有所上升,这表明网络治理举措与用户网络表达主题之间存在显著的关联。

从议程设置的理论视角来看,网络舆论对特定主题的讨论频率在很大程度上会影响该主题的接近性(accessibility),而那些频繁被提及的主题更有可能成为网络用户记忆的一部分,也更有可能在网络讨论中再次被激活。通过接近性机制,网络讨论的主题会影响后续网络舆论的议程设置过程,影响或改变网络用户对"哪些主题是中国社会所面临的重要问题"的认知,进而影响网络用户的注意力分配。此外,鉴于网络舆论在公共政策制定过程中扮演着越来越重要的角色,网络空间中热议的主题也会在一定程度上影响公共政策的议程设置过程,甚至会重塑利益相关者对政策问题的定义和理解。

值得注意的是,对网络表达的文本挖掘不仅能够剖析互联网用户的态度立场和议题偏好,还能探究网络用户在特定舆论事件或特定议题领域的话语框架和认知框架(frame)。框架(化)过程就是选择被感知的社会事实的某些面向,在传播和沟通的社会过程中将其突出出来,赋予其显著性,从而使得特定的问题得以定义、归因、评估和解决(Entman,1993)。框架化过程是理解公众舆论形成过程及媒介效果的一个关键性社会机制(Scheufele,1999;Chong & Druckman,2007),已经被诸多研究者用于指导网络事件和网络舆论的实证研究。例如,周裕琼等人(Zhou & Moy,2007)借助框架理论分析了"黑龙江宝马案"中公众舆论框架与媒介报道框架之间的关系,发现早期的公众舆论框架不仅促使该事件发展成全国性舆论事件,还在一定程度上影响了后续的媒介报道框架。在反腐的背景下,有研究者借助框架理论来考察微博平台上关于腐败(反腐)的四类主要的话语框架,比较了新闻媒介、政府、网民对腐败议题的话语框架的使用状况。结果显示,不同类型的行动者所使用的话语框架具有显著的差异(Chen & Zhang,2016)。在某种意义上,对不同行动者的话语框架的比较分析有助于研究者深入理解对特定话题报道的策略性机会、新闻媒介在公共生活中扮演的角色、碎片化且具有竞争关系的公众、中国的媒介环境等重要的研究主题。值得一提的是,在网络舆论事件和网络集体行动中,参与者使用的话语框架常常随着事件的发展和行动者之间的策略性互动而不断变化。幸运的是,丰富的网络表达性数据和文本大数据分析技术的发展为研究者系统地剖析话语框架的动态变化提供了便利(Huang & Sun,2016)。如果说对话语框架的动态研究实际上分析了话语框架的出现频率与时间之间的关联关系,那么不失一般性,研究者也可以通过文本挖掘技术来系统考察在线话语框架使用与行动者特征及宏观文化背景变量之间的关联关系。例如,诺林(Nowlin,2016)使用话题模型分析政策文本,从政策文本中提取出多维度、竞争性的议题定义框架,并进一步考察议题定义框架与外部政策环境变化之间的关系。

总之,网民在互联网与社交媒体平台上表达的文本资料体现了他们对特定主题的关注度和态度倾向,反映了他们对特定社会议题或网络舆论事件的认知框架,以及在网络空间中的框架化策略。从这个意义上说,嵌入网络表达中的主题和框架是我们理解中国网民群体分化、网络空间性质、网络舆论环境、国家社会关系等重要研究主题的窗口和载体,对其进行系统的挖掘、剖析、比较和统计建模具有重要的学术价值。

二、方法背景

在分析文本资料时,研究者通常采用质性解读、内容分析、关键词搜索和词频统计等方法进行处理(详细讨论参见 DiMaggio,Nag,& Blei,2013)。然而,正如迪马乔(DiMaggio)等人指出的,基于研究者直接解读的文本分析结果可能缺乏可复制性,不同研究者可能会得到不一样的结论;换言之,研究发现的信度系数可能会比较低。虽然对网络用户的长期追踪和观察有助于提高质性解读的准确性,但这需要付出大量的时间成本,因而难以处理大规模的网络数据。传统的内容分析法难以快速地处理海量的文本,在研究网络表达时将会面临明显的挑战;当内容分析的编码方案涉及抽象的概念时,不同的编码者可能难以达成较高水平的共识,即研究的编码员间信度(inter-coder reliability)可能是一个难以跨越的障碍;内容分析要求研究者在分析前就能清晰地认知嵌入文本中的重要主题,不利于研究者从文本中归纳出新的话题。关键词搜索和词频统计则需要研究者围绕特定主题列出一系列等价的关键词,同时将这些关键词抽离具体的语境进行理解和解读,因而违背了话语的文化涵义具有关系性这一基本原则。虽然词频统计方法的应用在计算时代更为常见,也由于词云可视化技术的发展而被认为是一种现代的分析方法,但从研究方法论的角度来看,词频可视化技术的发展并未从根本上改变词频统计方法的局限。

随着数据挖掘与深度学习等计算方法的发展,社会科学研究者可借鉴和利用的文本挖掘方法与模型变得越来越多元。在实证研究中,对文本进行适当的分类是最为常见的任务。根据分类实现与现有知识的关系,文本挖掘大致可以分为监督方法和非监督方法(Grimmer & Stewart,2013)。监督方法依赖现有知识来确定分类方案及基于分类方案的人工标注的训练集数据;非监督方法不依赖研究者预先设定的分类方案,而是基于数据驱动的归纳式分类方法。根据研究关注点的差异,监督学习方法既可用于对文本主题或内容进行分类,也可用于对文本的情感倾向进行分类(情感分析)。根据模型的实现方式,监督方法既可以通过单一模型实现文本分类(如支持向量机模型),也可以使用基于多模型的集成方法(ensemble method)实现文本分类(如随机森林模型)。就非监督方法而言,研究者既可以使用传统的聚类分析方法对文本进行分类(如 K 均值方法,应用实例可参见 Burscher et al.,2016),也可以使用各种生成性(generative)模型进行文本分类(如隐狄利克雷主题模型、结构主题模型等)。不管是使用传统的聚类分析方法还是使用生成性主题模型,研究者通常既关注模型从文本集合中提炼出来的主题含义,也会应用所拟合的模型把文档归类到不同的主题分组,以便用于后续的统计建模或可视化分析。相比而言,聚类分析方法通常会把一个文档分组到特定的主题组,生成性模型则使用主题概率分布来描述文档讨论不同主题的可能性大小。随着深度学习的发展,越来越多的研究者使用词嵌入模型来分析词汇的社会意义和词汇间的语义关系(Kozlowski,Taddy,& Evans,2019)。

由于篇幅限制,本章将聚焦讨论隐狄利克雷主题模型(LDA topic model,简称主题模型)的基本原理和适用情景。目前,隐狄利克雷主题模型已被广泛应用于社会科学研究,并且具有自身的相对优势。与传统的文本分析方法相比,隐狄利克雷主题模型的分析过程具有可重复性,具有较高的信度;分析过程具有自动化的特点,可以处理大量文本;分析过程具有归纳特征,有助于研究者从大量的文本中挖掘新的主题;由于主题由词汇的统计分布来表示,特定词汇的文化意义是在词汇共现的语境中得到理解和解读,符合词汇意义的关系性原则。

在隐狄利克雷主题模型中,主题 k 由经常共同出现的一组词汇的统计分布 β_k 来表示,其中,$\beta \sim Dirichlet(\delta)$,并且狄利克雷分布的维度由研究者预先确定,该维度等于主题数 K。这意味着构成同一主题的词语更有可能同时出现在文档(document)中,而模型拟合得到的结果将估计出每个主题对应的核心关键词及其概率,研究者根据主题的核心关键词来解读其社会意义。文档 d 可以同时描述多个主题,各主题在该文档中的占比由统计分布 θ_d 来表示,其中,$\theta \sim Dirichlet(\alpha)$。从这个意义上说,隐狄利克雷主题模型是一个混合隶属模型(Grimmer & Stewart,2013)。具体而言,主题模型所描述的文档生成性过程如下:

第一,对文档 d 中的每个词汇,从一个以 θ_d 为参数的多项分布中选择一个主题 z_d(θ_d 刻画了文本 d 的主题构成比例);

第二,在主题 z_d 给定的条件下,从一个以 β_{z_d} 为参数的多项分布中选择词汇 w_i(其中,β_{z_d} 描述了主题 z_d 的词汇统计分布)。

基于上述文档生成的随机过程,研究者可以得到关于潜在参数($\theta_{1:D}$ 和 $\beta_{1:K}$,其中,D 表示文本集合中文档总数,K 表示研究者设定的主题数)和所观察到的文本数据(W)的联合概率。对一组文档集合进行主题建模,实际上是在给定文本数据集合的条件下求解潜在参数 $\theta_{1:D}$ 和 $\beta_{1:K}$,即根据文档生成的随机模型来计算以所观察到的文本数据集合为条件的主题结构(进一步说明可参见 Blei,2012;Nowlin,2016)。

值得一提的是,隐狄利克雷主题模型仅考虑词汇的共现关系,并不考虑文档中词汇出现的顺序,因此,这是一个基于词袋(bag-of-words)的模型。隐狄利克雷主题模型的生成性过程潜在地假定一个文档同时讨论了多个主题,考虑到短文本很有可能讨论单一主题而不是同时讨论多个主题,有的研究者认为隐狄利克雷主题模型更适合长文本而不是短文本。针对此担忧,计算机科学家后续提出了针对短文本的双项主题模型(biterm topic model,简称 BTM)。然而,双项主题模型的建模效果是否优于隐狄利克雷主题模型是一个经验问题,实证研究者应通过模型比较来选择合适的主题模型,而不应简单假定双项主题模型必然优于隐狄利克雷主题模型。此外,实证研究者也可以结合研究目的对原始文档进行适当合并,通过重新定义文档单位来克服短文本带来的问题。例如,把一名微博用户一周发布的所有博文重新定义为一个文档,而不是将单条博文看作一个文档。

研究者使用隐狄利克雷主题模型进行文本挖掘时,第一步需要确定分析的文本集合,即语料库(corpus)。在实证研究中,被分析的语料库通常隶属于特定的议题领域(issue domain),它们所讨论的隐性主题具有某种层面的共同属性,比如特定政策领域的政策文本、特定议题的新闻报道、特定在线社群的在线讨论文本、特定舆论事件的网络文本等。

第二步,研究者需要对文档进行适当的预处理,主要的工作是分词与特征工程[1]。分词是将文档中的各个词汇识别出来,从而将每个文档表达成词汇及其出现频数。就基于 Python 语言的自然语言分析工具而言,常见的中文分词工具包括 jieba[2]、复旦大学自然语言处理实验室开发的 fastHan[3]、清

---

[1] 对英文文档进行主题模型分析时不需要分词,但通常会进行大小写归一化、词干提取(stemming)和词形还原(lemmatization)等操作。
[2] https://pypi.org/project/jieba/,最后浏览日期:2021 年 5 月 31 日。
[3] https://pypi.org/project/fastHan/,最后浏览日期:2021 年 5 月 31 日。

华大学自然语言处理与社会人文计算实验室开发的中文词法分析工具thulac①、北京大学开发的中文分词工具 pkuseg②、南京大学自然语言小组开发的 njuseg③等等。本章案例使用 jieba 作为分词工具。

特征工程的一个重要任务是特征词的选择和过滤,这不仅可以减少词汇的数量、提升主题模型的训练效率,还有助于研究者更好地获得具有可解读性的主题模型。特征工程的常见操作是停用词(stop words)过滤,即将停用词从主题模型的词汇表中剔除。停用词是指经常出现在文档中但无助于区分各主题实质含义的词汇,既包括通用停用词,也包括特定议题领域中的停用词。在数据处理过程中,研究者可以整合通用停用词表和议题相关的停用词表来提升主题模型的可解读性。例如,有研究者表明,在文本预处理过程中剔除命名实体词有助于提高模型结果的理论含义(Burscher et al., 2016)。笔者对微博文本的主题挖掘经验表明,过滤微博的用户昵称和地名及组织名等命名实体词有助于识别出文档中的话语框架和主题;如果在模型估计的过程中包含用户昵称等命名实体词等词汇,模型识别出来的主题似乎反映了不同的舆论事件,这是因为每起舆论事件通常涉及特定的地点、人物或组织,少数意见领袖可能会积极地参与事件的讨论,并且意见领袖的帖子可能会被多次转发。本章案例综合现有方法论文献的经验和前期探索性数据分析结果,并在此基础上进行如下特征工程操作:过滤通用停用词(如哈工大停用词表)、中文标点符号、微博平台特有的常用词(如转发、转载、详情、回复、微博等)、微博用户昵称(嵌入博文中的"@用户昵称")、国家名、地名和组织名等命名实体词。

第三步,研究者需要综合多种方法来确定模型的主题数 K。现有文献通常建议综合主题模型拟合优度的统计指标和主题模型的可解读性来确定主题数。常见的统计指标包括混乱度(perplexity)和一致性(coherence)指标。就混乱度指标而言,指标取值越小表示对应的主题模型更优,但该统计指标往往会选择一个过于复杂的模型。就一致性指标而言,指标取值越大表示对应的主题模型更优。在常见的一致性指标中,"c_v coherence"指标

---

① https://pypi.org/project/thulac/,最后浏览日期:2021 年 5 月 31 日。
② https://pypi.org/project/pkuseg/,最后浏览日期:2021 年 5 月 31 日。
③ https://pypi.org/project/njuseg/,最后浏览日期:2021 年 5 月 31 日。

与人工评判之间具有较高的相关性(Röder et al.,2015),因而被认为是一个参考价值较高的模型拟合优度指标。同样重要的是,研究者应该结合自身对特定研究议题的质性认识来综合评估模型的有效性。由于主题的含义具有不同的抽象水平,一个抽象水平较高的主题可以细分为多个抽象水平较低的主题。从这个意义上说,主题数的选择不存在一个绝对标准,研究者需要结合具体的研究目的来决定主题的精细程度(主题数的大小)。例如,倘若研究目的是考察特定行动者的框架化策略,则可能需要较为精细的主题;倘若研究目的是考察集体水平的议题定义,则主题无须过于精细(Nowlin,2016)。

第四步,确定主题数后,研究者拟合话题模型并对其进行验证、解读和汇报。研究者可以通过多种方式来验证主题模型的有效性。例如,研究者可以使用拟合好的主题模型来估算各文档谈论各主题的概率,并选择讨论特定主题的典型文档,通过质性解读比对文档讨论的主题是否与主题模型的估计相一致;研究者还可以随机抽取一个文档样本,对各样本文档主要讨论的主题进行人工编码,进而计算人工编码结果在多大程度上与主题模型相一致。在社会科学实证研究中,研究者倾向于使用表格的方式汇报各主题对应的核心关键词,主题的关键词通常根据共现的概率进行降序排列。基于研究者对各主题含义的理解,研究者通常会对各主题进行适当的命名。

第五步,结合研究目的,研究者可使用主题模型的结果进行后续的量化分析。一旦得到最终的主题模型,研究者就可以估算每个文档谈论各主题的概率,得到一个以文档为单位、以主题概率为变量的数据集。在此基础上,研究者可以将文档属性变量或文档作者的属性变量整合到文档主题概率数据集中,得到一个既包含文档主题概率又包含文档(作者)特征变量的整合性数据集。这个整合性数据集成为后续统计建模或者关联分析的基础。

考虑到社会科学研究经常关注文档层面的解释变量对主题概率的影响效应,后续的方法论研究拓展了传统的概率主题模型,将文档层面的属性变量整合到文档的生成性模型中去;与之相应,实证研究者在估计主题模型的同时可以获得文档层面的属性变量对主题的词分布或文档的主题分布的调节效应。例如,作者主题模型(author-topic model)考虑了作者与主题之间的关联关系,动态主题模型(dynamic topic model)考虑了主题构成的时间变迁,结构主题模型(structural topic model)则可以估计一般化的文档属性变量对主题的词汇分布及文档的主题分布的调节效应。在结构主题模型中，θ_d参数不再由先验分布$Dirichlet(\alpha)$确定，而是由一个逻辑斯蒂-正态线性模型决定，文档层面的属性变量X_d通过该模型影响文档层面的主题分布；此外，文档d中的主题k的词汇分布$\beta_{d,k}$不再由先验分布$Dirichlet(\delta)$确定，而是通过多项逻辑分布模型来刻画，文档层面的属性变量Y_d通过该模型影响主题的词汇分布（关于结构主题模型的详细介绍和应用实例可参见 Roberts et al., 2019）。

在实证研究中，主题模型可以使用多种软件或编程语言进行拟合。常见的工具包括：R 语言的 topicmodels 包（https://cran.r-project.org/web/packages/topicmodels/index.html）和 stm 包（http://www.structuraltopicmodel.com/），Python 语言的 gensim 包（https://pypi.org/project/gensim/），以及基于 Java 语言的 Topic Modeling Tool（https://github.com/senderle/topic-modeling-tool）。其中，Topic Modeling Tool 是基于图形化用户界面的主题模型拟合工具。

三、案例介绍

本章采用的案例为：

> 黄荣贵(2017). 网络场域、文化认同与劳工关注社群：基于话题模型与社群侦测的大数据分析. 社会, 37(2), 26-50.

案例考察了以微博为代表的社交媒体平台在多大程度上给非政府组织提供了潜在的发展空间，尤其是组织社群建设和话语建构等方面的赋权功能。现有关于互联网与非政府组织的研究主要从三个视角检视非政府组织的新媒体使用与实践：一是从数字不平等的视角来考察组织的在线影响力；二是从互联网政治的视角出发，通过案例分析来考察社交媒体对集体行动的赋权功能；三是考察社会组织使用社交媒体的主要方式。总体而言，已有研究倾向于将用户沟通（互动）形式与话语表达内容割裂，或者仅考察社交媒体使用的特定个案或特定方面。从这个意义上说，已有研究未能展示组织间社群的整体图景。鉴于中国社交媒体用户内部存在明显的分化，用户的社交媒体使用模式及他们对关键议题的在线表达均呈现出不可忽视的差异,对非政府组织在微博空间的社群分化及各社群关注的主题的系统刻画有助于更准确地评估社交媒体对非政府组织的赋权作用,促进我们对"互联网与非政府组织"这一研究议题的认识。

案例将社交媒体看作一个社会空间,从社群结构和社群文化的角度考察新浪微博上的劳工关注用户群。在数字化时代,在线社群主要体现为用户间的连接模式,社群认同则体现为社群成员使用的文字与符号。基于这一理解,本章借鉴关系社会学的理论见解来指导实证研究。关系社会学认为,文化形式与关系网络并不是两个自治性概念,不应该对它们进行独立测量,更不用说使用独立测量来考察两者之间的因果关系;相反,关系网络形成于沟通的文化过程。根据怀特的理论,行动者之间的关系及相关的话语互动或"故事"构成一个网络场域,不同网络场域之间存在竞争性关系,而认同形成于互动过程的偶然性与网络场域之间的竞争。当认同在不同网络场域转换时,认同将通过比较和反思产生观念与意义。在该理论中,文化流动地被社会群体共享,社会形态的出现则是行动者在不同情境下发生关系联结或解除关系联结带来的结果。具体到本案例研究的劳工关注社群,社群认同和文化的形成过程是各社群成员使用特定话语框架的累积性结果,社群的互动关系的总和可以看作一个网络场域。基于这一认识,本案例综合运用主题模型与社群分析来考察劳工关注用户的网络表达和互动实践。

采取网络场域与文化认同的双重视角来分析微博用户在在线互动过程中形成的社会关系和用户间传递的话语符号,不仅在理论上具有适当性,而且在分析方法上具有重要的意涵:一方面,考察微博用户沟通所传播的话语符号有助于超越纯粹的社会网络结构分析,深入了解社群的文化和意义属性;另一方面,通过检视话语符号传播的网络场域有助于研究者结合互动情景准确地解读话语符号的社会意义。

简而言之,本案例以关注劳工议题的微博用户为对象,考察用户间的社交关系和用户沟通的话语符号,从而初步呈现劳工非政府组织的社交媒体使用和在线表达的整体性图景。为此,本案例提出如下研究问题。

Q1:微博用户在互动过程中形成了哪些在线社群?
Q2:对各在线社群而言,社群成员之间主要就何种议题进行在线沟通与传播？

　　Q3：行动者的跨社群互动与社群文化之间存在何种关联？

四、研究设计

　　为了使用文本挖掘对劳工关注社群的互动和表达进行鸟瞰式描绘，笔者结合自身对劳工非政府组织的质性追踪和观察，选择14个非政府组织作为种子用户，并在SMP2015微博数据集中筛选出含有种子用户微博昵称的51 288条博文，这些博文构成案例分析的语料库。案例分析的博文发布于2010年10月至2014年3月，其中，2012年之前发布的博文数量很小，月博文数均小于400。自2012年起，博文数逐渐增加，该趋势一直持续至2013年9月，此后，博文数逐渐下降。2014年2—3月博文数下降可能是受数据收集的结束时点的影响，因此，数据分析剔除了这两个月的数据。

　　在主题模型拟合前，本案例对语料库中的文档进行分词和停用词过滤等预处理。结合前期探索性数据处理的经验和已有研究文献可知，剔除命名实体词和微博用户名有助于识别出文档中的主题，因此，本案例在预处理过程中过滤了通用停用词、微博用户名、省市区县和国家机关团体机构等命名实体词。接下来，本案例拟合主题数为2—40的一系列模型，通过计算和比较各主题模型的混乱度来初步筛选备选模型。计算结果显示，随着主题数的增加，模型的混乱度持续下降。当主题数大于或等于12时，混乱度的变化幅度相对较小。从混乱度的变化趋势来看，最优主题数可能会落在4—30。为了进一步参考一致性指标来确定最终的主题数，同时为了减少计算量，本案例在基于混乱度的初步筛选的基础上进一步计算主题数从4到30的一系列模型的一致性指标。最终分析结果表明，主题数为7、9、13的模型具有较高的一致性（见图3.1）。综合混乱度、一致性指标和这三个模型的可解读性，本案例决定采取主题数为13的主题模型作为分析结果进行汇报。

　　一旦拟合出主题数等于13的主题模型，就可以使用所得的主题模型来估算每条微博讨论各主题的概率，从而得到一个以文档为分析单位、以主题概率为变量的数据集。此外，由于每条微博都有发布日期信息，本案例将这些信息整合到主题概率的数据集中，以便于系统考察劳工关注社群讨论特定主题的趋势（示例数据见表3.1）。

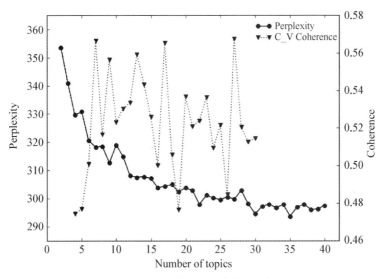

图 3.1 主题模型的拟合优度比较

表 3.1 基于主题概率和文档特征变量的整合数据集

文档ID	主题1	主题2	…	主题12	主题13	日 期	社群1参与讨论	…	社群5参与讨论
1	0.003 8	0.003 8	…	0.953 8	0.003 8	2012-1-1	0	…	1
2	0.001 8	0.001 8	…	0.001 8	0.977 5	2012-2-2	1	…	0
3	0.001 5	0.233 2	…	0.001 5	0.001 5	2012-3-2	1	…	0
4	…	…	…	…	…	…	…	…	…

根据博文中记录的提及关系(直接@用户)来建构互动关系网,本案例建构了一个以微博用户为节点、以用户间提及次数为关系权重的有方向加权社会网,所得加权网络包括14 730位用户和41 202对互动关系。删除互动次数较低(小于21次)的在线互动关系后,本案例对所得互动关系网进行社群侦测分析,获得5个规模大于50的社群。为了理解各互动社群的主题关注度,本案例以社群成员是否出现于特定博文为标准将博文分为5组,将社群归属变量整合到博文主题概率的数据集中,并汇总计算出各社群谈论各主题的平均概率。该汇总统计量为本研究理解各社群的文化属性提供了实证基础(详细分析过程和结果参见案例原文)。

考虑到本章主要聚焦于文本挖掘,下文将主要详细描述主题模型在本案例中的应用。对社会网络分析感兴趣的读者可以进一步阅读案例原文。

五、数据分析

数据分析分为文档预处理与模型估计、模型比较与选择、基于主题模型的后续分析等。所有分析均使用 Python 语言完成,其中,分词使用 jieba 模块完成,主题模型估计使用 gensim 模块完成,主题模型比较则使用 tmtoolkit 模块来简化代码,数据整合与操作使用 pandas 模块完成,可视化主要使用 matplotlib 模块,后续的线性多元回归分析使用 statsmodels 模块。此外,本案例中涉及的社会网络分析主要使用 python-igraph(现已改名为 igraph)模块完成。由于本章主要聚焦文本的主题挖掘,下文将不详细汇报社会网络分析的具体命令。

在数据分析前,我们先加载数据分析所需要的模块,并自定义一些辅助函数,以使代码的逻辑结构更加清晰。

```
# 加载所需要的模块
import os
import re

import jieba
import matplotlib.pylab as plt
from gensim import corpora
from gensim import models
from tmtoolkit.topicmod import tm_gensim
from tmtoolkit.topicmod.evaluate import results_by_parameter
from tmtoolkit.topicmod.visualize import plot_eval_results

import numpy as np
import pandas as pd
```

```python
import csv
from collections import defaultdict


# 定义函数,用于读入停用词列表
def get_words(file):
    with open(file, encoding = "utf-8") as f:
        stopwords = f.readlines()
        stopwords = [w.strip() for w in stopwords]
    return stopwords


# 定义函数对文本进行分词和停用词过滤操作
# 可根据研究需要进行相应的修改
def word_tokenizer(doc, stopwords = None):
    tokens = jieba.cut(doc)
    tokens = [el for el in tokens if len(el) > 1]
    # 删除单字符词语
    pat_num = re.compile("[0-9a-zA-Z]+")
    tokens = [el for el in tokens if pat_num.sub("", el) != ""]
    # 删除数字和英文字母
    if stopwords is not None:
        tokens = [w for w in tokens if w not in stopwords]
    return tokens
```

读入停用词列表和需要分析的文本数据。本案例的文本数据量只是中等大小,可以直接读入电脑内存,因此,这里使用列表(list)对象来表示。假如文本数据量过大,无法全部读入电脑内存中,则需要自定义可迭代的类(class),以对应的类实例来表示文档集合。

```
# 读入停用词,在"停用词.txt"文件中,一个停用词对应一行
# 已包括通用停用词、平台相关停用词,以及地名等命名实体词
stp = get_words("停用词.txt")

# 读入文本数据,数据格式为csv
# 数据含有微博文(webo_text)、博文日期、博主昵称变量
data = pd.read_csv("Corpus/劳工关注社群.csv")
texts = data.weibo_text.tolist()
# 从数据集中抽取微博文数据,以列表的形式表示
texts_as_tokens = [word_tokenizer(text, stp) for text in texts]
# 分词与停用词过滤,分词后每条博文将表示为词汇的列表
```

根据gensim模块的使用规则,我们需要创建一个字典对象。该字典对象用于收集出现在文档集中的词汇,并将每个词汇赋予一个唯一的整数型编号。

```
dictionary = corpora.Dictionary()
dictionary.add_documents(texts_as_tokens)
dictionary.filter_extremes(no_below = 2, no_above = 0.9)
# 过滤非常稀有和常见的词汇
dictionary.save("dictionary")
# 将创建的字典对象保存到电脑硬盘中的文件中去
dictionary = corpora.Dictionary.load("dictionary")
# 重新加载所保存的字典对象
```

使用字典对象将文本集转换为gensim特有的语料库对象。

```
# gensim corpus
mycorpus = [dictionary.doc2bow(text) for text in texts_as_tokens]
```

在 gensim 模块中，隐狄利克雷主题模型是通过 LDA model 进行估计的，它的参数 num_topics 表示模型的主题数，需要研究者设定。然而，在实际应用中，研究者并不知道主题数的取值。为此，我们可以通过模型的比较来确定可能的主题数。为了简化代码的编写，这里使用 tm_gensim 模块计算主题数从 2 到 40 的一系列主题模型，并对这些模型的拟合优度指标进行可视化比较。

```
# 使用 tm_gensim 模块进行主题模型比较
ks = list(range(2, 41, 1))    # 主题数列表
varying_params = [dict(num_topics = k) for k in ks]

eval_results = \
  tm_gensim.evaluate_topic_models(data = (dictionary, mycorpus),
                  varying_parameters = varying_params,
                  metric = ('perplexity',
                       'cao_juan_2009',
                       'coherence_gensim_u_mass'
                       )
                  )

plt.style.use('ggplot')
results_by_n_topics = \
  results_by_parameter(eval_results, 'num_topics')
plot_eval_results(results_by_n_topics,
      xaxislabel = 'num. topics k',
      title = 'Evaluation results',
      figsize = (8, 6))
```

通过模型拟合优度的比较，本案例最终选择主题数为 13 的隐狄利克雷主题模型作为最终模型。下面的命令使用上文已经创建好的字典对象和语

料库对象进行主题模型的估计,并在模型拟合完成后打印各主题的核心词汇。

```
mymodel = models.LdaModel(corpus = mycorpus,
                          num_topics = 13,
                          id2word = dictionary)
mymodel.print_topics()
```

接下来,笔者自定义一个函数来估算每个文档讨论各主题的概率,将这些信息整合成一个 csv 格式的文件。

```
# 估算每个文档的主题概率,用于后续统计/可视化分析
def get_doc_topics(model, corpus, outfile):
    num_topic = model.num_topics
    out = open(outfile, "w")
    writer = csv.writer(out)
    for doc_topics in model[corpus]:
        topics = [defaultdict(int, doc_topics).get(_) for _ in range
        (num_topic)]
        writer.writerow(topics)
    out.close()

get_doc_topics(mymodel, mycorpus, "doc_topics_prob.csv")
# 主题概率数据将保存在"doc_topics_prob.csv"文件中
```

将生成的主题概率数据读入,并与原始数据进行横向合并,得到一个同时含有主题概率变量和文档属性变量的整合数据集。在本案例中,data 这个 DataFrame 对象含有文档识别号 doc_ID、文档内容 weibo_text、文档日期属性变量 doc_date 和衍生的文档月份变量 doc_month。

```
df_topics = pd.read_csv("doc_topics_prob.csv ", header = None)
df_combined = pd.concat([data, df_topics], axis = 1)
# 合并两个数据集
df_combined.fillna(0, inplace = True)
# 将缺失值的文档概率替换为 0
```

在上述数据集中,主题概率的变量默认命名为 0、1、2……在质性解读主题的含义后,有必要根据主题的实质含义对其进行重命名。例如,下面的命令将主题 0 重命名为城市融入,将主题 1 重命名为农民工问题,以此类推。

```
df_combined.rename(columns = { 0:'城市融入', 1:'农民工问题'},
inplace = True)
```

在本案例中,笔者还对微博用户的互动关系网进行分析,并在此基础上生成一个数据来表示特定社群是否参与某个文档的内容生产(数据格式示例见表 3.2,该数据保存为 communities.csv 文件)。

表 3.2 社群参与在线表达的情况

doc_ID	社群 1 参与讨论	…	社群 5 参与讨论
1	0	…	1
2	1	…	0
3	1	…	0
4	…	…	…

为了呈现各社群参与讨论各主题的活跃度,需要把 communities.csv 数据集和 df_combined 数据集进行匹配与合并。

```
community = pd.read_csv("communities.csv", header = True)
df_combined = pd.merge(df_combined, community, on = "doc_ID")
# 匹配与合并
```

一旦得到整合的数据集,我们就可以利用整合的数据集进行统计分析和可视化比较。例如,下面的命令提取了社群 1(community_1)参与讨论的两个主题,计算社群 1 的主题参与度,并对其进行可视化(见图 3.2)。

```
S1 = df_combined.loc[(df_combined.community_1 = = 1), ['城市融入', '农民工问题']].sum()
S1.plot(kind = 'bar')
plt.tight_layout()
plt.ylabel('博文数')
plt.show()
```

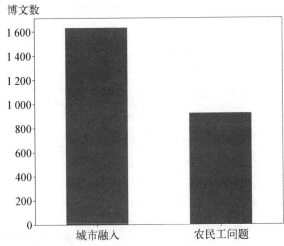

图 3.2 社群 1 对城市融入和农民工问题主题的参与度

类似地,我们可以分别计算 5 个社群的主题参与度,将所得数据合并后进行可视化，即可得到分组直方图。此外，本案例还使用 Python 语言中的 statsmodels 模块进行统计建模。例如，下面的命令使用多元线性回归分析了社群互动模式对沟通主题的影响。在模型中，因变量"城市融入"测量了文档讨论城市融入主题的概率，自变量"社群3"表示只有来自社群3的用户参与了讨论，"社群1与3"表示来自社群1和社群3的用户都参与了讨论。

```
import statsmodels.formula.api as smf

# S1 是 pandas.DataFrame 数据集对象
# 其中,'城市融入'、'社群3'、'社群1与3'是数据集中的三个变量
mod = smf.ols('城市融入 ~ 社群3 + 社群1与3', data = S1).fit()
print(mod.summary())
#                             OLS Regression Results
# ==============================================================
# Dep. Variable:              城市融入    R-squared:           0.020
# Model:                         OLS    Adj. R-squared:      0.020
# Method:              Least Squares    F-statistic:         168.2
# Date:             Tue, 01 Jun 2021    Prob (F-statistic): 5.01e-73
# Time:                     16:26:44    Log-Likelihood:     4840.9
# No. Observations:            16303    AIC:                -9676.
# Df Residuals:                16300    BIC:                -9653.
# Df Model:                        2
# Covariance Type:         nonrobust
# ==============================================================
#                  coef   std err        t    P>|t|   [0.025   0.975]
# --------------------------------------------------------------
# Intercept      0.1402     0.002   78.136    0.000    0.137    0.144
# 社群3          -0.0488     0.004  -12.915    0.000   -0.056   -0.041
# 社群1与3       -0.0565     0.004  -15.713    0.000   -0.064   -0.049
# ==============================================================
```

```
# Omnibus:              5607.496   Durbin-Watson:          1.743
# Prob(Omnibus):          0.000    Jarque-Bera (JB):   16590.320
# Skew:                   1.830    Prob(JB):               0.00
# Kurtosis:               6.321    Cond. No.               3.16
# ================================================================

print(mod.wald_test('社群3 = 社群1与3'))
# <F test: F = array([[2.85453924]]), p = 0.09113546641949251,
# df_denom = 1.63e + 04, df_num = 1>
```

回归分析结果显示,"社群3"的系数为-0.0488且显著,表明与基准组社群1的内部讨论相比,社群3内部较少讨论城市融入主题;"社群1与3"的系数为-0.565且显著,表明社群1与社群3之间的跨界讨论也较少涉及城市融入话题。进一步统计检验表明,"社群3"和"社群1与3"这两个变量的系数并且相等(F检验在0.1水平上显著),表明社群1与社群3之间跨界讨论城市融入主题的可能性略低于社群3成员之间讨论该主题的频率。

六、案例小结

本案例的一个核心问题是系统刻画关注劳工议题的非政府组织在微博空间中主要讨论哪些主题,围绕这些关键的主题形成了怎样的网络社群。使用主题模型对微博表达的文本挖掘结果显示,劳工社群关注工人文艺、春晚与公益、职业病、城市融入、农民工问题、罢工维权、工人组织、维权代表、警方行动合理性、政治制度等诸多主题。其中,部分主题反映了劳工组织和积极分子的线上活动的新趋势。例如,随着新生代工人队伍的壮大,劳工社群越来越关注工人文化与城市融入等话题。草根劳工组织和劳工积极分子通过歌唱、演出、摄影比赛等文化活动来反映工人的真实生活和社会处境,同时间接地塑造了工人群体的阶层意识。这一趋势意味着新生代农民工对自身处境有着更为自觉的认识。此外,对微博用户之间的互动模式进行社群侦测揭示了5个主要社群。在主题模型分析结果的基础上,笔者进一步分析了各社群关注的话题,从而窥视各社群的文化认同。具体而言,这5个社群分别是工人家园社群、工人维权社群、工人文化社群、劳工制度关注社群、工人权益关注社群。对社群间互动模式的分析似乎表明,不同社群文化认同的相容度在很大程度上影响了社群之间在线互动的频率。

本研究表明,利用主题模型等文本挖掘技术对社交媒体用户生成的文本进行归纳式分析有助于发现新话题和新趋势,这在快速变化的新媒体生态中尤为重要。随着海量网络文本数据的增长和文本挖掘技术的发展,社会科学研究者能够在微观、中观和宏观层面测量文化环境及不同类型的文化,从而更有效地研究不同文化与宏观环境之间的关系。就网络表达和网络舆论研究而言,研究者使用主题模型等方法对网络文本进行主题挖掘,可以在行动者、网络社群、网络事件等多个层面揭示关键的话语框架,并在此基础上剖析持有不同认知框架/认知框架的用户之间的竞争与合作关系、关键框架的动态变化,以及框架使用与用户特征及宏观舆论环境之间的动态复杂关系。从某种程度上说,我们可以将主题模型理解为一种文本量化的工具,通过文本挖掘将文本量化为主题概率,从而为后续的可视化比较和统计建模提供可资利用的关键变量。例如,弗雷格斯坦等(Fligstein et al.,2017)利用主题模型进行文本挖掘指出,美联储官员主要使用宏观经济学认知框架解读美国的经济状况,并且使用宏观经济学认知框架的可能性受官员的教育背景和工作经历的显著影响。

本研究存在一些可改进的方面。第一,所分析的数据仅聚焦于新浪微博这一个平台,而且数据的获取在一定程度上取决于种子用户。因此,研究结论在多大程度上可以推广到其他平台或其他时期有待进一步的研究。第二,本案例仅通过考察社群互动结构与主题表达的关联来间接地评估主题模型的效度,未来的研究有必要结合监督性机器学习等方法更直接、更系统地验证主题模型的有效性。

最后,值得一提的是,除隐狄利克雷主题模型外,研究者还可以根据研究需要进一步探索文本主题挖掘和发现的其他模型。例如,随着社交媒体的广泛使用,网络用户往往会根据自己的偏好和兴趣加入不同的网络圈子。

在此情景下，网络舆论表达研究者可能会关注不同网络用户或网络圈子在舆论表达中的差异，此时，作者主题模型是一个可选的主题挖掘模型。随着网络舆论生态的演进，网络用户可能使用不同的词语来表达含义相同的主题，并且同一主题的重要性也会随着网络舆论生态而变化，此时，动态主题模型可能是另一个可选的主题模型。鉴于网络舆论表达研究常常会考察主题表达与其他解释变量之间的关系，结构主题模型会是一个较好的备选模型(Roberts et al.，2019)。然而，不管网络舆论表达研究采用哪一种主题模型，研究者均需要细致地评估模型，作出适当的判断和选择，并对模型挖掘的主题进行三角校验，以确保主题模型的结果能够准确、有效地反映文档讨论的议题。这也是主题模型研究的一个重要方向(Blei，2012)。

七、参考文献

桂勇，李秀玫，郑雯，黄荣贵(2015).网络极端情绪人群的类型及其政治与社会意涵——基于中国网络社会心态调查数据(2014)的实证研究.社会，35(5)，78-100.

桂勇，黄荣贵，丁昳(2018).网络左翼的三重面相：基于个案观察和大数据的探索性研究.社会，38(3)，203-239.

郭圣莉，李旭，王晓晖(2016)."倒逼"式改革：基于多案例的大数据分析.中国行政管理，9，94-99.

黄荣贵(2017).网络场域、文化认同与劳工关注社群：基于话题模型与社群侦测的大数据分析.社会，37(2)，26-50.

吴英女，沈阳，周琴(2014).微博意见领袖网络行为——"净网"前后的数据分析.新闻记者，1，29-35.

郑雯，黄荣贵(2015).微博异质性空间与公共事件传播中的"在线社群"——基于新浪微博用户群体的潜类分析(LCA).新闻大学，3，101-109.

Blei, D. M. (2012). Probabilistic topic models. *Communications of the ACM*, 55(4), 77-84.

Burscher, B., Vliegenthart, R., & de Vreese, C. H. d. (2016). Frames beyond words: Applying cluster and sentiment analysis to news coverage of the nuclear power issue. *Social Science Computer Review*, 34(5), 530-545.

Chen, M. & Zhang, C. (2016). Framing corruption in the Chinese government: A comparison of frames between media, government, and netizens. *International Journal of Communication*, 10, 5494-5513.

Chong, D. & Druckman, J. N. (2007). A theory of framing and opinion formation in competitive elite environments. *Journal of Communication*, 57(1), 99-118.

DiMaggio, P., Nag, M., & Blei, D. (2013). Exploiting affinities between topic modeling and the sociological perspective on culture: Application to newspaper coverage of U. S. government arts funding. *Poetics*, 41(6), 570-606.

Entman, R. M. (1993). Framing: Toward clarification of a fractured paradigm. *Journal of Communication*, 43(4), 51-58.

Fligstein, N., Brundage, J. S., & Schultz, M. (2017). Seeing like the Fed: Culture, cognition, and framing in the failure to anticipate the financial crisis of 2008. *American Sociological Review*, 82(5), 879-909.

Grimmer, J. & Stewart, B. M. (2013). Text as data: The promise and pitfalls of automatic content analysis methods for political texts. *Political Analysis*, 21(3), 267-297.

Huang, R. & Sun, X. (2016). Dynamic preference revelation and expression of personal frames: How Weibo is used in an anti-nuclear protest in China. *Chinese Journal of Communication*, 9(4), 385-402.

Kozlowski, A. C., Taddy, M., & Evans, J. A. (2019). The geometry of culture: Analyzing the meanings of class through word embeddings. *American Sociological Review*, 84(5), 905-949.

Nowlin, M. C. (2016). Modeling issue definitions using quantitative text analysis. *Policy Studies Journal*, 44(3), 309-331.

Roberts, M. E., Stewart, B. M., & Tingley, D. (2019). stm: An R package for structural topic models. *Journal of Statistical Software*,

91(2),1-40. DOI:10.18637/jss.v091.i02

Röder,M.,Both,A.,& Hinneburg,A.(2015). Exploring the space of topic coherence measures. http://svn.aksw.org/papers/2015/WSDM_Topic_Evaluation/public.pdf, accessed 14 October 2016.

Scheufele,D. A.(1999). Framing as a theory of media effects. *Journal of Communication*,49(1),103-122.

Tong,J. & Zuo,L.(2014). Weibo communication and government legitimacy in China: A computer-assisted analysis of Weibo messages on two "mass incidents". *Information,Communication & Society*,17(1),66-85.

Zhou,Y. & Moy,P.(2007). Parsing framing processes: The interplay between online public opinion and media coverage. *Journal of Communication*,57(1),79-98.

八、延伸阅读

[1] Blei,D. M.(2012). Probabilistic topic models. *Communications of the ACM*,55(4),77-84.

该文深入浅出地介绍了狄利克雷分配和概率主题模型、主题建模的现有研究(如放松统计假定和纳入元数据)及未来的研究方向(如模型评估和模型可视化等)。总体而言,这是一篇可读性较强的入门读物。

[2] DiMaggio,P.,Nag,M.,& Blei,D.(2013). Exploiting affinities between topic modeling and the sociological perspective on culture: Application to newspaper coverage of U. S. government arts funding. *Poetics*,41(6),570-606.

该文从社会科学研究的视角出发介绍了狄利克雷主题模型,将主题模型与传统的文本分析方法进行简要的比较,指出主题模型的相对优势及主题模型和文化研究的亲和性关系。文章最后通过一个应用实例展示了主题模型的建模过程、模型验证及如何结合统计工具探索主题演变的影响因素。

[3] Jacobi,C.,van Atteveldt,W.,& Welbers,K.(2016).

Quantitative analysis of large amounts of journalistic texts using topic modelling. *Digital Journalism*,4(1),89-106.

该文从数字新闻的视角出发介绍了狄利克雷主题模型及其应用,较为详细地讨论了文本预处理、文本特征选择、模型参数选择、主题个数选择等操作性环节,并在最后一节给出一系列主题建模"最佳实践"的实用建议。

［4］Roberts,M. E.,Stewart,B. M.,& Tingley,D.(2019). stm：An R package for structural topic models. *Journal of Statistical Software*,91(2),1-40.

stm是现今最流行,也是最具良好生态支持的R语言结构主题模型软件包。该软件可以估计结构性解释变量与主题概率之间的关系。本文介绍了结构主题模型,并结合实例展示了从文本预处理、模型估计、模型评估到模型可视化的命令使用流程。

九、数据代码

更多文本分析的 Python 代码可参见：https：//github.com/Ronggui/Text4Sociology/

十、思维导图

第三章 网络舆论表达中的文本挖掘与主题模型

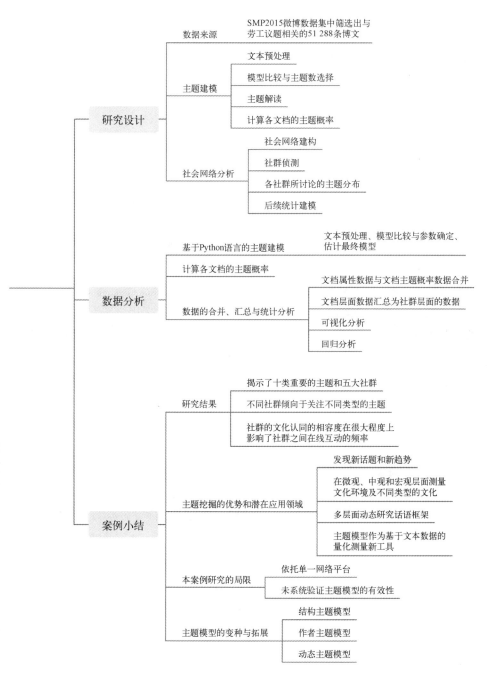

第四章

网络舆论中的框架分析：基于语义网络分析方法[*]

一、理论背景

科学家估计大约有 600 人会死于某种传染病。现在有两个对付传染病的方案：采用方案 A，200 人会获救；采用方案 B，有三分之一的概率会救活 600 人，有三分之二的概率 600 人一个也救不活。你会选哪个方案？假设科学家又提出两个方案：采用方案 C，将有 400 人死亡；采用方案 D，有三分之一的概率无人死亡，有三分之二的概率 600 人全部死亡。你又会选哪个方案？大约 40 年前，特韦尔斯基和卡内曼（Tversky & Kahneman，1981）将这个情境和四个方案摆在被试者面前。在方案 A 与方案 B 之间，72% 的人选择了方案 A。在方案 C 与方案 D 之间，78% 的人选择了方案 D。但细想之下，这四个方案说的其实是同一件事。为什么不同的陈述方式会导致人们作出不同的选择？特韦尔斯基和卡内曼（Tversky & Kahneman，1981）认为，这就是架构效应（framing）的结果。

再举一个与舆论研究相关的例子。英国经典情景喜剧《是，首相》（*Yes, Prime Minister*）第一季第二集有这样一幕：首相提出恢复征兵制，让幕僚设计关于恢复征兵制的民意调查。幕僚甲用两组不同的问题做铺垫，向幕僚乙展示如何引导民众得出相反的结论。幕僚甲是这么设计第一组问题的：你担心失业青年的数量吗→你担心青少年犯罪数量上升吗→你是否认为我们的综合中学纪律涣散→你是否认为青年人欢迎权威和领导→你是否

---

[*] 本章作者为秦洁。

第四章 网络舆论中的框架分析：基于语义网络分析方法

认为他们喜欢挑战→你是否支持恢复征兵制？试想调查对象一一回答这些问题，到第六题是不是大概率会支持恢复征兵制？再来看幕僚甲设计的第二组问题：你担心战争吗→你担心军备竞赛吗→你是否认为给青年人发枪、教他们杀人是件危险的事情→你是否认为逼人拿起武器是错误的→你是否反对恢复征兵制？到第五题，调查对象是不是大概率会反对恢复征兵制？

究竟何为框架（frame）？框架理论与舆论研究有什么关系？在本章中，我们将详细阐述这两个问题。首先，我们会阐述社会学、心理学、传播学如何理解框架。其次，我们会聚焦舆论研究中的框架理论。

潘忠党和科西茨基（Pan & Kosicki，1993）认为，框架理论有两条脉络，一条是社会学的脉络，一条是心理学的脉络。

社会学的脉络要追溯到戈夫曼在 1974 年出版的著作《框架分析：经验组织论》（*Frame Analysis: An Essay on the Organization of Experience*）。在书中，戈夫曼这样定义框架：

> 我认为，定义应基于决定该事件的组织原则……及我们的主观参与。我可以识别出用来指称这些基本元素，而我用来指称这些基本元素的词汇就是框架。这就是我对框架的定义。我提出的"框架分析"指探究这些体验是如何组织起来的。（Goffman，1974，pp.10-11）

这一定义是延续什么样的学术脉络发展而来的呢？戈夫曼在书中提到威廉·詹姆斯（William James）发表于 1869 年的《真实的感知》（The Perception of Reality）和艾尔弗雷德·舒茨（Alfred Schutz）发表于 1945 年的《多重真实》（On Multiple Realities）。他认为，此二人是框架创立之滥觞，后又经哈罗德·加芬克尔（Harold Garfinkel）、格雷戈里·贝特森（Gregory Bateson）等人发扬，特别在戏剧理论中大放光芒。戈夫曼在书中反复提及一个问题：这里究竟发生了什么？当人们面临未知的局面，往往会提出这个问题。戈夫曼认为，框架就是帮助我们回答"这里究竟发生了什么"的基本元素。

心理学的脉络肇始于皮亚杰（Piaget）在 1929 年出版的著作《儿童的世界概念》（*The Child's Conception of the World*）。皮亚杰在书中着重论述了"图式"（schema）。他基于儿童认知发展的研究，将"图式"定义为儿童在成长过程中所建构的、帮助他们认识世界的心理结构。例如,家长会跟婴儿玩躲猫猫(peek-a-boo)的游戏——家长用双手遮盖眼睛和面部,靠近婴儿,突然拿开双手,露出眼睛,紧接着叫一声。小月龄的婴儿大概率会被逗乐,而对两三岁的幼儿就不那么有效了。皮亚杰认为,小月龄的婴儿没有物品恒存(object permanence)的概念,物品消失后再出现对宝宝来说是特别神奇的事情。物品恒存的概念在幼儿两岁之后渐渐发展成熟。在此过程中,儿童渐渐将诸如"爸爸的脸被遮起来了,一会儿就能看到"、"妈妈只是离开了,一会儿就会回来"、"玩具只是被收起来了"等概念联系起来,储存在记忆中,逐渐形成一个关于物品恒存的图式,用来帮助自己理解新的现象①。

上文探讨了社会学和心理学对框架的定义,那么传播学如何理解框架? 薛佛乐(Scheufele,1999)将框架分为两类:一类是个体框架(individual frames),一类是媒介框架(media frames)。戈夫曼也提出过类似的分类,他称之为自然框架(natural frameworks)和社会框架(social frameworks)。薛佛乐的分类法着眼于研究对象的不同(研究受众 vs.研究媒介机构),戈夫曼的分类法侧重于社会学中结构-能动性(structure-agency)的分野。在薛佛乐的分类法中,个体框架接近于心理学中的图式,是存在于意识里的稳定结构。媒介框架是我们接下来的论述重点。在新闻传播学研究中,下面两个对框架的定义引用最广,严格来说也都更接近于媒介框架的范畴。

> 框架指筛选、强调及呈现所秉持的原则。这些原则由关于什么存在、什么发生、什么重要的隐形理论构成。(Gitlin,1980,p.6)
> 框架化即从感知到的现实中筛选某些部分,并在传播文本中强调这些部分,以此倡导关于被描述现象的某种特定的问题定义、因果解释、道义评估和处理方法。(Entman,1993,p.52)

吉特林(Gitlin,1980)的定义源于他对美国新闻机构,特别是电视台,

---

① 图式在心理学中有非常系统的论述,感兴趣的读者可以参见约翰·罗伯特·安德森(John Robert Anderson)的《认知心理学及其启示》(Cognitive Psychology and It's Implications)、丹尼尔·卡尼曼(Daniel Kahneman)的《思考,快与慢》(Thinking, Fast and Slow)。在诸多心理学文献中,特别是教育心理学文献中,图式与框架两个词是同义的(这一点存在争议,在此不再赘述)。

在20世纪六七十年代对重大社会事件的报道研究;恩特曼(Entman,1993)的定义则着眼于"传播文本的力量"。在新闻传播学领域,框架分析的丰富成果集中于媒介框架研究。特别需要注意的是,吉特林与恩特曼的定义都提到筛选(selection)和强调(salience)。例如,媒介框架的操作定义即专业新闻报道机构通过筛选和强调最终呈现出的报道策略。那么,谁来筛选/强调? 筛选/强调什么? 如何筛选/强调? 这些问题就是框架分析要回答的核心问题。我们会在下文的方法背景和案例介绍中进一步详细阐述。

个体框架/媒介框架的二分法在社交媒体时代受到了挑战。这一挑战在案例介绍中会详细阐述。在这里简单解释一下如何理解这一挑战。例如,微博上某个明星的账号,我们应该将之视为个人还是组织? 虽然这个账号看起来是个人账号,但往往由明星背后的一个团队在运营。那么,我们做微博舆论分析的时候,需要区分个体账号与机构账号吗? 笔者认为有必要区分。以股市为例。美股和A股的根本区别之一是,美股以机构投资者为主,A股以散户为主,因此,投资美股与投资A股需要遵循不同的投资逻辑。同理,机构主导的舆论市场与个体主导的舆论市场必然呈现出截然不同的舆论生态。社交媒体上机构与个体共存的现象,既是挑战(追溯数以万计的网络舆论文本,更可能涉及人工识别,工作量、成本都需要加以考量),也是舆论研究的新机遇。

以上,我们阐述了社会学、心理学、传播学如何理解框架理论。最后,我们谈一谈舆论研究中的框架理论。宗和德鲁克曼(Chong & Druckman,2007)将舆论中的框架化定义为"人们对某议题发展出特定概念或改变针对某议题的想法的过程"。他们认为,个体在认识社会议题的时候,往往不会就事论事,而是一个"混合思考"(mix of considerations)的过程(Chong & Druckman,2007,p.106)。我们回到本章开头关于征兵制民意调查的例子。在最后问到是否恢复征兵制之前的问题都属于引导性问题(leading questions)。经常看法务剧的读者可能会有印象,英美法系的律师在盘问证人的时候都会问一连串问题,有些问题看似与主题无关,却都是经过精心设计的,旨在引导证词朝着有利于代理方的方向发展。民意调查设计的第一组问题特意筛选了失业青年、青少年犯罪、学校纪律涣散等议题,放在是否恢复征兵制题目之前,是希望受访者把恢复征兵制与上述议题联系起来——失业青年激增,青少年犯罪增加,而学校又管不好他们,就把他们送到部队好好被管教吧。假设受访者按照这一逻辑思考,那么得出支持恢复征兵制的结论自然是大概率事件。我们再来看第二组问题的设计。受访者如果把征兵制与战争、军备竞赛等议题联系在一起,大概率会得出反对恢复征兵制的结论。潘忠党(2006)提出,框架分析有三个范畴:话语、话语的建构、话语的接受。我们将这三个范畴放入舆论研究的语境中,可以总结出框架理论在舆论研究中的三种进路:舆论刻画、舆论建构、舆论接受。舆论刻画是指以历时或实时的预料为基础,通过应用框架理论描述公众对某议题的理解、态度、意识形态、政策等等。舆论建构旨在探索某种舆论框架形成的前因或过程。舆论接受着眼于某些框架对于公众态度、行为的影响(架构效果)。

二、方法背景

我们先回顾一下框架分析的传统做法。第一步是收集大量文本。第二步是研究者粗读文本,提出几个框架作为编码方案。第三步是招募培训编码员开始细读文本,按照之前提出的几个框架,将文本一一分类。以加姆森和莫迪利亚尼(Gamson & Modigliani, 1989)的研究为例。他们的研究问题是,在核电问题上,媒介框架如何影响民意?他们收集了四类文本:ABC、CBS、NBC三大电视台的晚间新闻报道,《时代》、《新闻周刊》等四本主流新闻杂志,从发行量最大的十份报纸中收集的时事漫画,联合专栏。研究者先基于自己的知识储备做好一个编码表,包括若干框架(过程框架、逃走框架、软路径框架、恶魔的交易框架等等),每个框架再分为若干思想要素(idea element)。例如,过程框架被细分为三个思想要素:和平使用核能特别有益于不发达国家;核能对于维持经济增长和延续我们的生活方式来说是必要的;核能反对者害怕改变。然后,研究者找到两个编码员。两个编码员分别对上述所有文本进行编码。编码员的编码单位是思想要素,而不是框架。例如,编码员读了一篇核能报道,理解文意之后就要决定这篇报道最接近哪个思想要素。如果编码员判断该报道的中心思想是"和平使用核能特别有益于不发达国家",就在编码表上写上该思想要素对应的代号。加姆森和莫迪利亚尼这样设计意在避免编码员过度诠释,然而结果出现了编码者间信度(intercoder reliability)偏低的问题。此外,如果一篇文章包含多个框架,如何处理?各种框架在电视、杂志、专栏中的分布较为接近,漫画中的框架与其他三类文本大相径庭(高度集中于逃走框架)。是因为图像文本(visual texts)的意义更加清晰、噪声更少吗,还是编码方法出现了偏差?这些问题在文章中都没有得到处理。

由此可见,框架分析的传统做法最大的问题有两点。第一,人力处理文本的能力有限,如果想处理海量文本,要么招募大量编码员,要么延长项目进行的时间,成本极高。第二,研究者提出的框架具有极大的主观性。例如,解读同样的文本,学者甲可能从文本中解读出 A 框架、B 框架、C 框架,学者乙可能解读出 D 框架、E 框架、F 框架。A、B、C、D、E、F 框架有可能是相互独立的,但更常见的情况是并没有清晰的边界。例如,A 框架与 F 框架所指代的文本非常接近,只是学者甲与学者乙各自取了不同的名字。如此这般就很难讲谁的框架对、谁的框架错、谁的框架更好。坦卡德(Tankard)的一段批评颇为有理。

> 这种方法使得框架解读成为非常主观的过程。如果有人解读说某个故事采用了冲突框架,如何判断是不是真的如此呢?的确,给框架命名这一行为本身就是在框架化。(Tankard,2001,p.98)

在上一节中,我们提到了社会学、心理学、传播学对框架的定义。吉特林(Gitlin,1980)、恩特曼(Entman,1993)的定义都提到了筛选和强调。谁来筛选/强调?筛选/强调什么?如何筛选/强调?这些问题就是框架分析要回答的核心问题。筛选和强调是框架理论的两个核心机制,也是语义网络分析与传统框架分析进行对话的切入点。

改进加姆森和莫迪利亚尼(Gamson & Modigliani,1989)的研究,更为理想的做法是阅读文本,列出文本所包含的所有思想要素,即解读文本作者的筛选过程;然后按照思想要素的重要性进行排序,即解读文本作者的强调过程。换言之,对一篇文本进行框架分析,理想的输出结果如图 4.1 所示:一个列表,包含文本中所有思想要素及其重要性排序。基于这样的输出结果,我们才能清晰地看到筛选机制和强调机制。

如同其他社会网络,语义网络(semantic network)也由节点和连边组成。此处的节点就是一个个思想要素,边就是思想要素之间的联系。需要说明的是,思想要素可能是词语、短语、句子、概念等等。加姆森和莫迪利亚

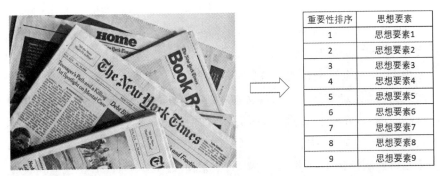

图 4.1 对一篇文本进行框架分析，理想的输出结果如图中右列表所示

尼（Gamson & Modigliani，1989）研究中的思想要素是概念，例如"和平使用核能特别有益于不发达国家"。这一思想要素是由研究者在进行框架分析前自行定义的。相较于加姆森和莫迪利亚尼（Gamson & Modigliani，1989）提出的思想要素这一概念，在语义网络分析的语境中，笔者更倾向于使用框架装置（framing device）这一概念。例如，基于主题标签（hashtag）构建的语义网络中，框架装置就是主题标签，即语义网络中的节点为主题标签。共现，指两个节点出现在同一个语言单位中。例如，两个主题标签出现在同一句、同一段、同一章节、同一篇中等。具体要看研究者如何定义这个语言单位。如果两个主题标签共现，就在它们之间画一条边。有了边之后，我们就可以计算每个节点的度中心性（degree centrality）。度中心性是网络分析中常用的衡量节点重要性的指标。在语义网络中，一个节点的度中心性越高，这个节点就越重要。计算出所有节点的度中心性后，我们可以按照中心性进行排序。综上所述，语义网络中包含哪些节点，体现了筛选机制；节点在语义网络中的重要性，体现了强调机制。

与传统框架分析的内容分析方法相比，语义网络分析的优势有五点。第一，语义网络分析将原本的劳动密集型分析转化为技术密集型分析，原本需要研究者带领若干编码员进行数周数月，乃至数年处理的海量文本，现在一个研究者用一台电脑在很短的时间内就可以处理完成。第二，传统的框架分析是一种自上而下的方法，而语义网络分析是一种自下而上的分析方法。传统方法是由研究者先入为主地提出几个框架，然后再把文本一一放进这些框好的"筐"里，而语义网络分析是从文本出发，将文本直接交给计算机进行分析,绘出语义网络图后,研究者根据语义网络图提出框架。第三,如前文所述,对于同样的文本,学者甲、学者乙可能出现不同的解读,进而提出不同的框架。很难讲谁的框架对、谁的框架错,长此以往便无法展开学术对话。这也是为何框架分析领域众声喧哗、难有共识。而对于同样的文本,分析获得的语义网络都是一样的,虽然不同学者仍可以就同一个语义网络进行主观解读,但是达成共识的概率大大增加了。第四,传统方法的处理思路大多为"一个萝卜一个坑"——找到一篇文本的中心思想,对应一个框架。如此,一篇文本大概率包含多个框架的现实被忽略了。第五,传统方法只能对一个个框架进行独立分析,很少考虑框架之间共存或竞争的关系。在语义网络分析中,我们可以将每个群集(cluster)视为一个框架,整个网络往往由多个群集构成,群集之间的连边可以呈现出框架之间的关系,这是传统方法难以企及的。

早在20世纪80年代初,詹姆斯·达诺夫斯基(James Danowski)就把语义网络分析引入新闻传播学领域(Danowski, 1982)。图4.2为詹姆斯·达诺夫斯基1982年的文章中的一幅插图。图中c1、c2……是七个独立概念。这幅图描绘的是七个概念之间的共现矩阵。共现矩阵中0表示没有共现,1表示共现。例如,c1和c2没有共现,c1和c3共现。许多绘图软件,如Gephi,可将这个共现矩阵转化为由点线构成的可视化语义网络(图中右边)。30多年中,詹姆斯·达诺夫斯基发表了一系列应用语义网络分析的文章,并陆续开发了一些软件工具,如WordLink、WORDij。近年来,他对中文语义网络分析尤为感兴趣(详见本章延伸阅读部分)。

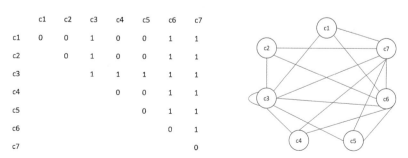

图4.2 左边为达诺夫斯基(Danowski, 1982)文中的共现矩阵,
右边为在此共现矩阵基础上画出的网络

(资料来源:笔者转绘)

从 Web of Science 语义网络分析在新闻传播学期刊的发表趋势来看，从 1993 年到 2021 年 2 月，共检索到 175 篇文章。文章数量从 2015 年开始激增，最近两年都有每年 20 多篇的产量。本章案例(Qin，2015)在这 175 篇文章中引用量排名第六。引用量排名第一的是齐维卡和达诺夫斯基(Zywica & Danowski，2008)的文章，研究的是 Facebook 上用户受欢迎的原因。研究者先是进行了问卷调查，然后将受访者的回答通过语义网络呈现出来。例如，他们将受欢迎用户、不受欢迎用户的回答分为两类，分别制作语义网络。结果发现，受欢迎用户、不受欢迎用户对于"受欢迎"这件事有不同的理解。排名第二的是舒尔茨等(Schultz et al.，2012)对英国石油公司危机公关的研究。研究者收集了英国石油公司 126 篇危机公关稿、1 376 篇美国媒体对该危机的报道、2 355 篇英国报纸对该危机的报道。基于这三组语料，他们绘制了三个语义网络。特别值得一提的是，这篇文章考虑了连边的权重(权重的计算方式是两个议题在同一个时间段的语料中同时出现的概率。例如，在英国石油公司的公关稿中，谈到石油泄漏的后果，有 96%的概率与政治议题挂钩，而在英美媒体的报道中，石油泄漏的后果有更大概率与环保抗议议题挂钩)。排名第三的是德费尔和巴尼特(Doerfel & Barnett，1999)的文章。研究者用 1991 年国际传播学会(ICA)年会上的 703 篇论文的题目作为语料绘制语义网络图。同时，他们还绘制了国际传播学会会员从属网络图。他们比较了语义网络与会员从属网络，发现二者很接近。研究结论是，作为新方法的语义网络分析具有很好的效度。排名第四的文章是林德格伦和伦德斯特伦(Lindgren & Lundström，2011)对 Twitter 上围绕♯WikiLeak 这一个主题标签的研究。研究者分析了语义网络、共同作者网络、发帖的可持续性，做了一个翔实的案例研究。排名第五的文章是赫尔斯滕等(Hellsten et al.，2010)对《纽约时报》有关人工甜味素的报道的研究。研究者提出了一组有意思的概念——显性框架(explicit frames)/隐形框架(implicit frames)，类似于下文将提到的你知道你知道(known knowns)、你不知道你不知道(unknown unknowns)的分类法。

三、案例介绍

本章采用的案例为：

Qin, J. (2015). Hero on Twitter, traitor on news: How social media and legacy news frame Snowden. *The International Journal of Press/Politics*, 20(2), 166-184.

爱德华·斯诺登（Edward Snowden）是美国中央情报局前雇员。2013年6月，他在香港将美国国家安全局的棱镜计划等秘密文件披露给美国《华盛顿邮报》、英国《卫报》、中国香港《南华早报》。这个爆炸新闻于6月7日见报。6月23日之后，他从香港飞往俄罗斯，2020年10月在俄罗斯取得永久居留权。当时全球媒体对此事的报道铺天盖地。有一天，笔者读到一篇题为"Why Edward Snowden Wins on Twitter"（Kirn，2013）的文章，大意是传统媒体会把斯诺登塑造成美国的叛徒，而Twitter上的网民则将斯诺登视为英雄。笔者对这个论点非常感兴趣，因为也曾观察到这个有趣的现象。例如，事件发生后，美国白宫的官方评论说对该事件"极度失望"；而在白宫的请愿网站上，有数十万人签名支持斯诺登，称他为"国家英雄"。这正是一个比较传统媒体与社交媒体的舆论生态的绝佳案例。基于此，本章案例感兴趣的是，在社交媒体情境中，如何在概念、机制、操作上改进框架分析？

从概念上来看，薛佛乐（Scheufele，1999）的分类法——个体框架和媒介框架——已经不再适用于社交媒体的语境。例如，吴等（Wu et al.，2011）发现，Twitter用户至少可以分为五类：名人、媒体机构、其他机构账号、博主、普通人。Twitter上的舆论呈现的是这五类框架交织的复杂局面。本章案例提出"社交媒体框架"这一概念，将其定义为"由主题标签、关键词等框架装置组成的网络"。与框架的经典定义相比，这一定义强调两点：信息载体与信息结构。前文提到比较"思想要素"与"框架装置"两个概念，笔者更倾向于在语义网络分析的语境中使用"框架装置"这个概念，正是因为这一概念强调了信息载体。例如，手机是一个装置，是我们许多重要信息的载体。同理,框架装置是语义网络中的信息载体。框架装置之间相互联系从而构成网络,我们称之为信息结构。信息结构是传统框架分析的盲点之一。

从机制上来看,前文提到"筛选"和"强调"是框架分析的两个核心机制。那么,面对社交媒体上收集来的海量文本,如何处理"筛选"和"强调"两个机制?这个问题非常重要,在后文研究设计中会具体介绍。

从操作上来看,挑战来自两方面。第一,社交媒体上的框架装置与传统媒体上的框架装置截然不同。坦卡德(Tankard,2001,p.101)总结了传统框架分析常用的 11 种框架装置,包括大标题、小标题、图片、图片说明、导语、信源、引语、引文、标志、统计图表、总结性陈述。很明显,这些框架装置源于报纸、杂志、电视等传统媒体。而社交媒体上的框架装置有推文、回复、主题标签、超链接、视频等。那么,分析社交媒体框架时,应该选择哪些框架装置来分析呢?本章案例认为,主题标签是比较好的选择。当然,在运算能力充足的前提下,从社交媒体上抓取海量文本进行全文分析也是可以做到的。但是,全文分析会不会充满噪声?会不会一叶障目,不见泰山?用主题标签做框架分析会不会漏掉一些有价值的框架?这是值得我们进一步思考的问题。第二,与报刊文章相比,网络文本极其短小,有时甚至只有一个词。框架分析往往需要结合上下文来解读,而极短的网络文本缺乏上下文,就有可能被过度解读。如果依照传统框架分析的方法,加上研究者先入为主框好的框架,网络文本被过分解读的风险就更大。

因此,本章案例提出以下研究问题和假设。

研究问题:社交媒体、传统媒体在报道斯诺登事件时,用到的框架有什么不同?

假设一:从选择过程来看,社交媒体、传统媒体上的框架分别选择了不同的框架装置。

假设二:从强调过程来看,社交媒体、传统媒体上的框架分别强调了不同的框架装置。

四、研究设计

构建语义网络通常有这样几个步骤：收集文本→切词→词共现→生成语义网络。为了回答研究问题，我们第一步要分别收集社交媒体文本和传统媒体文本。笔者使用了两个工具来收集文本：http://hashtagify.me/和http://www.sensebot.net/。Hashtagify 是一个 Twitter 营销工具，现在已开始收费。Sensebot 是一个新闻搜索引擎，现在仍然可以免费使用。Hashtagify 的数据是用 Twitter API 取得 1%的样本。在 Hashtagify 搜"Snowden"，可以看到与斯诺登共现的其他主题标签。然后再逐一搜索与斯诺登共现的所有主题标签。用这种层层递进的方法，构建出 Twitter 上关于斯诺登事件的语义网络。在 Sensebot 搜"Snowden"，它会给出与之共现的关键词，然后再一一搜索这些关键词。同样使用层层递进的方法，构建出传统新闻中有关斯诺登事件的语义网络。

这里需要具体讲三个步骤。第一，如果没有现成的工具，如何收集文本？收集社交媒体文本，主要方向还是要会用该社交媒体的 API[1]。要实现跨社交媒体平台收集文本，有三个选项：① 学会用多个平台 API，一个一个收集；② 用别人建好的社交媒体语料库（需要避开两个陷阱：一个是抽样代表性不足；一个是时效性较差，往往跟不上最新事件）；③ 自己写爬虫抓取社交媒体上的公开信息（不过社交媒体的反爬虫手段越来越高明，这条路也越来越难）。第二，如果没有现成的工具，如何分词？如果文本量大，要用到 R 或 Python 的中文分词包，如 jieba 分词。如果文本量适中，有一些在线分词工具，甚至有人开发了微信公众号做分词，如 AINLP。第三，文本收集好了，分词也做了，已经知道哪些词共现，接下来把词共现转化为何种数据格式才可以画出语义网络？我们可以把词共现转化成共现矩阵（如图4.2），或者转化为边列表。例如，把本章案例中从 Hashtagify 得到的围绕斯诺登的主题标签网络转化为边列表（如图4.3所示）。然后再把矩阵或者边列表读入如 Gephi 这样的软件，或者用 R 或 Python 里面很多包都可以

---

[1] Twitter 在 2021 年 1 月 26 日发布了一个供研究使用的 API，声称允许研究者免费检索迄今为止所有的公开推文。详见 https://blog.twitter.com/developer/en_us/topics/tools/2021/enabling-the-future-of-academic-research-with-the-twitter-api.html。

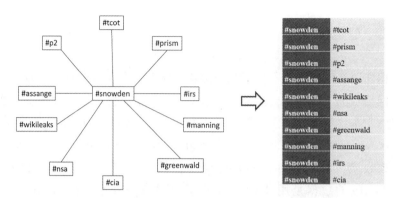

图 4.3　左边为从 Hashtagify 得到的围绕斯诺登的主题标签网络，右边为此网络转化的边列表

把网络画出来。

完成数据收集、绘制网络图之后，再回到本案例的研究问题：社交媒体、传统媒体在报道斯诺登事件时，用到的框架有什么不同？换言之，我们有语义网络 A、语义网络 B，目标是找不同。"不同"是一个模糊的概念，在实际操作中究竟要测量什么呢？联系前文反复提到的"筛选"和"强调"机制，本案例决定测量这两个语义网络在"筛选"和"强调"机制上的不同。既然我们把框架定义为由框架装置构成的语义网络，问题也就转变成在语义网络的情境下，如何测量"筛选"和"强调"机制。本案例得到的社交媒体语义网络由 81 个主题标签及 170 条边构成，传统媒体语义网络由 462 个词及 699 条边构成。81 个主题标签是由 Twitter 用户在发帖的时候自己加入推文中的，一条推文中可能包含多个主题标签。如果两个主题标签在同一条帖文中出现，我们称之为共现，就在两个主题标签之间画一条边，从而构建语义网络，如图 4.3 所示。传统媒体语义网络的 462 个词是由 Sensebot 从新闻语料中提取的关键词。如果两个关键词在同一篇新闻中出现，我们就在两个关键词之间画一条边，以此类推构建出语义网络。本案例并未考虑边的权重，即共现的概率。涉及连边权重的研究可以参考舒尔茨等（Schultz et al., 2012）对英国石油公司危机公关的研究。

为了测量"筛选"机制，本案例的做法是比较这 81 个主题标签与 462 个词有多少重复。结果发现，只有 15 个词在两个语义网络中都有出现。为了测量"强调"机制，本案例的做法是计算每个词的度中心性。经过计算发现，社交媒体上最重要的词包括:人名,如♯snowden、♯greenwald、♯manning;政治团体的名字,如♯tcot、♯p2、♯teaparty。在传统媒体语义网络中,最重要的词包括:地名,如香港、华盛顿;政府机构,如政府、美国国家安全局、美国众议院。

五、数据分析

本章为读者准备的社交媒体语义网络数据,包含 81 个主题标签及 170 条共现关系。数据格式为边列表。下载地址见数据代码部分的 GitHub 链接。这里使用 R 语言来做三件事:读入边列表,可视化,计算度中心性。这里用到两个包:readxl 和 igraph。

```
#把数据放在 R 默认的读取数据的文件里
#因为把边列表存储为一个 Excel 表格,所以用 readxl 包先把数据读进来,顺便改个名,之后方便调用
library(readxl)
data <- read_excel("Qin(2015)_edge list of hashtags.xlsx", col_names = FALSE)
#笔者的习惯是再检查一下读入的数据,看看有没有问题
View(data)
#现在开始调用 igraph 包
library(igraph)
#读入边列表。directed = FALSE 就是告诉 igraph 这个网是无向网
data <- graph.data.frame(data, directed = FALSE)
#把数据调出来看一看才安心
#可视化。画出来的图见图 4.4
#读者可以自学用 ggplot2 等绘图包改进可视化
plot(data)
#计算度中心性
degree(data)
```

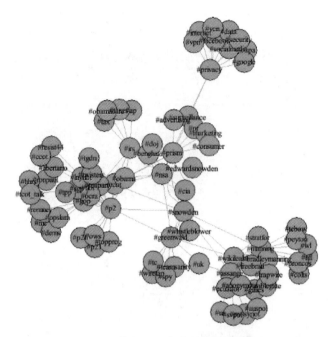

图 4.4 执行 plot 命令后的输出结果

本案例原文当时利用可视化工具 Google Fusion Tables 画出了两个语义网络,可惜 2020 年年初这个服务被谷歌停了。不过新工具层出不穷(如 Google Chart API、Tableau、D3.js、Vega-Lite),读者可以自行探索①。我们依照上述方法画好了两个语义网络之后,就可以把两个网络放在一起开始解读(社交媒体语义网络、传统媒体语义网络详见 Qin, 2015, pp.177, 180)。从社交媒体语义网络中,我们可以看出有三个群集②,即三个框架。本案例将之命名为吹哨人框架、两党之争框架、隐私框架。这三个框架都是有利于斯诺登的。在这三个框架的支持下,斯诺登在 Twitter 上被视为英雄。从传统媒体语义网络中,我们可以看出有一个大的群集。本案例将传统媒体语义网络进一步简化,仅保留 20 个度中心性最高的词汇。从简化的语义网络中,本案例提出了两个框架:国家安全框架和国际关系框架。这

---

① 如果读者的目的是做图供论文发表,R 已经可以满足需求。如果读者希望在可视化中融入设计感并在更广泛的平台上发表,建议学一些 JavaScript。

② 在这里需要说明的是,这三个群集并不是经过聚类分析得出的严格意义上的群集。

两个框架都是不利于斯诺登的。在这两个框架之下,斯诺登被塑造成美国的叛徒。

六、案例小结

看到本章案例的结果,读者可能会问,为什么社交媒体框架与传统媒体框架会这么不同?我们一起来回顾一下本案例的具体操作。案例分别收集了社交媒体和传统媒体对斯诺登事件的报道,然后把这些报道转化为两个语义网络。从社交媒体语义网络中,我们得到了三个有利于斯诺登的框架(吹哨人框架、两党之争框架、隐私框架);从传统媒体语义网络中,我们得到了两个不利于斯诺登的框架(国家安全框架、国际关系框架)。

我们再回到案例中提出的研究问题和假设。研究问题是:社交媒体、传统媒体在报道斯诺登事件时,用到的框架有什么不同?研究提出两个测量值来测量框架差异:词汇筛选和词汇强调。假设一认为,社交媒体、传统媒体框架在词汇选择方面会有不同。假设二认为,社交媒体、传统媒体框架在词汇强调方面会有不同。进而,研究绘制出两个语义网络,分别由 81 个主题标签和 462 个词组成。研究发现,这 81 个主题标签和 462 个词中,只有 15 个词重复。这可以理解为社交媒体和传统媒体各有一套话语体系,在用自己的词汇讲自己的故事。此结论支持假设一。研究采用度中心性测量语义网络中词的重要性。先将每个语义网络中的词按照重要程度从高到低排列,然后发现两个语义网络各有不同的词汇强调逻辑。此结论支持假设二。

社交媒体、传统媒体使用的框架为何不同?赫伯特·甘斯(Herbert Gans)在 1979 年出版了《决定什么是新闻》(*Deciding What's News*),是新闻传播学必读经典之一。在书中,他提出"组织惯例"(organizational routines)这一重要概念。例如,一家电视台,它有自己的新闻采编制作流程、工作规范、企业文化等等。新人进入这家电视台,学习这些组织惯例就非常重要。在组织惯例的影响下,媒体对某类事件的报道,渐渐地形成固定的框架。例如,传统媒体在报道斯诺登事件的时候,会采用宏大叙事,大谈国家安全和国际关系问题,都是很常见的。社交媒体框架之所以不同于传统媒体框架,是因为社交媒体有独特的组织惯例,笔者称之为"社交媒体惯例"。社交媒体惯例与传统媒体的组织惯例有哪些根本区别?笔者提出三点根本区别。第一,社交媒体以用户为中心,传统媒体以记者为中心。用户生产的个性化内容和记者生产的新闻产品是有很大区别的。第二,社交媒体倾向于采用微观框架,传统媒体倾向于采用宏观框架。第三,从语义网络结构来看,社交媒体语义网络是由几个框架松散地连接在一起,而传统媒体语义网络是由一两个紧密联系的框架构成的。

在社交媒体的情境中,如何在概念、机制、操作上改进框架分析?从概念上来说,框架无论是从社会学角度定义,还是沿用心理学脉络的定义,都无法适应社交媒体的情境。从机制上来说,社交媒体有自己的一套惯例,如何筛选,如何强调,都与传统媒体的组织惯例大相径庭。从操作上来说,社交媒体上没有标题、导语,没有传统媒体惯用的框架装置。社交媒体框架分析要处理的是帖文、表情符、超链接、视频等新的框架装置,因此,需要更新操作手段。同时,研究者先入为主地提出几个框架,再把文本往框好的"筐"里塞,这种方法在传统框架分析中备受诟病,但是没有很好的解决办法。这种先入为主、自上而下的方法非常不适用于社交媒体文本,因为社交媒体文本通常很短,不像新闻报道那样长篇大论。有时一个帖文只有一个词或一个表情符或一条超链接。由于缺乏语境线索,使用自上而下的框架分析手段很有可能会过度诠释社交媒体文本。针对在概念、机制、操作上面临的问题,本章提出将语义网络引入框架分析。从概念上,我们把框架视为一个网络,网络中的点是各个框架装置,网络中的边是共现关系。从机制上,继承经典框架分析的"筛选"和"强调"两项机制,提出如何在语义网络的情境中测量这两种机制。从操作上,提出两项主张:第一,主题标签是研究社交媒体框架较为合适的框架装置;第二,语义网络分析是一种自下而上的非干预式分析手段,较适用于分析社交媒体文本,可以降低传统方法过度诠释的风险。

也有研究使用主题模型(topic modeling)来测量框架,是个非常值得进一步研究的话题。目前,只有一篇框架分析的文章同时用到主题模型和语义网络(Hwang & Kim,2019)。文章是韩文,受限于语言,只能通过文中的列表看出:第一,主题模型的噪声较大,使用者需要警惕"垃圾入,垃圾出"的问题;第二,文中主题模型可以体现筛选机制,但是没有体现强调机制;第三,研究者最终报告的五个框架还是基于语义网络分析得出的。

未来的研究,至少从三个方向值得深入下去。

第一,研究社交媒体惯例。可以进一步思考,从用户特征、社交媒体技术、网络结构等角度,有哪些值得总结的社交媒体惯例。如果有机会进入某家社交媒体工作或实习,可以仿照赫伯特·甘斯(Herbert Gans, 1979)的参与式观察法,总结社交媒体惯例,并与传统媒体的组织惯例进行比较。

第二,社交媒体上的舆论操纵。从框架理论出发,我们研究舆论操纵可以着眼于"筛选"和"强调"两个机制。举一个生活中的例子。我们在淘宝上购物,总是会看看评论,作为下单的重要参考。虚假评论、有偿评论的问题已经见怪不怪。商家求好评,往往用两个操纵手段:要么买网络水军给自己的店刷好评;要么发货的时候夹个微信号,告诉买家发好评可以加卖家微信领红包。问题来了:作为买家,你怎么判断卖家是不是在操纵评论?这时就可以用到我们从框架分析中学到的筛选机制和强调机制来分析。如果若干评论反复提到某些卖点,如"真的是纯棉的料子"、"发货快"、"客服热情"等,你就要想一想,会不会是卖家筛选好这些卖点,收买网络水军或买家,让他们在评论里强调这些卖点?如果有许多评论齐刷刷地提到"真的是纯棉的料子",那么你就要特别留意这家店卖的衣服的质量了。

第三,我们可以把知识分为四类:你知道你知道(known knowns),你知道你不知道(known unknowns),你不知道你知道(unknown knowns),你不知道你不知道(unknown unknowns)。如果说传统框架分析的长处是发现"你知道你知道"的框架,那么语义网络分析的长处则在于发现"你不知道你不知道"的框架——没有先入为主地分类,而是通过自下而上的方法让框架自己浮现出来。但是在实际操作中还是面临很多问题。例如,框架装置的选择、语义网络边界的界定、提取框架还是存在一定的主观性等。如何将语义网络更好地应用于框架分析,是一个值得深入挖掘的方向。

关于框架理论的问题与未来发展方向,迪·安格罗等(D'Angelo et al., 2019)举办了一个小型论坛,结集发表在《新闻与大众传播季刊》(*Journalism & Mass Communication Quarterly*)上。他们集中探讨了三个问题:第一,当下框架研究的问题;第二,未来研究的方向;第三,跳出框架这个概念,是不是还有其他范式可以用来研究媒介效果。第一个问题我们已从概念、机制、操作三个方面进行阐述。另外还有两点值得强调。

第一，近距阅读(close reading)与遥距阅读(distant reading)。在迪·安格罗等(D'Angelo et al., 2019)的论坛上，杰克·卢莱(Jack Lule)提出希望框架分析能够回到对文本进行字斟句酌的阅读的道路上。他是针对框架分析领域的乱象，特别是某些论文经常乱扣框架分析的帽子的问题来说的。这个问题很值得深入思考。我们在做舆论研究、面对文本的时候，如何确定对文本最合适的阅读距离？在框架分析中，决定阅读距离就涉及框架装置的选择。如何理解呢？假如你想研究微博用户对"十一黄金周"的看法。先用"十一"、"黄金周"、"国庆放假"等关键词从微博中抓取语料。在对语料进行清理之后，你会面临这样一个问题：要选择哪个或哪些框架装置来进行分析呢？微博中也有类似于 Twitter 的主题标签，但是微博用户使用主题标签并不像 Twitter 用户那么普遍，如果贸然使用微博主题标签作为框架装置会影响舆论分析的效度。那么，要对微博语料进行全文分析吗？这样做出来的语义网络大概率会充满噪声。折中的办法是否可以是先用话题模型粗选出一些关键词作为框架装置，然后基于这些关键词的共现关系(例如在同一条微博里出现)构建语义网络？我们再进一步思考，选择不同的框架装置，会得出不同的框架吗？如何选择最合适的框架装置？这些问题还没有答案，希望读者能继续探索下去。

第二，文(texts)与图(visuals)。现有的绝大多数框架分析都是针对文字，用图像做框架分析也有，但是非常少。例如，有人研究政治卡通里面的框架。这是一个大有可为的方向。因为在互联网时代，人们对于大段的文字越来越没有耐性，更喜欢使用 Instagram 之类的图像应用和抖音之类的视频应用。图像数字化之后，就变得可计算(computationable)。有许多可以做图像分析的工具，如 R 里面的 magick 包，值得探索。笔者在延伸阅读里也列出了一些学习资源，供感兴趣的读者参考。

七、参考文献

潘忠党(2006).架构分析：一个亟需理论澄清的领域.传播与社会学刊,1,17-46.

Chong, D., & Druckman, J. N. (2007). Framing theory. *Annual*

Review of Political Science, 10, 103-126.

D'Angelo, P., Lule, J., Neuman, W. R., Rodriguez, L., Dimitrova, D. V., & Carragee, K. M. (2019). Beyond framing: A forum for framing researchers. *Journalism & Mass Communication Quarterly*, 96(1), 12-30.

Danowski, J. A. (1982). Computer-Mediated communication: A network-based content analysis using a CBBS conference. *Annals of the International Communication Association*, 6(1), 905-924.

Doerfel, M. L., & Barnett, G. A. (1999). A semantic network analysis of the International Communication Association. *Human Communication Research*, 25(4), 589-603.

Entman, R. M. (1993). Framing: Toward clarification of a fractured paradigm. *Journal of Communication*, 43(4), 51-58.

Gans, H. J. (1979). *Deciding what's news: A study of CBS Evening News, NBC Nightly News, Newsweek, and Time*. New York: Pantheon Books.

Gamson, W. A., & Modigliani, A. (1989). Media discourse and public opinion on nuclear power: A constructionist approach. *American Journal of Sociology*, 95(1), 1-37.

Gitlin, T. (1980). *The whole world is watching: Mass media in the making and unmaking of the New Left*. Oakland, CA: University of California Press.

Goffman, E. (1974). *Frame analysis: An essay on the organization of experience*. Cambridge, MA: Harvard University Press.

Hellsten, I., Dawson, J., & Leydesdorff, L. (2010). Implicit media frames: Automated analysis of public debate on artificial sweeteners. *Public Understanding of Science*, 19(5), 590-608.

Hwang, S., & Kim, M. (2019). An analysis of artificial intelligence (AI) _related studies' trends in Korean focused on topic modeling and semantic network analysis. *Journal of Digital Contents Society*, 20(9), 1847-1855.

Kirn, W. (2013). Why Edward Snowden Wins on Twitter. *The New Republic*. http://www.newrepublic.com/article/113457/why-edward-snowden-wins-twitter

Lindgren, S., & Lundström, R. (2011). Pirate culture and hacktivist mobilization: The cultural and social protocols of ♯WikiLeaks on Twitter. *New Media & Society*, 13(6), 999-1018.

Pan, Z., & Kosicki, G. M. (1993). Framing analysis: An approach to news discourse. *Political Communication*, 10(1), 55-75.

Piaget, J. (1929). *The child's conception of the world*. London: Routledge and Kegan Paul.

Qin, J. (2015). Hero on Twitter, traitor on news: How social media and legacy news frame Snowden. *International Journal of Press/Politics*, 20(2), 166-184.

Scheufele, D. A. (1999). Framing as a theory of media effects. *Journal of Communication*, 49(1), 103-122.

Schultz, F., Kleinnijenhuis, J., Oegema, D., Utz, S., & Atteveldt, W. V. (2012). Strategic framing in the BP crisis: A semantic network analysis of associative frames. *Public Relations Review*, 38(1), 97-107.

Tankard, J. W. (2001). The empirical approach to the study of media framing. In Reese, S. D., Gandy, O. H., & Grant, A. E. (Eds.), *Framing public life: Perspectives on media and our understanding of the social world* (pp. 95-106). Mohwah, NewJersey: Lawrence Erlbaum Associates.

Tversky, A., & Kahneman, D. (1981). The framing of decisions and the psychology of choice. *Science*, 211(4481), 453-458.

Wu, S., Hofman, J. M., Mason, W. A., & Watts, D. J. (2011). Who says what to whom on Twitter. *Proceedings of the 20th International Conference on World Wide Web*. https://doi.org/10.1145/1963405.1963504

Zywica, J., & Danowski, J. A. (2008). The faces of facebookers:

investigating social enhancement and social compensation hypotheses; predicting FacebookTM and offline popularity from sociability and self-esteem, and mapping the meanings of popularity with semantic networks. *Journal of Computer-Mediated Communication*, 14, 1-34.

八、延伸阅读

1. 近十年来发表的有关框架理论的重要论文

[1] Borah, P. (2011). Conceptual issues in framing theory: A systematic examination of a decade's literature. *Journal of Communication*, 61(2), 246-263.

博拉(Borah)是美国华盛顿州立大学爱德华·R·默罗传播学院副教授。这篇文章是她在威斯康星大学麦迪逊分校读博期间的代表作,也是她被引用数最高的文章之一。本文可以作为框架理论的入门读物,也可作为文献综述写作的范本。

[2] Brüggemann, M., & D'Angelo, P. (2018). Defragmenting news framing research. In D'Angelo (Eds.), *Doing news framing analysis II: Empirical and theoretical perspectives* (pp. 90-111). New York: Routledge.

迪·安格罗(D'Angelo)是美国新泽西学院教授,一直从事框架理论方面的研究。他主编的这本书邀请了框架理论研究最活跃的学者供稿,是比较全的"入圈指南"。所选的一章由他与德国汉堡大学布鲁克格曼(Brüggemann)教授合著,探讨如何对新闻框架进行分类。

[3] Cacciatore, M. A., Scheufele, D. A., & Iyengar, S. (2016). The end of framing as we know it … and the future of media effects. *Mass Communication and Society*, 19(1), 7-23.

该文探讨了三个方面。第一,作者对"框架"这一概念表示了极大的不满,进行了深入批评。第二,面对这些问题应该怎么办? 第三,包括框架理论在内的媒介效果理论将何去何从?

[4] Entman, R. M., & Usher, N. (2018). Framing in a fractured democracy: Impacts of digital technology on ideology, power and

cascading network activation. *Journal of Communication*, 68(2), 298-308.

恩特曼(Entman)是框架理论研究最有影响力的学者之一。读者可以找到他的很多文章。之所以推荐本文,是因为文中提出的"Cascading Activation Model"对于网络舆论研究有一定参考价值。

[5] Scheufele, D. A., & Iyengar, S. (2017). The state of framing research: A call for new directions. In Kenski, K., & Jamieson, K. H. (Eds.), *The Oxford handbook of political communication*. New York: Oxford University Press.

薛佛乐(Scheufele)是美国威斯康星大学麦迪逊分校教授,是高被引论文"Framing as a theory of media effects"的作者。艾扬格(Iyengar)是美国斯坦福大学教授,在政治传播、公众舆论研究领域非常有影响力。该文集中探讨了框架理论在政治传播领域的现状与问题。

2. 计算方法在框架研究中的应用

[1] Chen, K., Kim, S. J., Gao, Q., & Raschka, S. (2022). Visual framing of science conspiracy videos: Integrating machine learning with communication theories to study the use of color and brightness. *Computational Communication Research*, 4(1), 98-134.

本文是《计算传播研究》(*Computational Communication Research*)特刊中的一篇。当期特刊(2022年第4卷第1期)主题为"作为数据的图像"(Images as Data)。本文和特刊中的其他文章都值得一读。

[2] Field, A., Kliger, D., Wintner, S., Pan, J., Jurafsky, D., & Tsvetkov, Y. (2018). Framing and agenda-setting in Russian news: A computational analysis of intricate political strategies. *Proceedings of the 2018 Conference on Empirical Methods in Natural Language Processing* (pp. 3570-3580). Brussels, Belgium.

这是一个传播学者和计算机学者合作的好例子。读者在阅读本文时可以思考两个问题:第一,计算机领域有哪些工具可以为我所用?第二,在与计算机学者合作时,传播学者可以发挥怎样的作用?

[3] Guo, L., Su, C., Paik, S., Bhatia, V., Akavoor, V. P., Gao, G., ... & Wijaya, D. (2022). Proposing an open-sourced tool for

第四章 网络舆论中的框架分析：基于语义网络分析方法

computational framing analysis of multilingual data. *Digital Journalism*, 1-22.

本文提出了一个研究多语种新闻文本的"五步分析法"，并提供了一个免费的开源工具。

3. 达诺夫斯基(Danowski)与语义网络分析相关的部分著作及软件

[1] Danowski, J. A. (1992). WORDIJ: A Word Pair Approach to Information Retrieval. *TREC*.

[2] Danowski, J. A. (2008). Short-term and long-term effects of a public relations campaign on semantic networks of newspaper content: Priming or framing? *Public Relations Review*, 34(3), 288-290.

[3] Danowski, J. A. (2012). Semantic network analysis of islamist sources using time slices as nodes and semantic similarity as link strengths: Some implications for propaganda analysis about Jihad. *2012 European Intelligence and Security Informatics Conference*, 164-171.

[4] Danowski, J. A. (2017). Segmenting Chinese texts into words for semantic network analysis. *Journal of Contemporary Eastern Asia*, 16(2), 110-144.

[5] Danowski, J. A. (2017). *WORDij version 4.0: 64-bit.* [computer program]. Madison, WI: Communication and Technology Sciences. (https://wordij.net)

[6] Danowski, J. A., Yan, B., & Riopelle, K. (2021). A semantic network approach to measuring sentiment. *Quality & Quantity*, 55, 221-255.

[7] Rice, R. E., & Danowski, J. A. (1993). Is it really just like a fancy answering machine? Comparing semantic networks of different types of voice mail users. *International Journal of Business Communication*, 30(4), 369-397.

达诺夫斯基是美国伊利诺伊大学芝加哥分校教授，也是一家科技企业的老板，是既会写论文又会写代码的计算传播学者。1992年的文章介绍了他自己开发的软件WORDij，1993年的文章是他用自己的软件小试牛刀，

2017年的文章介绍了这个软件的最新版本。从2008年、2012年、2017年、2021年几篇学术论文中可以看出他对这一领域保持着持续的研究兴趣,并在不同的应用场景进行理论和方法上的探索。以达诺夫斯基为榜样,既会写论文,又会写代码,可以在理论、方法、工具三个方面作出贡献——与读者共勉。

4. 教程

[1] Ognyanova, K.(2016). *Sunbelt network visualization: R and Gephi tutorials*. https://kateto.net/sunbelt2016

[2] Ognyanova, K.(2019). *R network visualization workshop*. https://github.com/kateto/R-Network-Visualization-Workshop

网络可视化是语义网络分析的重要一步。奥格尼扬洛娃(Ognyanova)是美国新泽西州立罗格斯大学副教授。她的2016年版教程适合对社会网络分析有一定基础的读者,2019年版教程对刚入门的读者更友好。

[3] Ooms, J.(2021). *The magick package: Advanced image-processing in R*. https://cran.r-project.org/web/packages/magick/vignettes/intro.html

图像中的框架分析是框架理论中的一块空白。这个包是图像处理包里功能比较强大的。作者一直在维护,文档也写得不错,对用户比较友好。

[4] Rogers, T.(2019). *Tutorial for graphing a semantic network*. https://github.com/ttrogers/Tutorial-Graphing-a-semantic-network

前面奥格尼扬洛娃的教程比较系统,从社会网络分析开始讲。考虑到有读者希望尽快上手,因此推荐这个教程,有数据,有步骤,用到的R包也是比较常见的。

九、数据代码

完整代码见 GitHub 链接:https://github.com/drjqin/Qin2015

第四章 网络舆论中的框架分析：基于语义网络分析方法

十、思维导图

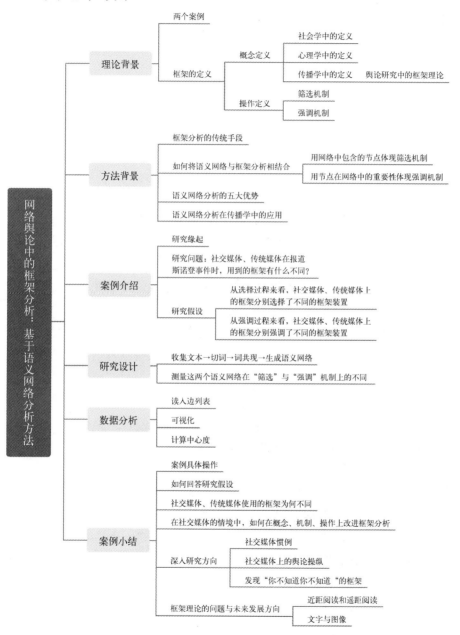

第五章

网络舆论中的情感分析^{*}

一、理论背景

情感（affect）在心理学中一般用来较为笼统地描述感觉（feelings）或情绪（emotions）经验，既可以包括情绪、感觉和心情（mood）等，又可以专指情绪。在本章中，为了限定讨论范围，情感狭义地专指情绪，网络舆论中的情感分析具体指计算并分析网络舆论中公众表达的情绪及其变化。在情绪定义的基础上，本章案例将探讨网络舆论中不同情绪在社交网络中的同质性差异。此外，除案例研究外，本章还将扼要介绍情绪与网络舆论的关系、情绪的不同测度方法、情绪在网络空间中的传播，以及情绪与信息传播的耦合关系等相关研究问题和主要思路。

情绪是人与所处环境（包括互联网）相互作用时突发产生的一种复杂反应，是多种感觉、思想和行为综合产生的心理与生理状态，这种反应虽短暂但强烈（Lazarus，1991）。情绪既是主观心理感受，又是客观生理反应（Izard，1993），是一种具备较强目的性的表达方式，故而是网络舆论的重要组成部分，体现了与事实信息维度不同的公众的心理状态。情绪构成理论进一步指出，情绪产生时，五个基本元素须在较短时间内协调、同步地进行（Scherer，2005），包括认知评估、生理反应、主观感受、表达意愿和行动倾向。这意味着情绪的产生本质上是包含语言、生理、行为和神经机制互相协调的一组多元反应，并且能够导致人产生行动倾向和发生行为变化。因此，网络舆论中的情绪可能不仅仅是在线的情绪表达与宣泄，还可能导致线下

---

* 本章作者为范锐、赵吉昌、许可。

群体行为的发生。如何量化描述并测度这些情绪,对大数据时代的舆论计算和智慧社会治理均十分重要。

如何准确地描述人的情绪存在不同的理论分支,主要包括维度理论、分类理论和认知评价理论(Hosany et al.,2020)。维度理论使用积极(positive)-消极(negative)这类对立的维度(Watson et al.,1988)(在这种描述下,情绪在英文中往往使用 sentiments 而非 emotions)或愉悦(pleasantness)-唤醒(arousal)这类不要求明确差异的维度(Russell,1980)来描述情绪。这种方式提供了对情绪的简洁度量,但不具备精细描述的能力,并且因过于简化而忽略了不同效价(valence)间的差异,尤其是消极情绪中的愤怒、恐惧和悲伤等可能会导致完全不同的行为倾向(Lerner & Keltner,2000)。分类理论认为,情绪可以通过划分成互不重叠的类型来描述。例如,埃克曼(Ekman,1992)提出了六种基本情绪,包括愤怒、厌恶、恐惧、高兴、悲伤和惊喜。索特等(Sauter et al.,2010)进一步证实该划分在不同的文化中普遍存在,并且能够实现跨文化交流。但普拉奇克(Plutchik,2000)认为,情绪不应分割为互相独立的部分,而应是在同一个光谱上递增或者两极化。认知评价理论试图通过情绪产生的认知过程来描述情绪(Arnold,1960),认为情绪是处理或评价个体相关的信息而导致的心理状态,应通过事件信息的评估来描述情绪的产生(Roseman,1984;Roseman et al.,1990)。因此,不同的认知评价会导致不同的情绪产生,并且可能同时产生不同的情绪(Ruth et al.,2002)。认知评价理论对情绪的描述较为细致(如 16 种或 10 种)且过于依赖具体场景。实际上,中国古代也较早地对情绪进行了分类描述:《礼记·礼运》中提到了七情,即"何谓人情?喜、怒、哀、惧、爱、恶、欲";成书于东汉的《白虎通德论》则将情绪分为六类,即"六情者,何谓也?喜、怒、哀、乐、爱、恶谓六情"。考虑到基本情绪类型的跨文化普适性,网络舆论的情绪分析中可通过这些基本类型对情绪进行分类描述,以期得到容易扩展的自动化方法和相对普遍的分析结果。

随着互联网的不断渗透与普及,在线空间中海量网民表达的情绪已成为网络舆论的重要组成部分,是体察社情民意的关键脉搏,也是影响舆论与公众行为的重要因素。马库斯等(Marcus et al.,2000)提出情感智力理论(affective intelligence theory,简称 AIT),认为情绪在个体观察环境变化并分配神经资源以进行针对性应对的过程中(如信息处理、投票等)起到了关键作用。一些相关研究,如候选人评价和架构效果等,不断验证了该理论(Brader et al.,2011)。实际上,人类情绪的产生往往意味着行动倾向和行为的发生与变化,因此,通过情感分析观测网络舆论中的情绪及其变化,可以从公众主观反应的视角,为理解、监测甚至预警网络舆论与公共事件提供新思路。中国新浪微博中不同情绪的表达与公众对突发事件的态度密切相关(Zhao et al.,2012),例如动车事故、日本地震、乔布斯逝世、盐荒及碘辐射谣言等均在网络空间中形成了大规模舆论,并伴随强烈的悲伤、愤怒等情绪表达。范等(Fan et al.,2014)注意到微博中愤怒情绪常与两类问题相关:其一为社会问题,如食品安全等;其二为外交争端,即中国与其他国家在外交事务上的冲突。俞等(Yu et al.,2021)基于微博讨论2019年武汉用户对COVID-19的情绪反应,发现惊讶、恐惧和愤怒是疫情相关网络舆论的显著情绪,并且与一些标志性事件(如确认人传人等)密切相关。在大量关于公共政策辩论中的两极分化问题(如枪支管制、同性婚姻、气候变化等)中,布雷迪等(Brady et al.,2017)证实道德情感的表达是相关争议在网络空间中迅速发酵并广泛传播的关键。网络舆论中表达的情绪甚至可能产生外溢效应,例如通过测量特定人群,如股民的情绪,能够捕获市场情绪并预测价格波动(Zhou et al.,2018)。因此,在线情绪不仅仅是互联网用户对现实事件态度的表达,更是推进网络舆论加速扩散、演变乃至突变的重要驱动因素。

  作为一种综合反应,情绪的表达途径和方式极其多样,例如可以通过语言(如褒贬)、声音(如语气)、面部表情、肢体动作,甚至颜色等进行表达。与这些表达方式相对应,情绪的测量方式也十分多样。在早期的主观实验中,对情绪的测量一般通过问卷调查的方法实现,即在某类刺激后(如视觉或听觉)要求用户主动报告自己的情绪。然而,问卷调查可能受限于主观报告的有偏性(如随便报告,甚至故意误报)。随着计算技术的发展,更加客观的基于机器学习的测量方法不断被提出。这些方法往往基于有监督的分类思想,即在人工预先标注情绪的训练集上进行模型参数的估计,继而对未知情绪的样本依特征进行推断。通过语言表达的情绪常常利用文本信息进行测度,例如根据所用词汇的情绪分值或类别来推断句子或段落所表达的情绪;基于声音的方法通过提取音频特征来构建声波信号与情绪之间的映射关系;基于图像的方法一般通过识别脸部肌肉的组合来分类情绪(Du et al.,

2014)。另外,一些更具侵入性的方法也被提出,例如可以通过测量人体的一些生理指标来测度情绪,如通过心率、脑电波,甚至肌电(特定肌肉的运动与某种情绪的表达密切相关)信号来推断情绪(Valenza et al.,2014)。在网络舆论场景中,大众表达情绪的自然方式往往是文字,因此,本章案例将以文本为主要数据来源进行情绪分析。但需要指出的是,近年来深度学习技术的迅速发展为网络舆论的情绪分析提供了更多方法机遇,深度卷积网络和注意力机制等技术可被用于文本(Zhang et al.,2018)、图像(Ortis et al.,2020)和语音(Mirsamadi et al.,2017)的情绪计算,尤其是考虑到短视频的日渐流行与新近兴起的语音社交(如 Clubhouse)。

在网络舆论中,信息传播与社交网络密切相关,其中携带的情绪也同样依赖社交结构而体现出同质性。社交网络本质上是一个大规模的复杂网络,在这个网络中,消息在用户之间传播。在线社交网络具有一些独有特点,例如用户之间可以形成单向的关注关系,可以进行消息转发、评论等。消息是情绪的载体,而带有某类情绪的消息经发布后,往往通过用户之间的在线社交关系扩散,继而使用户情绪也得以相互影响。具体地,用户通常通过关注关系建立联系,例如用户 A 关注用户 B 之后,可以看到用户 B 发布的消息,因而可能会受到用户 B 情绪的影响。除关注关系外,还有一种比较重要的在线社交关系是转发关系,即用户看到一条消息后,如果对其感兴趣可进行转发,在这一过程中也会发生情绪的相互影响,并进一步形成网络中情绪的同质性。人们很早就对社交网络中的同质性进行了研究(Miller,Lynn,& James,2001)。在线社交网络兴起以来,研究者们发现同质性仍然存在,属性相似的用户未来成为好友的概率更大(Mislove et al.,2007;Liben-Nowell & Kleinberg,2003)。这表明,同质性不仅存在于传统社会网络中,也深刻地影响在线社交网络中用户的行为(Bollen et al.,2011;Chmiel et al.,2011)。此外,同质性不仅包括年龄、性别等人口学特征,还包含高兴、孤独等心理学状态。研究表明,在线社交媒体中的高兴情绪具有同配性(Bollen et al.,2011)。布利斯等(Bliss et al.,2012)也指出,三跳①以内用户的高兴情绪显著相关。范等(Fan et al.,2014)进一步发现,相较于高兴,愤怒情绪表现出更强的同质性。实际上,不同用户间通过社交

---

① 跳数即 hop,指无权网络中两节点间最短路径的长度。

结构体现出的情绪同质性意味着,网络舆论中的情绪能够依托社交网络实施影响并扩散开来。

作为一种表达方式,情绪能够在不同个体间传播并同步。情绪传播是指某种情绪表达会导致该情绪的受众经历相同的情绪体验,甚至产生相似的情绪表达。一般认为,情绪传播有三种机制:一是模仿表达,即情绪会刺激受众产生相同的行为;二是类别激活,即激活受众以产生相同类别的情绪;三是社交评价,即受众以其他个体的情绪来引导自身的情绪评价(Goldenberg & Gross,2020)。在线下的面对面交流中,人们通常根据表情、语气等判断彼此的情绪,因而情绪传播十分自然,往往容易发生。随着社交媒体等线上虚拟交流方式日渐流行,在网络空间中表达的情绪能否进行同样的传播与同步也受到关注。克拉默等(Kramer et al.,2014)通过控制 Facebook 中近 70 万用户收到的好友更新内容,提供了社交媒体中即使不通过面对面交流,仅文字内容也能使情绪在不同用户间发生传播的实验证据。该实验通过控制用户看到内容中的积极情绪和消极情绪的比例,发现用户新发布的内容会相应产生变化。例如,减少积极消息的推送,用户新发布的内容中消极情绪将增加;反之亦然。虽然这一工作后因被质疑操控用户情绪的伦理问题而备受争议,但它通过大规模实验首次明确了情绪在网络空间中的传播。科维略等(Coviello et al.,2014)通过分析 Facebook 用户状态的更新,发现降雨会改变所在区域用户的状态及其情绪,而通过传播,不在降雨区的用户的状态也会受到影响。这意味着社交媒体可能会进一步放大全局的情绪趋同效应。更强的情绪表达往往会导致更广的情绪传播,但不同情绪在网络空间中的传播差异却存在争议(Goldenberg & Gross,2020)。克拉默等(Kramer et al.,2014)在 Facebook 上的实验表明积极情绪与消极情绪间没有显著的传播差异,费拉拉和杨(Ferrara & Yang,2015)却认为积极情绪在 Twitter 上更容易传播,范等(Fan et al.,2020)则认为在微博中愤怒传播得比高兴快。上述结果表明,刻画网络空间中的情绪传播可能与情绪的描述粒度、所处文化背景、相关用户属性,乃至社交网络结构等密切相关,而网络舆论的情绪计算也应考虑到这些相关因素的潜在影响。

网络空间中的情绪一般依附于以文本为主要形式的信息实现表达和传播。因此,在线的情绪表达和传播往往与信息在社交网络中的扩散密切耦合并协同发生。有别于线下的社交网络,以社交媒体为典型代表的在线社交网络往往通过转发、评论、回复、点赞等方式实现人际交互与信息流动。一方面,情绪虽然依附于信息实现传播,但可能表现出与信息不同的传播形态。社会学中经典的弱连接理论认为,在社交网络中,强度较弱的社交关系往往处于不同的社团之间,因而具备传递新颖信息的能力(Granovetter, 1973)。但关于情绪传播的工作却发现,消极情绪中的愤怒在传播过程中相较于积极情绪体现出更强的弱连接偏好性(Fan et al., 2020),即弱关系虽然能够带来其他社区的新信息,但也容易将愤怒扩散至网络更远的区域。另一方面,作为信息诱发的综合反应,情绪本身亦能加速信息的流动,尤其是谣言、假新闻等不良信息。以社交媒体中的假消息为例,沃索吉等(Vosoughi et al., 2018)发现,在线假消息相较于真实报道传播得更快,并在传播结构上体现出更长的平均路径和更具穿透性的特点。微博中也有类似的现象(Zhao et al., 2020)。而从情绪视角的讨论进一步发现,相较于真实消息,在微博和Twitter中假消息都携带更高比例的愤怒,并且这些愤怒将显著地加速信息扩散,因其能够诱发用户产生更强的焦虑管理与消息转发意愿(Chuai & Zhao, 2020)。甚至一些新的建议,例如对携带愤怒过多的消息在转发前应对用户进行提醒,也被提出应在早期从源头上主动抑制虚假消息的传播(Chuai & Zhao, 2020)。这些结果表明,在网络舆论的情绪分析中还需要考虑信息传播及其所携带情绪之间的相互耦合关系,以期从情绪视角提供新的信息传播洞见。

基于大数据的网络舆论中的情绪分析具有重要的理论价值。网络舆论大数据往往涉及海量用户,可累积较长时间与较广区域的不同行为,并能测度维度丰富的用户属性与场景因素,打破了传统方法的时空限制和测度局限。因此,通过数据驱动多学科深度交叉,尤其是依赖密集计算的新研究途径,能够在情绪表达、传播、行为影响等方面补充和完善既有理论的同时揭示新的理论创见。例如,传统方法在实验室中很难长期观测社交结构及其强度对情绪传播的影响,而在社交媒体中则能够收集大规模用户的社交网络并可通过长期追踪来揭示不同情绪传播的结构偏好(Fan et al., 2020)。但值得注意的是,传统心理学中的相关理论及问卷调查,甚至行为实验等,在网络舆论的情感分析中同样重要。一般情况下,基于大数据的计算往往仅能唯象地揭示现象,考虑到情绪与主观认知密切相关,这些现象背后的产生机制可能需要借助传统的理论与实验方能在理论层面进行深入探索。如果网络舆论中的大数据优势在于全量全程的可计算,那么主观实验中产生的小数据则体现出精准细致的可解释。因此,如何有机地结合大数据与小数据以实现优势互补,也是网络舆论的情绪计算值得关注的关键理论方向。

二、方法背景

网络舆论中的情绪分析是典型的多学科交叉场景。为解决网络中大规模数据的快速分析,计算机科学中的机器学习模型,甚至新近的深度学习技术需要被引入,以对文本、图像、语音等数据进行情绪的自动理解。情绪本身的表达和扩散与社交关系密切相关,并且具备同质性和传播行为,因此,社会学中的社会网络分析等理论与方法同样需要。此外,情绪传播本身也需要传统的传播学理论进行建模,并且考虑用户、事件、情境诸多因素对情绪的影响。本章案例主要对网络空间中通过文本信息进行情绪分析的相关计算方法进行介绍。

随着互联网时代的到来,人类行为轨迹越来越多地被记录下来,比如通话记录、信用卡刷卡数据、通勤数据、在线社交网络数据等。拉泽等(Lazer et al.,2009)在《科学》(*Science*)上发表的论文指出,社会计算科学正在兴起,人们通过广泛收集各种人类行为数据来为社会科学研究服务。随着在线社交网络的兴起,更多人类行为数据被记录下来。人们使用这些海量用户数据进行大量社会科学研究,并且建立了大量有实用价值的应用。其中,情绪相关研究是当下一个研究热点,研究人员在这方面取得了丰硕的研究成果。笔者将这种基于数据、使用计算方法研究情绪的课题称为情绪计算。情绪反映了用户对某一话题或事件的观点、看法,对社交网络数据进行情感分析能够有效获知用户对某事的看法,因而具有十分重要的理论和应用价值。如前文所述,传统心理学研究人类情绪时,往往采用问卷调查等人们的自我反馈行为作为研究手段(Bradley & Lang,1994),然而这些方法具有数据量小、实时性差等缺陷,无法对用户情绪演化过程进行细粒度的研究。而在线社交网络所产生的用户数据具有数据量大、实时性强的优势,可以获取用户细粒度的消息记录,从而使研究大规模用户情绪成为可能。

在线社交网络积累的数据规模十分庞大,是网络舆论形成的主要场景。基于这些海量数据进行情绪计算方面的研究时,建立自动化情感分析工具十分重要。研究人员在自动情感分类方法方面做了很多探索,现有方法可以分为两种:基于情感词典的方法和基于机器学习的方法。

基于词典的方法有一个预先定义好的情感词典,通过计算正面情感词或负面情感词的数量来对文本进行情感标注,通常情况下可以得到文档的正负情感得分,绝对值越大代表情感倾向性越强。多兹和丹福思(Dodds & Danforth,2010)使用情感词典来衡量用户对于歌曲与博客的高兴程度,他们还使用 Amazon Mechanical Turk(亚马逊众包任务平台)来给超过 10 000 个英文单词从 1 到 9 打分,1 代表悲伤,9 代表高兴(Dodds et al.,2011)。戈尔德和梅茜(Golder & Macy,2011)研究了个人情绪的季节变化与日变化规律,他们收集了超过 5 亿条英语推文,使用 LIWC(linguistic inquiry and word count)判断正面情绪和负面情绪。著名的情感分类器 SentiStrength 应用广泛,它使用机器学习方法训练情感词典,并结合语法分析等方法,从不规则的短文本中提取正负情绪,每类情绪的强度范围为 1 到 5(Thelwall,Buckley,Paltoglou,Cai,& Kappas,2010;Thelwall,Buckley,& Paltoglou,2012)。英文情感分类器 VADER 使用情感词典结合语言规则的方法,在 Twitter 数据中取得了非常好的效果(Hutto & Gilbert,2014)。

下面以多兹等(Dodds et al.,2011)的论文为例,简单介绍基于词典方法的情感分析过程。该论文引入一个情感词典,包含超过 10 000 个单词的情感得分,情绪分值范围为 1 到 9,得分越高代表情感倾向越正面,例如"suicide"、"paper"、"love"的情感得分分别为 1.25、5.20、8.72。得到情感词典后,使用如下公式计算文本情绪:

$$v_{text} = \frac{\sum_{i=1}^{n} v_i f_i}{\sum_{i=1}^{n} f_i} \tag{5-1}$$

其中,f_i 为情感词典中第 i 个词在该文本中出现的频次,v_i 为该词的情感得分。以文本"Happy Pi Day! And happy birthday to the famous physicist Albert Einstein"为例,假设单词"happy"、"birthday"、"famous"、"physicist"、"Einstein"在词典中,则该文本情感值为 $v_{text} = \frac{1}{6} \times (2 \times v_{happy} + v_{birthday} + v_{famous} + v_{physicist} + v_{Einstein})$,由于单词"happy"出现两次,故

其权重为2。对于中文文本,在分类前还需要进行分词,以将文本切分为单词序列。可使用 jieba 或 NLPIR 等分词器对中文进行文本分词。以上过程为使用情感词典进行分类的一个示例,其他基于词典的情绪分析方法可能有不同的计算过程,针对不同数据集也会有相应的优化策略。

基于机器学习的方法则使用文本、表情符等特征训练分类模型进行文本情感分类。通常需要预先对一部分数据进行标注,这部分带标注数据可作为训练数据。基于训练数据使用贝叶斯、最大熵或支持向量机(SVM)(Manning & Schütze,1999;Nigam,Lafferty,& McCallum,1999;Pang,Lee,& Vaithyanathan,2002;Parikh & Movassate,2009)等分类模型训练分类器,得到分类器后即可对普通无标注的文本数据进行情绪分类。庞等(Pang,Lee,& Vaithyanathan,2002)将电影评论的情感分析看作传统的文本分类问题,并研究对比了贝叶斯、最大熵和 SVM 在情感分类任务上的表现。一些研究者还使用表情符来提高机器学习模型的效果(Read,2005;Go,Bhayani,& Huang,2009)。

基于机器学习的情感分析方法通常需要准备预先标注好的语料库,使用该语料库作为训练和测试数据集来分别训练和测试机器学习模型,得到训练好的模型后即可使用该模型对普通文本进行情感分类。下面简要介绍机器学习分类的基本逻辑。若要进行正负两类情感分析,可对已收集的部分文本进行人工标注,每条文本可标注为正面、负面或中性,由此可得正面情绪和负面情绪的语料库。从带标注的语料库中随机切分出一定比例(如20%)的数据作为测试数据集,其余数据则作为训练数据集。训练模型时先需要从训练数据集的文本中提取特征。对于文本数据,一般根据文本中出现的词进行特征提取。假设词表中共有 M 个词,则每条文本可用一个 M 维向量表示。通常可使用 TF-IDF 方法提取文本特征。在该方法中,如果某一个词在当前文本中出现的频率越高,同时,在所有条目中包含该词的文本越少,则该词的权重越大。对于词语 t_i 来说,其 TF 值为:

$$tf_{i,j} = \frac{n_{i,j}}{\sum_k n_{k,j}} \tag{5-2}$$

其中,$n_{i,j}$ 为该词在文本 d_j 中出现的次数,分母则为文本 d_j 中所有词语出现的次数之和,即 $tf_{i,j}$ 为文本中词语 t_i 的词频。该词的 IDF 值为:

$$idf_i = \lg \frac{\lceil D \rceil}{|\{j: t_i \in d_j\}|} \tag{5-3}$$

其中，$\lceil D \rceil$ 为语料库中的文本总数，$|\{j: t_i \in d_j\}|$ 为包含词语 t_i 的文本数目。若包含 t_i 的文本越多，则 idf_i 越小。例如，"了"、"的"等词语在大量文本中都会出现，因此，其 IDF 值较小。分别得到 TF 值和 IDF 值后，即可使用以下公式得到 TF-IDF 值：

$$tfidf_i = tf_{i,j} \times idf_i \tag{5-4}$$

这里仍以文本"Happy Pi Day!"为例。假设文本集合中共有 M 个词语，则其词向量为 $(0, 0 \cdots tfidf_{happy}, 0, 0, \cdots tfidf_{Pi}, 0, 0, \cdots tfidf_{day}, 0, 0, \cdots, 0)$，该特征向量为 M 维。使用该方法得到文本特征后，即可使用机器学习模型训练情感分类器。不同机器学习模型基于不同的统计学思想，下面介绍较为简单的感知机模型，以此为例介绍机器学习模型的分类过程。

感知机模型训练一个超平面 $y = wx + b$，其中，x 为特征向量，w 和 b 为参数。我们希望正面情绪的特征向量被完全划分到 $wx + b > 0$ 一侧，而负面情绪的特征向量被划分到 $wx + b < 0$ 一侧，即 $f(x) = sign(wx + b)$。感知机的损失函数为误分类点到超平面的总距离。经计算，该损失函数为：

$$L(w, b) = -\sum_{x_i \in M} y_i(wx_i + b) \tag{5-5}$$

其中，M 为误分类数据集合，x_i 为误分类特征向量，y_i 为分类结果。感知机的优化目标为最小化该损失函数，即 $minL(w, b)$。至此，即可使用经典的梯度下降法对该损失函数进行优化，最终得到参数 w 和 b，则可得到分类器 $f(x) = sign(wx + b)$。在测试数据集中使用该模型进行分类，结合测试集数据中的真实情绪标签，即可得到模型的准确率。若准确率符合要求，则可使用该分类器对无标注文本进行情感分类，否则应当调整参数或者改用其他分类模型。

以上所述感知机使用有标注数据集训练一个统计模型，然后使用该模型可对无标注数据进行分类，这种使用有标注数据的方法被称为监督学习。感知机通过最小化误分类点到分类平面的距离之和来建立分类模型，而其他分类模型，如贝叶斯、SVM、逻辑回归、神经网络等，分别基于不同的统计模型，但均使用有标签数据提取特征、构建模型及调整参数。目前，常用的分类库有 scikit-learn、libsvm 等,这些软件包支持分类器构建、参数调整等过程,可以较为方便地实现分类器训练。

基于情感词典的分类方法的优点是简单、快速,无需人工标注等复杂耗时的步骤,但其依赖于情感词典,而且由于短文本中单词较少,往往在短文本(如微博)中效果不佳。基于机器学习的方法往往需要进行人工标注并训练分类器,但相较于基于词典的方法能够取得更好的分类效果,因而被广泛采用。本章案例采用贝叶斯方法进行情感分类,过程详见下文研究设计部分。

情绪的影响和传播发生于以用户为节点的相互连接的网络中,因此,有必要将情绪影响放到网络中进行研究。一般需要先构建用户关系网络,如转发网络或者关注网络。网络表示为 $G(V, E)$。其中,V 表示所有节点(用户)的集合,E 表示所有边(用户关系)的集合。边 E 如果带权重,则可能表示用户的转发次数或使用共同好友等指标计算出的连接强度。网络中的度、聚集系数和节点之间的连接强度均与情绪影响和传播有耦合关系。下面列出一些常用的复杂网络结构的度量指标。

① 节点度。节点度被定义为节点的邻居节点的数目,可以较为直观地度量节点的重要程度。网络的平均度定义为:

$$\langle k \rangle = \frac{2|E|}{|V|} \tag{5-6}$$

其中,$|E|$ 为网络中的边数,$|V|$ 为网络中的节点数。

② 聚集系数。聚集系数表征网络的局部聚集程度。某节点 v 的聚集系数定义为:

$$c_v = \frac{2|E_v|}{k_v(k_v-1)} \tag{5-7}$$

其中,E_v 为所有 v 的邻接点之间的边的集合,k_v 为节点 v 的度,整个网络的聚集系数即为所有节点聚集系数的平均值。

③ 介数。介数指标使用经过某一节点(边)的最短路径数来衡量节点(边)的重要程度。节点 v 的介数定义为:

$$C_B(v) = \sum_{s \neq v \neq t \in V} \frac{\sigma_{st}(v)}{\sigma_{st}} \tag{5-8}$$

其中，$\sigma_{st}(v)$ 表示从节点 s 到 t 经过节点 v 的最短路径的条数，σ_{st} 表示从节点 s 到 t 的最短路径的条数。

④ 连接强度。节点之间的连接强度表示节点之间的边的重要性。一般认为，社交网络中有共同好友的两个节点之间更容易建立新的连接，因此，通常使用两个节点的共同好友来衡量连接强度。两个用户 i 和 j 的连接强度可定义为：

$$O_{ij} = \frac{n_{ij}}{(k_i - 1) + (k_j - 1) - n_{ij}} \tag{5-9}$$

其中，n_{ij} 为用户 i 和 j 的共同好友数，k_i 和 k_j 分别为 i 和 j 的度。O_{ij} 越大，表示两个用户之间的关系越紧密，即强度越大。

三、案例介绍

本章采用的案例为：

Fan, R., Zhao, J., Chen, Y., & Xu, K. (2014). Anger is more influential than joy: Sentiment correlation in Weibo. *PLoS One*, 9(10), 1-8.

本案例基于大规模在线社交网络数据讨论网络舆论中的情绪影响力，研究网络结构和情绪影响力的关系。近年来，在线社交媒体迅猛发展，大量用户通过推送、转发、评论等方式发布了海量用户数据，为研究人类情绪提供了前所未有的机遇。在线社交网络中用户之间的交互不仅有信息的交流，也伴随着情绪的相互影响。根据传统的心理学理论，情绪具有极性（valence）和唤醒度（arousal），两者都会影响传播过程。例如，高唤醒的情绪（如愤怒和焦虑）比低唤醒的情绪（如悲伤和满足）更能加速传播。因此，本案例试图利用大规模在线社交网络数据，探究不同情绪在用户交互网络中的影响力。

常见的文本情感分类器往往将情绪简单地分为正负两类，这种分类方法忽略了情绪的其他重要维度，如愤怒、悲伤等，而这些细分的负面情绪往往在社会热点事件中起到十分重要的作用。本案例尝试将用户情绪进行细分。此前所述六类情绪模型将用户情绪分为喜、怒、哀、乐、爱、恶。通过分析用户数据,六类情绪中的四类有较多样本,即喜、怒、哀、恶,其他两类则没有足够多的样本。因此,结合社交媒体数据的特点,本案例将用户情绪分类为愤怒、厌恶、高兴和悲伤四类(Zhao et al.,2012)。基于机器学习的方法相较于基于词典的情感分类方法能够取得更好的分类效果,因此,本案例采用机器学习的方法训练情感分类器,达到了较好的分类准确率。情绪类别的选择和分类器详细训练过程见下文研究设计部分。

微博是中国最为流行的在线社交媒体。截至2018年3月,新浪微博月活跃用户数达到4.11亿。本案例抓取14万个新浪微博用户发布的约260万条微博作为研究数据集,这些微博发布的时间范围为2010年4月至9月。基于此数据集,本案例利用自动化情感分析技术对每条微博进行情感分类,并根据用户之间的交互关系构建用户交互网络。在这一网络中,使用统计学方法研究不同情绪在网络中的影响力。

近年来,复杂网络技术快速发展,研究者提出了各种网络结构参数,从各个角度对信息传播进行了深入探索。这些研究结果能够为研究在线情绪影响力提供有力支持。已有研究表明,网络局部结构对信息传播有深刻的影响(Onnela et al.,2007),而情绪在网络中随信息扩散,因此,情绪传播也必然受到网络结构的影响。本案例计算大规模交互网络中的度和聚集系数等结构指标,并研究这些结构指标和情绪影响力的关系。

本案例得到的主要结论包括:

第一,愤怒情绪的影响力最大,甚至强于高兴情绪;

第二,厌恶情绪和悲伤情绪的影响力极低;

第三,交互频繁的用户之间情绪相关性更强,拥有更多好友的用户与其好友之间的情绪相关性也更强。

四、研究设计

为了进行情绪影响力的研究,需要采集大量在线社交网络数据。本案例以中文社交媒体微博为研究对象,采集了大约7 000万条微博数据。首先,需要构建准确率较高的自动化情感分析工具。本案例使用机器学习的方法构建情感分类器,将每条微博的情绪分为愤怒、厌恶、高兴和悲伤四类。然后,采集微博数据并利用转发关系构建用户交互网络。在该交互网络中,使用皮尔逊相关系数、斯皮尔曼等级相关系数及 bootstrapping 等统计学方法计算各类情绪的影响力。最后,为了探究网络局部结构和情绪影响力的关系,本案例计算情绪影响力与连接强度、节点度和聚集系数的关系。总之,通过综合利用机器学习、计算社会科学和复杂网络等学科的研究方法,本案例对中文社交网络微博中的情绪影响力进行了卓有成效的研究。

在数据抓取上,本案例通过微博开放平台抓取海量微博用户数据。以某些有影响力的用户作为种子用户,采用广度优先搜索策略获取这些用户的好友,并将这些好友用户添加到用户队列,不断重复此过程,最终得到 278 643 个微博用户。从 2020 年 12 月到 2022 年 2 月,通过微博 API 抓取这些用户的微博,最终得到约 7 000 万条微博数据。

微博文本为短文本,其长度限制为 140 个中文字。短文本中能够提取的特征有限,从而给情感分析带来了一系列挑战。为了使用机器学习方法进行短文本情感分类,需要大量已标注数据。为避免人工标注,本案例采用表情符号标注的方法构建带标注数据集。表情符号由用户自行在微博中添加,用于帮助用户表达情绪,因而对微博情绪具有很好的指示作用(Liu,2010;Aoki & Uchida,2011)。事实上,这是众包的一种形式,即用户使用表情符号将其微博标注为某一类情绪。需要注意的是,这里仅仅使用有表情符号的微博作为有标注语料库。基于这个有标注语料库,使用贝叶斯方法训练情感分类器,即可对普通无表情符号的微博进行情感分类。先需要对表情符号进行分类,本案例选取微博中 95 个有代表性的表情符号并分别对这些表情符号进行情绪标注。标注结果显示,大多数表情符号可被归为四类情绪:愤怒、厌恶、高兴和悲伤。对于恐惧、惊奇等情绪则没有足够数量的表情符号,说明微博中这两类情绪的表达相对较少。因此,本案例将微博情绪分为愤怒、厌恶、高兴和悲伤四类情绪。在 7 000 万条微博中,共有约 350 万条微博带有有效的表情符号,即数据集中带表情符号的文本约占 5%。这些带有表情符号的微博被用作训练数据,即带有某种情绪的表情符号的微博被标记为该情绪,训练数据集标记为 C_{ij}。基于此训练数据集,本案例训练了一个简单而快速的贝叶斯分类器,用于将其余 95% 的微博进行情感分类。将 C_{ij} 中每一条微博 t 转换为一个词序列 $\{w_i\}$,其中,w_i 是一个词，i 是词在微博 t 中的位置。从带标记的微博中，可以获得 w_i 属于某一情绪类别 m 的先验概率，即

$$P(w_i \| m) = \frac{n^m(w_i)+1}{\sum_q (n^m(w_i)+1)} \tag{5-10}$$

其中，$m=1,2,3,4$，分别表示四类情绪，$n^m(w_i)$ 为词 w_i 在所有类别为 m 的微博中出现的次数，这里应用拉普拉斯平滑以防止先验概率为 0。对于未标记的微博 t，令其分词后结果为序列 $\{w_i\}$，其情绪类别可以由以下公式获得：

$$m^*(t) = \arg\max_m P(m) \prod_i P(w_i \| m) \tag{5-11}$$

其中，$P(m)$ 为情绪 m 的先验概率。

本案例从带标注数据集中随机选取 10% 的数据作为测试数据，其余数据作为训练数据集，按照上述方法在训练数据集中构建四类情感分类器。为评价分类器效果，在测试数据集中使用如下方法计算分类器的准确率：

$$p = \frac{\sum_{j=1}^{4} |p^{c_j}|}{|T_{test}|} \tag{5-12}$$

其中，p^{c_j} 为在测试数据集中第 j 个类别中被正确分类的微博数，$|T_{test}|$ 为测试数据集总数据量。按照上述方法构建四类情感分类器，其平均准确率(average precision)为 64.3%。

研究情绪影响力需构建用户交互网络。从上述海量微博数据集中抽取出 2010 年 4 月至 9 月的所有数据，包含 14 万个新浪微博用户发布的约 260 万条微博。构建用户交互网络较为直接的方法是使用用户之间的关注关系。然而，此前的研究表明，在线社交网络中的关注关系较弱，并不能表征真实的用户交互(Bollen et al.，2011)。而转发关系是确实存在的用户交互，有转发关系的用户之间必然存在信息之间的交互与流通，因而能够代表用户之间较为可靠的社交关系。因此，在这里构建用户的交互网络，即转发网络(Bliss et al.，2012)。从数据中去除平均发布微博数量小于 0.5 条/天的用户，以确保用户的活跃性较强，使结论具有统计意义。转发网络记为 $G(V,E,T)$。其中，V 表示节点，即用户集合。E 表示边集合。每条边代表两

个用户之间的交互关系。使用转发数表征连接强度,即两个用户之间信息交互越多,连接强度越强。T 表示边强度阈值,网络中仅保留强度高于阈值 T 的边。随着 T 的变化,网络大小逐渐改变。本案例选择 $T=30$ 作为网络阈值。此时,网络中平均边强度较大,即构建一个交互较为频繁的网络。同时,也保留下来一定规模的节点和边。此时,用户数和边数分别为 9 868 和 19 517。

相关性是用来衡量两个序列相关程度的指标,这里使用相关性来衡量网络中一定距离用户的情绪影响力。对用户 i,可以得到其情绪向量 $e_i(f_1^i, f_2^i, f_3^i, f_4^i)$,每个分量表示用户 i 发布的某种情绪 $m(m=1,2,3,4)$ 的微博的占比。首先,抽取出网络中距离为 h 的用户对。这里距离 h 定义为用户在网络 G 中的最短距离,直接相连的用户之间的距离为 1,即 $h=1$。对于特定的 h 抽取出所有用户对,然后对某用户对 (j,q),将用户 j 的 f_m^j 放入序列 S_m,将用户 q 的 f_m^q 放入另一个序列 T_m。S_m 和 T_m 的相关性即可表示距离为 h 的用户情绪 m 的相关性。在这里,相关性使用皮尔逊相关系数和斯皮尔曼等级相关系数进行计算。皮尔逊相关系数定义为:

$$C_p^m = \frac{1}{l-1} \sum_{i=1}^{l} \left(\frac{S_i - \langle S_m \rangle}{\sigma_{S_m}} \right) \left(\frac{T_i - \langle T_m \rangle}{\sigma_{T_m}} \right) \tag{5-13}$$

其中,$\langle S_m \rangle = \frac{1}{l} \sum_{i=1}^{l} S_i$ 为序列的均值,$\sigma_{S_m} = \sqrt{\frac{1}{l-1} \sum_{i=1}^{l} (S_i - \langle S_m \rangle)^2}$ 为序列的标准差,l 为序列 S_m 和 T_m 的长度。

斯皮尔曼等级相关系数定义为:

$$C_s^m = 1 - \frac{6 \sum_{i=1}^{l} d_i^2}{l(l^2-1)} \tag{5-14}$$

其中,d_i 为序列 S_m 和 T_m 中第 i 个元素在各自序列中排序位次之差。C_s^m 和 C_p^m 的值越接近 1,则表示序列 S_m 和 T_m 的相关性越强。为了衡量情绪相关性的误差,本案例对 S_m 和 T_m 的下标进行 bootstrapping 重采样。对于 $S_m = \{s_1, s_2, \cdots s_l\}$ 和 $T_m = \{t_1, t_2, \cdots t_l\}$,首先从序列 $[1, l]$ 里面采样出 l 个值,采样为有放回抽样,这些采样出的下标组成序列 $R_m = \{r_1, r_2, \cdots, r_l\}$。然后把 s_{r_i} 和 t_{r_i} 分别放入 S_m' 和 T_m' 两个序列中,得到两个序列 $S_m' = \{s_1', s_2', \cdots, s_x'\}$ 和 $T_m' = \{t_1', t_2', \cdots, t_x'\}$。基于 S_m' 和 T_m' 计算

皮尔逊相关系数和斯皮尔曼相关系数得到一个相关性值。重复以上过程$z=1\,000$次，即可得到情绪m的相关性的均值和标准差，标准差越小说明情绪相关性的值越可靠。此外，本案例还将S_m和T_m随机打散后再计算相关性，这里省去了bootstrapping的步骤，直接计算打散后的两个序列的相关性。在随机打散后的两个序列中，位于同一位置的两个元素不再表示有连接关系的两个用户的某种情绪占比，此时，每种情绪的相关性理论上应接近于0。

网络局部结构可能对情绪相关性有一定程度的影响，研究网络局部结构能够在何种程度上影响情绪相关性对于未来建立情绪传播模型具有十分重要的意义。

首先，本案例揭示交互阈值T对情绪相关性的影响。如前文所述，较大的阈值T会使网络规模减小，同时得到的网络中用户的社交联系更为紧密，交互更频繁。直觉上社交网络中更频繁的交互意味着更强和更可信的社交关系。由于$h>3$时所有情绪的相关性均很弱，因此，这里计算$h\leqslant 3$时四类情绪的皮尔逊相关系数。

其次，本案例分析节点度对情绪相关性的影响。节点度即与用户有交互关系的好友数。对于度为k的用户i，可以生成一个序列$\{\eta_m^j\}_i$，其中，η_m^j代表用户i的某一个邻居j所发布的情绪为m的微博条数。用户i的邻居发布的情绪为m的微博条数即为$\sum_j \eta_m^j$。最终可以将用户i的邻居的情绪向量定义为：

$$e_i^{nei}=\left(\frac{\sum_j \eta_1^j}{\sum_m \sum_j \eta_m^j}, \frac{\sum_j \eta_2^j}{\sum_m \sum_j \eta_m^j}, \frac{\sum_j \eta_3^j}{\sum_m \sum_j \eta_m^j}, \frac{\sum_j \eta_4^j}{\sum_m \sum_j \eta_m^j}\right)$$

(5-15)

把f_m^i添加到S_m中，把$\sum_j \eta_m^j / \sum_m \sum_j \eta_m^j$添加到$T_m$中，可以得到度为$k$的用户在情绪$m$上与其邻居的情绪相关性。由于度大的用户很少，因此，为了增大网络规模，这里设置交互阈值$T=10$。此时，最大的度为30。

最后，本案例还探索了节点聚集系数对情绪相关性的影响。节点i的聚集系数定义为$2|E_i|/(k_i(k_i-1))$，其中，E_i为节点i所有邻居节点之间相互连接的边的集合，k_i为节点i的度，即其邻居节点数量。不难看出，聚集系数表示节点i的邻居节点的聚集程度。对于$k_i=1$的节点，将i的聚

集系数设置为 0。然后采用与上述度相关性计算类似的方法,即可得到情绪相关性随着聚集系数增加而变化的曲线。

五、数据分析

数据分析包括文本情感分析、情绪影响力计算和网络局部结构计算三个部分。情感分析使用 Python 语言调用已训练好的情感分类器。在情绪影响力计算中,距离为 h 的节点对计算使用广度优先算法,用 Python 语言实现;bootstrapping 采样使用 numpy 库;相关系数计算使用 scipy 库。网络度和聚集系数计算使用 Python 中的 networkx 库。本案例中的图使用 matplotlib 库绘制。需要注意的是,下文代码执行过程中对 Python 解释器和各依赖库的版本要求及执行过程的说明请进一步阅读 GitHub 中的 readme 文件,访问地址见数据代码,此处不再赘述。另外,GitHub 中还提供了情感分类的示例(参见 GitHub 仓库中的 emotion_classifier/emotion_cla_example.py),读者可直接执行示例代码以得到情感分析结果。

1. 文本情感分析

使用已训练好的四类情感分类器对所有文本进行情感分类。首先将微博文本过滤、分词、去除停用词,然后调用分类器得到四类情绪中的一类。需要引入 em_cal 和 filer_clean 两个文件,filer_clean 进行字符集转换等基本预处理操作,em_cal 进行分词、去除停用词,然后调用模型对微博文本进行情感分类(完整代码参见 GitHub 仓库中的 emotion_classifier 文件夹)。

```
# 引入情感分类包,并进行数据过滤和情感分类
import em_cal, filer_clean

mood_labels = {0:"愤怒", 1:"厌恶", 2:"高兴", 3:"悲伤", -1:"无"}
texts = ["我爱北京美食","这个人真讨厌","今天下雨了,心情不好躲
    在家里","怎么会有这样的人","考试又挂了,怎么跟家里交代啊"]
for text in texts:
    filtered_text = filer_clean.clean_tweet(text)
```

```
div_arr = em_cal.divide_unicode_str_jieba(filtered_text)
mood = em_cal.nb_cls(filtered_text, div_arr)
print text, ":", mood_labels[mood]
```

所得情绪代码及其含义如表 5.1 所示。

表 5.1　情绪分类代码的含义说明

情绪代码	含　义
−1	文本过短,不包含有效情绪信息
0	愤怒(anger)
1	厌恶(disgust)
2	高兴(joy)
3	悲伤(sadness)

2. 构建转发网络

如上文研究设计所述,先构建用户交互网络,并对网络中节点主要情绪的分布进行观察。这里我们定义节点 i 的主要情绪为其所发微博中占比例最大的情绪。如书后彩图 1 所示,我们从 $T=30$ 的交互网络中抽取一个连通子图进行拓扑绘制,并根据节点主要情绪进行着色,愤怒为红色,高兴为绿色,悲伤为蓝色,厌恶为黑色。本案例使用 Gephi 工具进行拓扑图的绘制。彩图 1 中(a)为未着色时的网络结构,(b)为按主要情绪着色后的布局。可以明显看到,在对节点进行着色后,相同颜色的节点体现出清晰的聚集效应,这说明网络中相互连接的节点之间存在情绪相关性。不同颜色体现出不同的聚集性,这意味着不同情绪的相关性可能并不相同。

3. 计算距离为 h 的用户对

基于上述构建用户交互网络,这里计算用户两两之间的转发关系,发生一次转发,则两个用户之间的边权重增加 1。得到交互网络后,需计算距离为 h 的所有用户对,然后计算其情绪相关性。计算方法为广度优先搜索,使用 Python 代码实现,从距离为 1 向外扩展。这部分计算的输入是用户交互网络,输出为 distances 目录下的一系列用户对文件,具体参见 GitHub 仓库中的 cal_distance.py 文件。核心代码如下所示。

```
# 创建一系列保存特定距离用户对的文件
for distance in range(1, max_distance + 1):

# 计算结果输出到以下文件中
    distance_output_file_name = 'distances/threshold=%d_distance=%d.txt' % (weight_threshold, distance)
    distance_files[distance] = open(distance_output_file_name, 'w')

# 使用广度优先搜索发现特定距离的用户对并写入相应文件
for uid in graph:
    closer_uid_set = set()
    last_uid_set = set([uid])
    for distance in range(1, max_distance + 1):
        next_uid_set = set()
        for uid1 in last_uid_set:
            for uid2 in graph[uid1]:
                if uid2 != uid and uid2 not in closer_uid_set:
                    next_uid_set.add(uid2)
        for uid_next in next_uid_set:
            if uid < uid_next:
                distance_files[distance].write('%s\t%s\n' % (uid, uid_next))
        closer_uid_set.update(next_uid_set)
        last_uid_set = next_uid_set
# 关闭文件
for distance in range(1, max_distance + 1):
    distance_files[distance].close()
```

4. bootstrapping 方法

根据所有距离为 h 的用户对和距离为 h 的用户之间情绪 m 占比的两个

列表来计算相关系数,使用 bootstrapping 方法对两个列表进行重采样。采样使用 numpy 软件包。首先使用 choice 函数对下标进行有放回抽样,然后根据抽样所得下标得到采样后的两个列表,具体参见 GitHub 仓库中的 correlation.py 文件。核心代码如下所示。

```
# 引入 numpy 计算库
import numpy as np

# 列表长度预处理,判断量列表长度是否相等
if len(S_raw) != len(T_raw):
    return -1
N = len(S_raw)

# 从长度为 N 的序列中随机采样,先对下标采样
# 然后取出两个序列中对应位置的数值构建采样后序列
label_list = np.random.choice(N, sample_num)
S, T = S_raw[label_list], T_raw[label_list]
```

5. 相关系数计算

使用 bootstrapping 方法采样后分别计算皮尔逊相关系数和斯皮尔曼等级相关系数,重复 1 000 次得到均值和标准差。这里使用 scipy 和 numpy 软件包进行计算,核心代码如下所示(完整代码参见 GitHub 仓库中的 correlation.py 文件)。

```
# 引入 numpy 和 scipy 计算库
import numpy as np
import scipy.stats as scistat


# 重复 1 000 次 bootstrapping 计算
```

```
result_l = []
for i in range(1000):
    S, T = bootstrapping(S_raw, T_raw, sample_strategy)
    corr_simi = 0
    # 根据输入参数分别计算皮尔逊相关系数或斯皮尔曼等级相关系数
    if _type = = "Pearson":
        corr_simi = scistat.pearsonr(S, T)[0]
    elif _type = = "Spearman":
        corr_simi = scistat.spearmanr(S, T)[0]
    result_l.append(corr_simi)

# 计算相关系数均值和标准差
avg, err = np.mean(result_l), np.std(result_l)
```

完成该步计算后可以得到四类情绪的相关系数,使用 matplotlib 包进行绘图。参见 GitHub 仓库中的 correlation.py 文件,代码如下所示。

```
# 引入 matplotlib 绘图库
import matplotlib.pyplot as plt

# 设置图片大小
plt.figure(figsize = (16, 7))
# 绘制第一个子图
plt.subplot(1, 2, 1)
# 读取绘图数据
corr_simis, corr_errs = read_file("results/Pearson.txt")
# 设置图片中用到的图例、marker 和颜色
legends = {0: 'Anger', 1: 'Disgust', 2: 'Joy', 3: 'Sadness'}
markers = ['o', 'D', 's', '^', 'c*—', 'mx—', 'yp—', 'g+—']
```

```python
colors = ['red', 'black', 'green', 'blue']
# 绘制四条带 errorbar 的曲线
for mood in range(4):
    x = sorted(corr_simis[mood].keys())
    y = [corr_simis[mood][distance] for distance in x]
    errs = [corr_errs[mood][distance] for distance in x]
    plt.errorbar(x, y, marker = markers[mood], label = legends[mood],
color = colors[mood], yerr = errs, linewidth = 2, capsize = 15,
markersize = 10, fillstyle = 'none', markeredgewidth = 2)

# 设置图片坐标轴、图例和标题
plt.xlabel('$h$', fontsize = 25)
plt.ylabel('$C_p$', fontsize = 25)
plt.xticks(fontsize = 15)
plt.yticks(fontsize = 15)
plt.legend(loc = 'best', fontsize = 25)
plt.title('(a) Pearson correlation', y = -0.2, fontsize = 25)
plt.xlim(0, 7)

# 绘制第二个子图
plt.subplot(1, 2, 2)
# 读取绘图数据
corr_simis, corr_errs = read_file("results/Spearman.txt")
# 绘制四条带 errorbar 的曲线
for mood in range(4):
    x = sorted(corr_simis[mood].keys())
    y = [corr_simis[mood][distance] for distance in x]
    errs = [corr_errs[mood][distance] for distance in x]
    plt.errorbar(x, y, marker = markers[mood], label = legends[mood],
color = colors[mood], yerr = errs, linewidth = 2, capsize = 15,
```

```
markersize = 10, fillstyle = 'none', markeredgewidth = 2)

# 设置图片坐标轴、图例和标题
plt.xlabel('$h$', fontsize = 25)
plt.ylabel('$C_s$', fontsize = 25)
plt.xticks(fontsize = 15)
plt.yticks(fontsize = 15)
plt.legend(loc = 'best', fontsize = 25)
plt.title('(b) Spearman correlation', y = -0.2, fontsize = 25)
plt.xlim(0, 7)

# 显示图片
plt.tight_layout()
plt.show()
```

最终结果如书后彩图 2 所示。(a)和(b)分别为皮尔逊相关系数和斯皮尔曼等级相关系数的计算结果。图中横轴 h 表示距离，纵轴表示相关性。两种相关性指标的计算结果均表明不同情绪的相关性不同，并且愤怒情绪的相关性显著高于其他情绪。此外，所有情绪相关性的标准差都特别小，这说明在线社交媒体中的情绪相关性确实存在且波动很小。此前的研究表明，在线社交网络中的高兴情绪具有一致性(Bollen et al.，2011)，然而，彩图 2 进一步证明愤怒情绪的相关程度在 $h<3$ 时远大于高兴情绪，而悲伤情绪和厌恶情绪的相关性在 h 较小时也都出乎意料地小。例如，悲伤情绪的相关性在 $h=1$ 时小于 0.15。同时，情绪相关性随着 h 的增加而显著下降，这一结论与此前的研究结果一致(Bliss et al.，2012)。事实上，当 $h>3$ 时，所有情绪的相关性均变得很弱。例如，对于强相关的情绪愤怒和高兴，其相关性在 $h>3$ 后也仅仅在 0 左右波动。这说明社交网络中的情绪相关性仅在社交距离较小时才有意义，社交距离超过 3 的用户在所有情绪中均无明显的相关性。

6. 随机打散

为了进一步证实上述结论，本案例将两个序列随机打散后再计算相关性。这里省去 bootstrapping 的步骤，直接计算打散后的两个序列的相关性。使用 numpy 软件包进行序列打散操作，核心代码如下所示（完整代码参见 GitHub 仓库中的 random_corr.py 文件）。

```
# 引入 numpy 计算库
import numpy as np

# 将 S 和 T 两个序列随机打散
S = np.array(S)
T = np.array(T)
np.random.shuffle(S)
np.random.shuffle(T)
```

随机打散并计算相关性后画图，将以上画图代码稍加修改即可，结果如书后彩图 3 所示。对于随机打散后的序列，所有四类情绪的相关性均极小。这证实之前得到的相关性结果确实有意义，而网络中的随机用户对之间没有情绪的同质性，同时，也进一步证明紧密连接的用户通过社交关系分享相似的情绪状态。

7. 连接强度与情绪相关性的关系

为了研究连接强度与情绪相关性的关系，本案例根据不同强度阈值生成网络，并分别计算距离小于 4 的用户对的情绪相关性，结果如书后彩图 4 所示。随着 T 的增长，所有四类情绪在 $h=1$ 和 $h=2$ 时的相关系数都有一个持续且稳定的增长。特别是，愤怒情绪的皮尔逊相关系数在 $h=1$、$T=80$ 时增加到 0.5 左右。对于相关性较弱的厌恶情绪和悲伤情绪，它们的皮尔逊相关系数在 $h=1$ 和 $h=2$ 时随 T 增加而有较为缓慢的增长，但最大值仍然低于 0.25。当 $h=3$ 时，所有四类情绪的相关性均不随 T 增加而有明显增长。这种相对缓慢的增长说明，影响情绪相关性的首要因素仍是社交距离，社交连接的强度仅仅对于两跳以内的用户，即有较为紧密社交关系的用户，有一些影响。

8. 节点度、聚集系数与情绪相关性的关系

本案例使用 networkx 软件包进行节点度和聚集系数的计算，核心代码如下所示（完整代码参见 GitHub 仓库中的 node_properties.py）。

```
# 引入 networkx 网络库
import networkx as nx

# 通过数据文件 10_graph.txt 创建 networkx 网络
def create_nx_graph():
    graph = nx.Graph()
    with open('10_graph.txt') as f:
        for line in f:
            uid1, uid2, weight, mood_list = line.strip().split('\t')
            uid1, uid2 = int(uid1), int(uid2)
            graph.add_node(uid1)
            graph.add_edge(uid1, uid2)
    return graph

# 得到网络并使用 networkx 库计算度和聚集系数
graph = create_nx_graph()
degrees = nx.degree(graph)
clusterings = nx.clustering(graph)
```

得到节点度和聚集系数后,计算特定的度和聚集系数下的用户与其邻居的情绪相关性,结果如书后彩图 5 和书后彩图 6 所示。情绪相关性随 k 增大而增长,这一规律在愤怒情绪和高兴情绪中表现得更为明显,这说明在线社交媒体中度大的用户与其邻居有较大的情绪相关性。换言之,社交媒体中朋友更多的用户往往与其邻居有更强的情绪相关性。当度较小时,愤怒情绪和高兴情绪的相关性数值几乎相同,但随着 k 增大,愤怒情绪的相关系数增长较快,与高兴情绪的相关系数逐渐拉开差距。当 k 增长到 30 时,愤怒情绪的相关性几乎增长至 0.85。悲伤情绪和厌恶情绪的相关系数并未随着 k 增大而增长,其数值只是在 0.2 左右波动。值得注意的是,由于网络规模较小,这里计算的最大的度为 30,这一数值远低于邓巴数字(Zhao et al., 2014)。由于用户只能与有限数量的好友进行交互,因此推测相关性的增长可能会在度大于邓巴数字后停止。

聚集系数表示某节点的邻居节点的聚集程度。聚集系数与情绪相关性结果如书后彩图 6 所示。这里仍然只计算皮尔逊相关系数。由于聚集系数为连续值，因此使用线性分箱（binning）绘图。从图中可以看出，愤怒情绪和高兴情绪的相关性随着聚集系数的增加而缓慢增长，而厌恶情绪和悲伤情绪的相关性有所波动，但并无明显增长或减弱的规律。同时，愤怒情绪的相关性仍然高于高兴情绪。然而，与节点度的情形不同之处在于，愤怒情绪和高兴情绪的相关性随聚集系数增加仍然有较大波动。以上结果说明，当一个节点的邻居节点连接更紧密时，节点与其邻居节点的情绪相关性略有增强。

六、案例小结

近年来，在线社交网络兴起，逐渐成为人们获取信息和发布消息的重要途径，从而深刻地影响着人们的生活。在线社交媒体中，情绪伴随着信息在大规模用户中扩散，在很多公共事件中起到至关重要的作用。因此，研究用户情绪的传播规律对于分析网络舆论有十分重要的应用价值。

本章案例采用四类情感分类器，将新浪微博文本分为愤怒、厌恶、高兴和悲伤四类情绪。在此基础上，从有交互关系的用户之间的情绪相关性入手，研究四类情绪的影响力。研究发现，愤怒情绪和高兴情绪为强相关情绪，其中，愤怒情绪的影响力最强。同时，网络局部结构对情绪相关性有一定影响，但影响情绪相关性的主要因素仍然是情绪类型和社交距离。此外，从近年来的一些社会事件中确实发现愤怒情绪广泛传播，愤怒情绪在事件发展中起到重要的推动作用。因此，如何疏导负面情绪，提高社会治理能力，促进社会和谐，以免造成巨大的负面影响，值得引起高度重视。

传统的情绪相关研究往往将情绪分为正负两类，这种分法较为简单，准确率较高，但忽视了情绪的诸多细节。本章案例得出的结果显示，多种负面情绪（如愤怒、悲伤等）的影响力有很大差别。因此，在后续研究中，研究者应当更多关注细分情绪，力求把握细分情绪的不同性质。此外，人们情绪的相互影响发生在大规模社交网络中。本章案例揭示，网络结构（如度、聚集系数、连接强度等）对情绪影响力有不同程度的影响。因此，在后续情绪影响力或情绪传播相关研究中，研究者应当关注网络性质的影响。例如，传统社会学理论认为弱连接往往对信息传播起到很重要的作用，研究者应当关注这些经典理论在线上网络中的作用。在线社交媒体(如微博)具有一些特有的属性。例如,微博中的关注机制使在线社交网络中存在大量单向连接,形成有向网络;微博中的转发、评论等机制也可能对信息或情绪传播有较为重要的影响。本章案例采用转发关系来构建用户交互网络,研究者也应当对研究对象的性质有所关注。

本章案例也有一些不足之处。例如,数据局限于微博,未考虑其他社交媒体,包括英文在线社交网络,如 Twitter 等。不同的在线社交媒体具有不同的属性,甚至用户具有不同的文化背景,可能导致情绪传播有所不同。此外,本章案例也未包含用户的年龄、性别等因素,而不同特征的用户在情绪表达和影响方面应当也有差别。

计算文本情绪也可以通过一些开源工具(如 SnowNLP)或者人工智能云服务 API(如百度 AI 开放平台)来实现。近年来,随着信息通信技术的不断发展,短视频、直播等多媒体应用正在重塑互联网社交形态,催生了新的舆论内容形式与多情景传播渠道。因此,网络舆论中的情感分析有必要建立面向文本、图片、音频及视频等多模态数据的新方法。以深度学习为代表的人工智能新进展为利用这些多模态数据进行网络舆论的情感分析提供了新的技术途径。例如,预训练模型 BERT 可用于文本嵌入表征,ResNet 可用于图片特征提取,AffectNet 可用于脸部表情的判断,VGGSound 可用于视频特征提取,DeepSpeech 可用于人声音频处理。感兴趣的读者可以对这些技术加以了解。

七、参考文献

Aoki, S., & Uchida, O. (2011). A method for automatically generating the emotional vectors of emoticons using weblog articles. *Proceedings of the 10th WSEAS International Conference on Applied Computer and Applied Computational Science* (pp. 132-136).

Arnold, M. B. (1960). *Emotion and personality* (Vol. 1): *Psychological aspects*. New York: Columbia University Press.

Bliss, C. A., Kloumann, I. M., Harris, K. D., Danforth, C. M., & Dodds, P. S. (2012) Twitter reciprocal reply networks exhibit assortativity with respect to happiness. *Journal of Computational Science*, 3(5), 388-397.

Bollen, J., Goncalves, B., Ruan, G, & Mao, H. (2011). Happiness is assortative in online social networks, *Artificial Life*, 17(3), 237-251.

Brader, T., Marcus, George E. & Miller, Kristyn L. (2011). Emotion and public opinion. In Shapiro, R. Y., & Jacobs, L. R. (Eds.), *The Oxford handbook of American public opinion and the media*. Oxford: Oxford University Press.

Bradley, M. M., & Lang, P. J. (1994). Measuring emotion: The self-assessment manikin and the semantic differential. *Journal of Behavior Therapy and Experimental Psychiatry*, 25(1), 49-59.

Brady, W. J., Wills, J. A., Jost, J. T., et al. (2017). Emotion shapes the diffusion of moralized content in social networks. *Proceedings of the National Academy of Sciences*, 114(28), 7313-7318.

Chmiel, A., Sobkowicz, P., Sienkiewicz, J., Paltoglou, G., Buckley, K., Thelwall, M., & Holyst, J. A. (2011). Negative emotions boost user activity at BBC forum, *Physica A: Statistical Mechanics and its Applications*, 390(16), 2936-2944.

Chuai, Y., & Zhao, J. (2020). Anger makes fake news viral online. arXiv: 2004.10399.

Coviello, L., Sohn, Y., Kramer, A. D. I., Marlow, C., Franceschetti, M., Christakis, N. A., & Fowler, J. H. (2014). Detecting emotional contagion in massive social networks. *PLoS ONE*, 9(3), e90315.

Dodds, P. S., & Danforth, C. M. (2010). Measuring the happiness of large-scale written expression: Songs, blogs, and presidents. *Journal of Happiness Studies*, 11(4), 441-456.

Dodds, P. S., Harris, K. D., Kloumann, I. M., Bliss, C. A., & Danforth, C. M. (2011). Temporal patterns of happiness and information in a global social network: Hedonometrics and Twitter, *PLoS ONE*, 6(12), e26752.

Du, S., Tao, Y., & Martinez, A. M. (2014). Compound facial expressions of emotion. *Proceedings of the National Academy of Sciences*, 111(15), E1454-E1462.

Ekman, P. (1992). An argument for basic emotions. *Cognition & Emotion*, 6(3-4), 169-200.

Ferrara, E., & Yang, Z. (2015). Measuring emotional contagion in social media. *PLoS ONE*, 10(11), e0142390.

Fan, R., Zhao, J., Chen, Y., & Xu, K. (2014). Anger is more influential than joy: Sentiment correlation in Weibo. *PLoS One*, 9(10), 1-8.

Fan, R., Xu, K., & Zhao, J. (2020). Weak ties strengthen anger contagion in social media. arXiv: 2005.01924.

Go, A., Bhayani, R., & Huang, L. (2009). Twitter sentiment classification using distant supervision. *CS224N Project Report*, Stanford, 12.

Goldenberg, A., & Gross, J. J. (2020). Digital emotion contagion. *Trends in Cognitive Sciences*, 24(4), 316-328.

Golder, S. A., & Macy, M. W. (2011). Diurnal and seasonal mood vary with work, sleep, and daylength across diverse cultures, *Science*, 333(6051), 1878-1881.

Granovetter, M. S. (1973). The strength of weak ties. *American Journal of Sociology*, 78(6), 1360-1380.

Hosany, S., Martin, D., & Woodside, A. G. (2020). Emotions in tourism: Theoretical designs, measurements, analytics, and interpretations. *Journal of Travel Research*, doi: 10.1177/0047287520937079.

Hutto, C. J., & Gilbert, E. (2014). Vader: A parsimonious rule-based model for sentiment analysis of social media text, *Proceedings of Eighth International AAAI Conference on Weblogs and Social Media*.

Izard, C. E. (1993). Four systems for emotion activation: Cognitive and noncognitive processes. *Psychological Review*, 100(1), 68-90.

Kramer, A. D. I., Guillory, J. E., & Hancock J. T. (2014). Experimental evidence of massive-scale emotional contagion through social networks. *Proceedings of the National Academy of Sciences*, 111(24), 8788-8790.

Lazarus, R. S. (1991). Progress on a cognitive-motivational-relational theory of emotion. *American Psychologist*, 46(8), 819-834.

Lazer, D., Pentland, A., Adamic, L., et al. (2009). Computational social science. *Science*, 323(5915), 721-723.

Lerner, J. S., & Keltner, D. (2000). Beyond valence: Toward a model of emotion-specific influences on judgement and choice. *Cognition and Emotion*, 14(4), 473-493.

Liben-Nowell, D., & Kleinberg, J. (2003). The link prediction problem for social networks, *Proceedings of the Twelfth International Conference on Information and Knowledge Management* (pp. 556-559).

Liu, B. (2010). Sentiment analysis and subjectivity. In Indurkhya, N., & Damerau, F. J. (Eds.), *Handbook of Natural Language Processing, Second Edition*. Boca Raton: CRC Press.

Manning, C. D., & Schütze, H. (1999). *Foundations of statistical natural language processing*, Cambridge, MA: MIT Press.

Marcus, G. E., Neuman, W. R., & MacKuen, M. (2000). *Affective intelligence and political judgment*. Chicago: University of Chicago Press.

Miller, M., Lynn, S., & James, M. C. (2001). Birds of a feather: Homophily in social networks, *Annual Review of Sociology*, 27(1), 415-444.

Mirsamadi, S., Barsoum, E., & Zhang C. (2017). Automatic speech emotion recognition using recurrent neural networks with local attention. 2017 IEEE International Conference on Acoustics, Speech and Signal Processing (pp. 2227-2231).

Mislove, A., Marcon, M., Gummadi, K. P., Druschel, P., & Bhattacharjee, B. (2007). Measurement and analysis of online social networks, *Proceedings of the 7th ACM SIGCOMM Conference on Internet Measurement* (pp. 29-42).

Nigam, K., Lafferty, J., & McCallum, A. (1999). Using maximum entropy for text classification. *IJCAI - 99 Workshop on Machine Learning for Information Filtering* (pp. 61-67).

Onnela, J. P., Saramäki, J., Hyvönen, J., et al (2007). Structure and tie strengths in mobile communication networks. *Proceedings of the National Academy of Sciences*, 104(18), 7332-7336.

Ortis, A., Farinella, G. M., & Battiato, S. (2020). Survey on visual sentiment analysis. *IET Image Processing*, 14(8), 1440-1456.

Pang, B., Lee, L., & Vaithyanathan, S. (2002). Thumbs up? Sentiment classification using machine learning techniques. *Proceedings of the Conference on Empirical Methods in Natural Language Processing* (pp. 79-86).

Parikh, R., & Movassate, M. (2009). Sentiment analysis of user-generated Twitter updates using various classification techniques. *Final Report CS224N* (pp. 1-18).

Plutchik, R. (2000). *Emotions in the practice of psychotherapy: Clinical implications of affect theories*. Washington, DC: American Psychological Association.

Read, J. (2005). Using emoticons to reduce dependency in machine learning techniques for sentiment classification. *Proceedings of the ACL Student Research Workshop* (pp. 43-48).

Roseman, I. J. (1984). Cognitive determinants of emotion: A structural theory. *Review of Personality & Social Psychology*, 5, 11-36.

Roseman, I. J., Martin, S., & Jose, P. E. (1990). Appraisals of emotion-eliciting events: Testing a theory of discrete emotions. *Journal of Personality and Social Psychology*, 59(5), 899-915.

Russell, J. A. (1980). A circumplex model of affect. *Journal of Personality and Social Psychology*, 39(6), 1161-1178.

Ruth, J. A., Brunel, F. F., & Otnes, C. C. (2002). Linking thoughts to feelings: Investigating cognitive appraisals and consumption emotions in a mixed-emotions context. *Journal of the Academy of Marketing Science*, 30(1), 44-58.

Sauter, D. A., Eisner, F., Ekman, P., & Scott, S. K. (2010). Cross-cultural recognition of basic emotions through nonverbal emotional vocalizations. *Proceedings of the National Academy of Sciences*, 107(6), 2408-2412.

Scherer, K. R. (2005). What are emotions? And how can they be measured? *Social Science Information*, 44(4), 695-729.

Thelwall, M., Buckley, K., Paltoglou, G., Cai, D., & Kappas, A. (2010). Sentiment in short strength detection informal text, *Journal of the American Society for Information Science and Technology*. 61(12), 2544-2558.

Thelwall, M., Buckley, K., & Paltoglou, G. (2012). Sentiment strength detection for the social web. *Journal of the American Society for Information Science and Technology*, 63(1), 163-173.

Valenza, G., Citi, L., Lanatá, A., Scilingo, E. P., & Barbieri, R. (2014). Revealing real-time emotional responses: A personalized assessment based on heartbeat dynamics. *Scientific Reports*, 4, 4998.

Vosoughi, S., Roy, D., & Aral, S. (2018). The spread of true and false news online. *Science*, 359(6380), 1146-1151.

Watson, D., Clark, L. A., Tellegen A. (1988). Development and validation of brief measures of positive and negative affect: The PANAS scales. *Journal of Personality and Social Psychology*, 54(6), 1063-1070.

Yu, S., Eisenman, D., & Han, Z. (2021). Temporal dynamics of public emotions during the COVID-19 pandemic at the epicenter of the outbreak: Sentiment analysis of Weibo posts from Wuhan. *Journal of Medical Internet Research*, 23(3), e27078.

Zhang, L., Wang, S., & Liu, B. (2018). Deep learning for sentiment analysis: A survey. *Wiley Interdisciplinary Reviews: Data Mining and Knowledge Discovery*, 8(4), e1253.

Zhao, Z., Zhao, J., Sano, Y., Levy, O., Takayasu, H., Takayasu, M., Li, D., Wu, J., & Havlin, S. (2020). Fake news propagates differently from real news even at early stages of spreading. *EPJ Data Science*, 9(1), 1-14.

Zhou, Z., Xu, K., & Zhao, J. (2018). Tales of emotion and stock in China: Volatility, causality and prediction. *World Wide Web*, 21(4), 1093-1116.

Zhao, J., Wu, J., Liu, G., Tao, D., Xu, K., & Liu, C. (2014). Being rational or aggressive? A revisit to Dunbar's number in online social networks. *Neurocomputing*, 142, 343-353.

Zhao, J., Dong, L., Wu, J., & Xu, K. (2012). MoodLens: An emoticon-based sentiment analysis system for Chinese tweets. *Proceedings of the 18th ACM SIGKDD International Conference on Knowledge Discovery and Data Mining*(KDD).

八、延伸阅读

[1] 今井耕介(2020). 量化社会科学导论. 祖梓文,徐轶青译. 上海：上海财经大学出版社.

该书主要面向经济学、社会学、公共政策、数据科学等相关领域的本科生和研究生,通过实证分析方法展示如何运用R语言分析数据并阐释结果。该书提供了大量已有的社会科学量化研究示例,使得读者能够进一步了解如何通过数据分析和解释来研究社会科学相关问题。

[2] 安德里亚斯·穆勒,莎拉·吉多(2018). Python机器学习基础教程. 张亮译. 北京：人民邮电出版社.

该书用Python语言对机器学习做了入门式的介绍与展示。在介绍各类机器学习相关算法的基础上,通过代码示例,系统演示Python实现机器学习模型的相关库及其一般使用。初学者通过这本书能够迅速掌握经典机器学习模型在不同数据类型上的常见应用。

[3] 周志华(2016). 机器学习. 北京：清华大学出版社.

该书作者长期从事人工智能、机器学习方面的研究,是中国该领域的领军人物。该书几乎涵盖机器学习领域各方面的基础知识。作者用浅显易懂的语言讲解机器学习方面的概念和算法,并且结合大量实例帮助读者理解。该书适合作为机器学习领域的入门教材。

[4] Jieba分词：https://github.com/fxsjy/jieba

Jieba分词是著名的中文分词工具,使用简便,分词准确率高。它支持四种分词模式,可自定义词典,结合Python语言使用十分便捷。

九、数据代码

完整代码见GitHub链接：https://github.com/buaafanrui/angerInfluence

十、思维导图

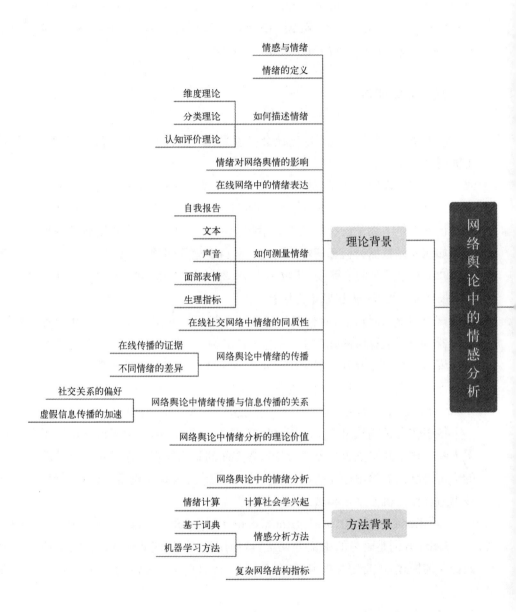

第五章 网络舆论中的情感分析

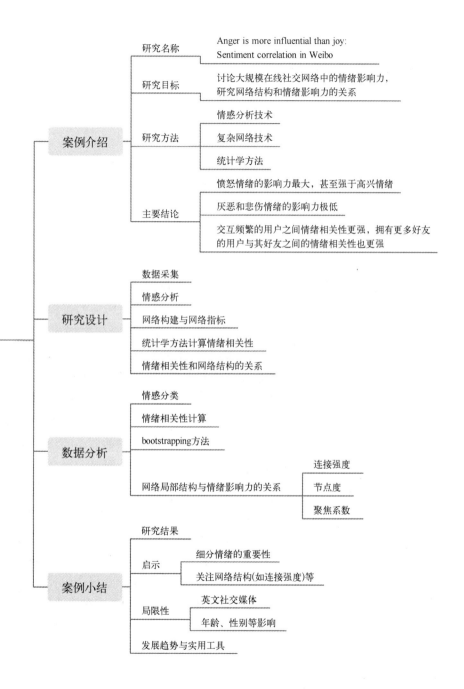

第六章

网络舆论中的信息扩散：结构性扩散度[*]

一、理论背景

1. 信息扩散的理论背景

在舆论研究中，信息扩散是形塑公共议题、引发公众关注、激发公共讨论的基础。首先，公共议题的形成过程本质上是信息传播的过程。信息扩散渠道、信息扩散结构、信息传播速率与信息内容特征交互影响，决定了信息传播到达受众的人群特征。其次，信息扩散的过程伴随着新的舆论内容产生。宏观的信息内容特征决定了舆论的意见气候。综上所述，信息扩散在舆论的生成与发酵过程中具有至关重要的作用。

传播学理论探究了舆论研究中信息扩散的理论模型，并产生了大量有价值的研究理论和方法。本章通过简要介绍信息扩散研究中的代表性理论（如5W模型、两级传播模型与阈值模型），来理解信息扩散在舆论研究中的理论谱系及其重要位置。

1948年，美国传播学者拉斯韦尔发表了《社会传播的结构与功能》一文。在这篇文章中，拉斯韦尔明确提出传播过程及其五个基本构成要素，即谁（who）、说什么（what）、通过什么渠道（in which channel）、对谁说（to whom）、取得什么效果（with what effect）。这就是大众媒介时代信息传播的5W模式。5W模式勾勒出信息经过媒体在社会中扩散的基本流程。

拉扎斯菲尔德等人进一步提出大众媒介时代信息扩散的两级传播模式。他们通过调查发现，信息从大众媒介传到受众有两个阶段：从大众媒

---

[*] 本章作者为张伦、张子恒。

介到意见领袖阶段，从意见领袖到社会大众阶段。研究发现，在总统选举中，选民们政治倾向的改变很少直接受大众传媒的影响，人与人直接的面对面交流对他们政治态度的形成和转变更为关键。通常有关信息和想法都是首先从某一个信息源（如某一个候选人）那里通过大众媒介到达意见领袖，然后通过意见领袖把信息传播给社会大众。

上述信息扩散研究的代表性理论皆在大众传播时代被提出，近年来相继被应用于社交媒体信息扩散研究。社交媒体的技术变革使得用户的信息扩散行为变得可追溯，并且在一定程度上挣脱了时间和空间的桎梏。基于社交媒体的信息扩散研究呈现出一些新特点，表现为在线信息扩散研究进一步模型化、精确化。经典理论中的关键概念得到进一步发展和应用，影响信息扩散效果的因素被提出，比如信息传播中的关键节点（意见领袖）、信息自身特征的进一步刻画等。

在社交媒体时代，信息传播路径可被精确追溯。从这个角度而言，对于两级传播理论在新的媒介技术和媒介环境中的探讨，目的之一是探究信息扩散是否还遵循经由意见领袖到达大众的路径，以及是否出现了新的信息扩散方式。吴等（Wu et al.，2011）的一项针对 Twitter 的在线社交媒体信息扩散研究也支持两级传播模式，即来源于大众媒介的信息间接地通过意见领袖组成的扩散中介层传播给一般民众。这些意见领袖之间的连通性很高，而且相对于他们的粉丝，意见领袖在更大程度上暴露于大众传媒下。除 Twitter 外，在众多社交媒体中，Digg、Reddit 等社会新闻网站（social news website）也是很好的研究对象。王和祝（Wang & Zhu，2019）对 Digg 的研究发现，通过协同过滤（collaborative filtering），这种社会化计算的方式产生了集体把关（collective gatekeeping）现象。在新闻扩散过程中，集体把关主导了超过 59% 的信息渠道，人际网络渠道占 23%，而最近新闻网页占 18%。他们的发现拓展了把关人理论在公民新闻（civic journalism）研究中的应用。

此外，由于社交媒体的信息扩散传播方式发生了变化，在线信息传播成本变低，信息扩散研究因而更关注信息扩散过程的整体性和结构性。在行为模式层面，阈值模型（threshold model）探究了用户参与集体行为的阈值概率（Granovetter，1978）。例如，既往研究用在线社交网络的结构与媒介信息作为自变量，解释了用户参与社会运动（在线或线下）的概率（Wiedermann，Smith，Heitzig，& Donges，2020）。伍德和多恩（Wood &

Doan,2003)利用阈值模型探究了社交媒体对性骚扰议题的定义及其传播规模。具体而言,该研究先探究了如何定义社会问题。对社会问题的定义取决于社会个体对该社会问题的接受程度。研究通过每个个体对社会问题的认同程度来预测其他人的接受程度。阈值模型发现,性骚扰议题的传播过程是非线性的。当社会个体对社会问题的认同超过某个阈值,则会改变整个社会对该社会问题的界定。研究发现,有关提名克拉伦斯·托马斯(Clarence Thomas)任美国最高法院大法官的听证会对性骚扰的相关讨论永久地改变了公众对性骚扰的容忍度。

2. 信息扩散的测量方式

对于信息扩散过程的量化,其中一个重要方面是对信息扩散结果的测量。大众传播时代的信息扩散研究,往往指用户接触媒介之后的信息知晓、态度改变和传播行为(knowledge-attitude-behavior,简称 KAP)。

信息知晓指处于信息扩散参与者中的个体对信息的知晓程度。例如,议程设置理论认为,大众媒介中对于公共议题的报道数量,与受众心目中所认知的重要议题有显著相关性。大众媒介对公共议题的报道越多,公众认为议题的重要性排序越靠前。

在态度改变层面,框架理论(framing theory)探究了媒体通过改变对新闻事件的报道角度,来影响受众对于新闻事件的态度(Sheufele,1999)。该理论认为,框架是人们解释外在世界的心理基模。框架是用来了解、指认及界定行事经验的基础。大众媒介新闻机构通过对新闻事件进行报道,设定报道框架,从而提供事件的组织方式,为受众理解社会事件提供基本参考框架,从而改变受众对事件的态度。例如,周和莫伊(Zhou & Moy,2007)对人民网强国论坛和新闻报道中关于 2003 年"哈尔滨宝马车撞人案"进行内容分析。研究发现,在强国论坛帖子中,用户对该事件的讨论存在框架转换:在事件发展的第一阶段,用户的讨论侧重于对该事件的定性(problem definition)和道德评判(moral evaluation);在事件发展的第二阶段,用户的讨论则倾向于对事件起因的探讨(causal interpretation);而到事件发展的第三阶段和第四阶段,帖子大多倾向于对解决方案的探讨(treatment recommendation)。该研究检验了舆论在不同媒介平台扩散过程中的态度差别。

社交媒体的点击行为本身就是信息扩散的行为层面的直接测量。社交媒体平台对在线用户行为数据的精确和非侵入性（unobstrusive）记录，使得研究者能够精确获得个体信息扩散行为的时间标签，进而进行扩散规模、时序、结构等层面的分析（Meng et al.，2018）。

在大众传播时代，对于信息扩散的认知—态度—行为的传播扩散测量方式存在几个缺陷。第一，认知、态度与行为侧重于测量个体的信息扩散效果，忽略了一条信息的整体扩散特征。第二，信息扩散往往将信息传播视为广播式一次性传播，很大程度上忽略了信息扩散过程和信息扩散结构。在社交媒体时代，由于信息传播路径具有可追溯性，研究者可以经验性地探究信息扩散的结构与过程，在时间、规模及传播层次等层面进行量化和探究。

基于在线社交媒体信息扩散效果的测量在行为层面（参与信息）的概念化与测量上增加了多个维度，比如信息的传播广度、深度、时效性、结构性维度等。这些新的测量维度进一步丰富了对信息扩散的测量。例如，孟等（Meng et al.，2018）的研究探究了信息特征和信息传播者结构特征对于信息传播广度和结构性扩散度的影响。

二、方法背景

1. 社交媒体信息扩散效果的基本评估方法

近年来，信息传播领域针对信息传播效果进行了诸多探讨。基于社交媒体，对信息传播效果的测量可以从绝对数量（quantity）、时效（timeliness）和结构（structure）三个维度分别进行操作化定义（Zhang & Peng，2015）。

从数量维度，一般用信息的传播广度来进行测量（Zhang et al.，2014）。在早期以微博为代表的社交媒体信息传播研究中，传播广度是被广泛采纳的传播效果测量指标。传播广度测量的是一条信息自信源或者媒体发布开始，在固定时间段内传播到的受众总数。在大众传播时代，由于信息扩散过程无法追踪，一般无法准确评估信息的传播广度。在社交媒体时代，信息传播广度往往根据信息被点赞、转发或评论的次数来进行测量。近年来，传播广度作为信息扩散的量化方法得到广泛应用，原因或许有二。其一，信息传播广度对于数据爬取的难度不大，往往只爬取"转发"、"点赞"或"评论"等字段即可。其二，信息的传播规模是对信息扩散效果的直接测量，在理论和概念上更加直接明了。

从传播时效维度,研究者可以用信息的传播速度来进行量化。在概念上,传播速度指信息扩散的单位时间长度,即在多长时间内信息得到有效传播。然而,信息扩散的传播速度尚未形成统一的操作化定义,争论的焦点在于如何量化"信息的有效传播"。目前,对于信息的传播速度,大体有三种操作化定义方式:① 信息发布与第一次被转发的时间间隔;② 信息发布与传播时间曲线拐点的时间间隔;③ 信息发布与最后一次被转发的时间间隔(该定义往往还涉及对截止时间的定义)。相比于传播广度,传播时效对于数据爬取的难度有所增加。研究者需要获知信息的发布时间与信息不同传播阶段的时间戳。这往往需要研究者获取该信息每一次被转发/点赞/评论的时间信息。对于突发公共事件(如公共卫生事件、谣言)等具有时效性的舆论信息,传播速度是衡量信息扩散效果不可或缺的指标之一。

既往研究对于探讨社交媒体不同维度信息扩散效果的评估存在一定的弊端。在社交媒体中,信息扩散区别于传统的线下信息扩散的重要特征是对传播结构的量化。第一,信息传播广度忽视了社交媒体的结构性优势(Goel et al., 2016)。传播范围测量的依然是信息的广播式传播效果,这与大众传播时代的信息扩散方式无异。而社交媒体嵌入了用户社会关系,使得信息能够沿着用户的社交网络进行在线病毒式传播,或称在线口耳相传播。传播广度无法有效测量信息的病毒式传播程度。第二,既往研究发现,信息传播广度具有高度不平均的特征。例如,一项对 Flickr 的研究发现,在该社交网络中,大部分图片(1 000 万)信息只得到不多于 10 次传播,只有很小一部分信息($n = 252\ 126$)能够得到上千次传播(Cha et al., 2009)。这种幂律分布特征使得传播广度这个测量指标缺乏区分度。综上所述,社交媒体的信息传播效果需要一个以刻画传播结构为目标的指标,并且能够应用于不同类型的社交媒体平台。这个新的指标能够弥补对不同类别信息的扩散效果的刻画。对不同类别的信息,研究者探究其传播效果的侧重维度不同。例如,对于健康议题信息,其结构性扩散效果和时效性更为重要;信息传播速度对于公共卫生管理部门做出有效的危机干预措施有着重要的决策意义;对于在线营销类信息,其传播广度更为营销实践者所重视。

2. 结构性扩散度

结构性扩散度(structural virality)指一条信息的传播路径倾向于代际传播的程度。一条信息的传播路径可以表示为信息扩散树(如图 6.4 所示)。直接传播(如转发行为)原发信息的节点,位于信息扩散树的第二层;转发第二层信息的节点,位于信息扩散树的第三层;以此类推。根据信息扩散树,研究者可以计算信息扩散的传播深度(信息的扩散经过多少层)。同时,信息扩散树还可以计算每层信息被转发的平均次数,即结构性扩散度。

具体而言,一条具有 n 个信息节点的扩散路径(diffusion tree)T,其结构性扩散度为任意两个节点 i,j 间的平均路径距离(Goel et al.,2016)。$V(T)$ 是结构性扩散度的连续性度量。该值越大,表明代际传播越深;该值越小,表明信息传播倾向于广播式传播。

$$V(T) = \frac{1}{n(n-1)} \sum_{i=1}^{n} \sum_{j=1}^{n} d_{ij} \tag{6-1}$$

结构性扩散度概念旨在测量信息在社交媒体中传播的结构性特征,即信息传播经过的层级及不同层级间信息扩散次数的差异性。从社会网络的角度而言,结构性扩散度测量的是一条信息所能经过的异质性人群的程度,在一定程度上反映了该条信息激发产生新的对话的能力(Huffaker,2010)。结构性扩散度越大,该信息越有可能在全网络范围传播;相反,结构性扩散度越小,说明该信息只能在某一局部网络(往往是同质性小圈子)中传播(Cha,Haddadi,Benevenuto,& Gummadi,2010)。

社交媒体信息扩散效果相关概念及测量方法比较如表 6.1 所示。

表 6.1 社交媒体信息扩散效果相关概念及测量方法

概　念	定　义	测　量　方　法
传播广度	一条信息自信源或者媒体发布开始,在固定时间段内传播到的受众总数	"转发"、"点赞"或"评论"等
传播速度	信息扩散的单位时间长度,即在多长时间内信息得到有效传播	信息发布与第一次被转发的时间间隔;信息发布与传播时间曲线拐点的时间间隔;信息发布与最后一次被转发的时间间隔
传播深度	一条信息的扩散经过多少层级	计算一条信息扩散树的总层级数量
结构性扩散度	一条信息的传播路径倾向于代际传播的程度	计算信息扩散树的 $V(T)$ 值

三、案例介绍

本章采用的案例为:

张伦,胥琳佳,易妍(2016).在线社交媒体信息传播效果的结构性扩散度.现代传播(中国传媒大学学报),8,130-135.

本案例介绍了结构性扩散度这一能充分反映在线信息传播特征的传播效果指标,并系统性总结和比较社交媒体信息扩散的测量指标之间的差异,即结构性扩散度的分布特征、结构性扩散度与其他传播效果测量方式的相关性/差异性、结构性扩散度的影响因素。

本案例通过爬取微博中与禽流感相关的信息,来探究社交媒体(微博)中信息扩散的结构特征。信息传播结构性扩散度意味着该条信息所能够到达的异质性人群。换言之,该指标测量的是信息的结构性渗透能力。马尔科姆·格拉德威尔(Malcolm Gladwell)提出的"引爆点"假说认为,一条信息能否得到病毒式扩散,取决于诸多条件(Gladwell,2006):一是信息本身的特点,格拉德威尔将其称为"附着力法则"(The Stickiness Factor),即信息本身具有能够吸引受众的内容特点;二是参与转发信息的传播者特点,格拉德威尔将其称为"个别人物法则"(the law of few)。格拉德威尔认为,信息的成功扩散很大程度上取决于参与传播进程的具有社交天赋(social gift)的人。这些人往往扮演着社会网络中连接者(connectors)、内行(mavens)和推销员(salesman)的角色。连接者往往是占据信息传播网络中结构洞位置的个体,能够连接处于不同领域、不同社交圈子的用户。内行指信息专家(information specialists),能够获得最新的信息。推销员则指具有协商和说服能力的人,能够试图说服他人接受信息。

基于"引爆点"假说,本案例引入"信息发布者的结构特征及行为特征"、"原发微博内容特征"、"信息传播者的结构特征及行为特征",对格拉德威尔的"附着力法则"和"个别人物法则"进行概念化与操作化,从经验性角度验证这一假说的可证伪性,并探索影响一条信息的结构性扩散度的主要因素。

四、研究设计

为了检验上述研究问题,一个理想的数据需要同时具备两个条件:第一,完整的传播链条(diffusion cascades),即能够知道每一条信息所经过的转发路径;第二,数据需要包含原发信息的内容特征和发布者特征。

基于此,本研究主要采用新浪微博较高权限的 API 获取数据,抓取了 2013 年全年微博中带有"禽流感"关键词的帖子,帖子总数 708 171,评论总数 948 597,转发总数 2 656 511。我们发现,4 月和 12 月的微博数量最多,分别为 128 383 条和 93 219 条。通过核对事实发现,当时有禽流感疫情的相关信息流传。最终决定选择 2013 年 4 月的 61 024 条微博作为研究对象。其中,纳入本研究的案例为发生多于 10 次转发的微博(共计 787 条原发微博、56 331 条转发微博)。这部分数据最终纳入本研究数据分析。

本研究的基本设计是,分别计算结构性扩散度与其他信息传播效果指标,并比较异同。在此基础上,本研究进而分析结构性扩散度的影响因素。具体而言,本研究拟通过禽流感这一微博信息传播案例,探讨信息的结构性扩散度特征,即结构性扩散度的分布特征,结构性扩散度与其他传播效果测量方式的相关性、差异性,结构性扩散度的影响因素。

本研究的三个研究问题如下。

研究问题一:结构性扩散度的分布呈现出何种特征?结构性扩散度的分布呈现出正态化趋势还是幂律不平等分布趋势?如果结构性扩散度的分布呈现出正态分布特征,说明该指标一定程度上能够区分不同信息的传播效果。

研究问题二:结构性扩散度与信息扩散效果的一般测量指标(传播广度和传播速度)是否具有相关性?信息扩散效果测量指标可分为多个维度,即数量维度、时效维度和结构维度。代表结构维度的测量指标结构性扩散度如果具有区分效度(discrimination validity),应与其他维度的测量指标(如传播广度、传播速度等)具有一定的相关性,但不应高度相关(Bagby,Taylor, & Parker, 1994);否则认为该测量指标的区分效度较低,即可以用其他指标代替该指标。

研究问题三:结构性扩散度的影响因素有哪些?基于"引爆点"假说,

本研究对格拉德威尔的"附着力法则"和"个别人物法则"进行概念化与操作化。具体而言,"附着力法则"主要指原发微博内容特征,包括信息的话题特征和情感倾向。"个别人物法则"则指信息发布者和信息传播者的结构特征及行为特征,包括:信息发布者的社交媒体使用经验、在线身份、所处地理位置、结构特征(粉丝数、关注好友数)、在线活跃度(已发微博数),信息传播者的结构特征(如平均粉丝数、关注好友数)、在线活跃度、平均社交媒体使用经验、参与转发的权威用户数量。

五、数据分析

本节将分别介绍数据清理、结构性扩散度的计算、结构性扩散度与传播效果的一般测量指标(传播广度和传播速度)是否具有相关性、结构性扩散度的影响因素。

1. 数据清理

以下为原始数据样例,包含六列字段,分别为原发信息 ID(id origi.mid)、中间人转发 ID(id mid)、转发信息 ID(id retweet.mid)、网络层数(layer)、转发时间(retweet.time)和微博原发时间(origi.time)。

# mid	retweet.mid	layer	origi.mid	retweet.time	origi.time
# 3661718338871750	3661719517708380	1	3661718338871750	4/2/2013 4:31:45	4/1/2013 23:
# 3661716909398680	3661717139870860	1	3661716909398680	4/1/2013 23:53:06	4/1/2013 23:
# 3661710692997410	3661748311367840	1	3661710692997410	4/1/2013 23:11:39	4/1/2013 23:
# 3661710692997410	3661713180228650	1	3661710692997410	4/1/2013 23:10:00	4/1/2013 23:
# 3661702446914680	3694581419953720	1	3661702446914680	4/2/2013 0:10:29	4/1/2013 23:

2. 结构性扩散度的计算

结构性扩散度的计算方式如公式(6-1)所示。计算每条原发信息的结构性扩散度,我们需要先还原每条信息的信息转发关系树。转发树由转发关系构成,处于不同网络层级。如果原发信息与中间信息一致,则代表原发信息只经历了一次转发,这时的网络层数(layer)取值为 1。如果原发信息与中间信息不一致,则代表信息经过多次转发,这时的网络层数(layer)大于 1。

首先,我们将总的原发信息 ID(origi.mid)列表分离出所有不同的原发信息 ID。我们使用 Python 软件中 numpy 程序包的 unique()函数,提取出 origi.mid 列表。总数据为 65 033 个,经过分离得到 4 169 个原发信息 ID。

```
import numpy as np
import pandas as pd
from pandas import DataFrame
origi.mid_list = []
origi.mid_list = np.unique(list(df['origi.mid']))
df = pd.DataFrame({"origi.mid":origi.mid_list})
df.to_excel('/Users/***/Desktop/origi.mid.xls') #存成 id 表
```

其次,我们需要把每个原发信息 ID(origi.mid)单独存成表,方便之后计算每条信息的结构性扩散度。这里要用到 Python 中的"条件筛选"功能,使用 DataFrame 进行筛选。在 ID 的循环中,把等于原发信息 ID(origi.mid)列表中的原发信息 ID 与总表的 ID 匹配,筛选出相应一行中的其他数据(包括 retweet.mid、mid、layer 等),组成每个 ID 单独的一张表。具体代码如下。

```
for i in range(len(list(ef['origi.mid']))):
    temp_df = df[df['origi.mid'] = = ef['origi.mid'][i]]
 temp_df.to_csv('/Users/***/Desktop/network_graph/graph{}.csv'.format(i))
#经过筛选并重新存储,我们得到 4 169 个 csv 文件,即 4 169 个网络图
```

在我们筛选出每个原发信息 ID(origi.mid)的表之后,需要使用 Python 的库 networkx 来进行网络图的构建。Networkx 是 Python 中的一个用来创作复杂网络图的包。先导入对应的包。

```
import networkx as nx
```

使用networkx库构建复杂网络结构,可以通过增加节点或者增加边的信息或属性来实现。基本语句为:G.add_edge(),G.add_node()、G.add_egdes_from(),G.add_nodes_from()等。我们在循环中添加网络图边的情况,需要设置条件循环。当网络层数(layer)为1时,只有一层转发关系,我们添加mid和retweet.mid构成的边。当网络层数(layer)大于1时,需要再添加从origi.mid到mid的边。这时origi.mid与mid不相同,存在重新出现一条新转发链的可能性。对于添加多条边的情况,我们可以使用G.add_edges_from(A,B)的方法来实现。

```
G = nx.Graph() #添加一个空表
```

在添加完边和节点的信息后,我们可以对边和节点的属性进行设置,从而将网络图呈现出来,使用nx.draw_networkx(G)就能够画出网络图。我们也可以在括号里添加边和点的属性。具体代码如下。

```
G = nx.Graph()
df = pd.read_csv('/Users/***/Desktop/network_graph/graph{}.csv'.format(j))
for i in range(len(df['mid'])):
    if df['layer'][i]<=1:
        G.add_edge(df['mid'][i],df['retweet.mid'][i])
    else:
        G.add_edges_from([(df['mid'][i],df['retweet.mid'][i]),(df['origi.mid'][i],df['mid'][i])])
```

通过上面几行代码能够实现对转发树的网络图创建,由于影响运行速度,我们省略了画图的语句。这样,每一条原发信息的转发结构树就创建好了。例如,我们尝试建立以某一个ID为中心的网络图,以graph4120(原发信息ID为3661582535617200的信息)为例,它的数据如下。

#	mid	retweet.mid	layer	origi.mid
#	3661582535617200	3661700492441480	1	3661582535617200
#	3661582535617200	3661633072903230	1	3661582535617200
#	3661582535617200	3661596804885960	1	3661582535617200
#	3661582535617200	3661593222858840	1	3661582535617200
#	3661582535617200	3661591152081250	1	3661582535617200
#	3661582535617200	3661588844259640	1	3661582535617200
#	3661582535617200	3661587427032610	1	3661582535617200
#	3661582535617200	3661585610298820	1	3661582535617200
#	3661582535617200	3661584674690460	1	3661582535617200
#	3661582535617200	3661582825889150	1	3661582535617200

因为 layer＝1，所以 mid＝origi.mid，网络图是从一点发散的（见图 6.1）。

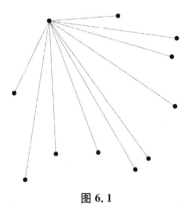

图 6.1

如果有多层的话，以 graph4152（原发信息 ID 为 3661680015954990 的信息）为例，会出现至少两层的转发关系（见图 6.2）。

#	mid	retweet.mid	layer	origi.mid
#	3661680015954990	3661940607900610	1	3661680015954990
#	3661680015954990	3661726165265990	1	3661680015954990
#	3661680015954990	3661682884410060	1	3661680015954990

#3661680015954990	3661682834072700	1	3661680015954990
#3661680015954990	3661681299158660	1	3661680015954990
#3661680015954990	3661681223651850	1	3661680015954990
#3661680015954990	3661681164787260	1	3661680015954990
#3661680015954990	3661681114586450	1	3661680015954990
#3661680015954990	3661681072500810	1	3661680015954990
#3661680015954990	3661681034746640	1	3661680015954990
#3661680015954990	3661680988741950	1	3661680015954990
#3661680015954990	3661680946793790	1	3661680015954990
#3661680015954990	3661680896316410	1	3661680015954990
#3661680015954990	3661680845978670	1	3661680015954990
#3661680015954990	3661680804169680	1	3661680015954990
#3661680015954990	3661680653156220	1	3661680015954990
#3661680015954990	3661680514727660	1	3661680015954990
#3661680015954990	3661680430688260	1	3661680015954990
#3661680015954990	3661680363713940	1	3661680015954990
#3661680015954990	3661680267233000	1	3661680015954990
#3651045064088320	3661949638020600	2	3661680015954990
#3651048348478700	3661914607284520	2	3661680015954990

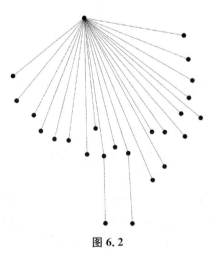

图 6.2

第六章　网络舆论中的信息扩散：结构性扩散度

结构性扩散度被理解为是所有节点间的平均最短距离。因此，计算每条原始信息的结构性扩散度就可以使用 networkx 中关于计算最短平均距离的方法[short_path＝nx.average_shortest_path_length(G)]。我们能算出每条信息所形成的转发图的平均最短距离。继而，我们将数据进行存储。

```
short_path = nx.average_shortest_path_length(G)
print(short_path)
vt.append(short_path)
```

经过计算，原发信息（graph4120）的结构性扩散度为 $V(T)=1.81$，原发信息（graph4152）的结构性扩散度为 $V(T)=2.07$。我们对所有原发信息分别进行结构性扩散度的计算，代码如下。

```
vt = []
    number = []
    for j in range(4169):
        G = nx.Graph()
    df = pd.read_csv('/Users/***/Desktop/network_graph/graph{}.csv'.format(j))
        for i in range(len(df['mid'])):
            if df['layer'][i]<=1:
                G.add_edge(df['mid'][i],df['retweet.mid'][i])
            else:
                G.add_edges_from([(df['mid'][i], df['retweet.mid'][i]),
(df['origi.mid'][i],df['mid'][i])])
        a = G.number_of_nodes()-1
        number.append(a)

df = pd.DataFrame({"retweet":number})
```

```
df.to_csv('/Users/***/Desktop/spreadth.csv')
    short_path = nx.average_shortest_path_length(G)
    print(short_path)
    vt.append(short_path)
df = pd.DataFrame({"origi.mid":ef['origi.mid'],"vt":vt})
df.to_excel('/Users/***/Desktop/vtall1.xls')
```

在此基础上,我们计算并展示了所有信息结构性扩散度的分布,代码如下。

```
data = list(df['vt'])
mean = np.mean(data) #算均值
std = np.std(data,ddof = 1) #标准差
print(mean,std)
plt.hist(data,20,histtype = 'bar',facecolor = 'yellowgreen',alpha = 0.75,density = True,stacked = True)
#生成直方图括号中代表不同的属性和参数
#bins = 20 代表统计的区间分布,density 为 bool 类型,频数或频率分布,Alpha 为透明度
x = np.linspace(mean - 3 * std, mean + 3 * std, 50)
#linsapce 用于生成 start 与 stop 之间 50 个等差间隔的元素
y_sig = np.exp( - (x - mean) ** 2 / (2 * std ** 2)) / (math.sqrt (2 * math.pi) * std)
#exp 函数代表 e 的幂次方,sqrt 函数用于开方,Math.pi 代表 π
```

计算出正态分布密度函数:

$$f(x) = \frac{1}{\sqrt{2\pi}\sigma} \exp\left(-\frac{(x-\mu)^2}{2\sigma^2}\right) \quad (6-2)$$

```
print(x)
print(" = " * 20)
```

```
print(y_sig)
plt.plot(x, y_sig, "r-", linewidth=2) #画出正态分布曲线 plt.grid
(True)
plt.show()
#转发量频率分布图
number = []
for j in range(4169):
    G = nx.Graph()
    df = pd.read_csv('/Users/zihengzhang/Desktop/network_graph/graph
{}.csv'.format(j)
)
    for i in range(len(df['mid'])):
        if df['layer'][i]<=1:
            G.add_edge(df['mid'][i],df['retweet.mid'][i])
        else:
            G.add_edges_from([(df['mid'][i], df['retweet.mid']
            [i]),
(df['origi.mid'][i],df['mid'][i])])
    a = G.number_of_nodes()-1 #节点减去原发信息节点
    number.append(a)
df = pd.DataFrame({"retweet":number})
df.to_csv('/Users/zihengzhang/Desktop/spreadth.csv')
```

转发量即为下文中的传播广度指标,因此,我们直接将其存储成 csv 格式。

```
data = list(df['retweet'])
plt.hist(data, 20, histtype='bar', facecolor='yellowgreen', alpha=
0.75, density=True, stacked=True)
#绘制转发量的频率直方分布图
```

由图6.3可见,结构性扩散度取值1—5,均值为2.19(标准差为0.37)。大部分信息的结构性扩散度为1.5—3,很少一部分信息的结构性扩散度为3—5。其分布呈现出不平均趋势,但与传播广度相比,不平均趋势不明显。

图6.4显示了典型信息的结构性扩散度。从图中可见,结构性扩散度

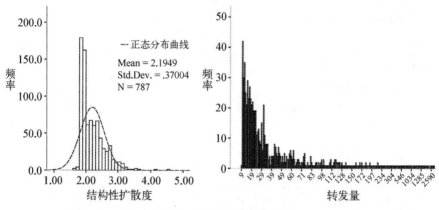

图 6.3　结构性扩散度分布

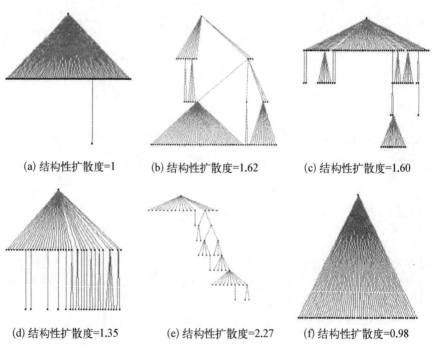

图 6.4　不同信息的结构性扩散度示例

越趋近于1,其信息传播结构越倾向于广播式传播;结构性扩散度越大于1,其信息传播结构越趋向于病毒式传播,即信息在尾部节点出现二次或三次爆发式传播。

3. 结构性扩散度与其他指标的相关性

为了计算结构性扩散度的区分效度,我们进而计算了结构性扩散度与其他相关传播效果指标的相关性。相关代码如下。

```
spreadth = []
depth = []
df = pd.read_csv('/Users/***/Desktop/spreadth.csv')
for i in range(4169):
    ef = pd.read_csv('/Users/***/Desktop/network_graph/graph{}.csv'.format(i))
a = max(ef['layer']) #提取传播层数
depth.append(a)
gf = pd.DataFrame({"layer":depth}) gf.to_csv('/Users/***/Desktop/depth.csv')
#计算原发信息被转发的最短时间和平均时间(传播速度和平均速度)
    speed = []
    mean_speed = []
    lack = []
    duration = []
    for j in range(4169):
      ef = pd.read_csv('/Users/***/Desktop/network_graph/graph{}.csv'.format(j
))
        time1 = []
        try:
            for i in range(len(ef['origi.time'])):
                startTime = datetime.datetime.strptime(ef['origi.time'][i],"%m/%d/%Y%H:%
```

M:%S")
                endTime = datetime.datetime.strptime(ef['retweet.time'][i],"%m/%d/%Y%H:%M:%S")

# 转化时间为标准格式进行运算
t = (endTime - startTime).total_seconds() # 转发差值总秒数
time1.append(t)
c = min(time1) # 传播速度取第一次转发的时间差
a = max(time1)
b = mean(time1) # 平均速度取整个列表中的平均时间
mean_speed.append(b)
        speed.append(c)
        duration.append(a)
    except:
lack.append(j) ef = pd.DataFrame({"drop":lack}) # 存储缺失的数据
ef.to_csv('/Users/zihengzhang/Desktop/lack.csv')
df = pd.DataFrame({"mean":mean_speed,"speed":speed,"duration":duration})
    df.to_csv('/Users/zihengzhang/Desktop/indicators.csv')
# 删除缺少时间的行
cf = pd.read_csv('/Users/zihengzhang/Desktop/lack.csv')
a = list(cf['drop'])
# 计算列与列间的相关系数
df = pd.read_excel('/Users/***/Desktop/vtall1.xls')
rf = pd.read_csv('/Users/***/Desktop/indicators.csv')
ef = pd.read_csv('/Users/***/Desktop/depth.csv')
gf = pd.read_csv('/Users/***/Desktop/spreadth.csv')
bf = df.drop(a, axis = 0)
af = ef.drop(a, axis = 0)

```
hf = gf.drop(a,axis = 0)
d = list(af['layer'])
b = list(hf['retweet'])
c = list(bf['vt'])
data = pd.DataFrame({'depth':d,'spreadth':b,'vt':c,'mean':rf
['mean'],"speed":rf['speed']})
data.to_csv('/Users/***/Desktop/data.csv')
data.corr() #计算相关系数矩阵
```

表6.2显示了结构性扩散度与多个传播效果测量指标——传播速度（speed）、传播广度（width）、传播深度（depth）——之间的相关性。

表6.2 研究效果测量指标相关系数

	传播广度	传播深度	结构性扩散度
传播速度	0.346	−0.175	−0.152
传播广度		−0.061	−0.173
传播深度			0.731***

注：*** $p<0.001$；** $p<0.01$；* $p<0.05$。

4. 结构性扩散度的影响因素

本研究进而将结构性扩散度作为因变量，纳入信息发布者特征、原发微博内容特征和参与信息转发的信息传播者特征，来解释影响信息传播结构性扩散度的可能因素。其模型构建相关代码如下。

```
from sklearn.linear_model import LinearRegression
#从sklearn包中调用
LinearRegression 模型
import pandas as pd
model = LinearRegression() #线性回归模型
X = data[['origi_feature','content_feature','retweet_feature']]
# 多元线性回归
```

```
Y = data[['vt']]
model.fit(X,Y) #拟合线性回归
b = model.coef_ #计算回归系数
from statsmodels.formula.api import ols
#引入statsmodels库,包含假设检验、回归分析、时间序列分析等功能
lm = ols('vt~ origi_feature + content_feature + retweet_feature',
data = data).fit() print(lm.summary())
#使用summary函数能够展示出整个回归分析的结果
```

该解释模型利用简单线性回归模型进行分析,其 R^2 值为 0.20。这说明,本模型纳入的自变量解释了结构性扩散度 20% 的方差。从表 6.3 可以看出,与原发微博内容特征相比,信息发布者特征和参与信息转发的信息传播者特征更能够解释结构性扩散度的差异。

表 6.3 结构性扩散度的影响因素

	回归系数	标准误	t 值
信息发布者特征			
使用经验	0.000 4	0.002	0.182
身份(媒体)	−0.132***	0.039	−3.353
身份(政府)	−0.084	0.056	−1.503
身份(医疗机构)	−0.081	0.199	−0.405
信息发布者地理位置(上海)	−0.121**	0.045	−2.691
信息发布者地理位置(广东)	0.025	0.031	0.795
粉丝数	0.066***	0.015	4.350
好友数	−0.003	0.024	−0.110
已发微博数	0.001	0.027	0.038
原发微博内容特征			
嵌入链接	−0.068*	0.029	−2.334

续　表

	回归系数	标准误	t 值
情感倾向(正面)	0.022	0.042	0.538
情感倾向(负面)	−0.028	0.037	−0.753
话题(疫情确诊)	0.029	0.036	0.809
话题(死亡人数)	−0.016	0.240	−0.068
话题(防治方法)	−0.028	0.050	−0.567
话题(应对措施)	0.059	0.117	0.508
话题(辟谣与通报)	−0.007	0.352	−0.020
话题(鸡禽类动向)	0.005	0.043	0.108
信息传播者特征			
转发者平均粉丝数	−4.52E−09	0.000	−0.216
参与转发节点平均关注好友数	1.821E−05	0.000	0.399
参与转发节点平均活跃度	−3.194E−08	0.000	−0.011
参与转发节点平均使用经验	0.020***	0.005	4.391
参与转发节点平均VIP数量	0.008***	0.001	6.538

注：*** $p<0.001$；** $p<0.01$；* $p<0.05$。

就信息发布者特征而言，第一，信息发布者的身份显著影响结构性扩散度。与普通公众相比，以媒体身份发布的微博，其结构性扩散度更浅（回归系数=−0.132，$p<0.001$）。这说明媒体发布的信息更倾向于广播式传播，而较难进行具有渗透性的在线人际传播。第二，信息发布者的粉丝数能够促进结构性扩散度的增长（回归系数=0.066，$p<0.001$）。第三，信息发布者所处的地理位置如果是上海，与其他地区相比，其结构性扩散度更浅（回归系数=−0.121，$p<0.01$）。这说明，禽流感的发生地信息更倾向于广播式传播。

就原发微博内容特征而言，信息的情感倾向和话题特征对结构性扩散度均无影响。信息中嵌入链接对结构性扩散度具有负面影响（回归系数=−0.068，$p<0.05$）。这说明，链接的嵌入对信息扩散起了分散注意力

的反向作用(Zhang et al., 2014)。

就信息传播者特征而言,信息转发者的社交网络平均使用经验(回归系数=0.020,$p<0.001$)和后续信息传播中核心用户(VIP用户)的参与(回归系数=0.008,$p<0.001$)能够增大该条信息的结构性扩散度。信息转发者的结构特征(如平均粉丝数、平均关注好友数)和信息转发者的活跃度对结构性扩散度均无显著影响。

六、案例小结

本案例旨在回答三个问题:① 结构性扩散度的计算和实现;② 结构性扩散度与其他传播效果测量指标的异同;③ 在线信息传播的主要影响因素。该研究主要结论有三。第一,该研究介绍结构性扩散度这一能充分反映在线信息传播特征的传播效果指标。第二,该研究系统性总结和比较了社交媒体信息传播效果的测量指标之间的差异。研究发现,结构性扩散度与其他在线信息传播效果相比,具有较强的区分效度。第三,该研究纳入信息发布者特征、原发微博内容特征和参与转发的信息传播者特征,试图对结构性扩散度构建解释模型。研究发现,与原发微博内容特征相比,信息发布者特征和参与转发的信息传播者特征更能解释不同信息的结构性扩散度的差异。

本研究对于信息扩散模式研究具有一定的理论意义。本研究拓展了经典的信息扩散模型。例如,经典的信息传播阈值模型(Easley & Kleinberg, 2010)旨在探讨网络结构对于信息传播广度的影响。该模型认为,在信息扩散的过程中,个体是否传递信息,取决于其邻居节点是否传递信息的阈值。在给定的初始活跃节点集合 S 中,在时刻 t 节点 v 被激活后,它影响其邻居节点 w 继续传递信息的概率为 $p[v.w]$。该阈值是随机赋予的系统参数,其自身独立,不受其他节点的影响。该值越大,节点 w 越有可能被影响。该模型的参数设定较为简单,即认为信息的传播扩散趋势取决于信息的相对优势及传播者所处的网络位置。

本研究发现,信息传播参与者的特征较信息本身的内容特征更为重要,参与信息传播的用户的自身特点能够在一定意义上决定信息的渗透能力和激发后续对话的能力。这一发现挑战了阈值模型中对信息参与者所作的单一化假设,即认为信息参与者是一个节点,其自身特点不影响信息传播效果。

总而言之,结构性扩散度对于舆论研究具有重要意义。第一,信息扩散过程意味着主流舆论的变化。信息扩散的结构性扩散度说明了舆论信息的传播结构深度与不同层级之间的差异性。具有影响力的舆论信息往往经过多个层级,而影响力弱的信息往往只经过单一层级,无法引起用户的二次传播。从这个意义上而言,信息扩散的结构性扩散度能够解释和预测舆论内容的演化,特别是能够预测未来主流舆论的形成。第二,信息扩散结构对于判定舆论传播过程的关键节点具有指导意义。影响舆论传播的节点的重要性,不仅取决于经过该节点时信息被扩散的次数,还取决于节点所处的信息扩散层级位置。寻找一条信息扩散的结构性关键节点(例如节点所处的层级及信息经过此节点时被扩散的次数),有利于研究者判断信息传播的重要节点。第三,对信息及节点的结构性扩散度特征的判定,对判断社交网络中的机器人、水军参与具有重要意义。例如,假新闻的扩散特征之一表现为结构性扩散度显著高于普通新闻(Vosoughi, Roy, & Aral, 2018)。在微观层面,水军参与信息扩散往往集中于较早阶段。因此,判定前序层级中具有高扩散率的节点数量,或许可以作为鉴别水军参与信息扩散的指标之一。从微观角度而言,结构性扩散度对于标记关键节点也具有启发意义,为舆论研究提供了概念、方法层面的拓展。

七、参考文献

Bagby, R. M., Taylor, G. J., & Parker, J. D. A. (1994). The twenty-item Toronto Alexithymia Scale-II. Convergent, discriminant, and concurrent validity. *Journal of Psychosomatic Research*, 38(1), 33-40.

Cha, M., Haddadi, H., Benevenuto, F., & Gummadi, K. P. (2010). Measuring user influence in Twitter: The million follower fallacy. *Proceedings of the Fourth International Conference on Weblogs and Social Media*. Washington, DC.

Cha, M., Mislove, A., & Gummadi, K. P. (2009). A

measurement-driven analysis of information propagation in the Flickr social network. *Proceedings of the 18th International Conference on World Wide Web*(pp.721-730).

Easley, D., & Kleinberg, J. (2010). *Networks, crowds, and markets: Reasoning about a highly connected world*. New York: Cambridge University Press. pp.32-64.

Gladwell, M. (2006). *The tipping point: How little things can make a big difference*. New York: Little, Brown and Company. pp.1-4.

Goel, S., Anderson, A., Hofman, J., & Watts, D. J. (2016). The structural virality of online diffusion. *Management Science*, 62(1), 180-196.

Granovetter, M. (1978). Threshold models of collective behavior. *American Journal of Sociology*, 83(6), 1420-1443.

Huffaker, D. (2010). Dimensions of leadership and social influence in online communities. *Human Communication Research*, 36(4), 593-617.

Lazarsfeld, P. F., Berelson, B., & Gaudet, H. (1948). *The people's choice: How the voter makes up his mind in a presidential campaign*. New York: Duell, Sloan & Pearce.

Meng, J., Peng, W., Tan, P. N., Liu, W., Cheng, Y., & Bae, A. (2018). Diffusion size and structural virality: The effects of message and network features on spreading health information on Twitter. *Computers in human behavior*, 89, 111-120.

Scheufele, D. A. (1999). Framing as a theory of media effects. *Journal of Communication*, 49(1), 103-122.

Tichenor, P. J., Donohue, G. A., & Olien, C. N. (1970). Mass media flow and differential growth in knowledge. *Public Opinion Quarterly*, 34(2), 159-170.

Vosoughi, S., Roy, D., & Aral, S. (2018). The spread of true and false news online. *Science*, 359(6380), 1146-1151.

Wang, C. J., & Zhu, J. J. (2019). Jumping onto the bandwagon of collective gatekeepers: Testing the bandwagon effect of information diffusion on social news website. *Telematics and Informatics*, 41, 34-45.

Wiedermann, M., Smith, E. K., Heitzig, J., & Donges, J. F. (2020). A network-based microfoundation of Granovetter's threshold model for social tipping. *Scientific Reports*, 10(1), 1-10.

Wood, B. D., & Doan, A. (2003). The politics of problem definition: Applying and testing threshold models. *American Journal of Political Science*, 47(4), 640-653.

Wu, S., Hofman, J. M., Mason, W. A., & Watts, D. J. (2011, March). Who says what to whom on twitter. *Proceedings of the 20th International Conference on World Wide Web* (pp.705-714).

Zhang, L., & Peng, T. (2015). Breadth, depth, and speed: Diffusion of advertising messages on microblogging sites. *Internet Research*, 25(3), 453-470.

Zhang, L., Peng, T., Zhang, Y., Wang, X., & Zhu, J. J. H. (2014). Content or context: Which matters more in information processing on microblogging sites. *Computers in Human Behavior*, 31, 242-249.

Zhou, Y., & Moy, P. (2007). Parsing framing processes: The interplay between online public opinion and media coverage. *Journal of Communication*, 57(1), 79-98.

八、延伸阅读

[1] Goel, S., Anderson, A., Hofman, J., & Watts, D. J. (2016). The structural virality of online diffusion. *Management Science*, 62(1), 180-196.

该文首次提出结构性扩散度的计算方法,并利用海量数据验证了信息传播模式与信息类别的关系。更重要的是,该文基于Twitter海量数据发现,信息的结构性扩散度与传播规模无显著关系。

［2］Vosoughi，S.，Roy，D.，& Aral，S.（2018）. The spread of true and false news online. *Science*，359(6380)，1146-1151.

该研究利用结构性扩散度探讨在线假新闻传播的判定与特征，延伸了结构性扩散度的应用价值和理论价值。

［3］Juul，J. L.，& Ugander，J.（2021）. Comparing information diffusion mechanisms by matching on cascade size. *Proceedings of the National Academy of Sciences*，118(46)，e2100786118.

这篇文章与沃索吉（Vosoughi）等人2018年的文章分析了同样的数据。不同的是，这篇文章通过匹配的方法比较了相同规模传播链条的扩散结构，发现真假消息之间并没有显著差别。不过，2018年的文章作者之一阿拉尔（Aral）随后在Twitter上澄清，2021年的文章并非否定了而是再次证实了他们最初的发现。读者可以比较阅读两篇文章，作出自己的判断。

［4］Anderson，A.，Huttenlocher，D.，Kleinberg，J.，Leskovec，J.，& Tiwari，M.（2015）. Global diffusion via cascading invitations：Structure，growth，and homophily. *Proceedings of the 24th International Conference on World Wide Web*（pp. 66-76）.

这篇会议论文与大多数传播结构分析的文章不同，作者使用的并非社交媒体的信息转发行为，而是领英（LinkedIn）这个社交媒体是如何被人们采纳的。因此，这不仅仅是信息扩散，而是真实的行为。他们同样使用了结构扩散度这一指标。不同的是，他们发现结构扩散度与产品采用规模之间是正相关的。读者可以通过此文比较信息扩散和产品扩散的异同。

九、数据代码

完整代码见 GitHub 链接：https://github.com/rainfireliang/CPOR/tree/main/Zhang%20et%20al.%20(2016)

第六章 网络舆论中的信息扩散：结构性扩散度

十、思维导图

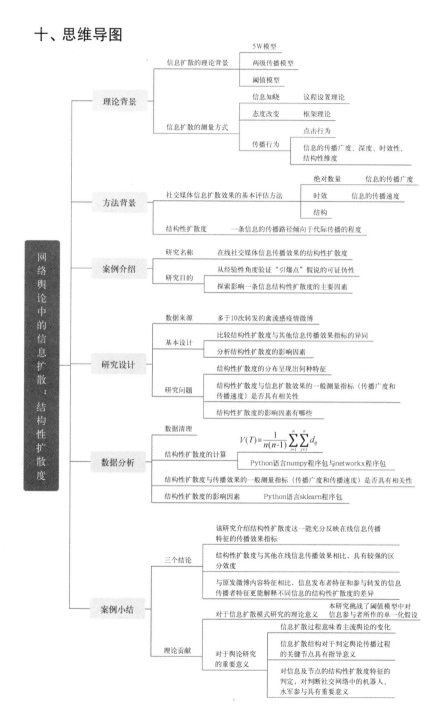

第七章

网络舆论中的信息扩散:选择性分享*

一、理论背景

信息扩散和媒体选择性(media selectivity)是传播学研究中两个经久不衰的话题。这两个概念都可以追溯到传播学正式诞生前拉扎斯菲尔德等人关于美国总统选举的伊利县研究。《人民的选择》(*The People's Choice*)一书首次提到两级传播流的概念:选战信息从大众媒介(广播和印刷媒介)流向意见领袖,再从意见领袖传递给那些不太活跃的选民(Lazarsfeld, Berelson, & Gaudet, 1948)。拉扎斯菲尔德1940年的研究发现,在获取选战信息的渠道上,政治讨论被提及的频率要高于广播或印刷媒介。参与政治讨论的人要比收听演说或阅读新闻的人多10%。这10%的人往往是那些还没最后作出投票决定的人。因此,人际交往和意见领袖在选举中扮演着非常重要的角色。虽然伊利县研究并未提供信息具体如何扩散的数据,但它激发了研究者对信息如何在群体中扩散的兴趣。十年之后,拉扎斯菲尔德的学生卡茨在这一基础上发表了《人际影响》(*Personal Influence*)一书,进一步验证和扩展了两级传播理论(Katz, Lazarsfeld, & Roper, 1955)。

在差不多同一时期,新闻扩散研究开始兴起,成为信息扩散研究的一个源头。新闻扩散研究关注新闻如何在某一特定群体中扩散。最早的新闻扩散研究来自米勒(Miller, 1945)对富兰克林·罗斯福总统去世消息如何在大学生中传播的调查。这个研究发现,信息扩散有两个阶段:少数人直接从广播里听到这一消息,然后大多数人是从别人那里听到的。在短时间内,

---

* 本章作者为梁海。

人们通过口耳相传(word-of-mouth)的方式知道了这个消息。总体上来说,整个扩散过程呈 S 曲线形。然而,这些发现并不具有普适性。首先,稍后的研究发现,扩散过程并不总是 S 形的,而会根据不同的因素偏离这条曲线(Chaffee, 1975)。例如,格林伯格(Greenberg, 1964)就认为用 J 曲线来描述这个过程更为恰当。其次,对于大多数新闻事件而言,相比大众媒介,人际传播的作用其实很小。多伊奇曼和丹尼尔森(Deutschmann & Danielson, 1960)的研究发现,人们最先从人际传播途径获知新闻信息的比例在 2% 到 23% 不等;电视和广播是最重要的,然后才是报纸。格林伯格(Greenberg, 1964)进一步指出,这个比例取决于新闻本身的重要性。在突发事件中,人际传播作用会更大;而对于日常新闻,大众媒介仍然是最重要的信源。

新闻扩散研究在很多方面并未获得认同,在 20 世纪 80 年代之后式微。不过,这些研究为信息扩散的理解带来很多启发。首先,在大多数情况下,人们是通过大众媒介获知新闻信息的。这并不同于最初两级传播的假设。其次,对于某些非常重要或者只对某一小部分人重要的新闻,口耳相传的人际传播模式仍然是最重要的。不过,即使是这种情况,也不同于两级传播的假设。这种人际传播模式并非从意见领袖到其他人,而是一种更为广泛的传播(邻居、同事,甚至陌生人)。最后,新技术的发展是否改变了新闻扩散的模式。在早期新闻扩散研究中,广播是最重要的;到 20 世纪 60 年代,电视取代了广播。互联网,特别是社交媒体的盛行,是否让人际传播的方式变得更重要?虽然社交媒体上的病毒式传播(viral communication)已经成为一个流行词,但是很多经验研究都证明,一对多的广播模式(broadcast)仍然占绝对多数(>90%)(Goel, Anderson, Hofman, & Watts, 2016)。

《人民的选择》也提到选择性接触(selective exposure):面对诸多媒体关于总统选举的宣传,选民往往会偏爱某些节目。这种选择性注意强化了选民们对选战的既有倾向。就美国而言,政治宣传并不是要促使选民形成新的主张,而是激发选民肯定(强化)已有的见解。虽然政治宣传可以激发选民的兴趣,从而增加信息的获取(例如从大众媒介获得更多信息),但是信息的获取是有方向的:倾向于固有的爱好和想法。在 1940 年的研究中,拉扎斯菲尔德等人发现,在经济、宗教和居住地三方面倾向于民主党的选民中,他们接触民主党的宣传是接触共和党的宣传的三倍。类似地,倾向于共和党的选民接触共和党的宣传是接触民主党的宣传的近两倍。

虽然选择性接触已经是一个成熟的概念,但研究者在人们是否总是选择与自己意见一致的媒体这一问题上却一直存在争议。即使有很多经验研究证明选择性确实存在,但纵观人类历史并没有发现什么时候存在一个完全封闭的信息选择系统。不存在这样一个社会,即所有人都只选择自己相信的信息。人们为什么会倾向选择意见一致的媒体或信息呢?第一,为了减小认知不协调。根据费斯廷格的认知不协调理论(Festinger,1957),如果一个人看到某个媒体报道与自己固有意见不同的新闻,那么他会在心理上感到不舒服。为了缓解这种不舒服,他可能会选择回避这样的媒体报道而选择那些让自己心情舒畅的媒体报道。第二,即使不协调不存在,人们也可能通过别的动机选择媒体内容。例如,孔达(Kunda,1990)的带目的性的推理理论认为,在寻找真知的目的下,人们不大可能有选择性接触;相反,如果目的是达成偏向某一方向的结论,那么就更可能导致选择性接触。第三,人们选择自己喜欢的媒体是因为我们都是认知吝啬鬼(cognitive miser)(Ziemke,1980)。人们总是希望尽快得出结论,而处理意见不一致的信息显然要花更多时间。第四,受众会根据报道质量来选择媒体,不过人们经常认为与自己意见一致的报道质量会更高且更可信(Fischer, Schulz-Hardt, & Frey, 2008)。

社交媒体增加了人们获取信息的渠道,也被认为增加了选择性接触的可能性。研究者进一步认为,这种选择性偏见会导致过滤气泡、回声室等负面效应。然而,社交媒体上的经验研究结果却并不一致。许多研究发现,社交媒体交往仍然是割裂的,左派更喜欢和左派相连(例如在社交媒体上关注左派议员),右派更喜欢和右派相连。不过,这种选择并不是绝对的。即使在 Facebook 这样的社交网站上,用户也有很大的概率(20%—30%)会被暴露在意见不同的消息中(Bakshy, Messing, & Adamic, 2015)。另外,有研究发现,在某些场合,如专业政治论坛中,人们甚至会主动选择与意见不同的人交流(Liang, 2014)。

选择性接触在社交媒体中变得更为复杂。在大众传播时代,人们主要通过大众媒介直接获取内容。在社交媒体上,用户可以通过关注好友的分享而获取信息。理论上讲,人们获取信息的路径更为间接了。因此,用户如何在社交媒体上分享信息——选择性分享(selective sharing)——也成为一个重要的研究问题。同时,这也将选择性和信息扩散结合在一起。

选择性接触和选择性分享是两个相关但又明显不同的概念。所有被分享的消息最先会被看到。因此,选择性分享比选择性接触更主动和慎重。以往的研究证明,人们可能会偶然地、不经意地暴露于某些信息(甚至是与自己意见不同的信息)之中(Brundidge,2010)。不过,这种偶然的情况在选择性分享中就少很多。另外,虽然影响选择性接触的因素都可能会影响选择性分享,但选择性接触与选择性分享有不同的机制。选择性接触是个人的,对他人而言通常是不可见的;选择性分享却不同,这一行为通常是可见的。人们会根据想象中的观众(imagined audience)来决定分享哪些内容(Marwick & Boyd,2011)。

选择性接触和选择性分享对舆论的影响也不同。选择性接触是一个相对个人的概念,它的影响也多是个体层面的,例如导致个体态度的极化。在有限效果框架下,选择性接触被认为是削弱媒介效果的关键因素。如果人们都接触不到意见不同的信息,那么也就不会有态度改变。后来的研究发现,选择性接触本身也有其深远效果:第一,总是接触相同态度的信息会导致人们态度极端,更难容忍他人的观点(Stroud,2010);第二,也有研究发现,接触同类信息可以提高政治参与程度(Mutz,2002)。而选择性分享会导致信息的扩散,从而将影响扩大到更大的范围,例如导致回声室效应。简而言之,选择性分享会放大选择性接触所带来的效果。这种效果不仅是个体层面的,更是整个社会的。如果不断转发相同观点的信息,那么一个社会最终会分裂成各自独立(有时对立)的团体,相似的信息在相对独立的团体里反复出现,从而进一步强化固有信念。

在回顾了媒体选择性和信息扩散研究之后,提出一个问题:信息扩散和选择性分享存在何种联系?在这一背景下,本章案例提供将二者结合的一种可能性。

二、方法背景

早期的信息扩散研究主要使用问卷调查方法。卡茨和拉扎斯菲尔德关于两级传播流的研究采用滚雪球的方法。研究者从一小群人开始,询问他们在作(选举)决定时受到何人影响。研究者会进一步联系和调查这些影响他人的人(意见领袖)。虽然在理论上这个过程可以持续下去,意见领袖也可能进一步询问其意见领袖,但在实际操作中大多数研究都停留在第二步。

新闻扩散研究多采用随机抽样的方法。当某个突发事件（如总统遇刺）发生之后，研究者每隔一段时间（如一个小时）进行一次独立调查，询问受访者是否听说了这一突发事件、从何种途径获知的（媒体还是朋友）。然后，研究者就可以知道消息是如何在这个群体中扩散的：获知讯息比例如何随时间增长，主要通过大众媒介还是人际传播等。

随着社交媒体的兴起，研究信息扩散的数据和方法都得到极大的更新。首先，社交媒体上完整记录了消息在某一平台上的传播过程。这在前互联网时代是不可想象的。同时，社交媒体上的记录相对于问卷调查来说更为客观和准确。例如，研究者可以通过 Twitter 上的转发行为来观察某个帖子是如何在网络中传播的。其次，新的分析技术也被应用到信息扩散研究中。其中，最为重要的就是第六章介绍的级联分析。级联分析将整个传播过程用树状图来表示，进而根据树状图计算其广度、深度等变量来刻画传播特征。通过这一方法，研究者们发现假新闻比真新闻在 Twitter 上传播得更快、更广、更深（Del Vicario et al.，2016）。

虽然新的数据和方法为研究信息扩散提供了极大便利，但如何通过观察到的社交媒体行为来构建一个信息扩散网却并非易事。在许多社交媒体（如 Twitter）上，研究者只能看到谁转发了一条消息，并不一定知道是从何处转发。API 提供的元数据也只包含某个用户是否转发了某一条消息。例如，用户 A 发了一条消息，用户 B 转发了这条消息，用户 C 看到用户 B 转发后也转发了这条消息。我们所能观察到的数据是 B 转发了 A，C 也转发了 A，却并不知道 C 是否通过 B 转发。转发评论功能在某些时候可能会提供帮助。例如，C 转发并评论给了 B，这样就知道 C 的转发来自 B。但如果这个转发链条太长，用户也可以轻易跳过中间某些用户而直接转发 A。这样一来就很难获得一个完整的传播链条。

这个问题可以一般化为图 7.1 所示问题：已知用户 1—5 在不同时间点（按从早到晚排列）都转发了作者 S 的某个帖子，如何构建一个如 B 所示的传播树状图？仅仅靠已经转发的用户列表并不能重构一个完整的传播网络。在 A 中，最早的转发者 1 必然直接从 S 处转发。2—5 的情况就比较复杂。用户 2 可能转发用户 1，也可能直接转发 S；用户 3 可能转发用户 1、转发用户 2 和直接转发 S。一个基本的思路是，研究者需要判断用户 3 最可能通过 1、2、S 中的哪一个来转发。这个问题可以转换为：1、2、S 哪一个对用户3的影响最大。因此,A中需要包含更多的已知信息。许多不同的方法都使用了这一思路,这里介绍一种最基本且假设最少的方法。A中只需要额外知道所有转发用户之间的关注关系就可以了。这里的基本假设是:用户需要看到某个消息才能转发,而用户最主要的途径是通过自己关注的好友获知信息。

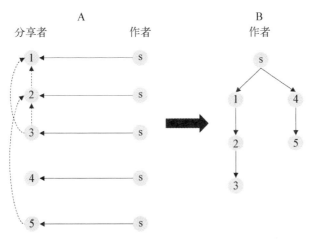

注:实线为转发关系,虚线为关注关系。

图 7.1 重构传播网络

以A为例,虚线表示用户间的关注关系。用户3关注了用户1和用户2,但没有关注S,因而更可能从用户1和用户2处转发。我们假设用户总是从最近的用户处转发,因此,用户3从用户2处转发。当然,也可以假设总是从最早的用户处(这里就是用户1)转发。或者可以把这个假设变得更复杂,例如假设总是从最常互动的用户处转发。不同的假设会得到不同的信息扩散网,在不同的研究中也可能会导致不同的影响。一个简单可靠的方法是,可以尝试不同的方法来检验具体假设,看能否得出大体一致的结论(例如本章案例中所使用的敏感性分析)。按照这一方法,依次找到1—5的上家,这样就可以构建出B中的树状传播网。

选择性接触研究使用问卷调查和实验室随机实验的方法较多。例如,在问卷调查中,研究者首先询问受访者是否收看某个节目(例如有关共和党候选人的节目),然后参考受访者的政治倾向:如果共和党人更大比例地观看了有关共和党候选人的节目就意味着选择性接触的存在。1959年,施拉姆和卡特就曾采用这个方法调查旧金山市市民对某个共和党候选人电视节目的收看情况（Schramm & Carter，1959）。结果显示，47.7%的收看者来自共和党，而实际上旧金山市共和党人只占25.0%。实验的方法通常会给出一系列与被试相同或者不同意见的消息，然后让被试作出选择。如果被选择消息中态度一致的消息条目多于态度不同的消息条目就意味着选择性接触的存在。例如，延加和哈恩（Iyengar & Hahn，2009）的研究发现，民主党人选择 CNN（偏民主党）的概率要远高于 Fox 新闻（偏共和党），而共和党人的选择正好相反。

社交媒体为选择性接触和选择性分享提供了更为客观和自然的数据。研究者可以观察到用户在自然状态（而不是实验状态）下如何进行信息选择（自我报告往往不够准确）。通过观察用户如何转发他人帖子可以更为直接地估计该用户在多大程度上选择分享与自己意见一致的信息。不过，这样的数据也存在一个严重的问题。在问卷调查和实验中，实验者可以询问受访者或被试对某一议题固有的意见、意识形态、党派倾向等。在社交媒体数据中，我们很难知道某条消息包含何种观点，也很难知道某个用户持有何种观点。一个日渐普遍的做法是通过某种算法推断社交媒体用户的意识形态（左、中、右），然后计算转发在多大程度上发生在同一意识形态持有者之间。如果这个比例显著高于不同意识形态者之间的转发，那么选择性分享就可能存在。

因此，如何大规模自动化地估计社交媒体用户的意识形态成为回答这一问题的又一关键。政治学家们提出了不少估计意识形态的方法，这里介绍巴伯拉（Barberá，2015）提出的基于关注关系的估计方法。他的方法可以直接使用 R 中的 tweetscores 这个软件包。这个模型最根本的假设在于，如果用户关注了很多左派政治精英（如国会议员）和媒体（如 CNN），那么这个用户很可能是左派的。具体地，模型需要估计两个连续的潜变量（latent variables）：用户 i 的意识形态值 θ_i 和政治精英 j 的意识形态值 ϕ_j。用户是否关注政治精英是一个 0/1 的二分决定 Y。因此，用户 i 关注政治精英 j 的概率为：

$$P(y_{ij}=1)=logit^{-1}(\alpha_j+\beta_i-\gamma\|\theta_i-\phi_j\|^2) \qquad (7-1)$$

其中，α_j 表示政治精英的受欢迎程度（多大可能被别人关注），β_i 表示用户的活跃程度（关注了多少人），γ 是一个标准化常数，而 $\|\theta_i-\phi_j\|^2$ 表

示用户 i 和政治精英 j 的意识形态差异(或者距离)。根据这个公式,我们知道,当两者距离越大,该用户关注此政治精英的概率就越小。这个公式可以根据贝叶斯统计中 MCMC 的算法来估计各个参数,所需要的数据是用户关注政治精英的一个二分网络(bipartite network)。在具体应用中,我们关注 θ_i 的值。如果 $\theta_i > 0$,那么就更可能是右派;$\theta_i < 0$ 则意味着更可能是左派。对于所有扩散网络中的转发关系 $i \leftarrow j$,$\theta_i \theta_j > 0$ 意味着基于意识形态的选择性分享。

三、案例介绍

本章采用的案例为:

Liang, H. (2018). Broadcast versus viral spreading: The structure of diffusion cascades and selective sharing on social media. *Journal of Communication*, 68(3), 525-546.

在选择性分享和信息扩散的大背景下,本案例认为,信息扩散的方式可以影响选择性分享的程度。特别地,当信息传播遵循一对多的大众传播模式时,基于意识形态的选择性分享更可能发生;而病毒式传播会减弱选择性分享的趋势,从而让更多样的用户接触到这一消息。传统的选择性分享通常默认传播是通过广播模式进行的,从而估计有多少分享来自不同态度和意识形态。这种做法往往忽略了选择性分享的趋势可能随时间而变化。首先,基于意识形态的媒体选择可以增加人们对某一意识形态的认同,而这种认同又会增强人们对媒体选择的偏见。因此,选择性分享的趋势可能随时间而增强。其次,在线的舆论气候(opinion climate)也会增加用户选择性分享的可能性。社交媒体通常会实时显示转发、喜欢的次数,这有利于用户估计当时的舆论气候。如果很多人转发,那么赞同的用户会觉得这是一种合得来的舆论气候,从而更可能转发。基于此,本案例提出

假设一:不同意识形态之间转发的可能性会随时间而减小。

当信息通过病毒模式传播时,人际传播的作用就更为显著。研究证明,人与人之间的传播(如转发)更可能发生在一个联系相对紧密的社区里,而一个紧密社区往往意味着趋同性(如相同的意识形态)。在这样的环境里,不同意识形态之间的转发可能较难观察到。在大众传播时代,穆茨和马丁(Mutz & Martin, 2001)的研究就说明人们通过大众媒介看到的不同讯息要远多于人际传播网络。因此,有理由相信传播的深度与不同意识形态之间转发的可能性是负相关的:越是病毒式的传播,越可能发生相同意识形态者之间的分享。

然而,传播深度与选择性分享之间的关系也存在另外的解释。有研究认为,深度的传播更可能来自不同网络社区的用户(Weng, Menczer, & Ahn, 2013),转发者之间彼此更为不同,从而增加了不同意识形态之间转发的可能性。首先,在传播链条较深位置的转发者可能与帖子原作者有更大的社交距离(social distance),他们彼此并不熟悉,就算转发不同的意见也不会有太多不适,也较少受到选择性转发的影响,从而更可能转发不同意识形态的帖子。其次,如果一个用户来自不同的网络社区,那么这个用户与其他转发者之间的联系就会更少。总之,在传播链条深处,转发者可能来自不同社区,与其他转发者联系较少,从而更可能转发不同意识形态的讯息。因此,本案例提出

研究问题:不同意识形态之间的转发可能性与传播链条深度是正相关还是负相关?

假设二:上述可能存在的关系存在两个中介变量——社交距离和与其他转发者之间的联系程度(connectedness)。

四、研究设计

为了检验上述两个假设和回答上面的研究问题,一个理想的数据需要同时具备三个方面。第一,一些完整的传播链条。可以清楚地知道每一个转发者所处的深度。为了在统计上具有意义,需要有很多这样的传播链条。这不同于许多创新扩散研究只关注一个传播案例。第二,每个传播者的意识形态。这样才能判断每一个转发是否跨越了意识形态。第三,需要传播者之间的网络关系来测量社交距离和联系程度。使用问卷调查的方法很难获得完整的传播链条和传播者之间的网络关系,而实验方法很难得到很多

且具有代表性的传播链条。因此,社交媒体数据成为目前最好的选择。

本案例的数据来自Twitter。虽然其他社交媒体(如Facebook)理论上也存在这样的数据,但它们的数据并不那么开放,因而较难获得。中文社交媒体(如微博)也可以获得类似的转发链条,但在中国语境下很难界定意识形态,使得选择性分享较难测量。本案例的分析基于意识形态,因此,转发内容应当是与政治相关的。为了获得具有一定代表性的政治推文,本案例选择从美国国会议员的公共用户出发。基本假设是国会议员发的推文通常都与政治相关。理论上,研究者也可以随机选择推文(如通过streaming API),然后找出其中与政治相关的推文。不过,判断是否与政治相关这个过程并不容易,并且具有相当大的误差。

本案例第一步通过Twitter API获得了445个美国国会议员发送的1 081 787条推文,其中,78%是原始推文。为了更好地研究传播模式对选择性分享的影响,去掉转发少于5次的推文,因为这几乎很难有复杂的传播模式。另外,0.4%的推文有超过1 000次转发,这些非常流行的推文在现实中属于少数。最后,在剩下的271 779条原始推文中随机选择70 000条作为样本。第二步,通过API和Crimson Hexagon平台(https://www.crimsonhexagon.com/)进一步获得其中44 747条原始推文的942 395次转发。这些推文来自其中337个议员和297 566个Twitter用户。第三步,通过API获得所有用户的关注列表。关注列表将用于估计意识形态、重构传播网络,以及测量社交距离和联系程度等重要变量。

基于转发列表和关注列表,我们可以根据图7.1所示方法重构传播链条。同时,也可以使用tweetscores估计相应用户的意识形态。具体程序将在下文数据分析部分介绍。此外,对每一个传播网络中的所有用户,本案例根据关注关系构造两个变量:转发者是否关注了推文原作者(某个国会议员,原文中变量名为following),转发者有多少关注者也转发了这一条推文(connectedness)。是否关注原作者是社交距离的一个便利估计,关注为1,没关注则为0。不过,即使没直接关注,也可以通过朋友的朋友这样的关系联系起来。然而,计算任意两个用户之间有多少用户,这需要全网数据。

数据可以整理成类似于表7.1的格式。其中,每个推文ID代表一个完整的传播链条。表中最后一列(不同意识形态)表示该转发是否发生在不同意识形态者之间。不同意识形态是整个研究的因变量。而时间(顺序)、(传播)深度、关注原作者与否和联系程度为自变量。

表 7.1 最终数据格式

推文 ID	转发者	被转发者	时间	深度	关注原作者	联系程度	不同意识形态
1	U1	U2	1	1	1	2	0
1	U3	U4	2	1	1	1	0
1	U5	U6	3	1	1	3	0
1	U7	U8	4	2	0	4	1
2	U9	U10	1	1	1	2	0
2	U11	U12	2	1	1	1	0
2	U13	U14	3	2	1	1	1
3	U15	U16	4	3	0	1	0

上述变量之间的关系可以表示为图7.2。联系程度和关注原作者为中介变量。时间是一个重要的干扰变量,因为传播深度和时间可能是相关的——越深的通常也越晚发。本案例主要关注深度与不同意识形态间转发的关系,可以由一个 logistic 回归来完成。传播深度也意味着与原作者和其他用户疏远,从而增加不同意识形态间的转发。另外,数据是多层次的,每一个转发都镶嵌在不同的传播链条中。因此,图7.2需要通过一个多层中介模型(multilevel mediation model)来估计。

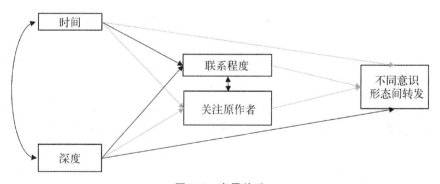

图 7.2 变量关系

五、数据分析

原始数据比较大,对计算机配置和时间都有所要求。作为示例,这里使用一个较小的样本(转发数为 55—60 的传播级联)。我们使用"retweets.Rdata"和"friends.Rdata"这两个数据(可在 GitHub 中找到)。retweets 包含 914 个原始推文的转发数据。这个数据通过 Twitter API 获得,包括转发者和被转发者的用户 ID(uid 和 retweeted_uid)、推文 ID(tweetid 和 retweeted_tweetid)、转发时间。retweets 数据中包含 36 883 个不同的用户。通过 API 进一步获得这些用户关注的用户。friends 数据中包含 76 493 353 个关注关系(ego 和 followees)。我们使用这两个数据构造出表 7.1 中的数据格式。

```
ary(dplyr)
("retweets.Rdata")
("friends.Rdata")
d(retweets)
##      uid         tweetid              retweeted_tweetid    retweeted_uid    time
1243   78063171    2259991334406453760   2259991221606680576  16789970         2012-07-19 16:31:47
1244   154334319   2259991402029449216   2259991221606680576  16789970         2012-07-19 16:32:03
1245   161279293   2259991465560596480   2259991221606680576  16789970         2012-07-19 16:32:18
1246   338594583   2259991499127615488   2259991221606680576  16789970         2012-07-19 16:32:26
1247   16098365    2259991613263007745   2259991221606680576  16789970         2012-07-19 16:32:53
1248   10069612    2259991637266993153   2259991221606680576  16789970         2012-07-19 16:32:59
head(friends)
      egos          followees
1     106433730     1.119635e+09
2     106433730     4.791041e+08
3     106433730     1.058673e+09
4     106433730     8.612972e+07
5     106433730     4.655795e+07
6     106433730     7.221371e+17
```

首先，我们根据图 7.1 的方法重构出 914 个传播链条。在进行网络重构前，需要对数据做一些准备工作。

```r
# 根据 tweetid 和 time 排序（早到晚）
retweets = arrange(retweets, retweeted_tweetid, time)

# 所有原始推文 ID,即被转发的 ID (retweeted_tweetid)
RTIDs = unique(retweets $ retweeted_tweetid)

# 所有涉及的用户 IDs
uids = unique(c(retweets $ uid, retweets $ retweeted_uid))

# 在重构网络中只有涉及用户之间的关系才有用,下面的代码挑出所有这些用户的关注关系
friends = friends %>%
    filter(egos % in % uids) %>%
    filter(followees % in % uids) %>%
    collect(n = Inf)
```

下面的代码可以实现传播链条的重构。

```r
diffNet = data.frame() # 重构网络并存于 diffNet 中

for (expl in RTIDs){
    # 对每一个被转发原始 ID,提取所有转推
    tpd = retweets[which(retweets $ retweeted_tweetid == expl),]

    # 然后提取所有涉及用户之间的关注关系
    alters = friends %>%
        filter(egos % in % tpd $ uid) %>%
```

```
filter(followees %in% tpd$uid) %>%
collect(n = Inf)

if (nrow(alters)>0){
# 如果涉及用户之间确实有关注关系（否则就是独立的转发者）
dn = merge(alters,tpd[,c('uid','time')],by.x = 'egos',by.y = 'uid')
dn = merge(dn,tpd[,c('uid','time')],by.x = 'followees',by.y = 'uid')
dn = dn[which(dn$time.x>dn$time.y),]
# 如果用户转发迟于他的关注者

if (nrow(dn)>0){
# 只有当用户转发迟于他的关注者时，他的关注者才可能成为转发的中介，否则就是直接转发的
dn = dn %>%
dplyr::group_by(egos)%>% dplyr::mutate(n = length(followees),maxt = max(time.y))
# n 表示有多少被关注者在此之前转发，maxt 表示最近/晚的一个
dn = dn[which(dn$time.y = = dn$maxt),] # 对所有非直接转发情况
dn = dn[,c('egos','followees','time.x','n')]
colnames(dn) = c('uid','retweeted_uid','time','n')
# 对所有直接转发情况
 rest = tpd[which(!tpd$uid %in% dn$uid),c('uid','retweeted_uid','time')]
rest$n = 1
# 两部分合在一起
tres = rbind(data.frame(dn,stringsAsFactors = F),rest)
tres = tres[order(tres$time),]
```

```
    } else {
      # 如果 dn 为空,假定所有都是直接转发
      tres = tpd[,c('uid','retweeted_uid','time')]
      tres $ n = 1
    }


  } else {
    # 如果 alter 里根本没有关注关系,假定所有都是直接转发
    tres = tpd[,c('uid','retweeted_uid','time')]
    tres $ n = 1
  }


  tres $ tids = expl  # 在 tres 中加入原始推文 ID 列

  diffNet = rbind(diffNet,tres)
}

head(diffNet)
##         uid    retweeted_uid         time              n      tids
## 110  78063171     16789970    2012-07-19 16:31:47    1    2259911216066680576
## 210  154334319    16789970    2012-07-19 16:32:03    1    2259911216066680576
## 310  161279293    16789970    2012-07-19 16:32:18    1    2259911216066680576
## 27   338594583    78063171    2012-07-19 16:32:26    1    2259911216066680576
## 51   16098365     16789970    2012-07-19 16:32:53    1    2259911216066680576
## 28   10069612     78063171    2012-07-19 16:32:59    1    2259911216066680576
```

上面的代码得到数据 diffNet:某个用户(uid)在某个时间(time)从另一用户(retweeted_uid)处转发了某个原始推文(tids)。根据这个数据,我们计算出每个转发在相应传播网络中的深度。

```r
library(igraph)
# 定义一个函数 depth 来计算深度

depth = function(i){
  # 选择一个传播网络
  n = diffNet[diffNet$tids == i, c("retweeted_uid","uid")]
  # 注意顺序!
  g = simplify(graph.data.frame(n, directed = T))
  # 用 igraph 的 distance 函数:相对于第一个 node 的距离就是深度
  ids = distances(g, mode = 'out')[1,]
  df = cbind(i, names(ids), ids)
  return(df)
}
diffD = matrix(ncol = 3)
tids = unique(diffNet$tids)
for (i in 1:length(tids)){
  diffD = rbind(diffD, depth(tids[i]))
  # print(i)
}
colnames(diffD) = c('tids','uid','depth')


diffD = data.frame(diffD, stringsAsFactors = F)
diffD = diffD[!is.na(diffD$uid),]
diffD$depth = as.numeric(paste(diffD$depth))
diffD$uid = as.numeric(paste(diffD$uid))


### 和 diffNet 合并
diffD = diffD %>% right_join(diffNet, by = c("uid" = "uid", "tids" = "tids"))
save(diffD, file = 'diffD.Rdata')
```

```
head(diffD)
##           tids              uid       depth  retweeted_uid    time                  n
## 1  2259911216066680576  78063171       1     16789970         2012-07-19 16:31:47   1
## 2  2259911216066680576  10069612       2     78063171         2012-07-19 16:32:59   1
## 3  2259911216066680576  85460092       3     10069612         2012-07-19 16:35:26   2
## 4  2259911216066680576  338594583      2     78063171         2012-07-19 16:32:26   1
## 5  2259911216066680576  23151593       3     10069612         2012-07-19 16:44:15   1
## 6  2259911216066680576  403667375      4     23151593         2012-07-19 16:45:19   4
```

其次,我们需要利用关注关系来估计所有用户的意识形态。

```
# 需要用户完整的关注关系
load("friends.Rdata")
# 需要 tweetscores 软件包: https://github.com/pablobarbera/twitter
_ideology,请根据说明安装
library(tweetscores)
# 所有 36 870 个用户
egos = unique(friends $ egos)
length(egos)
## [1] 36 870
```

软件包中的 estimateIdeology() 函数可以直接用来计算某个用户的意识形态。输入需要包括每个用户所有关注列表。下面定义一个便利方程。

```
tf = function(i){
  # 第 i 个用户
  ego = egos[i]
  # 第 i 个用户所有的关注用户
```

```
fr = friends %>% dplyr::filter(egos == ego) %>% dplyr::select(followees)
fr = unique(fr$followees)
fr = fr[!is.na(fr)]
# 默认方法为 MCMC,这里用 MLE - maximum likelihood estimation,要快一些
results = tryCatch(estimateIdeology(ego, fr, method = "MLE", verbose = F), error = function(e) e)
if(!inherits(results, "error")){
  ido = as.numeric(summary(results)[2,1])
} else {
  ido = NA # 如果有错,意识形态值为 NA
}
return(ido)
}
# 用第一个用户试一下
tf(1)
## 106433730 follows 26 elites: nytimes, JerryBrownGov, NancyPelosi, dccc, SenatorReid, SenGillibrand, SenateDems, SenatorBoxer, RepBecerra, SenFeinstein, brookebrower, chucktodd, damianpaletta, davidgregory, DoyleMcManus, edatpost, fivethirtyeight, JamesWagnerWP, JFKucinich, kasie, KellyO, MarkHalperin, mitchellreports, nprpolitics, NYTimeskrugman, washingtonpost
##         mean  sd   2.5%  25%   50%   75%   97.5% Rhat n.eff
## beta   -2.07 0.36 -2.82 -2.28 -2.04 -1.82 -1.33   1   200
## theta  -1.48 0.22 -1.92 -1.60 -1.48 -1.35 -1.02   1   200
## [1] -1.48
```

第一个用户的意识形态为 -1.48,负数表示这个用户可能是个左派。

从上面还能看到,这个用户关注了 26 个政治精英,包括《纽约时报》、民主党党魁南希·佩洛西(Nancy Pelosi)等。如果直接应用这个方程到 36 870 个用户,可能需要几天时间,虽然这只是原文数据的一个样本。为了节约时间,这个过程可以并行计算。在 R 中,使用 doParallel 的 foreach 功能很容易实现并行。

```r
library(tweetscores)
library(doParallel)
detectCores()  # 检查下自己电脑有多少核,这里有 64 个
## [1] 64
    cl = makeCluster(48)  # 选择一个值,需要用多少核
registerDoParallel(cl)

ideos = 
foreach ( i = 1: length (egos),. combine = rbind,. packages = c 
("tweetscores","dplyr")) %dopar%
{
 idy = tf(i)
 return(c(egos[i], idy))
}

stopCluster(cl)

ideology = as.data.frame(ideos)
colnames(ideology) = c("uid","ideology_scores")
```

意识形态存于 ideology 中。如图 7.3 所示,在这个统计结果里,左派用户数量明显多于右派用户。

```
head(ideology)
##              uid ideology_scores
## result.1 106433730     -1.48
## result.2 202450737      0.39
## result.3  29111020      0.91
## result.4 553164619      0.72
## result.5 522653287     -3.37
## result.6  16114035     -2.23
hist(ideology $ ideology)
```

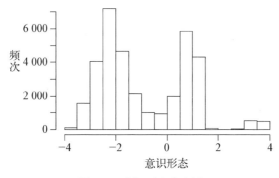

图 7.3　意识形态直方图

然后,我们需要计算两个作为中介变量的网络变量:联系程度和是否关注原作者。

```
# 联系程度即用户在某个传播网络中的出度(out-degree)
connectedness = function(tid){
  actors = unique(c(diffD $ retweeted_uid[diffD $ tids == tid],
        diffD $ uid[diffD $ tids == tid]))
  net = friends %>%
    filter(egos % in % actors) %>%
    filter(followees % in % actors) %>%
```

```
  collect(n = Inf)
 g = graph.data.frame(net,vertices = paste(actors),directed = T)
 g = simplify(g)

 out_degree = degree(g,mode = 'out') # 关注人数
 in_degree = degree(g,mode = 'in') # 被关注人数

 res = data.frame(cbind(out_degree,in_degree))
 res $ actors = as.numeric(names(out_degree))
 res $ tids = tid

 return (res)
}

library(doParallel)
cl = makeCluster(48)
registerDoParallel(cl)

tids = unique(diffD $ tids)
degs = foreach(i = 1:length(tids),.combine =
rbind,.packages = c("igraph","dplyr")) %dopar% {
  res = connectedness(tids[i])
  return (res)
  gc()
}
stopCluster(cl)
colnames(degs)[3] = "uid"
degs $ uid = as.numeric(degs $ uid)
```

注意,上面也用到了并行。下面计算每个转发者是否关注某个传播推文的原作者。

需要所有转推的原作者
```r
seedUIDs = retweets[,c("retweeted_tweetid","retweeted_uid")]
seedUIDs = seedUIDs[!duplicated(seedUIDs),]
colnames(seedUIDs) = c("tids","seedUID")
diffD = diffD %>% left_join(seedUIDs,by = "tids")
# 把原作者加入 diffD 数据集
save(diffD,file = "diffD.Rdata")
# 检查每个转发者是否关注原作者
ids = as.numeric(unique(diffD $ seedUID))
fllw = function(id){
  followers = friends %>%
    filter(followees = = id) %>%
    collect(n = Inf)
  actors = diffD $ uid[diffD $ seedUID = = id]
  tids = diffD $ tids[diffD $ seedUID = = id]
  following = actors % in % followers $ egos
  # 关注某个原作者的用户是否在转发者之列
  x = data.frame(actors,following,tids,stringsAsFactors = F)
  return (x)
}
followings = data.frame()
for (id in ids){
 res = fllw(id)
 followings = rbind(followings,res)
 # print(which(ids = = id))
}

# 去掉重复行
followings = followings[!duplicated(followings),]
colnames(followings) = c("uid","following","tids")
followings $ uid = as.numeric(followings $ uid)
```

最后,我们将传播网络 diffD、网络变量 followings 和 degs、意识形态 ideology 几个数据合并成类似表 7.1 的最终数据。

```
data = diffD %>% left_join(degs, by = c("uid" = "uid","tids" = "tids")) %>%
  left_join(followings, by = c("uid" = "uid","tids" = "tids")) %>%
  left_join(ideology, by = c("uid" = "uid")) %>%
  left_join(ideology, by = c("retweeted_uid" = "uid"))
colnames(data)[11:12] = c("ideology_uid","ideology_rtweeted_uid")

# 根据转发者和被转发者的意识形态判断是否是不同意识形态之间的转发
data$cross = ifelse(data$ideology_uid * data$ideology_rtweeted_uid<0,1,0)
# 意识形态是左还是右
data$party = ifelse(data$ideology_uid<0,"left","right")

# 时间顺序
data = data %>% group_by(tids) %>% mutate(time_order = 1:n())

table(data$cross)
    ##
##    0     1
## 45140  4819
head(data)
## # A tibble: 6 x 15
## # Groups:   tids [1]
##    tids      uid   depth  retweeted_uid  time                n  seedUID  out_degree
##    <chr>    <dbl>  <dbl>  <dbl>         <dttm>             <dbl>  <dbl>    <dbl>
## 1 2259~    7.81e7    1    16789970  2012-07-19 16:31:47    1   1.68e7     5
## 2 2259~    1.01e7    2    78063171  2012-07-19 16:32:59    1   1.68e7    11
```

```
## 3 2259~ 8.55e7      3    10069612 2012-07-19 16:35:26 2  1.68e7   8
## 4 2259~ 3.39e8      2    78063171 2012-07-19 16:32:26 1  1.68e7  11
## 5 2259~ 2.32e7      3    10069612 2012-07-19 16:44:15 1  1.68e7   3
## 6 2259~ 4.04e8      4    23151593 2012-07-19 16:45:19 4  1.68e7  11
## # ... with 7 more variables: in_degree <dbl>, following <lgl>,
## #   ideology_uid <dbl>, ideology_rtweeted_uid <dbl>, cross <dbl>, party <chr>,
## #   time_order <int>
```

为了回答上文的研究问题和检验相应假设，我们使用"data. Rdata"这个完整数据集。我们先计算跨意识形态转发比例如何随传播深度的变化而变化。

```
load("data.Rdata") # 全集见 GitHub

# 对不同的深度计算不同意识形态之间转发的概率
byD = data %>% dplyr::group_by(depth) %>% dplyr::summarise(cross = sum(cross),
                                                            N = length(tids),
                                                            cross_prob = cross/N)
library(ggplot2) # 用 ggplot 画图
ggplot(byD, aes(x = depth, y = cross_prob)) +
  geom_line() +
  geom_point() + ylim(0, 0.30) +
  xlab("传播深度") + ylab("跨意识形态转发比例")
```

图 7.4 显示，传播深度与跨意识形态转发比例正相关。不过，这并不足以证明传播深度与跨意识形态转发比例之间的关系。第一，这个计算是在整体层面的，即把所有传播网络放在一起考虑。这可能会导致生态谬误（ecological fallacy）。我们无法知道有多少传播链条满足跨意识形态转发

比例随深度增加这个规律。第二,传播深度和时间顺序可能是相关的,上述关系也可能只是反映了跨意识形态随时间的变化。因此,我们需要使用更严谨的分析方法——多层回归模型。

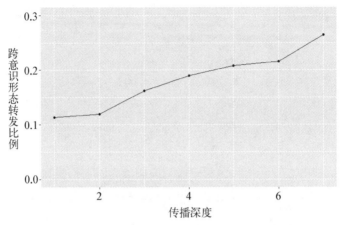

图 7.4　传播深度与跨意识形态转发比例的关系

library(lme4) # 多层模型软件包
library(sjPlot) # 可以生成一个如表 7.2 的表
library(sjstats) # 计算模型一些统计值
# 因变量为 CROSS,使用多层 logistic 回归,每一个 tid(传播级联)为一层。Lg_time 为时间序列取 log 值;lg_outdegree 为出度取 log 值。最后,1|tids 表示在多层回归模型中,tids 为一层;1 表示 random intercept,即每个 tid 的截距都不同。这个模型也叫随机截距模型
fit0 = **glmer**(cross ~ depth + lg_time + lg_outdegree + following + party + (1|tids),
　　　　data = data, family = **binomial**(link = "logit"))
# 因变量为联系程度的对数,这方便中介分析
med1 = **lmer**(lg_outdegree ~ depth + lg_time + following + party + (1|tids),
　　　　data = data)

```
# 因变量为是否关注原作者,这也是为了中介分析
med2 = glmer(following~depth + lg_time + lg_outdegree + party + (1|tids),
        data = data, family = binomial(link = "logit"))
```

下面的代码可以在 RStudio 中生成一个 HTML 的回归结果表（表7.2）。

```
tab_model(fit0, med1, med2, show.est = T, show.ci = F, show.icc = F,
show.se = T, show.aic = T, transform = NULL, digits = 3)
```

从表7.2中可以看到,传播深度(depth)与不同意识形态之间的转发(cross)成正相关(研究问题一),而时间(lg_time)与不同意识形态之间的转发成负相关(假设一)。同时,传播深度与联系程度(lg_outdegree)成正相关(传播越深的转发者与其他转发者联系越紧密),而联系程度又与不同意识形态之间的转发成负相关(假设二)。另外,传播深度意味着更不可能关注原作者(following),而关注原作者更不可能转发不同意识形态的推文(假设二)。这个关系可以概括为图7.2,其中,黑线表示正相关,灰线表示负相关。本案例还正式检验了两个中介变量的中介效果,这些效果用 Mplus 软件计算(Mplus 代码可以在 GitHub 链接中找到)。

六、案例小结

本案例最重要的发现在于传播结构可以影响选择性分享的趋势。在社交媒体上,信息的传播往往通过自己关注的好友来进行,自己接触的信息主要来自好友的分享。如果用户总是分享与自己观点一致的信息,那么用户就会被暴露于一个信息高度单一的过滤气泡中。具体而言,本研究证明,传播深度——意味着更可能是病毒式传播——有利于减弱这种同质性的分享趋势。但这并不意味着某个帖子被转发的时间越长、被转发得越多,跨意识

表 7.2 多层回归模型

Predictors	cross			lg_outdegree			following		
	Log-Odds	std. Error	p	Estimates	std. Error	p	Log-Odds	std. Error	p
(Intercept)	−1.602	0.016	<**0.001**	0.165	0.003	<**0.001**	1.841	0.012	<**0.001**
depth	0.139	0.007	<**0.001**	0.207	0.001	<**0.001**	−1.021	0.006	<**0.001**
lg_time	0.094	0.004	<**0.001**	0.057	0.001	<**0.001**	−0.567	0.003	<**0.001**
lg_outdegree	0.609	0.008	<**0.001**				1.606	0.006	<**0.001**
following	0.400	0.009	<**0.001**	0.436	0.001	<**0.001**			
party	0.013	0.009	0.138	0.039	0.002	<**0.001**	−0.206	0.008	<**0.001**
Random Effects									
σ^2	3.29			0.27			3.29		
τ_{00}	1.34 $_{\text{tids}}$			0.10 $_{\text{tids}}$			1.32 $_{\text{tids}}$		
N	44 674 $_{\text{tids}}$			44 674 $_{\text{tids}}$			44 674 $_{\text{tids}}$		
Observations	894 317			894 317			894 317		
Marginal R^2 / Conditional R^2	0.055 / 0.329			0.118 / 0.358			0.256 / 0.469		
AIC	563 307.733			1 462 057.278			933 939.679		

形态转发的比例就会越大。恰恰相反,研究证明,选择性分享的可能性随时间而增强。虽然传播深度只是刻画传播结构的众多指标之一,但这足以说明选择性分享并不是独立的,而是依赖于信息的传播模式。

研究还发现网络结构在整个过程中的作用。具体而言,那些在链条深处转发的用户,一方面的确不大可能关注原作者;另一方面,这些用户并非来自不同的社区,相反,他们与其他转发者的联系更加紧密。深度节点转发者的这两个特征对选择性分享有着不同的作用:与原作者的距离使得跨意识形态转发更成为可能,但与其他转发者的紧密联系又阻碍这种转发。这两种作用的相对大小可以影响传播深度对选择性分享趋势的影响程度。如果联系程度的作用更大,那么跨意识形态转发比例可能会随深度而减小。在美国国会议员的数据中,转发者之间的彼此联系相对较少,他们为了共同的兴趣连接在一起。本案例文章还收集了另一些政治议题数据。在这些数据集中,转发者之间的联系较多,而传播深度也的确减弱了(而不是增加)不同意识形态之间转发的趋势。

本案例的另一个启示在于,不管传播深度对选择性分享是促进还是抑制,这至少说明一对多的广播模式和人与人间的病毒式传播是不同的。前一种方式更像是传统大众传播的模式,一个极具影响力的用户可以得到他的关注者极大的关注;后一种方式更像人际传播模式,人们通过口耳相传的模式来扩散信息。许多研究者一直认为,社交媒体使得这两种模式的边界越来越模糊。但事实上,大众传播这种模式仍然是社交媒体上信息扩散的主流方式。更为重要的是,这两种模式可能意味着不同的结构和效果。对于舆论研究者而言,未来的舆论研究应该将信息传播模式和效果研究相结合。除了研究网络用户表达了什么之外(诸如支持还是反对),还应该研究信息或态度是如何在人群中传播的(一对多还是口耳相传),这种传播模式在整体上对舆论的演化又有什么影响。

七、参考文献

Bakshy, E., Messing, S., & Adamic, L. A. (2015). Exposure to ideologically diverse news and opinion on Facebook. *Science*, 348 (6239), 1130-1132.

Barberá, P. (2015). Birds of the same feather tweet together: Bayesian ideal point estimation using Twitter data. *Political Analysis*, 23(1), 76-91.

Brundidge, J. (2010). Encountering "difference" in the contemporary public sphere: The contribution of the Internet to the heterogeneity of political discussion networks. *Journal of Communication*, 60(4), 680-700.

Chaffee, S. H. (1975). The diffusion of political information. In Chaffee, S. H. (Ed.), *Political communication: Issues and strategies for research* (Vol. 4). Beverly Hills, CA: Sage.

Del Vicario, M., Bessi, A., Zollo, F., Petroni, F., Scala, A., Caldarelli, G., Stanley, H. E., & Quattrociocchi, W. (2016). The spreading of misinformation online. *Proceedings of the National Academy of Sciences*, 113(3), 554-559.

Deutschmann, P. J., & Danielson, W. A. (1960). Diffusion of knowledge of the major news story. *Journalism & Mass Communication Quarterly*, 37(3), 345-355.

Festinger, L. (1957). *A theory of cognitive dissonance* (Vol. 2). CA: Stanford University Press.

Fischer, P., Schulz-Hardt, S., & Frey, D. (2008). Selective exposure and information quantity: How different information quantities moderate decision makers' preference for consistent and inconsistent information. *Journal of Personality and Social Psychology*, 94(2), 231-244.

Goel, S., Anderson, A., Hofman, J., & Watts, D. J. (2016). The structural virality of online diffusion. *Management Science*, 62(1), 180-196.

Greenberg, B. S. (1964). Person-to-person communication in the diffusion of news events. *Journalism & Mass Communication Quarterly*, 41(4), 489-494.

Iyengar, S., & Hahn, K. S. (2009). Red media, blue media:

Evidence of ideological selectivity in media use. *Journal of Communication*, 59(1), 19-39.

Katz, E., Lazarsfeld, P. F., & Roper, E. (1955). *Personal influence: The part played by people in the flow of mass communications*. Glencoe, IL: The Free Press.

Kunda, Z. (1990). The case for motivated reasoning. *Psychological Bulletin*, 108(3), 480-498.

Lazarsfeld, P. F., Berelson, B., & Gaudet, H. (1948). *The people's choice: How the voter makes up his mind in a presidential campaign*. New York: Duell, Sloan & Pearce.

Liang, H. (2014). The organizational principles of online political discussion: A relational event stream model for analysis of web forum deliberation. *Human Communication Research*, 40(4), 483-507.

Liang, H. (2018). Broadcast versus viral spreading: The structure of diffusion cascades and selective sharing on social media. *Journal of Communication*, 68(3), 525-546.

Marwick, A. E., & Boyd, D. (2011). I tweet honestly, I tweet passionately: Twitter users, context collapse, and the imagined audience. *New Media & Society*, 13(1), 114-133.

Miller, D. C. (1945). A research note on mass communication. *American Sociological Review*, 10(5), 691-694.

Mutz, D. C. (2002). The consequences of cross-cutting networks for political participation. *American Journal of Political Science*, 46(4), 838-855.

Mutz, D. C., & Martin, P. S. (2001). Facilitating communication across lines of political difference: The role of mass media. *American Political Science Review*, 95(1), 97-114.

Schramm, W., & Carter, R. F. (1959). Effectiveness of a political telethon. *Public Opinion Quarterly*, 23(1), 121-127.

Stroud, N. J. (2010). Polarization and partisan selective exposure. *Journal of Communication*, 60(3), 556-576.

Weng, L., Menczer, F., & Ahn, Y. Y. (2013). Virality prediction and community structure in social networks. *Scientific Reports*, 3(1), 2522.

Ziemke, D. A. (1980). Selective exposure in a presidential campaign contingent on certainty and salience. *Annals of the International Communication Association*, 4(1), 497-511.

八、延伸阅读

[1] Defleur, M. L. (1987). The growth and decline of research on the diffusion of the news, 1945-1985. *Communication Research*, 14(1), 109-130.

德弗勒(Defleur)这篇经典文章总结了早期传播学研究中新闻扩散的经验研究。新闻扩散与创新扩散不尽相同。进入20世纪80年代,这一研究范式式微,但许多结论对今日信息扩散研究仍有非常重要的借鉴意义。

[2] Stroud, N. J. (2011). *Niche news: The politics of news choice*. Oxford, England: Oxford University Press.

斯特劳德(Stroud)在选择性接触和政治传播领域做过许多重要的经验研究。该书不仅是对她过往研究的一个总结,更是对这一领域的延伸和反思。该书是了解选择性接触理论和经验研究(特别是党派新闻)的必读书目之一。

[3] Liang, H. (2021). Decreasing social contagion effects in diffusion cascades: Modeling message spreading on social media. *Telematics and Informatics*, 62.

这篇文章是本章作者在案例文章之后的后续研究。文章回顾了两种信息扩散的经验模型:用户中心和传播链条中心的方法。在此基础上,作者提出按关注者匹配的方法将两种模型结合起来,并发现案例文章中的发现只是更广泛规律下的一个特例。

[4] Zhang, Z. K., Liu, C., Zhan, X. X., Lu, X., Zhang, C. X., & Zhang, Y. C.(2016). Dynamics of information diffusion and its applications on complex networks. *Physics Reports*, 651, 1-34.

本章内容主要集中介绍了信息扩散的经验模型,几乎没有提及数理模型。这篇文章则非常详细地总结了信息扩散的各种模型,特别是对门槛模型、传染病模型的介绍,非常适合对数学建模感兴趣的读者。这些内容是对本章的必要补充。

[5] tweetscores：https://github.com/pablobarbera/twitter_ideology

Tweetscores 是一个自动估计 Twitter 用户意识形态的 R 软件包。完整的数理模型可以在作者 2015 年的论文中找到(Barberá,2015)。虽然理论上这个模型适用于不同国家的用户,但实际上这个软件包主要适用于美国用户。作者仍在持续更新模型数据。

[6] lme4 package for multilevel models：https://cran.r-project.org/web/packages/lme4/index.html

lme4 是现今最流行,也是功能最齐全的 R 多层模型软件包。该软件包不仅可以估计简单线性模型,还可以估计复杂的广义线性模型(GLM)。该软件包关键部分在 C++中运算,速度快。

九、数据代码

完整代码见 GitHub 链接：https://github.com/rainfireliang/CPOR/tree/main/Liang%20(2018)

十、思维导图

第七章 网络舆论中的信息扩散：选择性分享

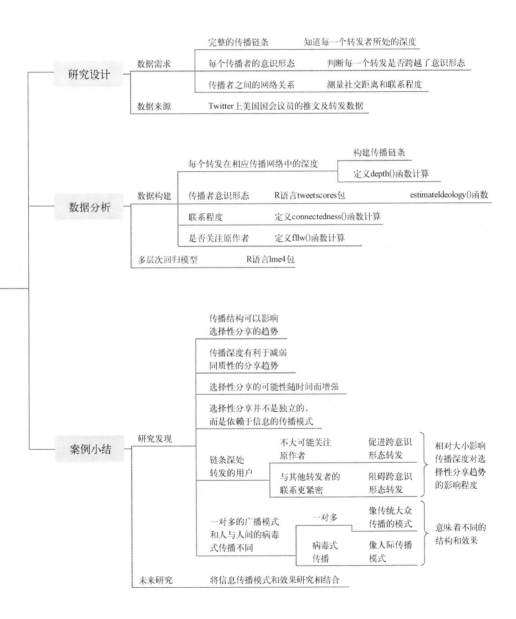

第八章

网络舆论演化动力学：模型构建与分析方法*

一、理论背景

我们对某些事件或事物的看法、观点或意见并非与生俱来，也并非一成不变，而是我们与其他人之间及与环境之间相互作用的产物（Albarracin & Shavitt，2018；Falk & Scholz，2018）。一个人观点形成的主要方式在年幼时主要受家庭和学校的影响，在年长时主要受工作场所、同龄人和媒体的影响（Siegel，2013）。

在社会网络中，他人的言辞、行为等对个体的思想、观点、态度或行为所产生的影响和效果被称为社会影响。上述家庭、学校、媒体的影响都可以看作社会影响。社会心理学认为，存在两种社会影响（Cialdini & Goldstein，2004；Burnkrant & Cousineau，1975）：一是信息性（informational）社会影响，表示我们想知道正确情况的需要；二是规范性（normative）社会影响，表示希望被接受的需要。前者是指，当我们遇到不熟悉的情况时，往往相信有些有经验的人，他们对这种情况的解释比我们自己的解释更可靠，并将这些人的观点视为指导我们行为的信息来源。在这里，信息性指他们提供了关于某种情况的正确信息。后者则认为，有时候我们为了获得他人的信任、接纳或正面评价，不得不在口头上改变自己的观点，以与他人保持一致。这类影响会导致个人公开顺从团体的信念和行为，但未必会导致个人私下的顺从。换言之，迫于某种社会压力，我们不得不在口头上顺从别人的观点，但

---

* 本章作者为胡海波。获得国家自然科学基金项目（批准号：61973121）的资助。

内心其实并不同意这种观点。

在社会网络中,由于个体之间观点、决策或行为的影响,以及外界公共信息的影响,人群中对某些特定事件或事物所持的观点会随时间逐渐形成和演化,对这种现象的研究即为舆论演化动力学,或简称舆论动力学。近年来,已有不少综述对该研究领域进行了细致的总结和评论(Castellano et al., 2009;Acemoglu & Ozdaglar,2011;王龙等,2018;Anderson & Ye,2019;周葆华,2019;向安玲等,2020;Noorazar,2020)。该领域的研究多聚焦于信息性社会影响,揭示了不同因素对动力学过程和最终结果的影响。研究发现,对于某些动力学模型,引入大众媒介的影响后不仅未能使个体的观点同化,反而会增加观点的多样性,这与直觉及传统传播学理论相悖(Shibanai et al., 2001;Peres & Fontanari,2010,2011)。规范性社会影响的研究发现,当社会网络中存在固执个体时,他们对普通个体私人观点的表达会起较明显的抑制作用,普通个体的私人观点和公开观点会出现较大差异(Anderson & Ye,2019;Ye et al., 2019;向安玲等,2020;Noorazar,2020)。

舆论演化动力学作为一个跨学科的领域,社会科学研究者往往通过实证方法对之进行研究。例如,通过民意调查和问卷调查,研究个体或群体对某些事件的观点及影响因素,长时间跨度的纵向调查可以进一步探索观点的演变。计算机科学研究者则利用情感分析、观点挖掘的算法,从大量在线用户数据中提取用户观点及演变(Yadollahi et al., 2017;Liu,2020)。他们对实证研究的关注与传统社会科学一致。研究发现,在社交媒体中,两级传播理论仍然适用,但表现出更加多样化的传播模式:信息可以直接从媒体到达普通用户而无须经过意见领袖,意见领袖或普通用户也可以率先发起信息传播,甚至整个过程中并无媒体参与(Hilbert et al., 2017;Cha et al., 2012)。

需要指出的是,一般意义上的舆论动力学研究限定于模型,本章不准备介绍关于舆论演变的实证研究,而主要介绍舆论动力学理论模型。这些模型建立在社会影响的基础上,其基本假设是,初始时社会网络中每个个体对某事件都有一个初始观点,之后,在每个时间步(timestep)[①],个体按预先设定的规则更新自己的观点。如果所有个体同时更新,则为同步更新;如果每次

[①] 一个时间步是指模型中时间由 t 变为 $t+1$。当 t 为某值时,选定的个体按规则更新观点,之后,t 变为 $t+1$,新选定的个体更新观点。

只有一个个体更新,则为异步更新。可以随机选择要更新的个体,也可以根据特定规则选择。个体在更新观点时,会考虑邻居个体和自身的影响。个体的新观点可能从邻居中随机选择,也可能选择邻居中最流行的观点,或者取自身和邻居观点的均值。模型可以得到最终个体们的观点达成一致或多观点共存的条件,以及共存情况下各观点的分布。模型规则虽然多来源于社会科学理论,但比社会科学中的"机制"要弱化得多,更像是一种"操作步骤",给出了先做什么、再做什么、最后做什么的流程。受制于实证研究在揭示影响机制上的局限,这些规则可能缺乏现实依据,也可能会漏掉影响舆论演化的关键因素。

不同学科研究舆论动力学时的侧重点存在差异。社会科学领域的研究更关注观点演化或变迁的社会机制,因此,模型规则的设置往往更复杂。相对于自然科学和工程领域的早期工作聚焦于一致态,社会科学并不太关心个体们的观点最终是否会一致。诚然,尽管一致是社群动力学的重要特征之一,日常生活中存在很多需要在个体间达成一致的场合,但是现实中观点不一致的情况可能出现得更频繁。例如,对同一条新闻,每个人的反应和态度不尽相同。个体的复杂性使得个体与个体之间一致或不一致的动态过程也变得非常复杂,理解影响这个过程的因素就变得尤为重要。

自然科学,主要是数理科学领域,注重的则是舆论演化的动力学,即舆论变化的过程。其目标是定义个体观点演变的规则,以更好地理解现实中不同舆论的形成和演化过程。模型规则的设置往往较为简单。这类研究尤为关注数理科学中的一些重要概念,如非平衡、相变等在舆论动力学中的应用。控制科学领域的研究并不一定将舆论动力学中的个体视为个人,而是将个体视为更一般的智能体,可能是无人机或机器人,因而更关注在什么条件下个体们的状态会一致。例如,在编队控制中,需要让多架无人机的飞行速度和方向保持一致。因此,在规则设置上不会局限于社会机制[①]。

---

① 自然科学和工程领域的学者关注自然世界中的各种秩序(order),比如蟋蟀鸣叫或观众鼓掌的同步、鸟群或鱼群的整体同步运动,或者传感器或无人机状态或姿态的一致。21世纪初,这些研究渐渐形成三个成熟的领域:同步(synchronization)、一致(consensus)和群集(flocking)。受这些领域的影响,自然科学和控制科学领域舆论动力学研究早期的工作聚焦于一致态,包括达成一致的条件、速度及每种观点成为一致态的概率等。近年来,考虑到只关注一致的模型过于片面,忽视了现实世界的复杂性,研究者们开始提出各种终态不一致的模型。而社会科学领域,据笔者所知,在研究中似乎并没有追求一致的预设。

二、方法背景

舆论动力学模型按照个体的观点或状态取离散值(例如,支持还是反对)还是连续值(例如,1—100 代表支持的程度)可分为两类:一是离散状态舆论动力学模型;二是连续状态舆论动力学模型。在为现实问题建模时,如果可选观点是离散的,则选择前者;如果可选观点是连续的,则选择后者。虽然两类模型都可以通过数学解析或数值模拟的方法进行分析,但离散状态的模型解析求解并不比连续状态的模型解析求解更容易。

1. 离散状态舆论动力学模型

在离散状态舆论动力学模型中,个体的观点或状态可以用数字来表示,常见的是二元观点或选择,例如餐饮时的咖啡或茶、股票交易时的买或卖等。除了二元观点,现实中还存在可选择的观点数超过 2 的情况,例如购买某种品牌的商品或多党制国家中的选举等。在这些情况下,个体的观点或状态 s_i 均可用有限数量的数字(一般为整数)来表示 $s_i=1,2,\cdots,I(I \geqslant 2)$,因而称之为离散状态舆论动力学。数字仅为区分不同的观点,并不表示顺序大小。

在舆论动力学中,个体受外界社会的影响或内部的相互作用而改变自己的状态,这种影响通常建立在多数者规则(majority rule)或模仿规则(imitation rule)的基础上。一般而言,动态过程最后,每个个体的状态将相同,即达成一致。该状态也被称为"吸收态"。"吸收"的意思是,一旦系统进入该状态,将一直保持该状态,不会脱离出去。

一个重要的离散状态舆论动力学模型是投票模型(voter model),它最初被用来研究物种之间的竞争(Clifford & Sudbury, 1973; Holley & Liggett, 1975)。尽管它是对现实观点演化过程的一个粗糙的描述,但由于可以精确求解,因而在学术界非常流行。投票模型的定义很简单:在社会网络中,初始时每个个体的状态是二元变量 $s=\pm 1$ 之一,个人的某些私人信息或生活经验塑造了其初始观点,在每一时间步,随机选择一个个体 i 和他/她的一个邻居节点 j,并更新其状态为 $s_i=s_j$,即个体模仿他/她的邻居的状态。在该模型中,每个个体的状态相同,是吸收态,任何有限数量个体的互动都会使状态达到一致。该模型在现实中的类比是,当我们在某种缺乏信息的情境下作决策时,虽然自己有初步的观点,但会咨询好友的意见,因为好友可能对该情境更有经验;我们咨询一位好友的意见,认可并接受了他/她的观点。投票模型可从二元观点扩展到多观点,它的可靠性得到了实证数据的支持(Fernández-Gracia et al., 2014;Das et al., 2014)。

除了投票模型外,还有其他离散状态舆论动力学模型,如 Axelrod 模型(Axelrod,1997)、Sznajd 模型(Sznajd-Weron & Sznajd, 2000)和塞尔日·加兰(Serge Galam)的多数者规则模型(majority rule model)(Galam, 2002)等。

Axelrod 模型是文化动力学的一种,模型中每个人的观点不是一个标量而是一个向量。它在社会科学中取得成功的原因在于纳入了两种机制——社会影响和趋同性(homophily),这两种机制是理解文化同化和多样性的基础。社会影响意味着个体在互动时倾向于变得更加相似;趋同性则意味着个体间的相似性会导致互相吸引,进而使他们的互动更加频繁。这两种因素会产生一种自我强化的动力,导致整个社会收敛至单一文化。而在某些情况下,该模型预测了文化多样性的持久性(Axelrod,1997)。

模型的定义如下。社会网络中每个个体的观点或状态用 F 个整数变量表示 $(\sigma_1, \cdots, \sigma_F)$,它可被看作一个长度为 F 的向量。整数变量可取 q 个不同的值,即 $\sigma_f = 0, 1, \cdots, q-1$。这些变量被称为文化特征(feature),$q$ 是每个特征允许的特点(trait)数。之所以用向量表示,是因为它可以表示个体对不同事件的观点。在一个时间步,随机选择个体 i 和他/她的邻居 j,之后,计算他们之间特征的重叠或相似性,即相同的特点的比例 ω_{ij}。以概率[①]ω_{ij} 随机选择二者之间不同的一个特征,并将邻居 j 的该特点设置为与 i 一致,即 $\sigma_f(j) = \sigma_f(i)$。这意味着,在交互时,一个个体影响另一个,导致后者在随机选择的不同的特点上采用前者的特点。而以概率 $1-\omega_{ij}$ 不做任何更新。

该模型的规则倾向于让互动的个体变得更加相似,并且这种互动更有可能发生在相似的个体之间。当两个个体之间没有任何相似之处时,互动不会发生——这与现实生活经验一致。个体和他/她的邻居最终有两种稳

[①] 以概率指随机选择二者之间不同的一个特征的可能性。在计算机仿真时,生成一个均匀分布的随机数,若该数小于 ω_{ij},则进行观点的更新,否则不做任何更新。

定的场景：或者他们的各个特点完全相同，从而属于同一文化区域；或者他们的各个特点完全不同，从而位于不同文化区域之间的边界上。从一个无序初始状态开始(例如，每个个体的特点值呈均匀随机分布)，在任何有限社会网络上的观点演化不可避免地进入了某一吸收态。这些吸收态可分为两类：有序状态，即所有个体有相同的特点；更多的则是无序的"冻结"状态，其中不同的文化区域共存。

Sznajd 模型的基本原理是两个或更多的人来说服一个人往往比单个人要容易。Sznajd 模型有两个版本，在最常见的版本中，个体占据线性链的位置，并且有二进制的观点。一对相邻的个体 i 和 $i+1$ 决定了他们的两个最接近的邻居 $i-1$ 和 $i+2$ 的观点，即如果 $s_i=s_{i+1}$，那么 $s_{i-1}=s_i=s_{i+1}=s_{i+2}$。因此，如果这对个体拥有相同的观点，他们就会成功地将自己的观点施加给他们的邻居。而当 $s_i \neq s_{i+1}$，个体对的邻居会维持他们原来的观点。

多数者规则模型的基本规则是，在由 N 个个体组成的社群中，每个个体可取二元观点，设持有观点 $+1$ 的个体比例为 p_+，持有观点 -1 的个体比例为 $p_-=1-p_+$。假设所有个体间均可以相互交流，此时构成的社会网络是一个完全图。在每次迭代中，随机选择 r 个个体组成小组(讨论组)。由于个体间的交互作用，每个个体都更新为初始时占比最高的观点，即所有个体都将持有初始时组内的多数意见。该模型可用来描述公共辩论。

目前，离散状态舆论动力学方面的研究多集中在投票模型和 Axelrod 模型，前者提出了各种面向更一般的场景或特定场景的拓展模型，例如考虑有向、加权的社会网络，利用数学解析或计算机数值模拟的方法进行研究；后者由于模型较为复杂，解析求解非常困难，故多采用数值模拟的方法进行分析。总之，在模型选择上，如果研究问题中个体的观点取离散值，当考虑个体对单一事件观点的演变时，可选择投票模型；当考虑个体对不同事件观点的演变时，可选择 Axelrod 模型。

2. 连续状态舆论动力学模型

在某些场合下，个体的观点除了可以取离散值，也可以从一个极端连续地变化到另一个极端，即可以取连续值。例如，个体的政治倾向并不仅仅局限于极左或极右，而是可以在两者之间平滑过渡；对某一产品的评价并非仅限于正面与负面，还包含两者之间的所有可能。离散状态舆论动力学中的一些概念在连续状态舆论动力学中会失效，因此，连续情况需要一种不同于离散的研究框架。目前,几种重要的连续状态舆论动力学模型有 DeGroot 模型(DeGroot,1974)、Friedkin 模型(Friedkin & Johnsen,1990)、Deffuant 模型(Deffuant et al.,2000)和 Hegselmann‐Krause(HK)模型 (Hegselmann & Krause,2002)。

  DeGroot 模型的思想最初由弗伦奇(French)和哈拉里(Harary)提出,后来德格罗(DeGroot)给出了一般形式的阐述。在该模型中,最初每个人都对某个共同感兴趣的问题有自己的观点,例如某一事件发生的可能性。假设社会网络中个体总数为 N,那么所有个体的初始观点可用 N 维向量 $\mathbf{p}(0) = (p_1(0), \cdots, p_N(0))$ 表示,并且 $p_i(0)$ 位于区间 $[0,1]$ 内。在每一个时间步,每个个体与社会网络中的邻居节点进行交流,并且同步更新自己的观点,新观点是他/她的邻居节点前一时间步观点的加权平均。该模型本身已经考虑社会影响的方向性和权重,也考虑了个体自身的影响,个体间交互作用的强度可用 $N \times N$ 的非负矩阵 $\mathbf{W}$ 来表示。

  图 8.1 给出了一个包含 $N=3$ 节点的社会网络和对应的影响矩阵 $\mathbf{W}$,箭头指向表示受谁的影响,箭头上的数字表示影响权重。w_{ij} 表示个体 i 在下一时间步的观点中赋予个体 j 当前观点的权重或信任度,即表示 j 对 i 的影响权重。我们对权重进行归一化,使得不同个体对某一特定个体的影响权重之和为 1,这意味着 $\mathbf{W}$ 中每一行各项和为 1,即 $\mathbf{W}$ 为一个行随机矩阵。

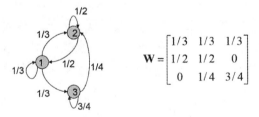

图 8.1 社会网络和对应的影响矩阵 $\mathbf{W}$

个体观点随时间的变化而同步更新,即

$$\mathbf{p}(t) = \mathbf{W}\mathbf{p}(t-1) = \mathbf{W}\mathbf{W}\mathbf{p}(t-2) = \cdots = \mathbf{W}^t \mathbf{p}(0) \tag{8-1}$$

  DeGroot 模型规则简单,易于处理,此外,该模型在 $t \to \infty$ 时的极限特性不仅有助于理解观点演化,而且是计算网络中每个个体影响力的基础。

该模型,或更一般的多智能体一致性问题,与谷歌的 PageRank 算法有密切的关系。该模型的合理性有经济学上的考量(DeMarzo et al.,2003;Golub & Jackson,2010),也有不少实证研究对它的可靠性进行了探讨(Lorenz et al.,2011;Corazzini et al.,2012;Brandts et al.,2015;Becker et al.,2017;Dippong et al.,2017;Kao et al.,2018)。

Friedkin 模型类似于 DeGroot 模型,因而有时也将两者合称为 DeGroot-Friedkin 模型。它与 DeGroot 模型不同的地方在于,不仅考虑了邻居个体的影响,也考虑了自身初始观点的影响,即

$$\mathbf{p}(t) = \mathbf{A}\mathbf{W}\mathbf{p}(t-1) + (\mathbf{I}-\mathbf{A})\mathbf{p}(0) \tag{8-2}$$

式中 $\mathbf{A}$ 为对角阵,$\mathbf{A} = diag\{a_{11}, a_{22}, \cdots, a_{nn}\}$,$0 \leqslant a_{ii} \leqslant 1$,$\mathbf{A}$ 刻画了来自邻居的影响;$\mathbf{I}$ 为单位矩阵,而 $(\mathbf{I}-\mathbf{A})$ 刻画了自身初始观点的影响。$a_{ii} = 0$ 表示个体 i 仅受其初始观点的影响,即观点始终保持不变,他/她可被视为固执个体;$a_{ii} = 1$ 则表示迭代过程中个体 i 不受其初始观点的影响。若 $(\mathbf{I}-\mathbf{A}) = \mathbf{0}$,则 Friedkin 模型退化为 DeGroot 模型。

在连续状态舆论动力学中,初始时个体的状态由某一区间内的实数表示。相对于离散情况,初始时所有的个体通常都具有完全不同的状态,动力学演化的最终稳态也往往更为复杂:可能存在一种(一致态)或两种(两极分化态)状态,也可能存在多种状态共存(分裂态)的情形。理论上,不管个体们的状态如何,每个个体都可与他/她的邻居相互作用;而现实生活中,人与人之间的交流仅仅局限于彼此观念相差不是很大的群体,相差太大会导致没有共同语言。人际交流的这一特性被称为有界信任(bounded confidence)。在模型中,通常引入一实数 ε,一个观点为 s 的个体仅能与观点在区间 $[s-\varepsilon, s+\varepsilon]$ 内的邻居个体相互作用,ε 被称为不确定度或容忍度。

两种考虑有界信任的连续状态舆论动力学模型是 Deffuant 模型和 HK 模型。Deffuant 模型的规则如下。考虑一个社会网络,初始时网络上的每个个体 i 被赋予一个在 $[0,1]$ 区间内随机选择的观点 s_i。在每一个时间步,随机选择的一个个体与他/她的一个邻居相互讨论。令 i 和 j 为 t 时刻相互交流的两个个体,其观点分别为 $s_i(t)$ 和 $s_j(t)$。若 $s_i(t)$ 和 $s_j(t)$ 的差值的绝对值超过 ε,则个体观点不发生变化;若 $|s_i(t) - s_j(t)| < \varepsilon$,则

$$\begin{cases} s_i(t+1)=s_i(t)+\mu[s_j(t)-s_i(t)] \\ s_j(t+1)=s_j(t)+\mu[s_i(t)-s_j(t)] \end{cases} \quad (8-3)$$

μ 被称为收敛参数，其值在[0，1/2]区间。Deffuant 模型基于一种妥协策略，经过一轮交流或辩论后，相互作用的两个个体的观点以相对量 μ 互相接近对方。若 $\mu=1/2$，两个个体的观点将收敛至两者辩论前的均值。对于任意的 ε 和 μ，相互作用前后两个个体的观点的均值相同，因而整个社会网络中所有个体的观点的均值(1/2)是 Deffuant 模型的一个全局不变量。

HK 模型非常类似于 Deffuant 模型，不同之处在于更新规则。在 Deffuant 模型中，个体 i 仅与满足条件的一个邻居相互作用；而在 HK 模型中，i 同时与满足条件的所有邻居相互作用。Deffuant 模型适合描述大群体中的舆论动力学，个体只是小规模地（一般是两两之间）进行观念互动；而 HK 模型适合描述比较正式的会议，在同一时间，很多人可以进行有效的交流。在社会网络中，HK 模型中个体 i 的观点在时间 t 的更新规则为

$$s_i(t+1)=\sum_{j:\,|s_i(t)-s_j(t)|<\varepsilon} a_{ij}s_j(t) \Big/ \sum_{j:\,|s_i(t)-s_j(t)|<\varepsilon} a_{ij} \quad (8-4)$$

式中 a_{ij} 表示社会网络邻接矩阵中的元素。可见，i 取他/她的符合条件的邻居状态的均值。若取消有界信任的限制，HK 模型将类似于 DeGroot 模型。HK 模型完全由 ε 决定，而在 Deffuant 模型中，除了 ε，我们还必须确定收敛参数 μ。HK 模型演化的结果类似于 Deffuant 模型，随着 ε 的增大，最终剩余的观点簇的数量将减少。特别地，当 ε 超过某一阈值 ε_c 时，网络中将仅仅存在一个观点簇，即所有人的观点达成一致。

在连续状态舆论动力学方面，DeGroot 模型和 Friedkin 模型及其拓展模型由于规则较为简单，多利用数学解析的方法进行研究，而 Deffuant 模型和 HK 模型较为复杂，解析求解和数值模拟的方法均得到了广泛应用。在模型选择上，如果研究问题中个体的观点取连续值，当不考虑有界信任时，可选择 DeGroot 模型和 Friedkin 模型；当考虑有界信任时，可选择 Deffuant 模型和 HK 模型。通过适当的扩展，它们可以研究对单一事件观点和不同事件观点的演变(Friedkin et al.，2016)。

一般而言，在方法上，我们利用基于智能体的模型(agent-based model，简称 ABM)来研究舆论动力学。模型是要研究的系统的简化数学表示。在

实际系统中，很多特征可能都很重要，但并不是所有特征都应该被包含在模型中，只有那些在解释观察到的现象方面起着重要作用的少数相关特征才应该被保留。模型中的个体往往是均质的，个体间不存在社会学属性上的显著差异，例如不区分性别、年龄、学历等。模型规则的设置也较为简单，个体通过预先设定的规则相互作用，这样的模型往往可以用数学工具解析求解。为了能够再现现实现象的更多特征，我们需要考虑个体在不同属性上的差异，并设置更复杂且更符合现实场景的模型规则，在任何给定的时间，个体根据其当前的状态、周围世界的情况和支配其行为的规则来更新自己的行为或状态，这样的模型被称为仿真（simulation）。仿真无法解析求解，只能利用计算机数值模拟进行研究。一个好的仿真应该包含尽可能多的细节，而一个好的模型应该包含尽可能少的细节。

可解析的理论模型的缺点在于，为了便于解析分析，必须极大地简化模型，模型假设通常是为了分析的可处理性，而不是为了与现实一致。在这种情况下，计算机模拟可以提供更普遍的、解析分析难以处理的情况下的结果，看这些结果是否与可以解析处理的更简单情况下的结果一致。而仿真的缺点，一是无法解析，对所研究的问题难以形成更深刻的见解；二是由于面向特定场景，因而很难将结论一般化，难以发现一般性的规律和机制。

在舆论动力学研究中，根据研究对象、场景和目的的不同，可以选择利用可解析的模型或计算机仿真进行研究。通过设定初始状态和规则，我们希望再现现实中的舆论演化过程。这些规则是社会科学中已经揭示的机制或需要回答的理论问题，例如：个体的哪些特质会影响其说服力？哪些特质又会影响其改变观点的倾向？在很大程度上，模型的质量取决于对社会机制的深刻理解。从这个角度讲，社会科学在机制研究上的优势和贡献对于舆论动力学模型至关重要。

三、案例介绍

本章采用的案例为：

Hu, H., & Zhu, J. J. H. (2017). Social networks, mass media and public opinions. *Journal of Economic Interaction and Coordination*,

12(2), 393-411.

在现实生活中,我们的观点既会受社会网络中朋友圈言论的影响,也会受我们在电视、广播、互联网和印刷品等大众媒介上观看或阅读的内容的影响。这些观点可以是关于消费品、生活方式或名人之类的话题,观点的变化会影响我们的决策和行为方式。以往的研究聚焦于社会网络对个人观点的影响,而大众媒介和社会网络对观点的共同影响,即便是在简单场景下的影响,仍缺乏充分的探讨。本案例提出了一个改进的多状态投票模型,对该问题进行了研究。

在模型中,个体可以与网络中的邻居和大众媒介交互。我们定义参数 $P \in [0, 1]$ 来测量与局部相互作用相比大众媒介的相对强度。为简单起见,假设 P 从一开始就是均匀和恒定的,即大众媒介信息以相同的强度到达所有个体,如全局性的广播。初始时我们随机选择一个目标个体,他/她以概率 P 与媒体互动,或以概率 $1-P$ 与邻居互动。

在线用户实验表明,一些用户表现出固执的行为(Das et al., 2014),他们的观点不会随着时间的推移而改变。因此,我们假设在社会网络中,除了常规的受媒体和社交圈影响的个体外,也存在始终坚持自己原有观点的固执个体。这些固执个体可以代表有影响力的人或意见领袖,他们可以影响朋友,然而朋友和媒体不会影响他们的观点。

多状态投票模型运行的载体是一个有 N 个节点连通、无向和无权的社会网络。假设初始时不同观点的总数为 $I \geqslant 2$,个体可以持有的观点、意见或态度为离散值 $i = 1, 2, \cdots, I$,这些不同的观点是等价、互斥的。初始时,每个个体被随机分配一种观点。个体异步更新自己的观点,即在每个时间步,首先随机选择一个要更新观点的个体,然后随机选择该个体的一个邻居个体,最后设置个体的新观点与邻居一致。我们对模型进行了改进,引入固执个体并考虑媒体的影响。假设媒体所持观点为 m,并且 $1 \leqslant m \leqslant I$,观点更新规则描述如下。我们先将部分个体设为固执个体,其他个体为非固执或普通个体,普通个体仍然异步更新他们的观点。在每一个时间步,我们随机选择一个个体。如果该个体为固执个体,则什么也不会发生;如果该个体为普通个体,他/她会更新其观点。当一个普通个体更新自己的观点时,该个体以概率 P 选择媒体观点作为自己的新观点,以概率 $1-P$ 随机

第八章 网络舆论演化动力学：模型构建与分析方法

选择自己的一个朋友（邻居节点）的观点，并将新观点设为与该朋友的观点一致。

可见，在模型中，通过控制媒体强度和固执个体的数量与分布，我们不仅可以分析两级传播情景下的舆论演化，还可以分析其他更多样化场景下的舆论演变。例如，个体的观点直接来自媒体而非意见领袖，意见领袖间及他们与媒体间观点的竞争或合作，缺乏媒体或意见领袖影响时舆论的演化等。

图8.2是媒体观点为$m=3, I=5$的个体状态更新示意图，图中观点为5的个体被选中，以概率P，他/她改变自己的观点为媒体观点$m=3$；以概率$1-P$，该个体随机选择一个邻居节点，观点为2的一个邻居被选中，个体改变自己的观点为该邻居的观点。在这个模型中，大众媒介和朋友圈都可以影响一个人的观点，最终这个动态过程会达到稳态。在该状态下，一种或几种观点会主导整个社会网络。

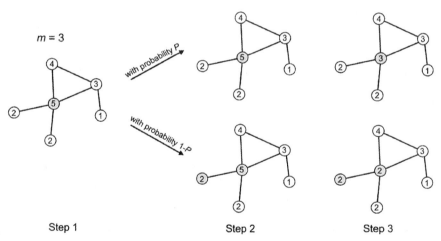

图8.2 考虑媒体($m=3$)影响的多状态($I=5$)投票模型

四、研究设计

目前，同时考虑媒体和社会网络影响的模型并不多，可能的原因，一是有些模型考虑媒体影响之后结论较为平凡，二是有些模型（如 Axelrod 模型）在考虑媒体影响后仍然难以解析计算。一个好的模型需要在复杂性与可分析性之间权衡,既有一定的复杂度,能够充分考虑现实中的重要因素,又能在很大程度上进行解析计算。投票模型恰好满足上述条件。该模型当然可以直接用数值模拟进行分析,但既然它可以数学解析,我们会采用以解析为主、以数值模拟为辅的方法进行研究。原因是,解析求解可以通过公式定量给出变量之间的复杂关系,有助于更深刻地理解动力学模型。

我们首先分析最简单的场景,即 $I=2$,之后分析更一般的 $I \geqslant 2$ 的场景,关注的核心是稳态时社会网络中每种观点的比例。最后,根据前面的结论,得到特殊情况下(如 $P=1$ 或 $P=0$)的结果。

假定社会网络的度分布为 p_k,它表示一个随机选定的节点的度值(节点的好友数)恰好为 k 的概率。对于一个具体的网络,p_k 表示度值为 k 的比例。设度值为 k 的个体中观点为 i 的个体比例为 $q_{i,k}$,度值为 k 的个体中观点为 i 的固执个体比例为 $s_{i,k}$,媒体观点为 m。因为所有的普通个体都是相互独立地异步更新他们的观点,所以在一个特定的时间步,每个普通个体都有相同的机会被观察到更新。

对于原始的投票模型,初始时不同观点的数量为 $I=2$,观点可以用 1 和 2 表示。我们假设媒体观点为 $m=2$,并考虑在某个时间步发生的一次特定的更新。设随机选择的个体 A 为更新的个体,A 度值为 k 的概率为 p_k。下面我们分析在一个时间步中将 A 从观点 2 变为观点 1 和从观点 1 变为观点 2 的概率。

给定 A 的度值 k,在更新之前,A 持有观点 2 且为普通个体的概率是 $q_{2,k}-s_{2,k}$。在更新中,要将 A 的观点从 2 变为 1,A 需要被他/她的一个观点为 1 的邻居 B 影响。我们知道 A 被他/她的邻居影响的概率为 $1-P$,为了获得随机选择的邻居 B 持有观点 1 的概率,我们需要知道 A 的邻居的度分布。特别需要注意的是,对于一般的社会网络,A 的度分布与 A 的邻居的度分布并不相同,直觉上,随机选择一个个体和他/她的一个邻居,邻居往往比该个体拥有更高的度值。

令 $P(k'|k)$ 为一个度值为 k 的个体连接到度值为 k' 的个体的条件概率。为了能得到解析表达式,我们假设底层的社会网络是度不相关的,即边的两个端点的度值间没有相关性。在这种情况下,$P(k'|k)$ 与 k 无关,而是正比于 $k'p_{k'}$,原因是要到达或连接到一个度值为 k' 的个体,我们需要网络中存在度值为 k' 的个体,这个概率为度分布 $p_{k'}$;同时,我们能通过该个

体的 k' 条边到达他/她,因此,$P(k'|k)$ 正比于乘积 $k'p_{k'}$。考虑到归一化,故 $P(k'|k)=k'p_{k'}/\sum_k k'p_{k'}$,因此,$A$ 的邻居的度分布,即 B 的度值为 j 的概率为 $jp_j/\sum_j jp_j$。随机选择的邻居 B 持有观点 1 的概率为 $\sum_j jp_j q_{1,j}/\sum_j jp_j$。因此,在一个时间步内,观点更新将度为 k 的个体从观点 2 变为观点 1 的概率为

$$p_{2\to1}(k)=p_k(q_{2,k}-s_{2,k})(1-P)\frac{\sum_j jp_j q_{1,j}}{\sum_j jp_j} \qquad (8-5)$$

具体地讲,该概率为选择一个度值为 k 的个体的概率,乘以该个体持有观点 2 且为普通个体的概率,乘以该个体受他/她的邻居影响的概率,再乘以该个体选择与观点为 1 的邻居个体交互的概率。

类似地,给定 A 的度值 k,在更新之前,A 持有观点 1 且为普通个体的概率为 $q_{1,k}-s_{1,k}$。在更新中,要将 A 的观点从观点 1 变为观点 2,A 需要被他/她的一个持有观点 2 的邻居 B 影响或被媒体影响。由于大众媒介的影响,观点更新使 A 的观点从观点 1 变为观点 2 的概率为 $p_k(q_{1,k}-s_{1,k})P$。因此,根据式(8-5),在一个时间步内,观点更新将度为 k 的个体从观点 1 变为观点 2 的概率为

$$p_{1\to2}(k)=p_k(q_{1,k}-s_{1,k})\left[(1-P)\frac{\sum_j jp_j q_{2,j}}{\sum_j jp_j}+P\right] \qquad (8-6)$$

对于多状态或多观点投票模型($I\geq 2$),我们可以得到更一般的结论。仍假定媒体持有的观点为 m,当 $i\neq m$ 时,一个度为 k 的个体的观点从非 i 变为 i 的概率为

$$p_{\bar{i}\to i}(k)=p_k(1-q_{i,k}-\sum_{j\neq i}s_{j,k})(1-P)\frac{\sum_j jp_j q_{i,j}}{\sum_j jp_j} \qquad (8-7)$$

而一个度为 k 的个体的观点从 i 变为非 i 的概率为

$$p_{i\to\bar{i}}(k)=p_k(q_{i,k}-s_{i,k})\left[(1-P)\left(1-\frac{\sum_j jp_j q_{i,j}}{\sum_j jp_j}\right)+P\right] \qquad (8-8)$$

令 $\langle k \rangle$ 为网络的平均度值，$n_k = Np_k$ 为度值为 k 的个体的数量，我们定义

$$q_i^w = \frac{\sum_j j p_j q_{i,j}}{\sum_j j p_j} = \frac{\sum_j j n_j q_{i,j}}{N\langle k \rangle} \tag{8-9}$$

式(8-9)是观点 i 的加权比例，它表示持观点 i 的个体的总度值占全网络总度值的比例，故式(8-7)和式(8-8)可重写为

$$\begin{aligned} p_{\bar{i} \to i}(k) &= p_k (1 - q_{i,k} - \sum_{j \neq i} s_{j,k})(1-P)q_i^w \\ &= p_k (q_{\bar{i},k} - s_{\bar{i},k})(1-P)q_i^w \end{aligned} \tag{8-10}$$

$$\begin{aligned} p_{i \to \bar{i}}(k) &= p_k (q_{i,k} - s_{i,k})[(1-P)(1-q_i^w) + P] \\ &= p_k (q_{i,k} - s_{i,k})[(1-P)q_{\bar{i}}^w + P] \end{aligned} \tag{8-11}$$

$q_{i,k}$ 的演化方程可以由下面的微分方程描述(Hu & Wang, 2009)。

$$\begin{aligned} \mathrm{d}q_{i,k} &= [(p_{\bar{i} \to i}(k) - p_{i \to \bar{i}}(k))/p_k]\mathrm{d}t \\ &= [(1 - \sum_j s_{j,k})(1-P)q_i^w - q_{i,k} + s_{i,k}]\mathrm{d}t \end{aligned} \tag{8-12}$$

在稳态时($t \to \infty$)，变量不再发生变化，故导数为 0，即 $\mathrm{d}q_{i,k}/\mathrm{d}t = 0$。根据式(8-12)，可得

$$\lim_{t \to \infty} q_{i,k}(t) = \left(1 - \sum_j s_{j,k}\right)(1-P)q_i^w + s_{i,k} \tag{8-13}$$

令 $q_i = \sum_k n_k q_{i,k}/N$ 为持有观点 i 的个体的比例，我们可以得到

$$\lim_{t \to \infty} q_i(t) = \hat{q}_i = (1-s)(1-P)q_i^w + s_i \tag{8-14}$$

式中 s 为固执个体的比例，s_i 为持观点 i 的固执个体的比例。根据式(8-9)和式(8-12)，我们得到

$$\mathrm{d}q_i^w/\mathrm{d}t = s_i^w - Pq_i^w - (1-P)q_i^w \sum_j s_j^w \tag{8-15}$$

在稳态时，$\mathrm{d}q_i^w/\mathrm{d}t = 0$，因此

$$\lim_{t \to \infty} q_i^w(t) = \hat{q}_i^w = \frac{s_i^w}{P + (1-P)\sum_j s_j^w} \tag{8-16}$$

根据式(8-14),我们最终得到稳态时持有观点 i 的个体的比例

$$\hat{q}_i = s_i + \underbrace{(1-s)(1-P)\frac{s_i^w}{P+(1-P)\sum_j s_j^w}}_{\text{内部相互作用}} \quad (8\text{-}17)$$

如果固执个体在社会网络中随机分布,那么 $s_i^w = s_i$,$\sum_j s_j^w = s$,因此,$\hat{q}_i^w = \hat{q}_i$。

根据(8-17),我们发现,最终持有观点 i 的个体由两部分组成:一部分来自固执者,另一部分来自固执者通过社会网络内部的相互作用所产生的个体。

当 $i = m$ 时,利用上述方法,可得

$$\begin{aligned}p_{m \to \bar{m}}(k) &= p_k(q_{m,k} - s_{m,k})(1-P)(1-q_m^w) \\ &= p_k(q_{m,k} - s_{m,k})(1-P)(1-q_m^w)\end{aligned} \quad (8\text{-}18)$$

$$\begin{aligned}p_{\bar{m} \to m}(k) &= p_k\Big(1 - q_{m,k} - \sum_{j \neq m} s_{j,k}\Big)[(1-P)q_m^w + P] \\ &= p_k(q_{\bar{m},k} - s_{\bar{m},k})[(1-P)q_m^w + P]\end{aligned} \quad (8\text{-}19)$$

根据式(8-18)和式(8-19),我们得到

$$\mathrm{d}q_{m,k} = \Big[\Big(1 - \sum_j s_{j,k}\Big)((1-P)q_m^w + P) - q_{m,k} + s_{m,k}\Big]\mathrm{d}t \quad (8\text{-}20)$$

因此

$$\lim_{t \to \infty} q_{m,k}(t) = \Big(1 - \sum_j s_{j,k}\Big)[(1-P)q_m^w + P] + s_{m,k} \quad (8\text{-}21)$$

$$\hat{q}_m = (1-s)(1-P)q_m^w + s_m + (1-s)P \quad (8\text{-}22)$$

根据式(8-9)和式(8-20),可以得到

$$\mathrm{d}q_m^w / \mathrm{d}t = s_m^w - Pq_m^w - (1-P)q_m^w \sum_j s_j^w + \Big(1 - \sum_j s_j^w\Big)P \quad (8\text{-}23)$$

因此,稳态时

$$\hat{q}_m^w = \frac{s_m^w + \left(1 - \sum_j s_j^w\right)P}{P + (1-P)\sum_j s_j^w} \tag{8-24}$$

$$\hat{q}_m = s_m + (1-s)\left[P + (1-P)\frac{s_m^w + \left(1-\sum_j s_j^w\right)P}{P+(1-P)\sum_j s_j^w}\right]$$

$$= s_m + \underbrace{(1-s)(1-P)\frac{s_m^w}{P+(1-P)\sum_j s_j^w}}_{\text{内部相互作用}} +$$

$$\underbrace{(1-s)\left[P + (1-P)\frac{\left(1-\sum_j s_j^w\right)P}{P+(1-P)\sum_j s_j^w}\right]}_{\text{外部媒体影响}} \tag{8-25}$$

类似地,如果固执个体在社会网络中随机分布,那么 $\hat{q}_m^w = \hat{q}_m$。

根据式(8-25),我们发现,最终具有媒体观点 m 的个体,除了固执者,还包括社会网络的内部影响产生的增量和媒体的外部影响产生的增量。第二个增量由两部分组成:一是来自个体之间没有互动时的媒体效应(加号之前),这是直接影响;二是来自社会网络结构引起的媒体对个体观点的影响(加号之后),这是间接影响。

在上述推导中,我们假设社会网络是连通的;如果网络不连通,那么结论在每一个连通的组分中都成立。

从直觉上看,媒体强度 P 可以通过全局影响力控制社会的同质化,尽管也有研究报道了反直觉的结果,即大众媒介强度的增加会产生两极分化。在模型中,当 $P=1$ 时,个体只受到媒体的影响。在这种情况下,我们可以得到几个简单的结论。如果网络中没有固执者,根据式(8-17)和式(8-25),很明显 $\hat{q}_m = 1$,即所有个体的观点将与媒体一致。当网络中存在固执者时,对于 $i \neq m$,$\hat{q}_i = s_i$,而当 $i = m$ 时,$\hat{q}_m = s_m + (1-s)$,这意味着所有普通个体的观点都将与媒体一致。总之,当 $P=1$ 时,所有普通个体的观点都将与媒体一致。

当 $P=0$ 时,个体只受到其好友的影响。因此,如果没有固执者,动态过程将不断进行,直到所有个体的观点都变得相同,即唯一的吸收态是同质状

态。在这种情况下,根据式(8-10)和式(8-11),我们可以得到

$$\begin{cases} p_{\bar{i} \to i}(k) = p_k(1-q_{i,k})q_i^w \\ p_{i \to \bar{i}}(k) = p_k q_{i,k}(1-q_i^w) \end{cases} \quad (8\text{-}26)$$

根据式(8-12),我们可以得到

$$\mathrm{d}q_{i,k} = (q_i^w - q_{i,k})\mathrm{d}t \quad (8\text{-}27)$$

q_i^w 是一个守恒量。根据式(8-14),在稳态时,$\hat{q}_i = q_i^w$。守恒律可以让我们确定观点 i 的退出概率 E_i,即稳态时观点 i 最终胜出、遍及整个社会网络的概率:$E_i = q_i^w$。这意味着,在该模型中,度值大的个体比度值小的个体更有影响力。

如果网络中存在固执者,根据式(8-16)和式(8-17),我们可以得到

$$\hat{q}_i^w = s_i^w / \sum_j s_j^w \quad (8\text{-}28)$$

$$\hat{q}_i = s_i + (1-s)\frac{s_i^w}{\sum_j s_j^w} \quad (8\text{-}29)$$

这意味着,最终对于某一观点,若有固执者持有该观点,则该观点将存在;若持有该观点的只有普通个体,则该观点将消失。同样地,如果固执个体在社会网络中随机分布,$\hat{q}_i^w = \hat{q}_i$。根据两级传播理论,普通个体将受意见领袖或其他普通个体的影响,在模型中即对应 $P=0$。

当 $0 < P < 1$ 时,个体会同时受到媒体和好友的影响。如果网络中没有固执个体,我们发现 $\hat{q}_m = 1$,即所有个体的观点都会与媒体一致。在现实生活中,共识是罕见的,观点往往处于一种持续的不一致的状态。如果有固执者,未必会达成共识。普通个体的观点可能会波动,但不一定会固定下来;然而,观点的概率分布可以达到稳定。

根据式(8-16)、式(8-17)、式(8-24)和式(8-25),在简化的条件下,我们可以得到一些有价值的结论。例如,如果所有固执个体都持有相同的观点(如观点1),而媒体的观点是观点2,那么最终在网络中只会存在一种观点($P=0$)或两种观点($P>0$)。在这两种观点竞争的情况下,如果我们假设比例为 s 的固执个体随机分布,那么当 $P < s/(1-s)$ 时,最终,固执个体观点1的比例将大于媒体观点2的比例,即观点1胜出。尽管我们的分析局

限于单一的媒体机构,但可以很容易扩展到多家媒体,并可添加参数来表示它们的相对优势。

在模型分析中,我们假设社会网络是度不相关的。事实上,现实世界中的社会网络通常会表现出一种度混合模式。如果网络中的节点趋于与它近似的节点相连,例如度大的节点趋于与度大的节点相连,就称该网络是同配的(assortative);反之,就称该网络是异配的(disassortative)。网络的度相关系数(度同配系数)被定义为连在一起的节点对应的度值的 Pearson 相关系数 $r(-1 \leqslant r \leqslant 1)$,$r>0$ 表示整个网络呈现同配性结构,$r<0$ 表示整个网络呈现异配性结构,$r=0$ 则表示不存在相关性。度混合模式在模型中发挥一定的作用,在同配网络和异配网络上的数值模拟结果,与度不相关网络上的理论预测值相比会有较大的误差。

五、数据分析

为了验证解析结果的预测,我们利用 R 语言在节点数为 $N=10^4$、平均度为 $\langle k \rangle=6$ 的 Barabási-Albert(BA)网络(Barabási & Albert,1999)上进行数值模拟。BA 网络为度不相关网络,其度分布 $p_k \sim k^{-3}$。以下仅给出关键步骤的代码,完整代码可在 GitHub 链接中找到。

首先导入网络数据。

```
# 导入网络数据 adj、pk 和 maxDeNode
# adj 为网络的邻接列表,每一行代表一条边的两个端点
# pk 为每个节点的度值
# maxDeNode 为度值最大的 100 个节点的编号
load("InitialData.RData")
```

我们假设开始时不同观点的总数为 $I=5$,持有观点 1 和观点 2 的个体中既有固执者又有普通个体,而持有观点 3、观点 4 和观点 5 的个体均为普通个体。另外,为了区分 q_i^w 和 q_i,我们假设度值最大的 100 个节点是持有观点 1 的固执者,这使得初始时 $q_1^w > q_1$。设置 $s_1=0.3$,$s_2=0.2$,$s=s_1+s_2=0.5$。

```
# 度值最大的100个节点持有观点1
pk[maxDeNode,2] <- 1
# 分配固执节点
# 找到持有观点2的个体
NodeWithOpi2 <- which(pk[,2] == 2)
# 从持有观点2的节点中随机选择2 000个,将其设为固执者
Decided2 <- sample(NodeWithOpi2, 2000, replace = FALSE)
# 找到持有观点1的节点
NodeWithOpi1 <- which(pk[,2] == 1)
# 排除掉度值最大的100个节点
NodeWithOpi1Aval <- setdiff(NodeWithOpi1, maxDeNode)
# 从持有观点1的节点中随机选择2 900个,将其设为固执者
Decided1 <- sample(NodeWithOpi1Aval, 2900, replace = FALSE)
# 度值最大的100个节点也是持有观点1的固执者
# 最终持有观点1的固执者数量为3 000
Decided1 <- union(maxDeNode, Decided1)
# 得到所有固执者的集合
Decided = union(Decided1, Decided2)
```

由于该舆论动力学模型是一个随机过程,即便从相同的初始条件开始,观点演化的过程也不尽相同,因此,我们从相同的初始条件开始,运行100次数值模拟,并对这100次独立运行的结果取平均,得到 q_i 和 q_i^w 的平均值。我们先假设媒体强度为 $P=0.6$,媒体观点为 $m=2$,模型规则的实现如下。

```
# 设置媒体强度
media = 0.6
# 从网络中随机选择一个节点n1
    n1 = sample(N, 1)
```

```
# 判断该节点是否为固执节点,如果不是,则更新状态
if (!(n1 %in% Decided))
{
    medianetwork = runif(1)
    # 以概率0.6选择媒体观点2作为自己的新观点
    if(medianetwork<media)
        pk[n1,2] = 2
    else
    {
        # 以概率1-0.6=0.4随机选择一个邻居节点,并将新观点设为与该节点一致
        temp2= union(adj[adj[,1]==n1,2],adj[adj[,2]==n1,1])
        # 找到n1的邻居节点
        pk[n1,2] = pk[sample(temp2,1),2]
        # 从邻居节点中随机选择一个,并将n1的新观点设为与该节点一致
    }
}
```

图 8.3 显示了 100 次运行结果的均值,误差条给出了 ±1 标准差,虚线表示从式(8-16)、式(8-17)、式(8-24)和式(8-25)得到的理论预测值 $\hat{q}_i$ 和 $\hat{q}_i^w$。时间单位 T 为 $N/(1-s)$ 个时间步,这意味着,从 T 到 $T+1$,平均而言普通节点更新了 N 次状态(为简单起见,T 也可设置为 N 个时间步)。

由于网络中存在固执者,$q_1(q_2)$ 和 $q_1^w(q_2^w)$ 的标准差都很小。这意味着,虽然每次运行的结果不同,但相差不大。在稳态时,例如在 $T=15$ 时,对于 $i=1$ 和 $i=2$,理论预测值 $\hat{q}_i$ 和 $\hat{q}_i^w$ 与它们的模拟结果的均值 $\langle q_i \rangle$ 和 $\langle q_i^w \rangle$ 之间的相对误差也很小,从而验证了解析结果的预测。虽然初始时 q_1 是 q_2 的 1.80 倍,但由于媒体的影响,在 $T=20$ 时,$\langle q_2 \rangle$ 是 $\langle q_1 \rangle$ 的 1.56 倍。同样,初始时 q_1^w 是 q_2^w 的 2.19 倍,而在 $T=20$ 时,$\langle q_2^w \rangle$ 是 $\langle q_1^w \rangle$ 的 1.23 倍。

第八章 网络舆论演化动力学：模型构建与分析方法

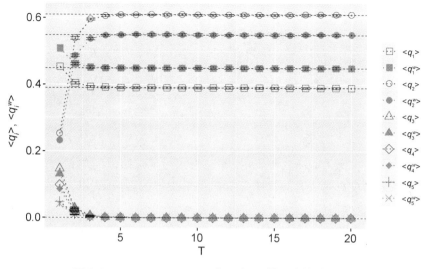

图 8.3 $P=0.6$、$m=2$ 时 q_i 和 q_i^w 的平均值的演化

之后，我们假设媒体观点为 $m=3$，模型规则的实现与 $m=2$ 时的相似。

```
# 从网络中随机选择一个节点 n1
    n1 = sample(N,1)
    # 判断该节点是否为固执节点，如果不是，则更新状态
if (!(n1 %in% Decided))
{
    medianetwork = runif(1)
    # 以概率 0.6 选择媒体观点 3 作为自己的新观点
    if (medianetwork<media)
      pk[n1,2] = 3
    else
    {
      # 以概率 0.4 随机选择一个邻居节点，并将新观点设为与该节点一致
      temp2 = union(adj[adj[,1]==n1,2],adj[adj[,2]==n1,
1]) # 找到 n1 的邻居节点
```

```
            pk[n1,2] = pk[sample(temp2,1),2]
            # 从邻居节点中随机选择一个,并将 n1 的新观点设为与该节
点一致
        }
    }
```

数值模拟结果如图 8.4 所示,理论预测与模拟结果间的相对误差仍然很小。虽然没有固执者持有观点 3,但由于媒体的影响,观点 3 的比例没有消失,而是急剧增加。

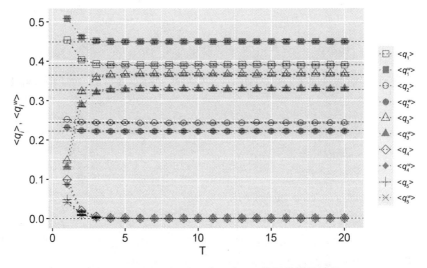

图 8.4 $P=0.6$、$m=3$ 时 q_i 和 q_i^w 的平均值的演化

既然在稳态时,对于度不相关网络,q_i 和 q_i^w 的均值分别与理论预测值 $\hat{q}_i$ 和 $\hat{q}_i^w$ 几乎一致,利用式(8-16)、式(8-17)、式(8-24)和式(8-25),对于图 8.3 和图 8.4 两种情况,我们可以给出媒体强度 P 与 $\hat{q}_i$ 和 $\hat{q}_i^w$ 的关系。媒体观点 $m=2$ 时的主要代码如下。

```
# 计算持有观点 1 的固执节点的加权比例 temp1($s_1^w$)和持有观点 2 的固执
  节点的加权比例 temp2($s_2^w$)
```

```
temp1 <- sum(pk[Decided1,1])/sum(pk[,1])
temp2 <- sum(pk[Decided2,1])/sum(pk[,1])
# 设置媒体强度从 0 到 1 变化
media <- seq(0, 1, by = 0.01)
for (i in 1:101)
{ # 根据式(8-16)得到稳态时观点为 1 的节点的加权比例($\hat{q}_1^w$)
  q1InfinityP[i] = temp1/(media[i] + (1 - media[i]) * (temp1 + temp2))
  # 根据式(8-24)得到稳态时观点为 2 的节点的加权比例($\hat{q}_2^w$)
  q2InfinityP[i] = (temp2 + media[i] * (1 - temp1 - temp2))/(media[i] + (1 - media[i]) * (temp1 + temp2))
  # 根据式(8-17)得到稳态时观点为 1 的节点的比例($\hat{q}_1$)
  q1Infinity[i] = (1 - 0.5) * (1 - media[i]) * q1InfinityP[i] + 0.3
  # 根据式(8-25)得到稳态时观点为 2 的节点的比例($\hat{q}_2$)
  q2Infinity[i] = (1 - 0.5) * (media[i] + (1 - media[i]) * q2InfinityP[i]) + 0.2
}
```

计算结果如图 8.5 所示。我们发现,由于媒体的影响,$\hat{q}_1$ 和 $\hat{q}_1^w$ 随 P 的增加而减小,而 $\hat{q}_2$ 和 $\hat{q}_2^w$ 随 P 的增加而增大。当 $P=1$ 时,$\hat{q}_1 = s_1 = 0.3$,

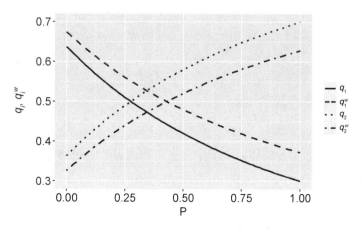

图 8.5 $m=2$ 时媒体强度 P 与极限值 $\hat{q}_i$ 和 $\hat{q}_i^w$ 的关系

$\hat{q}_2 = 1 - \hat{q}_1 = 1 - s_1 = 0.7$。

当媒体观点 $m=3$ 时，计算方法与 $m=2$ 时类似。

```
# 计算持有观点1的固执节点的加权比例temp1(s₁ʷ)和持有观点2的固执
节点的加权比例temp2(s₂ʷ)
temp1 <- sum(pk[Decided1,1])/sum(pk[,1])
temp2 <- sum(pk[Decided2,1])/sum(pk[,1])
# 设置媒体强度从0到1变化
media <- seq(0, 1, by = 0.01)
for (i in 1:101)
{ # 根据式(8-16)得到稳态时观点为1的节点的加权比例(q̂₁ʷ)
    q1InfinityP[i] = temp1/(media[i] + (1 - media[i]) * (temp1 + temp2))
  # 根据式(8-16)得到稳态时观点为2的节点的加权比例(q̂₂ʷ)
    q2InfinityP[i] = temp2/(media[i] + (1 - media[i]) * (temp1 + temp2))
  # 根据式(8-24)得到稳态时观点为3的节点的加权比例(q̂₃ʷ)
    q3InfinityP[i] = (media[i] * (1 - temp1 - temp2))/(media[i] + (1 - media[i]) * (temp1 + temp2))
  # 根据式(8-17)得到稳态时观点为1的节点的比例(q̂₁)
    q1Infinity[i] = (1 - 0.5) * (1 - media[i]) * q1InfinityP[i] + 0.3
  # 根据式(8-17)得到稳态时观点为2的节点的比例(q̂₂)
    q2Infinity[i] = (1 - 0.5) * (1 - media[i]) * q2InfinityP[i] + 0.2
  # 根据式(8-25)得到稳态时观点为3的节点的比例(q̂₃)
    q3Infinity[i] = (1 - 0.5) * (media[i] + (1 - media[i]) * q3InfinityP[i])
}
```

计算结果如图 8.6 所示。图中观点 1 和观点 2 的最终比例和加权比例随 P 的增加而减小，而 $\hat{q}_3$ 和 $\hat{q}_3^w$ 随 P 的增加而增大。当 $P=0$ 时，由于没有持有观点 3 的固执者，因此，$\hat{q}_3 = \hat{q}_3^w = 0$。当 $P=1$ 时，$\hat{q}_1 = s_1 = 0.3$，$\hat{q}_2 = s_2 = 0.2$，$\hat{q}_3 = 1 - \hat{q}_1 - \hat{q}_2 = 1 - s = 0.5$。

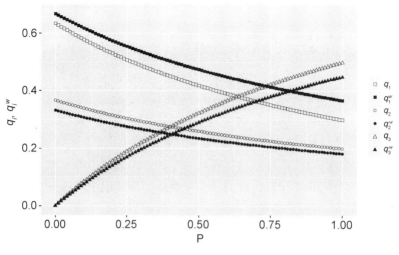

图 8.6　$m=3$ 时媒体强度 P 与极限值 $\hat{q}_i$ 和 $\hat{q}_i^w$ 的关系

六、案例小结

本章案例研究了两种不同机制作用下的舆论动力学模型：第一种是个体受社会网络的影响而改变自己的观点，即受邻居提供的信息的影响而产生观点改变；第二种是个体受大众媒介的影响而改变自己的观点，媒体表示为社会网络之外的、其观点始终保持不变的一个智能体。我们刻画了网络结构和大众媒介对稳态时观点分布的影响，发现社会网络内部的人际交流会增加持有某观点的人的数量；更有趣的是，大众媒介不仅可以通过全局广播直接改变人们的观点，还可以通过社会网络中个体之间的同伴影响（peer influence）间接改变人们的观点。实证研究发现，社会网络中的人际交流确实会增强某些观点（Nanabhay & Farmanfarmaian，2011；Hilbert et al.，2017），大众媒介也确实可以通过社会网络间接影响人们的观念（Chia，2010）和行为（Gunther et al.，2006；Yanagizawa-Drott，2014）。在投票模型的框架下，案例不仅从理论上证明增强效应和间接影响的存在，还对两者进行了量化。该模型可刻画很多涉及内部和外部影响的社会或经济现象，例如观点和行为的改变与传播等。

案例模型虽然可以解析求解，但它仍然是对现实的过度简化。在案例中，我们假设大众媒介和社会网络对所有普通个体的影响强度是相同的，而在现实生活中,有些人更易受媒体的影响,而另一些人更易受人际交流的影响(de Vreese & Boomgaarden,2006)。传统的舆论动力学研究在很大程度上缺乏将实证和理论分析很好地结合在一起的典范。实证分析方面的困难,一是数据难以获取,例如现场实地调查的数据通常规模较小,并且可靠性较差;二是个体间及个体与环境间相互作用的规则难以明确。因此,目前基本仅限于用解析和计算机仿真的方法来研究舆论动力学。原则上,只要我们确定好个体的特征(如初始观点、自信程度和好友关系等)和相互作用的规则(如概率选择、确定性选择和基于先验知识的选择等),就可以通过计算机模拟得到与现实情况一致的结果。但由于现实中个体属性和相互作用规则非常复杂,并且可以随时间发生变化,解析工作将变得极为困难。而通过可控的在线用户实验或分析在线用户数据,可以跟踪人们观点的演变及影响因素,因此,数据驱动的舆论动力学模型是当前重要的研究方向(可参见 Fernández-Gracia et al.,2014;Becker et al.,2017;Romenskyy et al.,2018;Müller et al.,2020)。

对比动力学模型和实证研究,前者的优势在于可以分析不同场景、不同参数下的演化结果,例如本章案例模型可以改变媒体强度和固执节点的分布,而实证研究分析的仅仅是众多场景、众多参数中的一种;后者的优势在于可以揭示真实的舆论演化过程及影响因素,而模型往往难以全面考虑这些因素,也很难复现现实舆论演变的复杂过程。

舆论动力学本质上是一个跨学科的领域,在研究方法上,多学科方法的综合应用有助于更深刻地理解舆论动力学的机制、过程和结果:利用计算机科学的方法从大量用户数据中提取用户观点及演变;利用社会科学的方法揭示观点演变的机制,并据此构建舆论动力学模型;之后,利用工程技术或数理科学的方法对模型进行解析分析,复杂的动力学规则可用计算机仿真进行研究。多学科方法的融合是当前重要的研究趋势。

七、参考文献

王龙,田野,杜金铭(2018).社会网络上的观念动力学.中国科学:信息科学,48(1),3-23.

向安玲,沈阳,何静(2020).舆论动力学:历史溯源、理论演进与研究前景.全球传媒学刊,7(4),99-115.

周葆华(2019).网络舆论过程与动态演化:基于计算传播研究的分析.西北师大学报(社会科学版),56(1),37-46.

Acemoglu, D., & Ozdaglar, A. (2011). Opinion dynamics and learning in social networks. *Dynamic Games and Applications*, 1(1), 3-49.

Albarracin, D., & Shavitt, S. (2018). Attitudes and attitude change. *Annual Review of Psychology*, 69(1), 299-327.

Anderson, B. D. O., & Ye, M. (2019). Recent advances in the modelling and analysis of opinion dynamics on influence networks. *International Journal of Automation and Computing*, 16(2), 129-149.

Axelrod, R. (1997). The dissemination of culture: A model with local convergence and global polarization. *Journal of Conflict Resolution*, 41(2), 203-226.

Barabási, A. L., & Albert, R. (1999). Emergence of scaling in random networks. *Science*, 286(5439), 509-512.

Becker, J., Brackbill, D., & Centola, D. (2017). Network dynamics of social influence in the wisdom of crowds. *Proceedings of the National Academy of Sciences*, 114(26), E5070-E5076.

Brandts, J., Giritligil, A. E., & Weber, R. A. (2015). An experimental study of persuasion bias and social influence in networks. *European Economic Review*, 80, 214-229.

Burnkrant, R. E., & Cousineau, A. (1975). Informational and normative social influence in buyer behavior. *Journal of Consumer Research*, 2(3), 206-215.

Castellano, C., Fortunato, S., & Loreto, V. (2009). Statistical physics of social dynamics. *Review of Modern Physics*, 81(2), 591-646.

Cha, M., Benevenuto, F., Haddadi, H., & Gummadi, K. (2012). The world of connections and information flow in Twitter. *IEEE Transactions on Systems, Man, and Cybernetics—Part A: Systems and Humans*, 42(4), 991-998.

Chia, S. C. (2010). How social influence mediates media effects on adolescents' materialism. *Communication Research*, 37(3), 400-419.

Cialdini, R. B., & Goldstein, N. J. (2004). Social influence: Compliance and conformity. *Annual Review of Psychology*, 55(1), 591-621.

Clifford, P., & Sudbury, A. (1973). A model for spatial conflict. *Biometrika*, 60(3), 581-588.

Corazzini, L., Pavesi, F., Petrovich, B., & Stanca, L. (2012). Influential listeners: An experiment on persuasion bias in social networks. *European Economic Review*, 56(6), 1276-1288.

Das, A., Gollapudi, S., & Munagala, K. (2014). Modeling opinion dynamics in social networks. *Proceedings of the 7th ACM International Conference on Web Search and Data Mining* (pp. 403-412). New York: ACM Press.

de Vreese, C. H., & Boomgaarden, H. G. (2006). Media message flows and interpersonal communication: The conditional nature of effects on public opinion. *Communication Research*, 33(1), 19-37.

Deffuant, G., Neau, D., Amblard, F., & Weisbuch, G. (2000). Mixing beliefs among interacting agents. *Advances in Complex Systems*, 3(1-4), 87-98.

DeGroot, M. H. (1974). Reaching a consensus. *Journal of the American Statistical Association*, 69(345), 118-121.

DeMarzo, P. M., Vayanos, D., & Zwiebel, J. (2003). Persuasion bias, social influence, and unidimensional opinions. *The Quarterly Journal of Economics*, 118(3), 909-968.

Dippong, J., Kalkhoff, W., & Johnsen, E. C. (2017). Status, networks, and opinion change: An experimental investigation. *Social Psychology Quarterly*, 80(2), 153-173.

Falk, E., & Scholz, C. (2018). Persuasion, influence, and value: Perspectives from communication and social neuroscience. *Annual Review of Psychology*, 69, 329-356.

Fernández-Gracia, J., Suchecki, K., Ramasco, J. J., San Miguel, M., & Eguíluz, V. M. (2014). Is the voter model a model for voters? *Physical Review Letters*, 112(15), 158701.

Friedkin, N. E., & Johnsen, E. C. (1990). Social influence and opinions. *Journal of Mathematical Sociology*, 15(3-4), 193-206.

Friedkin, N. E., Proskurnikov, A. V., Tempo, R., & Parsegov, S. E. (2016). Network science on belief system dynamics under logic constraints. *Science*, 354(6310), 321-326.

Galam, S. (2002). Minority opinion spreading in random geometry. *The European Physical Journal B: Condensed Matter and Complex Systems*, 25(4), 403-406.

Golub, B., & Jackson, M. O. (2010). Naïve learning in social networks and the wisdom of crowds. *American Economic Journal: Microeconomics*, 2(1), 112-149.

Gunther, A. C., Bolt, D., Borzekowski, D. L. G., Liebhart, J. L., & Dillard, J. P. (2006). Presumed influence on peer norms: How mass media indirectly affect adolescent smoking. *Journal of Communication*, 56(1), 52-68.

Hegselmann, R., & Krause, U. (2002). Opinion dynamics and bounded confidence: Models, analysis and simulation. *Journal of Artificial Societies and Social Simulation*, 5(3).

Hilbert, M., Vásquez, J., Halpern, D., Valenzuela, S., & Arriagada, E. (2017). One step, two step, network step? Complementary perspectives on communication flows in Twittered citizen protests. *Social Science Computer Review*, 35(4), 444-461.

Holley, R. A., & Liggett, T. M. (1975). Ergodic theorems for weakly interacting infinite systems and the voter model. *The Annals of Probability*, 3(4), 643-663.

Hu, H., & Wang, X. (2009). Discrete opinion dynamics on networks based on social influence. *Journal of Physics A: Mathematical and Theoretical*, 42(22), 225005.

Kao, A. B., Berdahl, A. M., Hartnett, A. T., Lutz, M. J., Bak-Coleman, J. B., Ioannou, C. C., Giam, X., & Couzin, I. D. (2018). Counteracting estimation bias and social influence to improve the wisdom of crowds. *Journal of the Royal Society Interface*, 15(14), 20180130.

Liu, B. (2020). *Sentiment analysis: Mining opinions, sentiments, and emotions* (2nd edition). New York: Cambridge University Press.

Lorenz, J., Rauhut, H., Schweitzer, F., & Helbing, D. (2011). How social influence can undermine the wisdom of crowd effect. *Proceedings of the National Academy of Sciences*, 108(22), 9020-9025.

Müller, J., Hösel, V., & Tellier, A. (2020). Filter bubbles, echo chambers, and reinforcement: Tracing populism in election data. https://arxiv.org/abs/2007.03910.

Nanabhay, M., & Farmanfarmaian, R. (2011). From spectacle to spectacular: How physical space, social media and mainstream broadcast amplified the public sphere in Egypt's "Revolution". *The Journal of North African Studies*, 16(4), 573-603.

Noorazar, H. (2020). Recent advances in opinion propagation dynamics: A 2020 survey. *The European Physical Journal Plus*, 135, 521.

Peres, L. R., & Fontanari, J. F. (2010). The mass media destabilizes the cultural homogenous regime in Axelrod's model. *Journal of Physics A: Mathematical and Theoretical*, 43(5), 055003.

Peres, L. R., & Fontanari, J. F. (2011). The media effect in Axelrod's model explained. *Europhysics Letters*, 96(3), 38004.

Romenskyy, M., Spaiser, V., Ihle, T., & Lobaskin, V. (2018). Polarized Ukraine 2014: Opinion and territorial split demonstrated with the bounded confidence XY model, parametrized by Twitter data. *Royal Society Open Science*, 5(8), 171935.

Shibanai, Y., Yasuno, S., & Ishiguro, I. (2001). Effects of global information feedback on diversity: Extensions to Axelrod's adaptive culture model. *Journal of Conflict Resolution*, 45(1), 80-96.

Siegel, D. A. (2013). Social networks and the mass media. *American Political Science Review*, 107(4), 786-805.

Sznajd-Weron, K., & Sznajd, J. (2000). Opinion evolution in closed community. *International Journal of Modern Physics C: Computational Physics and Physical Computation*, 11(6), 1157-1165.

Yadollahi, A., Shahraki, A. G., & Zaiane, O. R. (2017).

Current state of text sentiment analysis from opinion to emotion mining. *ACM Computing Surveys*，50(2)，1-33.

Yanagizawa-Drott, D. (2014). Propaganda and conflict：Evidence from the Rwandan genocide. *The Quarterly Journal of Economics*，129(4)，1947-1994.

Ye，M.，Qin，Y.，Govaert，A.，Anderson，B. D. O.，& Cao，M.（2019）. An influence network model to study discrepancies in expressed and private opinions. *Automatica*，107，371-381.

八、延伸阅读

[1] 斯科特·佩奇(2019). 模型思维. 贾拥民译. 杭州：浙江人民出版社.

该书以浅显易懂的语言，深入浅出地总结了社会科学中的各种模型，不仅给出模型的来源和基本介绍，还对前沿进展做了讨论。该书以非技术性的或定性的语言论述，有助于读者全景式地了解社会科学领域的数学模型。

[2] Montgomery，J.. Mathematical models of social systems. http：//www.ssc.wisc.edu/~jmontgom/376textbook.htm

该网页中的内容来自蒙哥马利(Montgomery)的课程讲义，可视为延伸阅读[1]的后续。讲义用数学语言描述了社会科学中常见的数学模型，并给出每个模型的计算机程序。数学分析结果与计算机输出结果的对比，有助于读者从计算的视角理解社会科学中的模型构建与分析。

[3] Dobrow，R. P.(2016). *Introduction to stochastic processes with R*. Hoboken，NJ：John Wiley & Sons.

这本随机过程的教材对初学者非常友好，可作为延伸阅读[2]的补充。它以一种易于理解的方式系统介绍了随机过程的基础知识，并配以 R 语言代码，有助于读者快速掌握随机过程的基本内容。

九、数据代码

完整代码及输入数据见 GitHub 链接：https：//github.com/rainfireliang/CPOR/tree/main/Hu%20%26%20Zhu%20(2017)

十、思维导图

第八章 网络舆论演化动力学：模型构建与分析方法

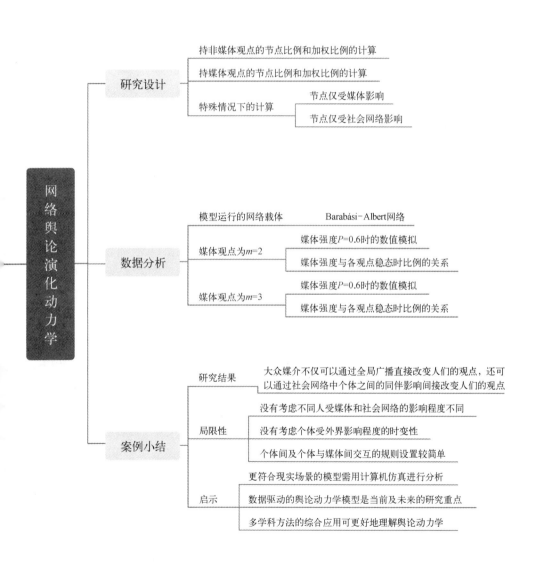

第九章

讨论网络与舆论的协同演化[*]

一、理论背景

政治讨论是协商民主最核心的部分(Conover & Searing，2005；Kim & Kim，2008)。协商民主是公民就某一政策或议题进行平等、理性的对话，深思熟虑后得出可以共同接受的意见的一种民主形式(Habermas，[1962] 1989)。协商民主旨在纠正代议制民主过度依赖投票表决而形成多数人偏好的缺点。这一理念从20世纪90年代开始在欧美国家愈渐盛行，这一过程被称作"民主的协商转向"。协商民主非常强调政治讨论对政策意见和偏好的影响。政治学家们通过设计不同的讨论规则和制度来实现讨论后的共识。在这一理论框架的指导下，政治讨论及其效果研究在过去30年间得到飞速发展。这其中不乏探讨网络结构与政治影响、政治参与的实证研究。

不过，这一理论取向也饱受批评。按照规范理论，非正式的讨论往往无法满足平等、理性等条件，因而被排除在外。然而，政治讨论是人们日常生活的一部分。"协商"并不是参与讨论的唯一原因，也不是唯一结果(Eveland，Morey，& Hutchens，2011)。在政治传播实证研究领域，日常政治讨论(如在线讨论)已经成为一个核心研究课题。日常讨论也是舆论形成的必要条件(Price，1992)。如果没有公开的讨论，那么只会有分散在许多头脑里的个人意见(individual opinions)，而不会有一个总体的公众舆论(public opinion)。舆论只能在公开的讨论中得以形成。在大众传播时代，大众媒介在舆论形成过程中扮演着至关重要的作用。随着互联网，特别是

---

[*] 本章作者为梁海。

社交媒体的普及,人际讨论的作用变得越来越重要,也更为可见。

在这些理论背景下,研究者们围绕非正式讨论在舆论形成乃至整个政治过程中的作用,提出了一系列问题:什么样的人在什么情况下更可能参与公共讨论?人们按照什么样的规则来组织公共讨论?日常政治讨论有什么影响?

并非所有人都喜欢讨论政治。一般而言,社会经济地位较高的人更具有讨论公共议题的资源、能力和机会。互联网并没有让公共表达变得更平等,而是复制,甚至加深了这种数码鸿沟(DiMaggio, Hargittai, Neuman, & Robinson, 2001)。研究者发现,性格和动机也会影响人们是否参与政治讨论。例如,舆论气候(opinion climate)可以通过激发不同动机来影响人们是否或者怎样参与讨论。根据沉默的螺旋理论,为了避免被孤立,觉得自己是少数派的人倾向于不表达自己的观点。人们如果遇到一个比较友好的讨论环境,将更愿意表达自己的观点以获得快乐。不过,也有研究证明,在某些情况下,少数派为了"纠正"他们认为的错误而更愿意表达自己的观点(Wu & Huberman, 2010)。

日常政治讨论与正式的协商讨论是非常不同的。非正式的讨论往往没有固定的议程、场所、主持人、规则……这些讨论往往是无组织或自组织的。从网络分析的角度来说,讨论就是由一系列谁和谁说了什么(谁回复了谁)的关系组成的。这些关系构成一个讨论网络。在一个相对较少限制的非正式讨论场合(如网络论坛),大家并非纯随机地选择一个人或一群人进行政治讨论。我们观察到的讨论网络也与随机网络相去甚远。那么,是什么因素决定了谁和谁讨论政治呢?这便是一个讨论网络形成和演化的问题。

人类传播最为显著的一个特征是人以类聚:人们多数时候喜欢与自己观点相似的人讨论(同质性,homophily)。当传者和受众拥有共同的语言、价值观念的时候,传播较为容易和有效(Rogers & Bhowmik, 1970)。不过,这种同类观点的交流往往会带来不利于协商民主的后果。协商民主的一个重要特征就是要在不同观点间寻求最大公约数。互联网发展初期,人们寄希望于这一开放的平台可以减弱人以类聚的效应,从而促进不同意见的沟通。后来的经验研究证明,互联网经常扩大同类讨论的可能性。这些相似观点的讨论很容易形成信息茧房,导致群体极化等。不过,研究者也发现,在某些情况下,人们会偶然,甚至故意与意见不同的人讨论政治(Liang, 2014b)。

虽然人以类聚、群体极化已经成为政治传播最热门的课题之一，但日常政治讨论并非仅仅靠这一原则来组织。政治讨论是一种人际交流的方式，也是一种对话的形式，必然受到对话规范的约束。吉布森（Gibson，2003，2005）提出通过参与转化（p-shift）事件来量化对话中的规范，比如轮流接收（A 回复了 B，B 会回复 A）、轮流发送（A 回复，然后 X 回复）等。另外，如果将讨论网络看作社会网络的一种，一些普遍的结构机制也会影响讨论者的选择。互惠性（reciprocity）、传递性（transitivity）和优先链接（preferential attachment）是网络形成过程中三个最基本的机制。在讨论网络中，互惠性意味着如果 A 回复了 B，那么 B 在未来更可能回复 A。传递性意味着如果 A 回复了 B，B 回复了 C，那么 A 在未来更可能回复 C。强传递性意味着团体凝聚力比较强。优先链接有时也叫名气效应（popularity effect）：人们更可能回复那些被许多人回复过的人。对话规范和网络形成机制都是内生的，这些机制都独立于外部的属性。不过，这些内生机制也会影响人以类聚趋势的估计（Liang，2014b）。许多表现出来的同质性也许只是这些内生机制的副产品。

讨论网络的结构及其上述机制并非一成不变，而会随时间演化。例如，研究发现，政治讨论网络的规模和结构随时间总体变化不大，但微观上讨论关系却在不断更新（Choi，Yang，& Chen，2018）。这些具体关系的增减都受到上述机制的影响。许多社会网络（协同）演化模型都是在回答社会关系在微观层面的变化，而不是整体结构的变化。不过，也有研究聚焦整体结构或机制的变化。例如，研究者发现，同质性效果在讨论网络演化过程中会随着具体政治事件而变化。例如，在一项跨越 18 个月的分析中，研究者发现，同质性效果在有重大政治事件的日子会减小（Bond & Sweitzer，2018）。

许多经典的政治传播学研究探讨了日常政治讨论对知识、态度和政治参与的影响。为了研究政治讨论的作用，研究者总结出一些刻画讨论的变量，比如政治讨论的频率、讨论网络的规模、与相同意见者之间的讨论频率、与不同意见者之间的讨论频率、讨论网络的多样性等（Eveland & Hively，2009）。总体而言，非正式政治讨论的确有利于人们了解相关知识。特别是那些参与不同意见讨论的人们会更了解对方的逻辑，拥有更理性和有组织的知识体系等。不过，费尔德曼和普赖斯（Feldman & Price，2008）发现，只有在相似观点讨论网络中，讨论的频率才与知识学习相关；在多元政治讨论网络中,这种关系并不存在。

研究还发现,政治讨论可以改善观点的质量。参与不同意见之间的讨论会让人变得更讲道理(Price, Cappella, & Nir, 2002),也更能容忍不同意见(Mutz, 2002)。不过,政治讨论也时常被认为是群体极化的罪魁祸首。群体极化更可能出现在相对同质的讨论网络中。人们通过不断表达自己的观点,同时一再看到同样的观点在群组内出现,从而进一步增强原有观点。这一过程在社交媒体上并没有得到改善。比较有争议的是,政治讨论在异质性较大的网络中是否可以减小态度的极化。一方面,与对立观点的人讨论,可能会促使人们维护自己观念的动机,从而选择更不相信对方的观点;另一方面,正如协商民主所期望的那样,不同观点的交锋可以增进彼此的了解。经验研究也并没有一致的结果。不过,这至少说明讨论网络结构与舆论的演化息息相关。

总体而言,研究证明政治讨论的频率可以促进政治参与。在线讨论可以增强认同和态度强度,从而增加线下的参与。不过,讨论网络的不同结构可能带来非常不同的结果。如果讨论在异质性网络中进行,人们可能会产生一种矛盾的心理(不知道到底支持谁比较好),从而倾向于保守的决定而不参与(谁都不支持)。然而,经验研究同样也发现异质性网络与政治参与是正相关的。研究者认为,参与不同意见的讨论可以增加知识,也可以增加大众媒介的使用,从而增加政治参与的可能性。

二、方法背景

检验政治讨论网络和舆论形成的关系可以有不同的方法。在计算社会科学兴起以前,研究者最常采用问卷调查法。一方面,研究者测量个体的政治讨论网络。这可以通过名字生成法(name generator)来获得。例如,在过去一段时间,您最常和哪些人讨论政治相关议题。然后计算相关的网络指标。另一方面,研究者可以同时测量受访者舆论相关的变量,比如对某一政策的看法、投票倾向等。最常见的协同演化模型,就是比较这两组变量在一段时间内的相关性。虽然许多重要的结论都通过这一方法来验证,但这种方法存在很多已知的缺陷。首先,自我报告的讨论网络不够准确,例如人们可能会错误估计参与不同意见讨论的比例(Wojcieszak & Price, 2012)。

其次，这是一种自我中心网的设计。网络结构是根据自我中心网计算出来的若干指标（如同质性）来指代的。相比于全网分析，这一设计可能会忽略许多更宏观的结构。最后，以往研究多数是静态的横断面研究。这很难估计政治讨论对舆论的因果效应。特别是政治网络本身具有内生性：因为同质性而聚集在一起讨论（社会选择），还是因为聚集在一起讨论所以观点变得一致了（社会影响）。研究者很难通过控制变量的方式来推断因果效应。

为了有效解决这一问题，研究者需要同时考虑讨论网络和公众意见（例如对某项政策的态度）的协同演化（同时考虑社会选择和社会影响）。这个模型最好是建立在全网之上，并且是纵贯性的。然后可以通过宏观和微观两个层面来描述网络演化过程。宏观上，研究者可以通过计算不同网络在各个时间段的整体结构指标来观察网络如何演化。例如，可以计算网络密度（density）、聚类系数（clustering coefficient）和区块性（modularity）等指标来测量网络是否变得更紧密（cohesive）。微观上，研究者可以描述具体哪一些关系发生了变化。例如，互惠关系（reciprocal ties）是增加了还是减少了，闭合的三角关系（传递性）有没有增加等。描述性统计虽然更直观，但很难进行统计推断。目前比较成熟的、可用于网络统计推断的方法是由汤姆·A.B.斯尼德斯（Tom A.B. Snijders）等人发展出来的随机行动者导向模型（stochastic actor-oriented models，简称SAOM）。这个模型可以由Siena 软件包来拟合（Simulation Investigation for Empirical Network Analysis, https://www.stats.ox.ac.uk/~snijders/siena/）。行动者导向的意思是行动者在网络演化过程中可以决定保持、建立或者中断某些关系。行动者在作决定的时候会受到自己态度的影响，也会为了维持某些关系而改变态度。因此，随机行动者导向模型可以解决许多网络和行为协同演化的问题。

行动者 i 指向行动者 j 的关系用 X_{ij} 来表示。如果 $X_{ij}=1$，那么二者存在某种关系；如果 $X_{ij}=0$，那么二者没有关系。所有的关系 X_{ij} 构成了一个网络，表示为一个 $n\times n$ 的矩阵 $X=(X_{ij})$，其中，n 是网络中行动者的数量。模型一般假定这个网络是二分的（0 或者 1）、有向的。同时，行动者具有各种属性（例如支持或者不支持某一政策，统称为行为）。模型一般假定属性变量是离散的（定类变量），用 Z_{hi} 表示行动者 i 的第 h 个属性的值。关系和属性都会随时间变化，因此，表示为 $X=X(t)$ 和 $Z=Z(t)$。协同模型就是用来刻画$(X(t), Z_1(t), \cdots, Z_H(t))$的随机过程,用$Y(t)$表示。除了$X$和$Z$之外,模型可以包含协变量,例如性别等个人变量($v$表示)及是否同乡等二者关系(dyadic)变量($w$表示)。

模型分为两个部分,一个是变化率函数(rate functions),另一个是目标函数(objective functions)。前者决定行动者什么时候改变,后者决定行动者如何改变。网络关系和行为是相互影响、共同演化的,可以总结为表9.1中的四个函数。

表9.1 协同演化模型函数

	什么时候改变?	如何改变?
网络改变	网络变化率函数:$\lambda_i^{[X]}$	网络目标函数:$[f+g]_i^{[X]}$
行为改变	行为变化率函数:$\lambda_i^{[Z_h]}$	行为目标函数:$[f+g]_i^{[Z_h]}$

对任意行动者i来说,他们都有一个网络变化率函数$\lambda_i^{[X]}$和一系列行为(属性)变化率函数$\lambda_i^{[Z_h]}$。变化率函数决定了谁有机会在某个时刻作出选择(可以改变关系或者改变属性)。在时间$t_m < t < t_{m+1}$内,行动者i的变化率函数依赖于时间跨度m,当时网络特征(入度、出度等)、行为和协变量[任意因素k由统计量$a_{ki}(Y(t))$表示]:

$$\lambda_i^{[X]}(Y, m) = \rho_m^{[X]} \exp\Big(\sum_k \alpha_k^{[X]} a[X]_{ki}(Y(t))\Big) \tag{9-1}$$

$$\lambda_i^{[Z_h]}(Y, m) = \rho_m^{[Z_h]} \exp\Big(\sum_k \alpha_k^{[Z_h]} a[Z_h]_{ki}(Y(t))\Big) \tag{9-2}$$

其中,参数ρ衡量对时间的依赖程度,α衡量对$a_{ki}(Y(t))$的依赖程度。变化率函数解决了协同演化的时机问题:值越大,意味着该行动者更可能在此刻行动。

模型的核心部分是目标函数——行动者通过不同的机制来决定如何改变自己的关系(与某人建交或者断交)或者行为(支持还是反对某一立场)。目标函数区分了社会选择(人以类聚、物以群分)和社会影响(近朱者赤、近墨者黑)两种不同的因果过程。过程假定:一旦轮到行动者i作决定,他将会综合考虑一系列可能的微观改变步骤(micro steps),然后最优化这个目标函数。如果某个改变会增加整个目标函数的值,那么行动者越有可能这么做;相反,行动者越不可能这么做。一个目标函数由三个部分组成:评估函数(evaluation function) f,赠予函数(endowment function) g,随机项 ϵ。

一个行动者 i 在现有状态 $Y(t)$ 下对网络关系所作的决定,由最大化现有状态 $Y(t)$ 和假想状态 y 所限制的目标函数来决定:

$$f_i^{[X]}(\beta^{[X]}, y) + g_i^{[X]}(\gamma^{[X]}, y \mid Y(t)) + \epsilon_i^{[X]}(y)$$

其中,β 和 γ 为待估参数。类似地,行为改变由最大化以下目标函数决定:

$$f_i^{[Z_h]}(\beta^{[Z_h]}, y) + g_i^{[Z_h]}(\gamma^{[Z_h]}, y \mid Y(t)) + \epsilon_i^{[Z_h]}(y)$$

更具体一点,网络改变的评估方程可以表示为:

$$f_i^{[X]}(\beta^{[X]}, y) = \sum_k \beta_k^{[X]} s_{ik}^{[X]}(y) \tag{9-3}$$

其中,$s_{ik}^{[X]}$ 为测量微观步骤的统计量。行为改变的评估方程为:

$$f_i^{[Z_h]}(\beta^{[Z_h]}, y) = \sum_k \beta_k^{[Z_h]} s_{ik}^{[Z_h]}(y) \tag{9-4}$$

函数 g 和函数 f 的区别在于函数 g 还依赖于现有状态 $Y(t)$。这样就可以比较增加或者取消某一种关系或行为(如互惠性)所带来的不同效果。如果二者正好相等,那么就只需要使用评估方程。网络改变[从 $y^{(0)}$ 到 y,$y^{(0)}$ 在这里表示 y 前一步的具体现有状态 $Y(t)$]的赠予方程表示为:

$$g_i^{[X]}(\gamma^{[X]}, y \mid y^{(0)}) = \sum_k \sum_{j \neq i} \gamma_k^{[X]} I\{x_{ij} < x_{ij}^{(0)}\} s_{ijk}^{[x]}(y^{(0)}) \tag{9-5}$$

其中,$\gamma_k^{[X]} s_{ijk}^{[x]}(y^{(0)})$ 表示现有关系存在($x_{ij}^{(0)}$=1)但之后不存在(x_{ij}=0)的赠予值。如果满足条件 A,$I\{A\}$=1;否则,$I\{A\}$=0。类似地,行为改变的赠予方程为:

$$\begin{aligned} & g_i^{[Z_h]}(\gamma^{[Z_h]}, y \mid y^{(0)}) \\ & = \sum_k \gamma_k^{[Z_h]} I\{z_{hi} < z_{hi}^{(0)}\}(s_{ik}^{[Z_h]}(y^0) - s_{ik}^{[Z_h]}(y)) \end{aligned} \tag{9-6}$$

综上,网络改变的概率可以由以下公式给出:

$$\Pr(x(i \to j) \mid x(t), z(t))$$
$$= \frac{\exp\left([f+g]_i^{[X]}(\beta^{[X]}, \gamma^{[X]}, x(i \to j)(t), z(t))\right)}{\sum_k \exp\left([f+g]_i^{[X]}(\beta^{[X]}, \gamma^{[X]}, x(i \to k)(t), z(t))\right)} \quad (9-7)$$

其中，$x(i \to j)$ 表示行动者 i 建立或者取消对行动者 j 的关系（从 0 到 1 或者从 1 到 0）。当 $i \neq j$ 时，$x(i \to j)_{ij} = 1 - x_{ij}$。公式(9-7)说明一对关系改变的概率等于这个改变带来的目标函数的值除以所有可能的改变带来的目标函数的值。同理，行为改变的概率公式为：

$$\Pr(z(i \updownarrow_h \delta) \mid x(t), z(t))$$
$$= \frac{\exp\left([f+g]_i^{[Z_h]}(\beta^{[Z_h]}, \gamma^{[Z_h]}, x(t), z(i \updownarrow_h \delta)(t))\right)}{\sum_{\tau \in \{-1, 0, 1\}} \exp\left([f+g]_i^{[Z_h]}(\beta^{[Z_h]}, \gamma^{[Z_h]}, x(t), z(i \updownarrow_h \tau)(t))\right)}$$
$$(9-8)$$

其中，$z(i \updownarrow_h \delta)_{hi} = z_{hi} + \delta$，行动者 i 通过一些机制将行为分数 z_{hi} 增加了 δ。

上面的公式给出了协同演化模型的一般形式。在具体计算中，我们还需要定义统计量 $s_{ik}^{[X]}$。这些统计量是用来量化网络改变或者行为改变的机制。下面列举一些常用的网络演化机制及其统计量。

① 出度效应：越是喜欢和人交朋友的人越可能交更多朋友。其统计量为行动者 i 的出度(out-degree)：

$$s_{i1}(x) = \sum_j x_{ij} \quad (9-9)$$

② 优先链接（名气效应）：越有名气的人越容易被行动者 i 选为朋友。其统计量为：

$$s_{i2} = \sum_j x_{ij} \sqrt{\sum_h x_{hj}} \quad (9-10)$$

③ 互惠性：行动者更喜欢与那些喜欢和自己交朋友的人交朋友。其统计量为行动者 i 的所有互惠关系数量：

$$s_{i3}(x) = \sum_i x_{ij} x_{ji} \quad (9-11)$$

④ 传递性：如果 i 与 j 相连，j 与 h 相连，那么 i 与 h 很有可能相连。

其统计量为与行动者 i 相连的所有三联体（triplets）数量：

$$s_{i4}(x) = \sum_{j,h} x_{ij} x_{ih} x_{jh} \tag{9-12}$$

⑤ 属性相似性（同质性）。其统计量为行动者 i 与其朋友之间相对于某个属性 Z_h 的相似性（通过差的绝对值来计算）的总和（R_h 为该属性的阈值）：

$$s_{i5}(x) = \sum_j x_{ij}(1-|z_{ih}-z_{jh}|/R_h) \tag{9-13}$$

下面列举一些常用的行为变化机制及其统计量。

① 行为趋势：行动者 i 偏向某一种行为的趋势。其统计量为：

$$s_{i1}(x,z) = z_{ih} \tag{9-14}$$

② 平均相似性：行动者 i 与朋友的平均行为相似的程度。其统计量为：

$$s_{i2}(x,z) = \left(\sum_j x_{ij} sim_{ij}\right) / \left(\sum_j x_{ij}\right) \tag{9-15}$$

③ 总体相似性：行动者 i 与朋友的总体行为相似的程度。其统计量为：

$$s_{i3}(x,z) = \sum_j x_{ij} sim_{ij} \tag{9-16}$$

协同演化模型不仅可以检验网络与行为的关系，还可以检验两个网络，甚至单模网络与二模网络之间的相互作用。对于社会科学研究者来说，模型繁复的拟合过程并非最重要的部分。斯尼德斯（Snijders）等人设计了 Siena 软件包（https：//www.stats.ox.ac.uk/~snijders/siena/），可以通过 R（https：//www.stats.ox.ac.uk/~snijders/siena/）或者 visone（http：//visone.ethz.ch/wiki/index.php/RSiena_(tutorial)）软件直接调用。模型输入包括：两个及以上时间点上的网络矩阵，两个及以上时间点上的行为，网络和行为演化机制所对应的统计量。软件包就可以计算出相应统计量的系数。系数的解读类似于逻辑回归系数的解读。对于更多统计量，以及多重网络、单模网络与二模网络相互作用统计量，都可以在使用手册中找到。下面的案例分析部分将着重介绍多重网络与二模网络的协同演化分析。

三、案例介绍

本章采用的案例为：

Liang, H.（2014）. Coevolution of political discussion and common ground in web discussion forum. *Social Science Computer Review*, 32(2), 155-169.

本案例在协商民主的框架下探究网络政治讨论对舆论的影响，并运用协同演化网络模型来检验网络讨论结构如何在参与者中形成一定程度的共同话语基础。这里涉及讨论网络与语义网络之间的互动关系。本案例认为，在协商民主中，成功的政治讨论，特别是非正式的讨论，即便很难让参与者达成一致的态度（consensus），至少也可以让参与者形成共同的话语基础（common ground）。共同的话语基础是达成态度共识的前提条件。人们在形成理性态度之前，至少需要了解对方在讨论什么样的问题，否则就是鸡同鸭讲。举例来说，网络上的讨论也许并不能让公众对高校自主招生达成共识，但可以让公众了解到这是涉及教育公平、如何选拔人才的问题。对于这些问题的具体讨论有利于改善招生制度本身。相反，"重点错误"的讨论往往会让公众陷入自说自话或者无休止口水仗的泥潭。

更进一步讲，以往的舆论研究过多地强调公众意见，而忽略了共享知识（shared knowledge）的作用。在大众传播时代，共享知识主要受大众媒介和社会精英的影响。随着社交媒体的普及，这些平台为非正式的政治讨论提供了更多机会。虽然许多乐观的理论家认为互联网为普通公众协商提供了千载难逢的机会，但是并没有太多实证研究检验在线讨论如何有利于共同话语基础的形成。本案例正是要回答这一问题。研究结果证实，政治讨论可以促进共同话语基础的形成，并且这一基础可以进一步增加问题的讨论，从而形成一个良性循环。

网络政治讨论如何促进共同基础的形成？互联网发展早期，政治讨论往往出现在专门的网络政治论坛中。网络论坛很早就被认为是组织大型政治讨论的理想场所。网络论坛通常以不同主题为单位，每一个主题可以有很多回帖。用户可以发出主题,也可以回复他人主题。不同于聊天室,论坛通常是不同步的,论坛用户在回帖之前会拥有更长的考虑时间。与微博、微信等社交媒体相比,网络论坛是按话题来组织的,而非按社会关系。论坛往往没有关注好友的功能。这种设计可以减少来自朋友圈的社会影响,因而用户可以更自由地表达。网络论坛被认为是有最少限制的在线讨论平台。在这种自由的表达环境下,协商民主的拥护者认为,公众会暴露在不同意见下,进而了解事件的争议性并获得相互理解。不过,这也许只是一个美好的愿望,许多经验研究都表明这种不同观点之间的讨论也许只会带来群体极化——彼此仇恨,而非彼此尊重。

尽管这样,本案例也认为,有足够的理由相信讨论会让人们的想法变得更像。共享现实理论认为,人们有动机和他人通过沟通达成相互理解,因为这有利于建立、维持和管理和谐的人际关系,也有利于减少不确定性来形成正确认识世界的方式(Hardin & Higgins, 1996)。这一理论指明了讨论和共同话语基础的共同演化过程。用户在论坛中表达意见的同时,也希望能和别的用户交流,从而使得话题可以继续下去。在这一过程中,讨论者有动机主动寻求共同的现实基础。不过,共享现实理论也认为,如果讨论发生在不同意识形态持有者之间,将会导致讨论者更倾向于相似观点的人,从而导致某种程度的群体极化。同时,为了消除沟通中的不确定性,人们更倾向于与拥有共同话语基础的人讨论政治议题。因此,本案例提出三个基本假设。

假设一: 政治讨论者之间更可能形成共同话语基础。
假设二: 不同意识形态之间的讨论会削弱假设一中的关系。
假设三: 人们更倾向于与拥有共同话语基础的人讨论政治议题。

四、研究设计

为了检验讨论网络与共同话语基础之间的关系,需要同时测量讨论网络和共同话语基础。测量需要在至少两个时间节点上,这就需要有一个相对客观的方法来追踪一段时间内讨论关系和讨论内容的详细变化。问卷调查的方法或可获得讨论网络的变化,但很难记录具体讨论者之间说过什么内容。实验方法很难组织大规模的讨论,也缺乏外部效度。因此,本案例采用大数据和计算社会科学的方法。通过收集已有自然发生的政治讨论,然后结合社会网络的测量和分析方法来检验上文三个假设。

案例数据来自一个美国网络政治论坛(www.debatepolitic.com)。该论坛是一个比较中立的平台,其用户包含美国左、中、右各个政治派别(18 个),具有一定的代表性。论坛成员需要在用户信息中注明自己的政治立场。在案例中,这些非常细分的政治立场被归纳为左、中、右三大意识形态。论坛中有许多不同话题的子论坛,案例只分析了"2012 总统选举"分论坛中的内容。从 2011 年 10 月到 2012 年 11 月,共有 1 178 个用户参与相关讨论。

讨论网络由论坛中的回复关系来决定。用户可以选择回复给某一个特定的人或者直接贴出评论。如果是回复给某一个人,论坛界面会在评论中显示被回复者的信息。因此,可以根据回复关系构建一个有向的讨论网络:节点为参与讨论的用户,边为回复关系。如果评论没有指定回复给某一个人,案例假定回复给发起主帖的用户。

共同话语基础由两个认知网络来测量:一个是语义相似性网络(SS),用来测量讨论者之间是否拥有共享知识;另一个是阐释框架网络(IN),用来测量讨论是否拥有相同的知识结构(shared knowledge structure)。

语义相似性网络的节点为讨论者,边为语义相似性。案例将每一个用户在一段时间里所有的评论集合成一个文档。然后根据文本挖掘的标准程序,分词、去除停用词等,生成一个特征向量。特征向量包含每个词出现的次数。词频再根据 TF-IDF 进行加权。我们用 $\phi(u)$ 来表示用户 u 的特征向量。于是,任意两个讨论者的语义相似性(多大程度上使用了相同的词汇),可以由余弦相似性公式来计算:

$$SS(u_1, u_2) = \frac{\langle \phi(u_1), \phi(u_2) \rangle}{||\phi(u_1)|| \cdot ||\phi(u_2)||} \tag{9-17}$$

SS 的值从 0 到 1,0 表示完全不同,1 表示完全一样。

阐释框架网络类似于一般语义网络的构建,使用词共现网络来测量。节点为关键词,而连边为词与词在同一句话中共同出现的次数。为了挑选出最重要的词语,案例将选举讨论与非选举讨论(体育和音乐)进行比较,通过特征选取的方法选择出两者最为不同的 500 个词语作为关键词。阐释框架网络可以用来测量整个论坛讨论的知识结构,也可以用来测量某个具体用户的知识结构(对每一个用户构建一个阐释框架网络)。在测量讨论网络与阐释框架网络相互关系时,案例检验了用户如何改变各自的阐释框架网络。

为了满足基本的协同演化模型的假设,上述测量需要做两项操作。第一,协同演化模型需要不同时间节点的网络。论坛讨论是连续的,并没有自然的时间区分。因此,需要人为地将其分成不同阶段。因为模型一般要求不同阶段网络的密度差别不能太大,所以案例按照边的数量平均分为四个时间段,每43 990条回复为一个阶段(175 960/4)。第二,标准模型要求所有网络应该为0/1的二分网络。上述三个网络都不是二分的。寻找恰当的二分截点至关重要。根据以往经验,模型需要各个时间点之间网络的边变化不能太大。一般而言,两个时间点之间的边重复度需要在30%以上。案例根据最大化这个重复度来选择划分截点。例如,SS>0.34时,语义相似性网络中对应边为1,其他为0;阐释框架网络的截点为1,讨论网络的截点为9。

假设一和假设三是一对协同演化的假设。如果讨论网络里的边影响语义相似性网络里的边,那么假设一得到验证。如果语义相似性网络里的边可以影响讨论网络里的边,那么假设三得到验证。假设二增加一个交互项,即讨论者的属性相似性(派别同质性)。除了语义相似性之外,共同话语基础也可以由阐释框架网络来测量。根据每一个用户一段时间的评论,可以为每一个用户构建一个关键词共现网络。如图9.1所示,左、右分别为两个用户的阐释框架网络。W1到W7为关键词,边为是否共同出现在同一句话里面。现在两个网络有一条边的差异(W6-W7 vs. W4-W6)。如果讨论能

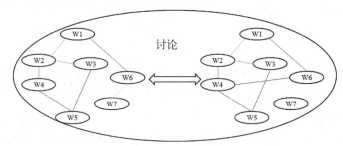

图9.1 讨论与阐释框架网络互动关系

够促成共同话语基础,那么可以预测,要么左边 W6-W7 会变成 W4-W6,要么右边 W4-W6 会变成 W6-W7。

讨论网络和语义相似性网络的协同演化关系涉及各自网络的演化,以及二者彼此之间的影响。这需要使用上文中演化模型的扩展模型——多重网络演化模型(Ellwardt, Steglich, & Wittek, 2012)。模型统计量除了各自网络的出度效应、优先链接、互惠性、传递性、同质性等之外,还需要包含跨网络统计量来测量两个网络的相互关系。讨论网络 D 和语义相似性网络 S 可以表示为同样维度的矩阵,案例定义了三个统计量来测量三个假设。

① 讨论促进语义相似:网络 D 中的边 $i \xrightarrow{D} j(d_{ij})$ 多大程度上带来网络 S 中的边 $i \xrightarrow{S} j(s_{ij})$。$S$ 是因变量,D 为自变量。统计量为:

$$s_{i1}(d) = \sum_j d_{ij} s_{ij} \tag{9-18}$$

② 语义相似促进讨论:网络 S 中的边 $i \xrightarrow{S} j$ 多大程度上带来网络 D 中的边 $i \xrightarrow{D} j$。D 是因变量,S 是自变量。统计量为:

$$s_{i2}(s) = \sum_j s_{ij} d_{ij} \tag{9-19}$$

③ 相同意识形态讨论促进语义相似:网络 D 中的边 $i \xrightarrow{D} j$ 多大程度上带来网络 S 中的边 $i \xrightarrow{S} j$,并且 i 与 j 属于同一政治派别 $Z_i = Z_j$(此时,$I\{Z_i = Z_j\} = 1$,否则为 0)。统计量为:

$$s_{i3}(d) = \sum_j d_{ij} s_{ij} I\{Z_i = Z_j\} \tag{9-20}$$

讨论网络和阐释框架网络的协同演化并没有这么直接。我们需要在单模网络和二模网络演化模型(Snijders, Lomi, & Torló, 2012)下做进一步延伸。我们先要将图 9.1 中的多个个人阐释框架网络转换成一个如表 9.2 的二模网络。这个转换的基础在于所有网络都可以由一组边的集合来表示。表 9.2 中的列为所有两两关键词之间可能的关系。案例中有 500 个关键词,因此,一共有 $500 \times 499/2$ 条可能的边。这个数量远远超出一般计算机的计算能力。案例选择其中最常出现的 50 条边。每一行代表一个用户的阐释框架网络。如果一条边存在则为 1,如果一条边不存在则为 0。表

9.2中行和列是不同类型,因而是一个二模网络。然后,我们就可以运用单模网络和二模网络模型来检验讨论网络与表9.2这个阐释框架网络之间的相互影响。

表9.2 阐释框架二模网络构建

用 户	W1-W2	W1-W3	W2-W3	…
i	1	0	1	…
j	0	1	1	…
…	…	…	…	…

与单模网络不同,二模网络有自己的演化规则及相应的统计量。最基本的包括出度效应和4-循环。出度等于一个用户的边数,即表9.2中各行的和。4-循环表示用户作出共同选择(例如都选择W1-W2),那么他们可能作出更多相同选择(W1-W3)。检验假设一和假设三需要设置两个特别的跨网络统计量(D 为单模网络,B 为二模网络)。

① 讨论促进框架相似(to agreement):网络 D 中的边 $i \xrightarrow{D} j$ 多大程度上带来网络 B 中 i 和 j 选择共同词共线边的次数 $i \xrightarrow{B} w_k w_l (b_{iw})$ 和 $j \xrightarrow{B} w_k w_l (b_{jw})$。其统计量为:

$$s_{i1}(b) = \sum_{j \neq w} b_{iw} d_{ij} b_{jw} \qquad (9-21)$$

② 框架相似促进讨论(from agreement):网络 B 中 i 和 j 选择共同词共线边的次数 $i \xrightarrow{B} w_k w_l$ 和 $j \xrightarrow{B} w_k w_l$ 多大程度上带来网络 D 中的边 $i \xrightarrow{D} j$。

$$s_{i2}(d) = \sum_{j \neq w} d_{ij} b_{iw} b_{jw} \qquad (9-22)$$

由于一些计算方面的限制,案例当时并没有包含相同意识形态讨论促进框架相似的统计量。但与多重网络相似,只需对 $s_{i1}(b)$ 稍作改变就可以得到其统计量。

③ 相同意识形态讨论促进框架相似:网络 D 中的边 $i \xrightarrow{D} j$ 多大程度

上带来网络 B 中 i 和 j 选择共同词共线边的次数 $i\xrightarrow{B}w_kw_l(b_{iw})$ 和 $j\xrightarrow{B}w_kw_l(b_{jw})$，并且 i 与 j 属于同一政治派别 $Z_i=Z_j$（此时，$I\{Z_i=Z_j\}=1$）。其统计量为：

$$s_{i3}(b)=\sum_{j\neq w}b_{iw}d_{ij}b_{jw}I\{Z_i=Z_j\} \tag{9-23}$$

五、数据分析

数据分析分为描述统计、多重网络协同演化、单模网络与二模网络协同演化三个部分。描述统计使用 R 中的 igraph 软件包，后面两个部分使用 R 中的 RSiena 软件包。

1. 描述统计

共同话语基础可以由讨论网络、语义相似网和阐释框架网的网络指标来衡量。如果用户在一段时间的讨论后拥有共同的话语基础，那么这三个网络会变得更为紧密。因此，案例使用网络密度、聚类系数和区块性三个指标来衡量网络的紧密性。按月计算三个网络的各个指标，就可以看到它们在时间上的变化。整个分析过程只需要用到以下三个 R 软件包。

```
library(tidyr)
library(igraph)
library(ggplot2)
```

通过本章最后的 GitHub 链接可以下载三个 .Rdata 数据，分别为 14 个月的讨论网络（disnet）、语义相似网（semantic）和阐释框架网（interpretative）。第 14 个月是选举结束之后的讨论，案例原文中并没有包含这个月。放在这里供参考。

```
load("disnet.Rdata") # 14 个月的讨论网络,存于一个 list
load("semantic.Rdata") # 14 个月的语义相似网
load("interpretative.Rdata") # 14 个月的阐释框架网
```

对于每一个网络，定义一个函数来计算第 i 个月的网络密度、聚类系数和区块性。

```r
structure_dis <- function(i){
# 提取第 i 月的网络矩阵
interaction <- disnet[[i]]

# 去掉那个月根本没活跃的用户
interaction <- interaction[rowSums(interaction) > 0, rowSums(interaction) > 0]

# 将矩阵转换成 igraph 中的网络对象
net <- simplify(graph_from_adjacency_matrix(interaction, mode = "directed"))

n <- length(V(net)) # 节点数量
e <- length(E(net)) # 边的数量

cc <- transitivity(net) # clustering coefficient
density <- graph.density(net) # density
modularity <- modularity(walktrap.community(net)) # modularity
r <- c(n, e, cc, density, modularity)
return(r)
}
```

把这个函数运用到 14 个月就可以得到所需结果，最后使用 ggplot 画出折线图。

```r
dis <- sapply(c(1:14), structure_dis)
dis <- as.data.frame(t(dis))
```

```
colnames(dis) <- c("n","e","dis_cc","dis_density","dis_
modularity")
dis$week <- c(1:14)
dis_long <- pivot_longer(dis[,3:6],-week,names_to = "indicator",
values_to = "value")

ggplot(data = dis_long,
    aes(x = week, y = value, colour = indicator)) +
    geom_line()
```

上述代码稍加变化就可以用来计算语义相似网和阐释框架网的三项指标。最终结果可以由图 9.2 来表示。从图中可以看出，在最后几个月，网络密度和聚类系数有所增加，而区块性有所减少。因此，整体上这三个网络都变得更紧密了。这意味着共同话语基础在讨论中逐渐形成。与案例原文不

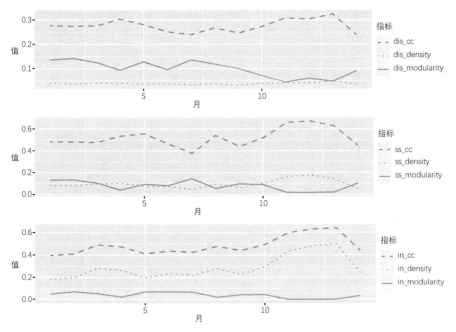

图 9.2 讨论网络、语义相似网和阐释框架网的演化

同的是，这里最后一个月是在大选结束后的 11 月份。可以看到，选举前后网络结构有较大差异。总的来说，网络在选举后变得分散了。选举前形成的共同话语基础不复存在。

2. 模型一：多重网络协同演化

上述结果描述了三个网络整体上的演化趋势，但并不能验证上文提出的三个假设，特别是社会影响与社会选择之间的相互作用。案例先检验讨论网络与语义相似网之间的关系。GitHub 链接中包含以下一些数据。

```
load("user.Rdata")  # 四个时期的参与者
load("activity.Rdata")  # 参与者在四个时期的发帖数
load("disnet_all4.Rdata")  # 四个时期的讨论网络邻接矩阵
load("semantic_all4_directless.Rdata")  # 四个时期的语义相似网邻接矩阵
load("attribute.Rdata")  # 参与者包括意识形态在内的属性数据
```

案例并非将四个时期作为一个整体来估计，而是每两个时期估计一个模型，因而总共有三个模型。这样处理的好处在于，每两个相邻时期的节点和边的变化不会太大。在一年多的时间里，有许多用户离开了，又有很多新的用户不断加入，这会导致模型估计非常不准确。在经过一系列处理（例如加权网络变成二分网）之后，我们可以得到（每次）两个时间段（这里第一个时期、第二个时期）的讨论网络（dis1, dis2）和语义相似网（ss1, ss2）。完整代码可以在 GitHub 链接中找到。然后，可以用 RSiena 包进行估计。

```
library(RSiena)
# 将两个时间段的网络整合成一个变量，ss 和 dis 互为因果
# 两个网络具有相同维度
ss <- sienaNet(array(c(ss1,ss2), dim = c(nrow(dis1),ncol(dis1),2)))
dis <- sienaNet(array(c(dis1,dis2), dim = c(nrow(dis1),ncol(dis1),2)))

# 模型包含两个不随时间变化的协变量
```

```
ideology <- coCovar(attr $ ideology)
activity <- coCovar(sqrt(activity[which(activity $ sender %in%
participants),t+2]))

# 将网络和协变量放在一起
MutiplexData <- sienaDataCreate(dis,ss,ideology,activity)
```

模型数据准备好后,下一步需要模型设定,即决定需要包含什么统计量。除了上面提到的三个与假设有关的统计量之外,模型需要包含一些最基本的统计量。因为这些基本统计量是网络演化最基本的机制,所以几乎总是需要包含在内,如 rate(变化频率)、degree(密度)和 reciprocity(互惠效应)。当我们使用 getEffects()时,默认这些基本统计量就包含在模型中。

```
# 使用 getEffects() 可以设定默认 rate、degree、reciprocity 等基本统
计量
MutiplexEffects <- getEffects(MutiplexData)
```

因为互惠性并不适用于无向网络,而语义相似网是一个无向网络,所以 getEffects()并不会在 ss 的模型中包含此统计量。如果要添加其他统计量,可以使用 includeEffects()函数。

```
# 讨论网络中加入传递性和名气效应,即 transitivity 和 inPop
MutiplexEffects <- includeEffects(MutiplexEffects, transTrip, inPop,
name = "dis")

# 语义相似网中加入传递性, transTriads 没有方向性
# inPop 在无向网络中表示 alter degree
MutiplexEffects <- includeEffects(MutiplexEffects, transTriads,
inPop, name = "ss")
```

同样,可以设置意识形态的同质性效果。

```
# 如果两个用户属于同一意识形态,增加讨论或者增加语义相似性的效果
MutiplexEffects <-
includeEffects ( MutiplexEffects, sameX, name = "dis", interaction1 = "ideology")
MutiplexEffects <-
includeEffects ( MutiplexEffects, sameX, name = " ss", interaction1 = "ideology")
```

接下来,设置最为重要的假设相关统计量:通过 crprod 设置一个网络的边对另一个网络的边的影响,用 sameX 和 crprod 表示二者的交互效应。

```
# dis 对 ss 的影响(假设一)
MutiplexEffects <- includeEffects ( MutiplexEffects, crprod, name = "ss", interaction1 = "dis")

# ss 对 dis 的影响(假设三)
MutiplexEffects <-
includeEffects(MutiplexEffects, crprod, name = "dis", interaction1 = "ss")

# 相同意识形态讨论对 ss 的影响(假设二)
MutiplexEffects <-
includeInteraction ( MutiplexEffects, sameX, crprod, name = " ss ", interaction1 = c("ideology","dis"))
```

最后一步,估计模型。

```
# 创建一个模型对象,增加 n3 值可以增加估计精度,但会很慢
MutiplexModel <- sienaModelCreate ( cond = FALSE, projname = "Multiplex-illustration", useStdInits = TRUE, n3 = 2000)
```

第九章 讨论网络与舆论的协同演化

```
# 估计模型参数,储存于 MutiplexResults 中
MutiplexResults <-
siena07(MutiplexModel, data = MutiplexData, effects = MutiplexEffects,
useCluster = T, initC = T, nbrNodes = 6, batch = T, verbose = T,
returnDeps = TRUE)
```

这样就可以得到从时期一到时期二的估计结果。如果模型初次估计收敛不好（convergence t-ratio 越小越好，基本要求小于 0.10），我们可以通过设置 prevAns = MutiplexResults 来重复估计程序以得到更好的结果。如果模型不收敛，每次估计的系数差别会非常大。下面的结果与案例原文结果有细微差别，这是每次估计使用的随机数不同导致的，是正常的。

```
MutiplexResults
## Estimates, standard errors and convergence t-ratios
##
##                                              Standard      Convergence
##                         Estimate
##                                               Error         t-ratio
## 1. rate basic rate parameter dis         54.7099(11.9374)     0.0218
## 2. eval dis: outdegree (density)         -5.7488(0.3368)     -0.0030
## 3. eval dis: reciprocity                  3.5611(0.3087)     -0.0213
## 4. eval dis: transitive triplets         -0.0123(0.0307)     -0.0238
## 5. eval dis: indegree - popularity       -0.1335(0.0126)     -0.0067
## 6. eval dis: same ideology               -0.2107(0.0870)      0.0127
## 7. eval dis: activity alter               0.2158(0.0169)     -0.0149
## 8. eval dis: activity ego                 0.1015(0.0078)      0.0086
## 9. eval dis: ss                          -0.1323(0.4033)     -0.0330
## 10. rate basic rate parameter ss         59.6943(22.2659)    -0.0047
## 11. eval ss: degree (density)            -3.2231(0.1086)     -0.0095
## 12. eval ss: transitive triads            0.1646(0.0057)     -0.0106
```

```
##   13. eval ss: degree of alter              0.0212(0.0025)    -0.0225
##   14. eval ss: same ideology                0.0317(0.1733)    -0.0164
##   15. eval int.ss: same ideology x dis      1.6469(1.3071)    -0.0118
##   16. eval ss: dis                          1.0350(0.4348)    -0.0047
##
##  Overall maximum convergence ratio:         0.1166
##
##
##  Total of 5802 iteration steps.
```

模型结果分为两部分，上面部分（dis）以讨论网络作为因变量，下面部分（ss）以语义相似网作为因变量。系数的解读类似于逻辑回归。相同意识形态对讨论关系的系数是负数，因此，不同意识形态之间的讨论更可能发生。那么，语义相似可以促进用户讨论吗？可以看到，ss 的系数为 -0.13，其标准误差为 0.40，t 值为 $-0.13/0.40=-0.325$。通过查表可知，这个影响在统计上并不显著。那么，讨论可以促进语义相似吗？上面显示，dis 的系数为 1.03，标准误差为 0.43，其 t 值是显著的。因此，我们可以说，讨论有利于二者使用更一致的词汇。不过，相同意识形态的讨论对语义相似并没有显著影响。通过上面的方法，可以得到第二阶段到第三阶段的效果，以及第三阶段到第四阶段的效果。如案例原文表1（Table 1，参见 Liang，2014a，p. 165）所示，讨论对语义相似网的影响并不稳定。

3. 模型二：单模网络与二模网络协同演化

语义相似网效果的不稳定性部分说明，这也许并不是衡量共同话语基础的理想指标。真正重要的也许并不是说了什么，而是怎么说。相比之下，表 9.2 的阐释框架网可能更能体现这种结构性的作用。这需要用到单模和二模网协同演化模型。如多重网络模型，这只是 RSiena 模型的一种类型。只需对上面的代码稍作调整就可以得到结果。模型所需数据大致相同，唯一区别是这里使用四个时期阐释框架网（"bipnet_all4.Rdata"）。然后，我们需要为 siena07 设置一个二模网络对象。

```
# 第一阶段和第二阶段二模网络为 bipnet1 和 bipnet2
nrUsers <- dim(bipnet1)[1] # 讨论用户人数(行数)
nrEdges <- dim(bipnet1)[2] # 边的数量(列数),实际上这里都为 50

# 二模网络有两组不同的节点,需要分别定义这两类节点
Users <- sienaNodeSet(nrUsers, nodeSetName = "Users")
Edges <- sienaNodeSet(nrEdges, nodeSetName = "Edges")
# 设置一个二模网络对象
wordassc <-
sienaNet(array(c(bipnet1, bipnet2), dim = c(nrUsers, nrEdges, 2)),
"bipartite", nodeSet = c("Users", "Edges"))
# 与 dis 网一起整合成一个模型数据
bipData <- sienaDataCreate(dis, wordassc, ideology, activity,
nodeSets = list(Users, Edges))
```

相应地,需要为二模网络模型设置各种统计量,这与单模网络的统计量有一些区别。

```
# 设置默认统计量
bipEffects <- getEffects(bipData)

# 从(from)阐释框架网 wordassc 到讨论网络 dis 的效果(假设三)
bipEffects <- includeEffects(bipEffects, from, name = "dis",
interaction1 = "wordassc")
# 从讨论网络 dis 到(to)阐释框架网 wordassc 的效果(假设一)
bipEffects <- includeEffects(bipEffects, to, name = "wordassc",
interaction1 = "dis")
# 相同意识形态讨论对阐释框架的效果(假设二)
bipEffects <-
```

includeEffects (bipEffects, sameWXClosure, name = "wordassc", interaction1 = "dis", interaction2 = "ideology")

通过下面的代码可以估计模型参数。当然,通常需要重复估计才能得到较收敛的结果。

```
bipModel <- sienaModelCreate ( useStdInits = FALSE, projname =
'bipartite-Glasgow-results', cond = F)
bipResults <- siena07(bipModel, data = bipData, effects = bipEffects,
useCluster = T, initC = T,
    nbrNodes = 6, batch = T, verbose = F, returnDeps = TRUE)
```

下面是多次估计后的结果:

```
bipResults
## Estimates, standard errors and convergence t-ratios
##
##                                          Standard      Convergence
##              Estimate
##                                          Error         t-ratio
##
##  1. rate basic rate parameter dis         64.2727(11.2036)  -0.0533
##  2. eval dis: outdegree (density)         -5.7807(0.2159)   -0.0468
##  3. eval dis: reciprocity                  3.5286(0.2260)   -0.0190
##  4. eval dis: transitive triplets         -0.0358(0.0194)   -0.0766
##  5. eval dis: indegree - popularity       -0.1298(0.0179)   -0.0059
##  6. eval dis: same ideology               -0.2182(0.0830)    0.0409
##  7. eval dis: activity alter               0.2075(0.0232)   -0.0201
##  8. eval dis: activity ego                 0.0952(0.0065)   -0.0339
##  9. eval dis: from wordassc agreement      0.0144(0.0054)   -0.0233
## 10. rate basic rate parameter wordassc    63.3819(4.8479)    0.0138
## 11. eval wordassc: outdegree (density)    -2.6935(0.1733)    0.0156
```

```
## 12. eval wordassc: indegree - popularity         0.0025(0.0011)    0.0193
## 13. eval wordassc: out – in degree^(1/2)         0.0297(0.0009)    0.0132
       assortativity
## 14. eval wordassc: outdegree^(1/2) dis          -0.2103(0.1427)   -0.0288
       activity
## 15. eval wordassc: dis to agreement              0.0774(0.0579)   -0.0078
## 16. eval wordassc: mixed dis closure same        0.0884(0.0400)   -0.0170
       ideology
##
## Overall maximum convergence ratio:               0.4390
## Total of 7106 iteration steps.
```

与多重网络模型结果相比,讨论网络部分并没有太大差别。用户具有相同的阐释框架网及不同的意识形态更可能参与讨论。与案例原文不同的是,这里加入了相同意识形态讨论对阐释框架网的影响(wordassc: mixed dis closure same ideology)。在加入这一统计量之后,讨论对阐释框架网的影响(dis to agreement)不再显著了。这意味着只有相同意识形态之间讨论才能促进相似的阐释框架的形成。不过,这也许只是个偶然,在第二阶段到第三阶段、第三阶段到第四阶段的模型中,讨论对阐释框架网具有显著正面作用,而相同意识形态者之间的讨论并没有显著作用。因此,整体而言,加入新的交互变量后,结果与案例原文的结果一致。

六、案例小结

回到最初的问题,网络论坛中的讨论与共同话语基础有什么关系呢?本章案例发现,在美国总统选举期间,用户逐渐形成了比较一致的话语基础。不过,这个基础在选举结束之后便消失了。演化模型进一步说明,政治讨论与共同话语基础存在互动关系。语义相似网络和阐释框架网络虽然在整体上表现类似的趋势,但在演化模型中存在较大差异。语义相似网络测量的主要是大家多大程度上使用了相似的词汇,而阐释框架网络测量的是大家是否相似地使用了这些词汇。研究结果显示，也许阐释框架网络更能体现共同的话语基础。用户之间讨论的基础，不仅仅在于是否提到同样的话题（如高校自主招生），更在于是否在同一个框架下讨论（如高校自主招生是一个教育公平问题）。

共同的阐释框架网络可以促进用户之间的讨论，这体现了一种同质效应（人以类聚）。不过，相同的意识形态却阻碍了讨论，这又是一种异质效应。这说明，同质效应不总是有效的。人们可以在某些属性上同质，同时也可以在另一些属性上异质。讨论也可以增进用户之间形成共同的阐释框架。整个过程大概是这样的：不同意识形态但同时具有一定话语基础的人更可能展开讨论，这种讨论又增加了不同意识形态者之间的话语基础。这就是一个协商民主讨论所期待的良性循环。不过，这里也暗示着另一种可能性：不同意识形态者之间喜欢争吵，并且他们之间如果没有基本的共同话语基础，这种讨论也许并不能带来额外的共同基础。这就成了为辩论而辩论的无谓争吵。

本章案例从某一个具体的论坛出发也许并不具有代表性。所选取的论坛正是为不同意识形态者之间交流而设立。大多数用户虽然来自不同意识形态团体，但是都至少向往沟通和共识。在这种动机下，他们自然会形成一种良性的互动关系。但如果换个比较单一派别的论坛，或许结果会有很大不同。这就需要未来有更多的实证研究来验证。不过，案例清楚地证明良性循环在一定条件下存在的可能性（即使没有普遍性）。

在方法上，本章案例有许多可以改善的地方。例如，案例原文没有加入相同意识形态者之间的讨论对阐释框架影响的统计量。另一个需要改进的地方是对阐释框架网络中边（词共现）的选择。为了估计方便，案例原文先选择了最频繁出现的 1 000 条边，在具体估计中又从中选择最频繁的 50 条边。这种降维的方法简单且粗糙，缺乏理论根据。一种更为恰当的方法是，可以对所有边做一个因子分析，将所有边聚类为较少的几个因子，每个因子代表一个子网络。另一种方法是，将阐释框架网络看作一个整体，然后用社区发掘（community detection）的方法将其分成几个小的社区，再用这些社区建构二模网络进行估计。

对于舆论研究从业者而言，本章案例的启示在于：第一，舆论研究并不一定要研究意见，很多时候说什么（内容）和怎么说（内容结构）是更为重要的研究对象;第二,案例使用了语义相似网络和阐释框架网络来测量内容及其结构,虽然在整体趋势上比较一致,但演化模型显示,阐释框架网络对于舆论形成也许更为重要;第三,案例分析美国选举具有相当的独特性,其结论也许并不适用于中国现状,不过,案例所提出的方法应该是适用的。

本章介绍的 SAOM 模型已经被广泛运用到各个学科,用以解决不同网络之间,以及网络与行为之间的互动关系问题。如果研究问题涉及两个或两个以上网络,不管这两个网络是单模网络还是二模网络,模型都可以同时回答网络形成机制和网络彼此如何影响等问题。在这一框架下,可以根据具体研究问题构造不同的网络。例如,日常讨论会不会影响收看某一类型的电视节目呢?我们可以构造一个讨论网络,同时构造一个收看具体节目的二模网络。协同演化模型有助于回答观众是收看了相同节目因而一起聊天(社会选择),还是经常一起聊天因而收看了相同的节目(社会影响)。不同于计算两个网络的相关性(如 QAP),协同模型可以探讨更为复杂的网络间关系。例如,研究者可以估计在朋友关系网中的受欢迎程度(popularity)是否增加了他们加入更多社团组织等。SAOM 模型也可以用于研究网络和个体行为的关系,即分析一个单模网络与一个属性变量(态度或行为)之间的关系。最典型的研究是探讨不良社会行为(如抽烟)如何在社会网络(如朋友关系网)中扩散。

协同演化模型必须要固定样本设计,对于没有固定样本的场景并不适用。除此之外,模型还有一些重要的假定。如果数据不能满足这些假定,结果会有较大偏差。这里列举一些容易忽略的假定。第一,网络关系和行为的变化在时间上是连续进行的。例如,几年一次的选举就不是一个连续变化的行为。虽然模型假定变化是连续的,但数据需要按不同的时段分成几个离散的网络。第二,网络和行为的改变是由行动者自己控制的。虽然行动者不是随心所欲地改变,但如果某个网络的节点并不具有控制其关系的可能性(例如在非社会网络中),这个模型自然不合适。第三,一般而言,模型输入的网络需要没有权重的(0/1)。对于有边权重的网络需要做特殊处理,例如案例所使用的二分法。第四,行为变量需要二分的或者定序变量(通常 2—5 个类别)。第五,缺失值可以有,但不能太多,一般超过 20%问题就会比较大。

七、参考文献

Bond, R. M., & Sweitzer, M. D. (2018). Political homophily in a large-scale online communication network. *Communication Research*, 49(1), 93-115.

Choi, S., Yang, J. S., & Chen, W. H. (2018). Longitudinal change of an online political discussion forum: Antecedents of discussion network size and evolution. *Journal of Computer-Mediated Communication*, 23(5), 260-277.

Conover, P. J., & Searing, D. D. (2005). Studying "everyday political talk" in the deliberative system. *Acta Politica*, 40(3), 269-283.

DiMaggio, P., Hargittai, E., Neuman, W. R., & Robinson, J. P. (2001). Social implications of the Internet. *Annual Review of Sociology*, 27(1), 307-336.

Ellwardt, L., Steglich, C., & Wittek, R. (2012). The co-evolution of gossip and friendship in workplace social networks. *Social Networks*, 34(4), 623-633.

Eveland, W. P., & Hively, M. H. (2009). Political discussion frequency, network size, and "heterogeneity" of discussion as predictors of political knowledge and participation. *Journal of Communication*, 59(2), 205-224.

Eveland, W. P., Morey, A. C., & Hutchens, M. J. (2011). Beyond deliberation: New directions for the study of informal political conversation from a communication perspective. *Journal of Communication*, 61(6), 1082-1103.

Feldman, L., & Price, V. (2008). Confusion or enlightenment? How exposure to disagreement moderates the effects of political discussion and media use on candidate knowledge. *Communication Research*, 35(1), 61-87.

Gibson, D. R. (2003). Participation shifts: Order and differentiation in group conversation. *Social Forces*, 81(4), 1335-1380.

Gibson, D. R. (2005). Taking turns and talking ties: Networks and conversational interaction. *American Journal of Sociology*, 110(6), 1561-1597.

Habermas, J. ([1962] 1989). *The structural transformation of the public sphere*. Cambridge, MA: MIT Press.

Hardin, C. D., & Higgins, E. T. (1996). Shared reality: How social verification makes the subjective objective. In Higgins, E. T., & Sorrentino, R. M. (Eds.), *Handbook of motivation and cognition: The interpersonal context* (Vol. 3, pp. 28-84). New York: Guilford Press.

Kim, J., & Kim, E. J. (2008). Theorizing dialogic deliberation: Everyday political talk as communicative action and dialogue. *Communication Theory*, 18(1), 51-70.

Liang, H. (2014a). Coevolution of political discussion and common ground in web discussion forum. *Social Science Computer Review*, 32(2), 155-169.

Liang, H. (2014b). The organizational principles of online political discussion: A relational event stream model for analysis of web forum deliberation. *Human Communication Research*, 40(4), 483-507.

Mutz, D. C. (2002). Cross-cutting social networks: Testing democratic theory in practice. *American Political Science Review*, 96(1), 111-126.

Price, V. (1992). *Public opinion*. Newbury Park, CA: Sage.

Price, V., Cappella, J. N., & Nir, L. (2002). Does disagreement contribute to more deliberative opinion? *Political Communication*, 19(1), 95-112.

Rogers, E. M., & Bhowmik, D. K. (1970). Homophily-heterophily: Relational concepts for communication research. *Public Opinion Quarterly*, 34(4), 523-538.

Snijders, T. A. B., Lomi, A., & Torló, V. J. (2013). A model for the multiplex dynamics of two-mode and one-mode networks, with an application to employment preference, friendship, and advice. *Social Networks*, 35(2), 265–276.

Wojcieszak, M., & Price, V. (2012). Perceived versus actual disagreement: Which influences deliberative experiences? *Journal of Communication*, 62(3), 418–436.

Wu, F., & Huberman, B. A. (2010). Opinion formation under costly expression. *ACM Transactions on Intelligent Systems and Technology*, 1(1), 1-13.

八、延伸阅读

[1] Liang, H. (2014). *The discussion atmosphere of democracy: The dynamic process of political deliberation in web forums* (Doctoral dissertation, City University of Hong Kong, Hong Kong, China). Retrieved from https://scholars.cityu.edu.hk/en/theses/the-discussion-atmosphere-of-democracy(16560bf2-04d0-4862-9b45-5ba21750dbe2).html

本章案例是作者博士毕业论文的一部分。毕业论文中包含更丰富的理论背景、方法和模型，读者可以进一步了解网络数据和计算模型如何服务于研究设计。

[2] Snijders, T. A. B. (2017). Stochastic actor-oriented models for network dynamics. *Annual Review of Statistics and Its Application*, 4(1), 343-363.

斯尼德斯(Snijders)是网络演化模型的主要贡献者。该文使用简单的语言准确地描述了网络演化模型的背景、技术和运用等。

[3] Whitbred, R., Fonti, F., Steglich, C., & Contractor, N. (2011). From microactions to macrostructure and back: A structurational approach to the evolution of organizational networks. *Human Communication Research*, 37(3), 404–433.

这是一篇较早将网络演化模型介绍入传播学的文献。除了方法上的运用外，作者还引用安东尼·吉登斯的社会化理论(structuration theory)来阐释网络协同演化模型。他们认为，斯尼德斯的随机行动者导向模型是用来检验结构化理论的一种方式。

［4］ Teng, C. Y., Gong, L., Eecs, A. L., Brunetti, C., & Adamic, L. (2012). Coevolution of network structure and content. *Proceedings of the 4th Annual ACM Web Science Conference* (pp. 288-297).

本章介绍的网络演化模型比较复杂，运用起来难度也较大，同时对计算机也有所要求。这篇文章使用了一种比较简洁、直观的方法来研究网络结构与内容之间的协同演化关系，简单而言就是计算网络指标与内容相似性之间的相关性。在要求不严格的情况下，这个方法非常适合初学者练习。

［5］ The Siena webpage: https://www.stats.ox.ac.uk/~snijders/siena/

SIENA 是一个开源的网络分析软件包。网站主页除了包含基本的使用说明外，还有许多学习材料，比如讲座视频、会议展示文档、相关文献等。

九、数据代码

完整代码见 GitHub 链接：https://github.com/rainfireliang/CPOR/tree/main/Liang%20(2014)

十、思维导图

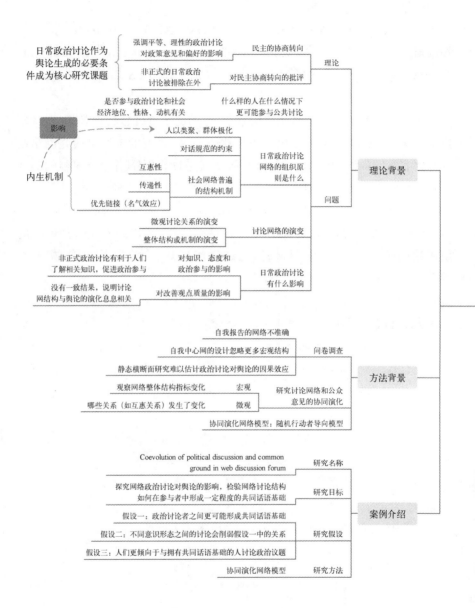

第九章 讨论网络与舆论的协同演化

第十章

议题竞争与时间序列分析*

一、理论背景

我们的社会中存在着各类问题,如经济危机、环境恶化、教育资源分配不均、贫富差距加大等等。然而,并不是所有议题都会获得同等的社会关注。事实上,在宏观层面,大众对议题的关注往往是极度不均等的,少数议题会引起社会的高度关注,进而促成政府政策的出台或大众行为的改变,而大多数议题——也许具有同等重要性——却无人知晓(Hilgartner & Bosk, 1988)。这种对议题的注意力高度分化的局面正是议题竞争导致的。

议题竞争相关研究最早起源于政治学,其中,对政策议题竞争关系的研究是该领域的一个重要分支。在多元民主的政治环境中,存在着各种持有不同诉求和目的的政党或社会团体,他们大多数会围绕某一议题进行社会动员,而只有那些能够引起社会广泛关注和讨论的议题,才有可能最终获得公民的支持和政策的跟进。然而,公共话语空间中对各类议题的讨论,并不等同于社会问题的真实反映(Hilgartner & Bosk, 1988)。例如,单从问题的重要性这一角度来看,我们很难解释:为何南美洲面临严重的本地文化侵蚀这一困境所引发的社会关注会远远少于科学实验中所用的动物;为何垃圾填埋场中的有毒化学废物比美国工作场所的危险化学品更能引发公众讨论;为何除了少数危机事件发生期间,第三世界那些影响到数百万人生活状况的问题只获得了粗略的关注和肤浅的讨论。显然,这些问题本身的重要性并不能完全与它们在"观点市场"中的受欢迎程度画等号。

---

* 本章作者为汪翩翩。

经过激烈的议题竞争,一些社会问题站在"公共舞台"(public arenas)中央为人所熟知,另一些则无人问津。希尔加特纳和博斯克(Hilgartner & Bosk, 1988)提出一系列影响议题竞争结果的因素。他们认为,若议题的戏剧性程度越高,与深层文化问题的关联越紧密,特定政治或经济团体对议题的主导性越强,则议题在一系列社会问题中脱颖而出的可能性便越大。除此之外,一些议题还受到机构或社会自身运转节奏(institutional rhythms)的影响。例如,每年3月15日前后,消费者权益和产品质量便会成为社会主要的议题;美国国会的活动安排会影响其公开讨论特定公共问题的时间点。

出现议题竞争现象的主要原因在于社会主体(包括个人和组织)处理信息的能力有限。在个人层面,一些传统的观点认为,人们的工作记忆(working memory)受到神奇数字7 ± 2的限制,即人们仅能够记忆数量在5到9之间的信息元素(Miller, 1956)。另一些学者则认为,人们的工作记忆并不是以简单的信息元素为单位,而是以封装好的组块信息(chunks of information)为单位,并且个体的工作记忆容量比前人认为的7个单位更少,约为4个组块信息(Cowan, 2001)。社会心理学家认为,人们只能系统地处理一部分最相关的信息(Eagly & Chaiken, 1993;Petty & Cacioppo, 1986)。这些概念均从个体的"有限理性"(bounded rationality)这一理论视角出发(Simon, 1957),其基本假设是:人们希望变得理性,但他们在时间、信息、注意力、认知资源上都存在着诸多限制。于是,人们在面多数量众多的信息时必须有所选择,从而客观地造成议题竞争的状态。

组织机构处理信息的能力也是有限的(Mauss, 1957;McCombs & Zhu, 1995)。例如,对于政府部门来说,人力资源和时间的限制使得他们每天仅能够处理一定数量的议题。对于媒体来说,每天能够报道或播出的新闻数量也是有限的。从理论层面和技术层面来看,虽然网络媒体更有可能呈现无限数量的议题,但在每日重要时间段内,网络媒体所能刊发的信息并不是无穷无尽的。因此,在机构和组织中也存在议题竞争现象。

近年来,随着媒体和信息技术的发展与社会的变迁,学者对议题竞争的研究提出了新的思考。例如,有学者认为,个体的认知局限性不一定适用于集体层面的公众(Edy & Meirick, 2018)。现在有越来越多的个体围绕某个特定的议题,形成了具有一定知识专业性的社群(Shaw, McCombs, Weaver, & Hamm, 1999),而那些议题公众(issue public)的知识和专业水平也高于一般公众(Page & Shapiro，1992；Popkin，1991)。从宏观层面来看,这些社群扩展了社会以平行的方式处理信息的能力(Jones，2003)。因此,个人认知的局限性并不能等同于公众的认知局限。在公众层面,可能存在着更高的议题认知能力。

除此之外,随着信息技术的发展,数字媒体或已突破时间和空间的限制,议题竞争的状态也不可同日而语。在线媒体24小时滚动式地进行新闻发布;社会化媒体平台孵化了众多自媒体,他们讨论的议题大多处于议题长尾曲线的尾部,大大地扩展了原本在传统媒体中议题讨论的范围。因此,从总体上看,媒体系统的议题承载能力得到巨大提升。然而,有学者提出,近年来,媒体空间中的议题总数量并未出现剧烈变化,形成了"议程停滞"(agenda stagnation)现象(Edy & Meirick，2018)。尽管如此,学者认为,议题讨论范围的多元化会使得议题竞争的过程更加激烈。

议题竞争的一个特征是具有较强的动态性,社会大众和机构组织对特定议题的注意力会随着时间而变化。尽管有少数议题能够受到公众和社会机构的持续重视,但是大众话语空间中所涵盖的大部分议题的关注度都会经历一个起起伏伏的过程。学者祝建华指出议题动态性中的一个核心问题：议题竞争的过程是一个"零和游戏",换言之,一个议题关注度的提升会以另一个议题关注度的衰减为代价(Zhu，1992)。他进一步指出,议题竞争的"零和游戏"是议程设置的底层逻辑——议程设置探讨的实际上是议题之间相互竞争、争夺大众注意力的结果。

议题竞争的过程存在三种机制：留存效应(retention effect)、征召效应(recruitment effect)和分流效应(distraction effect)(Zhu，1992；Zhu，Watt，Snyder，Yan，& Jiang，1993)。留存效应指用户在某一时刻讨论的中心议题 i 会在下一时刻继续被讨论;征召效应指使原本讨论其他议题 j 的用户转向讨论中心议题 i;分流效应指在某一时刻讨论中心议题 i 的用户会在下一时刻转向讨论其他议题 j。例如,祝建华(Zhu，1992)发现,新闻媒体对政府财政赤字的报道会吸引原本关心海湾战争的受众关心财政赤字的议题,即出现征召效应;当新闻媒体报道财政赤字和战争议题时,会引发人们更加关注经济衰退的问题,出现分流效应。

值得注意的是,此消彼长的"零和游戏"是议题竞争过程的一个总原则,但也会有意外情况出现。例如,有研究显示,艾滋病、癌症和性传播的议题讨论或是独立的，或是相互促进（共生）的关系。换言之，公众对这些问题的讨论是互动和共生的关系，而非此消彼长的"零和游戏"（Hertog，Finnegan，& Kahn，1994）。

在社会化媒体时代，议题竞争的参与主体有了进一步的拓展，传统媒体、社会化媒体中的明星或政治人物等不同类型的意见领袖，甚至草根用户也参与到议题讨论中来，并且在影响公众注意力的过程中扮演不一样的角色。例如，有研究显示，用户在Twitter上谈论美国大选的相关话题时（如美国共和党与民主党大会），重要的政治人物对公众关注该话题的行为影响更大，而在讨论其他更普遍的国内问题时，Twitter上的传统媒体用户会起到更大的作用。笔者做的一项关于2020年新冠肺炎疫情期间中国微博多元主体舆论演化的研究显示，在注意力竞争过程中形成了官方与民间两个阵营，其中，官方阵营由政府机构与新闻媒体组成，两者之间的舆论声量变化有着显著的相关性，而在民间阵营中，意见领袖与活跃分子、活跃分子与普通用户之间的舆论声量同样存在显著的相关性（汪翩翩、黄文森、曹博林，2020）。

二、方法背景

1. 数据收集

议题竞争的研究对象通常是媒体中讨论的各个议题的数量和公众关注的各个提议议题的数量，以及两者变化过程的联系。因此，在进行实证研究时，研究者需要分别获取媒体和公众对不同议题的报道量和关注度。对于媒体议题报道量的获取，在传统媒体时代，研究者通常在媒体数据库中采集数据。而在数字媒体时代，收集数据的方法有了改进，研究者可以通过网页爬取技术直接从媒体网站中获取公开的新闻资料，亦可直接在媒体数据库中采用特定关键词进行搜索并保存相关数据。目前常用的检索国内外新闻的数据库有"慧科"（WiseNews）、"Crimson Hexagon ForSight Platform"等。除此之外，一些开源数据库也为研究者提供了丰富的研究资料。例如，GDELT数据库（Leetaru & Schrodt，2013）提供实时更新的包含纸媒、广播和网络等不同媒介的新闻数据，并且这一系统基于冲突与调解事件观察（Conflict and Mediation Event Observations，简称CAMEO）的编码册对新闻事件进行编码，汇总了世界范围内的社会事件元数据。

对于公众议程，过去的研究常常采用盖洛普（Gallup）等大型社会调查机构或新闻媒体机构所做的问卷调查中的数据。在这些调查问卷中，研究者需要提取受访者对"你认为近期国家面临的最重要的问题是什么？"这一问题的回应。与媒体议程的建构过程类似，研究者对受访者的回应进行编码后再进行加总，从而得到某一时刻公众在集合层面对特定议题重要程度的认知。社会化媒体为社会科学研究打开了一扇新的窗户，让过去难以获取的数据变得更加可得。在议题竞争研究领域，研究者开始广泛利用社会化媒体数据，通过数据爬取或数据库采集等方法，大规模地获取大众对某个特定议题讨论的数据，并且进一步建构公众议程的变量。中国的微博和国外的 Twitter 等社会化媒体平台通常会提供数据抓取的 API 接口，用户通过 API 可获得从后台数据库抓取部分数据的权限。但随着社会化媒体商业化程度的提高，社会化媒体 API 接口的限制越来越多，所抓取到的数据价值也受到影响。除采用 API 接口外，研究者亦可编写自动化采集页面的"爬虫"，从社会化媒体网站中直接爬取数据。

无论是采集媒体议程的数据还是采集公众议程的数据，很多研究者都会采用关键词搜索的方法，在媒体数据库或社会化媒体中进行数据抓取。对关键词的选择需要根据平台属性进行区分，若所收集的信息来自社会化媒体平台，则需要考虑用户发布帖子时偏口语化的表达习惯（Wojcieszak & Mutz, 2009），选择更符合这一习惯的关键词，这往往需要经过多轮测试才能确定（Lacy, Watson, Riffe, & Lovejoy, 2015）。基于从传统媒体或社会化媒体中收集到的数据，研究者需要对内容进行进一步编码以确定所对应的议题。这一过程可采用人工编码与机器学习相结合的方式，具体操作方法可参考陈等（Chen, Su, & Chen, 2019）、郭（Guo, 2019）等的研究。

2. 建模

议题竞争研究的难点在于将这一理论问题转化为数学模型。最简单的模型从一个内生模型开始，即用过去某一时刻（如 $t-1$ 时刻）关注中心议题 i 的用户比例和关注 k 个其他议题的用户比例，来预测对中心议题受到的关注程度的变化（Zhu et al., 1993）。数学表达式为：

$$P_t = \beta_1 P_{t-1, i} + \beta_2 \sum_{j=1, j \neq i}^{k} P_{t-1, j} \qquad (10\text{-}1)$$

其中，$P_{t-1, i}$ 表示 $t-1$ 时刻关注中心议题 i 的用户占比，亦可理解为公众对

中心议题 i 的关注度;$P_{t-1,j}$ 表示 $t-1$ 时刻关注其他议题 j 的用户占比,亦可理解为公众对其他议题 j 的关注度。若假设议题竞争处于同一个信息系统内,则 $P_{t-1,i}+P_{t-1,j}=1$(Zhu et al.,1993)。

议题竞争的不同机制可由系数 β_1 和 β_2 表示。系数 β_1 表示一部分在 $t-1$ 时刻关注议题 i 的公众在下一时刻继续关注此议题,即留存效应;而 $1-\beta_1$ 表示关注议题 i 的公众在下一时刻转向其他议题 j。系数 β_2 表示一部分在 $t-1$ 时刻关注其他议题 j 的公众在下一时刻转向议题 i,即征召效应(Zhu et al.,1993)。

然而,以上模型假定的是因变量全部由公众对议题 i 的关注程度($P_{t-1,i}$)和自身对其他议题 j 的关注程度($P_{t-1,j}$)所决定,未考虑外部因素对公众议题关注的影响。而实际上,公众对议题的关注会受到诸多外部因素的影响,比如媒体对某事件的报道、人与人之间的互动情况等。因此,我们需要将这些因素作为外生变量(exogeneous variables)纳入模型,来检验它们对公众注意力变化产生的影响。

根据传统的议程设置理论,我们可以假定,传统媒体对中心议题的报道会吸引受众关注这一话题,而对其他议题的报道会引发原本关注中心议题的用户改变他们的注意力。这一关系的模型可写成:

$$P_t = \beta_1 M_{t-1,i} P_{t-1,i} + \beta_2 M_{t-1,i} \sum_{j=1}^{k} P_{t-1,j} - \beta_3 \sum_{j=1}^{k} M_{t-1,j} P_{t-1,i}$$

(10-2)

其中,其他议题的数量为 k,$M_{t-1,i}$ 与 $P_{t-1,i}$ 相乘的系数 β_1 代表传统媒体吸引公众注意力留存在中心议题 i 上的留存效应,$M_{t-1,i}$ 与 $\sum_{j=1}^{k} P_{t-1,j}$ 相乘的系数 β_2 代表传统媒体吸引公众注意力转到中心议题上的征召效应,$\sum_{j=1}^{k} M_{t-1,j}$ 与 $P_{t-1,i}$ 相乘的系数 β_3 表示媒体对其他议题的报道产生的分流效应。

除传统媒体外,我们还可以将社会化媒体中不同主体的作用考虑进来,拓展原有的模型。例如,徐等(Xu et al.,2013)的研究中采用的模型如下:

$$P_{t,i} = \alpha_1 p_{t-1,i} + \sum_{g=1}^{n} M_{t-1,i,g} \sum_{j=1}^{k} \beta_{i,j,g} P_{t-1,j} - P_{t-1,i} \sum_{j=1}^{k} \left(\sum_{g=1}^{n} \beta_{j,i,g} M_{t-1,j,g} \right)$$

(10-3)

式中的 g 标识了社会化媒体中不同类型的意见领袖(如传统媒体用户、政治人物等),$\sum_{g=1}^{n} M_{t-1,i,g} \sum_{j=1}^{k} \beta_{i,j,g} P_{t-1,j}$ 项的半偏相关的平方(squared semipartial correlation,简称 sr^2)代表不同类型意见领袖对公众所施加征召效应的总和,而 $P_{t-1,i} \sum_{j=1}^{k} \left(\sum_{g=1}^{n} \beta_{j,i,g} M_{t-1,j,g} \right)$ 项的半偏相关的平方则代表不同意见领袖所施加的分流效应的总和。

处理这类模型时不能采用常规的多元线性回归的方式,主要原因在于模型中的变量为时间序列变量,因此,模型拟合后会产生含有自相关的残差,从而违背回归模型的建立原则。通常的做法是,先用时间序列模型对因变量进行拟合,去掉自回归的成分后,再将时间序列模型拟合后的残差作为因变量来估计模型,进行多元回归分析。

3. 时间序列分析

时间序列分析是对时间序列类型的数据建立数学模型,并进行拟合和参数估计的方法。时间序列由所发生现象对应的时间和反映现象发展水平的指标数值两个部分构成。例如,一个社会化媒体讨论量的时间序列由观测的时间点(如 2021 年 1 月 1 日至 12 月 31 日)和用户每日讨论数量大小(如 100 个帖子或 1 000 个帖子)两部分构成。

在经典的回归分析中,数据通常都是横截面数据,即每个对象只取一次观测值,因此,一个变量在不同对象上所取的观测值通常被认为是独立同分布的样本,即观测值 $\{Y_1, \cdots, Y_n\}$ 是来自一个总体的独立观测值。而时间序列数据最大的问题在于,数据的获取是在不同的时间点对同一个对象进行观测,所得到的观测值并不是独立同分布的。例如,对同一个城市在不同年份测量其 GDP,这个城市在每个时间点的 GDP 都会与前后年份的数值相关。因此,以独立同分布为前提条件的统计方法便不再适用,需要引入时间序列分析方法。

在时间序列发展过程中,统计学家对序列的统计均衡关系做出了各种形式的假设,其中一种就是平稳性假设。时间序列具有强平稳和弱平稳两种类型,在分析时通常涉及的都是弱平稳的序列。对于时间序列 $\{X_1, X_2, \cdots\}$,弱平稳的序列必须满足以下条件:X_t 的均值(数学期望)不随时间而改变,即对于任何 t,$E(X_t) = \mu$(μ 为一个常数),并且对于任何滞后期 τ,X_t 与 $X_{t+\tau}$ 的相关系数为 $Cov(X_t, X_{t+\tau}) = \gamma_\tau$,即该相关系数仅依赖

于 τ，与时间 t 无关。平稳时间序列的方差也是一个不随时间变化的常数，$VAR(X_t) = \gamma_0$。

由于平稳时间序列的性质不随观测时间的变化而变化，我们便可用数学方法来对其进行处理。差分是处理非平稳时间序列数据的常用方法，其本质是通过去除时间序列中的一些变化特征使其均值平稳化，由此消除（或减小）时间序列的趋势和季节性。对于序列 $\{X_1, X_2, \cdots, X_N\}$，其一阶向后差分（first-order backward difference）定义为 $\{y_1, y_2, \cdots, y_N\}$，这里 $y_t = \nabla x_t \equiv x_t - x_{t-1}$。

如前所述，时间序列的一个基本特征为序列数值的自相关。利用这一特征，研究者常常用过去时间的序列模式来预测未来，即基于目标变量历史数据的组合对目标变量进行预测。一个 p 阶的自回归模型[AR(p)模型]可以表示如下：

$$y_t = c + \phi_1 y_{t-1} + \phi_2 y_{t-2} + \cdots + \phi_p y_{t-p} + \varepsilon_t \tag{10-4}$$

其中，ε_t 为白噪声。我们通常将自回归模型（autoregressive model，简称 AR 模型）的应用限制在平稳数据上，并对回归系数施加一些约束条件。例如，对于 AR(1)模型，要求 $-1 < \phi_1 < 1$。

不同于直接使用预测变量的历史值来进行回归，移动平均模型（moving average model，简称 MA 模型）使用历史预测误差来建立一个类似回归的模型，从而过滤高频噪声对序列的影响，反映出中长期低频的趋势。一个 q 阶移动平均模型[MA(q)模型]可以表示如下：

$$y_t = c + \varepsilon_t + \theta_1 \varepsilon_{t-1} + \theta_2 \varepsilon_{t-2} + \cdots + \theta_q \varepsilon_{t-q} \tag{10-5}$$

其中，ε_t 为白噪声。在这一模型中，y_t 的每一个值都可以被认为是一个历史预测误差的加权移动平均值。为了保证序列的平稳性，我们通常也对 MA 模型的系数施加一定的限制。例如，对于 MA(1)模型，要求 $-1 < \theta_1 < 1$。

我们可以证明：一个平稳有限阶自回归过程必定可以转换成某个无限阶移动平均过程；反之，当具备可转换条件的时候，一个有限阶移动平均过程也可以转换成某个无限阶自回归过程。于是，我们可以将阶数较高的自回归过程近似地用阶数较低的移动平均过程来代替；反之亦然。

当我们将差分与自回归模型和移动平均模型结合起来时，便可得到一个整合移动平均自回归模型(auto-regressive integrated① moving average model,简称 ARIMA 模型)。ARIMA 模型的表示如下:

$$y'_t = c + \phi_1 y'_{t-1} + \cdots + \phi_p y'_{t-p} + \theta_1 \varepsilon_{t-1} + \cdots + \theta_q \varepsilon_{t-q} + \varepsilon_t \quad (10-6)$$

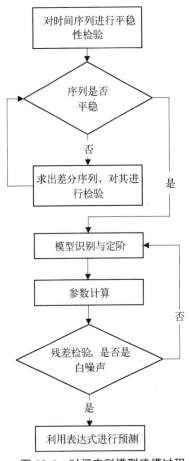

图 10.1 时间序列模型建模过程

式中的 y'_t 是差分序列,右侧的预测变量包括 y_t 的延迟值和延迟的误差。这个模型被称为 ARIMA(p,d,q)模型,其中,p 表示自回归模型的阶数,d 表示差分的阶数,q 表示移动平均模型的阶数。AR(p)模型和 MA(q)模型的平稳性条件在 ARIMA 模型中仍然使用。

要确定 ARIMA 模型的 p 和 q 的取值,需要借助自相关(ACF)图和偏自相关(PACF)图。它们的分析过程较为烦琐,由于篇幅限制,在此不展开讨论。在统计软件 R 中,我们可以利用 forecast 包的 **auto. arima**()函数,并且通过设置 stepwise = FALSE、approximation = FALSE 等参数来增加遍历模型的数量,从而寻找到最合适的 p 和 q 的取值,在一定程度上提高建模效率。

总的来说,时间序列模型的建模过程较为复杂,需要通过序列平稳性检验、对序列进行差分、识别模型阶数、参数计算等过程,最后还需对模型进行残差检验。完整的时间序列模型的建模过程如图 10.1 所示。

美国波士顿大学传播学者克里斯·韦尔斯(Chris Wells)和他的研究团队对大数据时代使用时间序列开展传播学研究进行了综述性的讨论(Wells

---

① 在这里,integrated 指差分的逆过程。

et al.,2019),给出了时间序列中多种概念的直观理解及其在传播学中的应用,还介绍了除 ARIMA 模型外的多种其他模型,如向量自回归模型(VAR)、格兰杰因果检验(Granger Causality Test)、协整和误差修正模型(ECM)等,感兴趣的读者可以进一步阅读。

接下来,我们将结合案例介绍时间序列模型在议题竞争研究中的应用。

三、案例介绍

本章采用的案例为:

Wang,P.(2019). Issue competition on social media in China: The interplay among media, verified users, and unverified users. *Telematics and Informatics*,40,1-13。

随着社会化媒体时代的到来,媒介环境日益复杂,包括议题竞争在内的传播活动均发生了巨大的变化。在议题竞争研究领域,此前的研究分别针对传统媒体和社会化媒体上议题竞争过程提出了不同的模型(Xu et al.,2013;Zhu,1992;Zhu et al.,1993)。然而,这些研究尚未将传统媒体与社会化媒体中的信息结合起来,全面考察公众议题竞争的过程。除此之外,此前的研究多基于国外社会化媒体平台展开(如 Facebook、Twitter 等),而由于国情的差异,我们仍然缺乏对中国社会化媒体平台上议题竞争过程的了解。本案例在议题竞争的框架下,讨论中国语境下的议题竞争问题。

许多学者在进行传播效果研究时,常常会聚焦在一些特殊事件上,如总统候选人竞选、危机事件、社会运动等,并且讨论在这些特殊事件发生期间出现了怎样的传播效果。这些突发事件被称为焦点事件(focusing event),即罕见的、突发性的事件(Birkland,1997)。这些事件将某一个或一组议题带到大众眼前,吸引他们的注意力。在政策议程研究领域,学者们认为,公众议程的形成与演化会受到焦点事件的影响,当那些深刻且富有戏剧性的焦点事件发生时,政策议程常常展现出明显的不确定性(Baumgartner &

Jones,1993;Cobb & Elder,1983;Kingdon,1995)。然而,在更多的研究中,焦点事件通常仅被当作研究背景,其效果并没有真正地被实证检验过。

本案例讨论了在中国媒介环境下,在特定的焦点事件发生时,社会化媒体中的不同用户与传统媒体之间是如何展开议题竞争的。这一研究的另一层背景是中国政治讨论环境的转变。近年来,有学者观察到,中国政府在社会化媒体上对公众舆论的回应更加积极(Lee,2018;Stockmann,2013)。2013—2014年间,从中央到地方的各级政府展开了一系列被称为"打虎拍蝇"的反腐行动。在这些行动中,在符合国家利益的框架下,关于政府管理与反腐的一系列话题在社会化媒体平台上被曝光、扩散与讨论(Zhu,2015)。例如,在薄熙来案件中,山东省济南市中级人民法院对薄熙来涉嫌受贿、贪污、滥用职权一案连续发布了160条微博图文,受审者的级别之高、所涉范围之广出人意料。这些事件引起了社会高度关注,在微博上引发了广泛的讨论。全国"两会"期间,全国人大及国务院通过传统媒体和社会化媒体,会向社会发布诸如未来数年中央政府的工作计划、对政治经济改革等重大问题的决策和决定等,同时会对近期热议的民生话题进行回应。这些焦点事件的发生都有可能对公众的议题竞争产生影响。

本案例探索的是,在一系列焦点事件发生的背景下,社会化媒体用户对政府管理和反腐这一中心议题的关注,并检验其他多个相关的政治议题与这一议题之间的竞争关系。具体来说,研究者考虑到可能对中心议题讨论产生影响的外部效应(传统媒体报道和焦点事件的影响)和内部效应(社会化媒体内部不同用户的讨论情况),并对焦点事件的发生进行量化处理。研究者将以上因素纳入模型中,扩展了原有的议题竞争模型,从而更全面地检验社会化媒体用户在议题讨论时可能受到的影响。

本案例聚焦中国最大的公开的社会化媒体平台——微博。在微博上有两类用户:认证用户和非认证用户。为了避免身份混淆、引起公众误解,新浪微博实行名人身份认证策略。通常来说,认证用户包含名人、记者、政府机构、媒体机构和商业机构等主体,他们通常有更多跟随者(followers),因而处于社会网络的中心地位(Barberá et al.,2015;Chen & She,2012)。认证用户在平台上更加活跃,在引领在线讨论时更有影响力,特别是那些特定领域的专家用户,能够引发公众对特定议题较高的关注度(Nip & Fu,2016;何跃、帅马恋、余伟萍,2014)。相较之下,非认证用户通常是普通用户,他们在社会化媒体中的中心度更低,在热门事件的讨论中或在网络社会运动中可能处于弱势地位。但有研究者指出,他们在网络上发出的消息数远远大于认证用户发出的消息数,因此,在网络社会运动和在线讨论中具有不可忽视的影响力(Barberá et al.,2015;汪翩翩、黄文森、曹博林,2020)。

除了具有不同的网络结构特征,认证用户与普通用户在中国舆论环境下的表现也有所不同。首先,认证用户面临来自市场和政策的双重压力(Stockmann,2013)。一方面,他们需要时刻了解市场的关注点,吸引更多关注者,从而维持他们在社会化媒体平台上的运营;另一方面,他们必须遵守中国的法律法规,保持并表达与官方口径一致的立场和态度(Nip & Fu,2016;Song & Chang,2017)。在这一情形下,传统媒体与普通用户都有可能形成对认证用户的影响力。其次,相较于认证用户,普通用户在公共空间中的注意力更加不稳定。例如,有研究显示,普通用户对议题讨论的持续性更低、流失率更高(Karnstedt, Rowe, Chan, Alani, & Hayes, 2011; Wang, Wang, & Zhu, 2013)。同时,普通用户在社会化媒体上主要扮演信息接收者的角色,而大部分信息仍由名人、有影响力的博客主和媒体机构等有着更显著社会身份与地位的账号生产(Wu, Hofman, Mason, & Watts, 2011)。

这些研究为我们提供了不同的视角和启示。但无论是认证用户还是普通用户,他们在注意力竞争过程中究竟受到什么机制的作用,来自系统内外部的影响有何区别,此前的研究并没有给出明确的结论。本案例对社会化媒体中议题竞争的多种机制进行了考察。与案例原文中的研究设计不同的是,本章以展示议题竞争分析过程为主要目的,故在此简化了案例原文中的研究设计,仅考虑议题竞争中的征召效应和分流效应。具体研究问题如下。

传统媒体或普通用户是否会对认证用户产生吸引他们讨论的征召效应(**RQ1**、**RQ2**),还是会产生干扰他们讨论的分流效应(**RQ3**、**RQ4**)?

传统媒体或认证用户是否会对普通用户产生吸引他们讨论的征召效应(**RQ5**、**RQ6**),还是会产生干扰他们讨论的分流效应(**RQ7**、**RQ8**)?

这部分研究问题的示意图如图 10.2 所示。

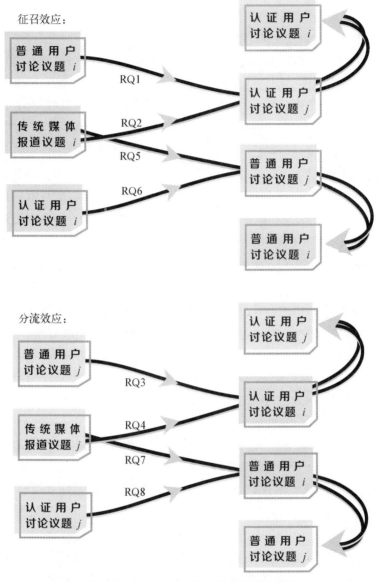

图 10.2　RQ1—RQ8 研究问题概念示意图

最后,根据对焦点事件的讨论,我们提出以下研究问题。

焦点事件的发生是否会吸引更多认证用户(**RQ9**)和普通用户

(RQ10)对政治议题进行讨论?

四、研究设计

本案例选择四个议题作为研究对象。中心议题是政府管理与反腐议题,其他具有一定讨论度和重要性的相关议题被选定作为竞争议题进行检验,包括社会福利、基础设施建设、税收与政府支出。确定议题后,研究者在微博中利用一系列关键词对这些议题进行搜索。在关键词的选择上,考虑到微博用户更接近人际交流的语言表达习惯(Wojcieszak & Mutz,2009),研究者选择了多个更贴近日常表达的词语来进行搜索。

在进行关键词搜索时,研究者使用布尔判断词"OR"对一个子议题下的多个关键词进行连接。如果微博内容中出现一个或多个某个议题的关键词,那么这条微博就会被记录下来,以此保证对议题的讨论能进行全面的收集。除此之外,我们在爬取时分别记录认证用户与非认证用户的数据。研究者使用新浪微博的 API 接口,以天为单位,爬取了 2013 年 10 月 1 日至 2014 年 10 月 31 日的相关微博。爬取之后,研究者对数据进行了预处理,主要清除不相关的帖子。除了采集社会化媒体数据之外,研究者还采用以上议题的关键词在"慧科"数据库中搜索,采集了传统媒体对这些议题的相关报道数据。

研究者采用社会化媒体中认证用户和普通用户对各议题的讨论声量,作为两种社会化媒体公众议题关注度的建构,并采用传统媒体对各议题的报道数量作为媒体议题关注度的建构。

为了建构代表重要政治焦点事件的变量,研究者从新闻报道中提取研究期间发生的国家或省级层面的 41 次反腐活动,并将"两会"也纳入焦点事件中。最终,研究共收集 42 个焦点事件。焦点事件的发生被转换为虚拟变量,1 代表某天发生了政治焦点事件,0 代表无相关事件发生。

根据前文所述对议题竞争问题的建模方法,本研究分别对微博中的认证用户和普通用户进行建模。为了简化案例,更加清晰地展示研究的分析过程,本章仅考虑各影响因素在 $t-1$ 时刻对 t 时刻议题讨论的影响。关于过去多个时刻对议题讨论的影响,请参见案例原文(Wang,2019)。

$$v_{t,i} = \beta_0 + \beta_1 u_{t-1,i} \sum_{j=1}^{k} v_{t-1,j} + \beta_2 m_{t-1,i} \sum_{j=1}^{k} v_{t-1,j} - \beta_3 v_{t-1,i} \sum_{j=1}^{k} u_{t-1,j} - \beta_4 v_{t-1,i} \sum_{j=1}^{k} m_{t-1,j} + \beta_5 event_{t-1}$$

(10-7)

$$u_{t,i} = \beta_0 + \beta_1 v_{t-1,i} \sum_{j=1}^{k} u_{t-1,j} + \beta_2 m_{t-1,i} \sum_{j=1}^{k} u_{t-1,j} - \beta_3 u_{t-1,i} \sum_{j=1}^{k} v_{t-1,j} - \beta_4 u_{t-1,i} \sum_{j=1}^{k} m_{t-1,j} + \beta_5 event_{t-1}$$

(10-8)

其中，$v_{t-1,i}$、$u_{t-1,i}$ 与 $m_{t-1,i}$ 分别表示认证用户、普通用户和传统媒体在 $t-1$ 时刻对中心议题 i 的关注程度，$v_{t-1,j}$、$u_{t-1,j}$ 与 $m_{t-1,j}$ 分别表示认证用户、普通用户和传统媒体在 $t-1$ 时刻对其他议题 j 的关注程度，$event_{t-1}$ 表示 $t-1$ 时刻是否有焦点事件发生。在模型(10-7)和模型(10-8)中，模型的几个交互项的系数测量了假设中所提的问题。其中，在模型(10-7)中，β_1 和 β_3 分别反映普通用户对认证用户的征召效应和分流效应；在模型(10-8)中，β_1 和 β_3 分别反映认证用户对普通用户的征召效应和分流效应。两个模型中的 β_2 和 β_4 分别反映传统媒体报道量对社会化媒体用户中心议题关注度的征召效应和分流效应，β_5 捕捉了焦点事件的影响作用。

模型(10-7)和模型(10-8)组成了一个社会化媒体用户议题关注度变化的联动模型系统。在这个系统中存在一些共同的影响因素，因此，系统中的残差(e_i)相互关联。鉴于此，本案例在拟合这一系统的模型时采用了似不相关回归(Seemingly Unrelated Regression，简称 SUR)来考虑残差的协方差结构，从而生成更有效的系数估计(Peng, Sun, & Wu, 2017; Zellner, 1962)。

根据此前对时间序列数据的介绍，这两个模型中的因变量是时间序列数据，可能存在自相关的情况。因此，在分析时，我们将首先对这两个变量建立 ARIMA 模型，去除序列中的自回归成分，然后利用 ARIMA 模型的残差作为因变量建立 SUR 的联动模型。

五、数据分析

本案例的数据分析思路如下。首先在 R 中读取数据，制作趋势图来直观地了解微博中关于中心议题的讨论趋势。然后对数据进行预处理，生成分析中涉及的变量。预处理完成后，对两个因变量建立 ARIMA 模型，以消除变量中的自回归部分。在进行 ARIMA 分析之前，需先检验变量的平稳性。之后建立时间序列模型，确定时间序列模型的最优参数后进行模型诊断，再利用模型的残差与其他预测变量建立 SUR 模型，并进行模型估计，解读数据。最后，对 SUR 模型的残差评价模型拟合优度的情况。大致的分析流程如图 10.3 所示。

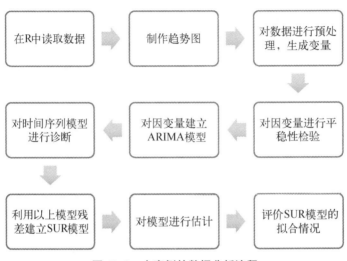

图 10.3　本案例的数据分析流程

本案例的数据分析要用到以下几个 R 软件包。

```
library(systemfit)
library(forecast)
library(tseries)
library(ggplot2)
```

先在 R 中读取数据，数据下载链接请见章末 GitHub 链接。本研究将用到两个数据集：议题数据（weibo）和焦点事件的分段格式数据（eventshort）。原始研究数据通过 API 从微博中获取，之后进行了数据预处理，包括合并各个议题下属子议题的讨论量、对数据进行加权、生成主议题的讨论量、去除讨论数据的周期性、对数据进行标准化处理、处理数据中的异常值等操作。由于篇幅限制,在此不展示数据预处理过程,而是直接提供已完成预处理的干净数据。

```
weibo<- readRDS("weibo.rds")
eventshort<- readRDS("eventshort.rds")
names(weibo)
##  [1] "date"   "corru_v" "infra_v" "tax_v"  "sowel_v"
##  [6] "corru_p" "infra_p" "tax_p"  "sowel_p" "corru_m"
## [11] "infra_m" "tax_m"  "sowel_m" "event"
```

在 weibo 数据集中,"date"是数据的时间标记。该数据从 2013 年 10 月 1 日起,到 2014 年 10 月 31 日止,以天为单位。"corru_v"、"infra_v"、"tax_v"、"sowel_v"四个变量为微博中认证用户对政府管理与反腐、基础设施建设、税收与政府支出、社会福利四个议题的讨论量。"corru_p"、"infra_p"、"tax_p"、"sowel_p"为非认证用户(普通用户)对以上四个议题的讨论量。"corru_m"、"infra_m"、"tax_m"、"sowel_m"为传统媒体对以上四个议题的报道量。"event"是一个虚拟变量,标记了当天是否有焦点事件发生。

为了在趋势图中标记出焦点事件发生的时间段,焦点事件的数据被进一步处理成 eventshort 数据集,包含三个变量:start、end 和 dum。start 和 end 标记了焦点事件开始和结束的日期,dum 标记了这个时间段是否有焦点事件发生,1 为有焦点事件发生,0 为没有焦点事件发生。

我们先利用 ggplot2 生成微博中认证用户与普通用户讨论中心议题政府管理与反腐的声量趋势图。由于微博用户的讨论量波动较大,为了更好地呈现讨论量的变化,我们可以采用讨论量的对数来做趋势分析(见图 10.4 和图 10.5)。

```
ggplot(weibo) +
  geom_rect(aes(xmin = start, xmax = end, fill = dum),
  #使用蓝色条形标记出焦点事件发生的时间段
    ymin = - Inf, ymax = Inf, alpha = 0.2,
```

第十章　议题竞争与时间序列分析

```
    data = eventshort) +
  geom_line(aes(date,corru_v), size = 0.45) +
#使用折线画出认证用户讨论量
  xlab("Date") + ylab("Number of Posts on Government Administration \
nand Political Corruption by Verified Users") +
  theme(axis.text = element_text(size = 12),
     axis.title = element_text(size = 14, face = "bold"))
ggplot(weibo) +
  geom_rect(aes(xmin = start, xmax = end, fill = dum),
      ymin = - Inf, ymax = Inf, alpha = 0.2,
      data = eventshort) +
  geom_line(aes(date, log(corru_v)), size = 0.45) +
#呈现讨论量的对数的变化趋势
  xlab("Date") + ylab("Log Number of Posts on Government Administration \
nand Political Corruption by Verified Users") +
  theme(axis.text = element_text(size = 12),
     axis.title = element_text(size = 14, face = "bold"))

    ggplot(weibo) +
      geom_rect(aes(xmin = start, xmax = end, fill = dum),
#使用蓝色条形标记出焦点事件发生的时间段
        ymin = - Inf, ymax = Inf, alpha = 0.2,
        data = eventshort) +
  geom_line(aes(date,corru_p), size = 0.45) +
#使用折线画出普通用户讨论量
  xlab("Date") + ylab("Number of Posts on Government Administration \
nand Political Corruption by Unverified Users") +
  theme(axis.text = element_text(size = 12),
     axis.title = element_text(size = 14, face = "bold"))
ggplot(weibo) +
```

```
geom_rect(aes(xmin = start, xmax = end, fill = dum),
    ymin = - Inf,ymax = Inf,alpha = 0.2,
    data = eventshort) +
geom_line(aes(date,log(corru_p)), size = 0.45) +
#呈现讨论量的对数的变化趋势
xlab("Date") + ylab("Log Number of Posts on Government Administration \
nand Political Corruption by Unverified Users") +
theme(axis.text = element_text(size = 12),
    axis.title = element_text(size = 14,face = "bold"))
```

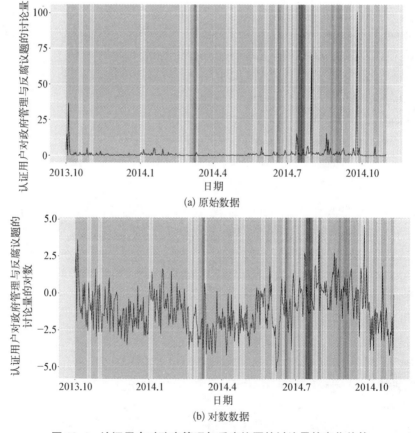

图 10.4 认证用户对政府管理与反腐议题的讨论量的变化趋势

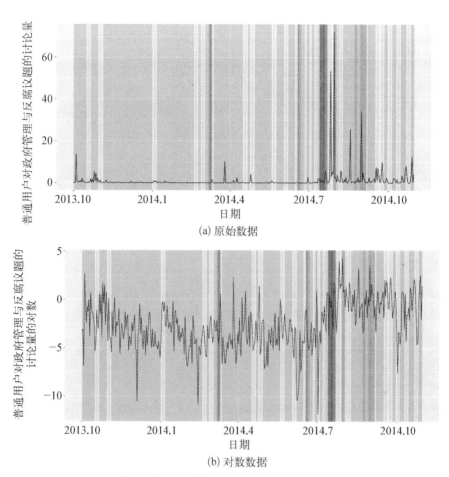

图 10.5 普通用户对政府管理与反腐议题的讨论量的变化趋势

通过以上趋势图可以发现,微博中时常有讨论的爆发,并且爆发的讨论量与日常讨论量相差巨大。通过蓝色标记可以看出,焦点事件的发生或与微博中讨论量的变化有所关联,尤其是 2014 年 1 月 2 日至 5 日、3 月 9 日至 12 日、7 月 12 日至 21 日期间发生的焦点事件,均引发认证用户和普通用户讨论声量的大幅度震动。另外,从图中看到,认证用户与普通用户之间存在类似的变化趋势,二者可能存在一定的关联。我们还需要进一步的统计检验来明确二者之间的影响关系。

在分析数据之前,需要生成模型中涉及的多个变量。首先,分别生成认证用户、普通用户和传统媒体对其他议题(基础设施建设、税收与政府支出、社会福利三个议题)的总讨论量。

```
other_v <- rowSums(weibo[,c('infra_v','tax_v','sowel_v')])
other_p <- rowSums(weibo[,c('infra_p','tax_p','sowel_p')])
other_m <- rowSums(weibo[,c('infra_m','tax_m','sowel_m')])
```

接下来,生成公式(10-7)和(10-8)中的交互项。

```
p_ov <- weibo[,'corru_p'] * other_v
#普通用户对反腐议题的讨论与认证用户对其他议题的讨论
m_ov <- weibo[,'corru_m'] * other_v
#传统媒体对反腐议题的报道与认证用户对其他议题的讨论
v_op <- weibo[,'corru_v'] * other_p
#认证用户对反腐议题的讨论与普通用户对其他议题的讨论
v_om <- weibo[,'corru_v'] * other_m
#认证用户对反腐议题的讨论与传统媒体对其他议题的报道
p_om <- weibo[,'corru_p'] * other_m
#普通用户对反腐议题的讨论与传统媒体对其他议题的报道
m_op <- weibo[,'corru_m'] * other_p
#传统媒体对反腐议题的报道与普通用户对其他议题的讨论
int <- cbind.data.frame(p_ov,m_ov,v_op,v_om,p_om,m_op)
```

之后,对数据格式进行处理,转换为 ts() 对象,以便之后采用针对时间序列的命令进行处理。

```
inds <- seq(as.Date("2013-10-01"), as.Date("2014-10-31"),
    by = "day")
intts <- ts(int,
    start = c(2013, as.numeric(format(inds[1], "%j"))),
    frequency = 365)
```

第十章 议题竞争与时间序列分析

再生成数据的滞后项,并与非滞后项的数据集进行合并。

```
intts_lag1<-stats::lag(intts,-1)
lagfuldf<-as.data.frame(cbind(intts,intts_lag1)[1:396,])
names(lagfuldf)[7:12]<-c("p_ov.l1","m_ov.l1","v_op.l1","v_om.l1","p_om.l1","m_op.l1")
```

接下来,将认证用户与普通用户对反腐议题的讨论量两个变量(corru_v 和 corru_p)转换为 ts() 对象。

```
polv<-ts(weibo[,'corru_v'],
     start = c(2013,as.numeric(format(inds[1],"%j"))),
     frequency = 7)
#在此考虑数据以周为单位的季节性,将频率设置为7
polp<-ts(weibo[,'corru_p'],
     start = c(2013,as.numeric(format(inds[1],"%j"))),
     frequency = 7)
#在此考虑数据以周为单位的季节性,将频率设置为7
```

数据预处理完成后,便可对变量进行建模。先需要对两个因变量建立 ARIMA 模型,以消除变量中的自回归部分。在进行 ARIMA 分析之前,需要先检验变量的平稳性。在此采用 KPSS 的检验方法。注意,由于变量高度偏斜的特性,我们对所有变量取对数之后再进行分析。此后的分析也采用这一处理方法。

```
kpss.test(log(polv))
##
## KPSS Test for Level Stationarity
##
```

```
## data: log(polv)
## KPSS Level = 0.64748, Truncation lag parameter = 5, p-value = 0.01832
```
kpss.test(log(polp))
```
## Warning in kpss.test(log(polp)): p-value smaller than printed p-value
##
## KPSS Test for Level Stationarity
##
## data: log(polp)
## KPSS Level = 1.8704, Truncation lag parameter = 5, p-value = 0.01
```

这里的输出表明，检验的 p 值都小于 0.05，说明这两个序列不是平稳的。若读者采用 **adf.test**() 函数对两个序列进行 ADF 检验的话，检验结果与 KPSS 相反——检验的 p 值也小于 0.05，但此时备择假设为序列平稳，因此，接受备择假设，认为序列是平稳的。一般而言，KPSS 的检验效果要优于 ADF 检验（吴喜之、刘苗，2014）。因此，我们认为 polv 与 polp 为不平稳序列。实际上，如果用 **auto.arima**() 函数拟合这两个序列的话，所选择的模型的 d 均为 1。这也说明这两个序列是一阶单整的。

接下来，对这两个因变量进行差分后，可使用 **auto.arima**() 函数建立 ARIMA 模型，以去除变量中的自回归效应。**auto.arima**() 函数根据模型的 AIC、AICc、BIC 等指标选取拟合优度最好的 p、d、q 值来建构 ARIMA 模型，现已被广泛应用于经济学、金融学等研究中。在此，我们将考虑季节性 ARIMA 模型，即考虑讨论量中以周为单位变化的周期，设置 seasonal＝TRUE。除此之外，我们在此应设置 stepwise＝FALSE、approximation＝FALSE 来增加遍历模型的数量，从而寻找到最合适的 p 和 q 的取值。

```
res_v <- auto.arima(diff(log(polv)), max.p = 14, max.q = 14, seasonal = TRUE, stepwise = FALSE, approximation = FALSE)
```

```
res_p<- auto.arima(diff(log(polp)),max.p = 14,max.q = 14,seasonal =
TRUE,stepwise = FALSE,approximation = FALSE)
```

通过输出结果,我们可以看到,针对认证用户和普通用户,**auto. arima**()分别选择了 ARIMA(2,0,1)(2,0,0)[7]和 ARIMA(2,0,3)的模型,其中,认证用户的模型是一个季节性 ARIMA 模型,(2,0,1)是模型的非季节部分,(2,0,0)[7]是模型的季节部分。认证用户的非季节部分和普通用户的模型中都具有自回归项和移动平均项,说明讨论量会受到过去讨论量水平的影响(AR 项),具有缓慢衰退的趋势;同时,会在受到外部因素的干扰后迅速衰退(MA 项),具有一定的短期记忆。

对模型残差进行诊断,我们可以看到,两个模型的残差均为类似白噪声的分布如图 10.6 和图 10.7 所示,Ljung-Box 检验也不显著,表明 ARIMA 模型拟合情况较好。

```
checkresiduals(res_v)
```

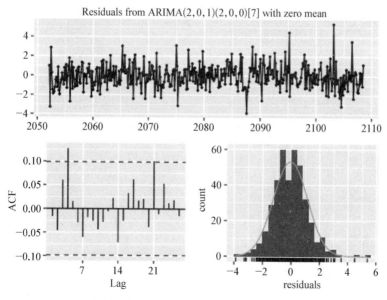

图 10.6 认证用户模型的残差诊断结果

```
## 
## Ljung-Box test
## 
## data: Residuals from ARIMA(2,0,1)(2,0,0)[7] with zero mean
## Q* = 14.611, df = 9, p-value = 0.1022
## 
## Model df: 5.    Total lags used: 14
checkresiduals(res_p)
```

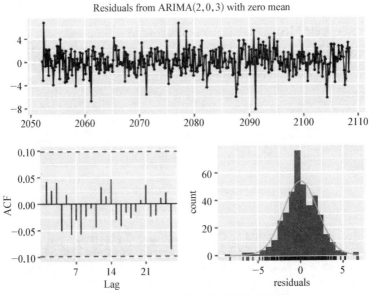

图 10.7　普通用户模型的残差诊断结果

```
## 
## Ljung-Box test
## 
## data: Residuals from ARIMA(2,0,3) with zero mean
## Q* = 8.3381, df = 9, p-value = 0.5005
## 
## Model df: 5.    Total lags used: 14
```

从 Ljung‐Box 检验结果可知,建立 ARIMA 模型后,两个模型的残差(res_v $ residuals 和 res_p $ residuals)中已无自回归,因而可作为回归方程的因变量,并与其他自变量联合建立 SUR 模型。

```
main1 <- res_v $ residuals ~
  log(lagfuldf $ p_ov.l1)[1:395] + log(lagfuldf $ m_ov.l1)[1:395] +
  log(lagfuldf $ v_op.l1)[1:395] + log(lagfuldf $ v_om.l1)[1:395] +
  weibo[1:395,'event']
main2 <- res_p $ residuals ~
  log(lagfuldf $ v_op.l1)[1:395] + log(lagfuldf $ m_op.l1)[1:395] +
  log(lagfuldf $ p_ov.l1)[1:395] + log(lagfuldf $ p_om.l1)[1:395] +
  weibo[1:395,'event']
system <- list(v = main1, p = main2)
fitsur <- systemfit(system, method = "SUR")
summary(fitsur)
##
## systemfit results
## method: SUR
##
##            N    DF     SSR     detRCov  OLS-R2    McElroy-R2
## system   788   776   2093.37  4.13814   0.028063  0.031199
##
##         N    DF    SSR       MSE      RMSE     R2        Adj R2
## v      394  388   548.296   1.41313  1.18875  0.023411  0.010826
## p      394  388   1545.071  3.98214  1.99553  0.029703  0.017200
##
## The covariance matrix of the residuals used for estimation
##           v         p
## v      1.41261   1.21839
## p      1.21839   3.98193
##
```

```
## The covariance matrix of the residuals
##          v         p
## v  1.41313   1.22031
## p  1.22031   3.98214
##
## The correlations of the residuals
##           v         p
## v  1.000000  0.514424
## p  0.514424  1.000000
##
##
## SUR estimates for 'v' (equation 1)
## Model Formula: res_v $ residuals ~ log(lagfuldf $ p_ov.l1)[1:
395] + log(lagfuldf $ m_ov.l1)[1:395] +
##    log(lagfuldf $ v_op.l1)[1:395] + log(lagfuldf $ v_om.l1)[1:
395] +
##    weibo[1:395, "event"]
##
##                       Estimate Std.    Error       t value    Pr(>|t|)
## (Intercept)           -0.6816299   0.3768829   -1.80860   0.0712873 .
## log(lagfuldf $ p_     -0.0478252   0.0305716   -1.56437   0.1185466
    ov.l1)[1:395]
## log(lagfuldf $ m_      0.1181760   0.0393368    3.00421   0.0028354 **
    ov.l1)[1:395]
## log(lagfuldf $ v_      0.0207593   0.0224713    0.92381   0.3561576
    op.l1)[1:395]
## log(lagfuldf $ v_     -0.0394452   0.0439433   -0.89764   0.3699341
    om.l1)[1:395]
## weibo[1:395,           0.1790343   0.1696375    1.05539   0.2919020
    "event"]
```

Signif. codes: 0 '***' 0.001 '**' 0.01 '*' 0.05 '.' 0.1 ' ' 1
##
Residual standard error: 1.188753 on 388 degrees of freedom
Number of observations: 394 Degrees of Freedom: 388
SSR: 548.296089 MSE: 1.413134 Root MSE: 1.188753
Multiple R-Squared: 0.023411 Adjusted R-Squared: 0.010826
##
##
SUR estimates for 'p' (equation 2)
Model Formula: res_p $ residuals ~ log(lagfuldf $ v_op.l1)[1:395] + log(lagfuldf $ m_op.l1)[1:395] +
log(lagfuldf $ p_ov.l1)[1:395] + log(lagfuldf $ p_om.l1)[1:395] +
weibo[1:395, "event"]
##
| | Estimate Std. | Error | t value | Pr(>|t|) | |
|---|---|---|---|---|---|
| (Intercept) | 1.2144340 | 0.4651052 | 2.61110 | 0.0093752 | ** |
| log(lagfuldf $ v_op.l1)[1:395] | 0.0869703 | 0.0710081 | 1.22479 | 0.2213960 | |
| log(lagfuldf $ m_op.l1)[1:395] | -0.0614782 | 0.0620477 | -0.99082 | 0.3223901 | |
| log(lagfuldf $ p_ov.l1)[1:395] | 0.0684584 | 0.0700700 | 0.97700 | 0.3291776 | |
| log(lagfuldf $ p_om.l1)[1:395] | -0.1540330 | 0.0668114 | -2.30549 | 0.0216659 | * |
| weibo[1:395, "event"] | 0.7198440 | 0.2858119 | 2.51859 | 0.0121838 | * |

Signif. codes: 0 '***' 0.001 '**' 0.01 '*' 0.05 '.' 0.1 ' ' 1

```
## 
## Residual standard error: 1.99553 on 388 degrees of freedom
## Number of observations: 394 Degrees of Freedom: 388
## SSR: 1545.070746 MSE: 3.982141 Root MSE: 1.99553
## Multiple R-Squared: 0.029703 Adjusted R-Squared: 0.0172
```

以上结果揭示了微博认证用户与普通用户讨论反腐议题的模型拟合结果。由于我们事先对因变量进行了预白噪声化(pre-whitening),去除了序列本身的影响,因此,这里的结果与案例原文略有区别。

在第一个模型(以认证用户的讨论量为因变量)的统计结果中,传统媒体对认证用户在反腐议题的讨论上具有吸引的趋势,log(lagfuldf\$m_ov.l1)[1:395]的系数为$b=0.118, p=0.003$。

在第二个模型(以普通用户的讨论量为因变量)的统计结果中,传统媒体对其他议题的讨论对普通用户的讨论具有一定的分流作用,log(lagfuldf\$p_om.l1)[1:395]的系数为$b=-0.154, p=0.021$。除此之外,焦点事件的发生对普通用户对中心议题的讨论有正向影响($b=0.720, p=0.012$)。

接下来,对模型进行评估和诊断。对 SUR 模型整体的解释力,我们可以参考 McElroy's R^2。这一指标是对 R^2 的扩展,用于测量模型系统中的拟合优度(McElroy,1977)。以上模型估计的结果显示,McElroy's R^2 的结果仅为 3.12%,说明该模型对变量的解释力较低,并且由于此前拟合的 ARIMA 模型中解释了因变量的部分变差,这一结果比案例原文的解释力更低。

最后,为了评估残差中是否含有序列自相关,我们对模型进行 Durbin-Watson 检验(简称 DW 检验),代码和输出结果如下。

```
dwtest(main1)
## 
## Durbin-Watson test
```

```
## 
## data: main1
## DW = 2.0282, p-value = 0.5684
## alternative hypothesis: true autocorrelation is greater than 0
dwtest(main2)
## 
## Durbin-Watson test
## 
## data: main2
## DW = 1.9169, p-value = 0.1723
## alternative hypothesis: true autocorrelation is greater than 0
```

结果显示,针对两个模型的DW检验结果均接近2且不显著,说明残差中不再具有序列自相关,模型具有较好的拟合效果。

六、案例小结

在本案例中,研究者关心的核心问题是,社会化媒体中对政府管理与反腐这一中心议题的讨论是如何与其他相关议题展开竞争的。具体来说,研究厘清了在议题竞争演化过程中社会化媒体用户受到的来自信息系统内部(其他社会化媒体用户)和外部(传统媒体)不同的作用机制,并且用量化的方法测量了多个政治相关的焦点事件的发生对这一过程的影响。

研究结果显示,认证用户与普通用户的议题讨论会受到来自信息系统内外部不同作用机制的影响。一方面,传统媒体对认证用户主要起着引流和征召的影响机制,即传统媒体对政府管理与反腐这一议题的报道会进一步引发社会化媒体认证用户的讨论。另一方面,普通用户对这类议题的讨论很容易受到传统媒体对其他议题报道的干扰。当传统媒体中对政府管理与反腐这一议题的报道量下降而对其他议题的报道量增加时,普通用户的注意力便发生了分流,从中心议题的讨论上转移开。这一结果表明了普通用户在注意力方面的不稳定性,即当系统中出现不同的讨论议题时,普通用户的注意力很容易发生改变,从某个中心议题的讨论上转移开。这一结果与此前研究的结果一致(Karnstedt et al., 2011; Wang et al., 2013)。值得注意的是,本案例选取的仅是数个较为重要的社会和政治议题,当参与竞争的议题数量增多、类型更加多元化时,普通用户的注意力转移情况或许会更加频繁。

本案例还讨论了关于焦点事件与议题讨论和演化之间的关系。结果显示,政治焦点事件对普通用户的讨论产生了明显的刺激作用,却对认证用户无明显影响。普通用户对焦点事件的直接回应是社会化媒体时代特有的现象。在社会化媒体时代,人们可以从更多渠道获取信息,而不再依赖于传统媒体。与此同时,普通用户信息发布和传播的能力有了很大的提升。当重大事件发生时,普通用户会在社会化媒体上传播与讨论相关议题,甚至引发事件的二次传播。反观认证用户,他们在面对焦点事件时,尤其是像反腐这类特殊性质的事件时,可能会更加谨慎。出于各种原因,他们并不会在事件发生后直接做出回应,而是先"让子弹飞一会儿",在确定舆论场的状况后,尤其是确定传统媒体的报道倾向后,再加入事件的讨论中。

本案例以社会化媒体中的日常讨论作为切入角度,选择数个在微博上引发较高社会关注且具有一定社会意义的议题作为研究对象。这样的做法能够让我们跳出以某个特殊事件或话题为背景的研究框架,而将议程设置和议题竞争的研究延伸至日常讨论的范畴上。尽管如此,这一做法也存在一定的问题:不同议题的讨论可能并不出现在同一时间段内,这使得研究仅能对不同主体之间的相关性进行检验,却并不能对他们之间的因果关系作出推论。这一问题可在未来的研究中加以改进。在社会化媒体时代,我们可以利用更多数字痕迹来确定主体之间行为上的关联。例如,通过抓取用户关系数据并建构出用户之间关注、转发或评论的网络,研究者可以直观地判断他们之间的关联方向,从而对因果关系作出更直接的推断。但这对数据采集和分析的要求更高。随着计算传播学方法的进一步发展,相信这个问题能够不断地得到改进。

另一个值得探讨的问题是,社会化媒体信息技术的改进是否提升了大众和媒体议题承载的能力。有研究认为,互联网的内容越来越碎片化,乃至巴尔干化(Van Alstyne & Brynjolfsson, 1996),在这样的媒介环境下,每个群体仅处理少数几个细分领域的问题。因此，从个体层面来看，个人或单个组织机构处理议题的能力或许仍然受到限制，但从宏观层面来看，媒介环境的改变可能导致整个社会承载的议题数量增加且更加多元化。换言之，研究者选取的研究层面的差别可能会导致截然相反的结果。未来的研究可从宏观和微观两个层面的议题竞争出发，建立多层次模型，厘清群体内部、群体之间及整个社会层面的议题竞争过程。

对于舆论研究从业者而言，本案例的启示大致有两方面。第一，在讨论社会化媒体的议程设置效果或议题竞争过程时，我们需要区分社会化媒体平台内不同的主体。从本案例的结果可知，社会化媒体上的普通用户与精英用户的讨论演化具有明显的区别。对社会化媒体上不同主体舆论演化中更细粒度差别的探讨，可参考笔者的另一篇文章（汪翩翩、黄文森、曹博林，2020）。第二，在信息系统高度融合的环境下，任何单一平台上的舆论和行为都不是孤立的，而是与多个外部因素相互关联。因此，在讨论某个单一平台上舆论的演化过程时，不仅要考虑平台内部不同主体之间相互影响的因素，还需结合关键的外部因素进行综合考虑。

由于议题竞争的研究大多需要从涵盖时间的纵向视角来考察议题的变化过程，因此，时间序列分析是研究议题竞争问题的基础方法。不可否认的是，这一方法是统计中较难理解和掌握的方法，并且针对不同的数据类型和特征，时间序列模型也存在不同的变体。但在理解基本原理的基础上，研究者可以从自身的研究问题出发，建立合适的理论模型，并将时间序列分析与其他统计方法结合运用，灵活地解决研究问题。近年来，这一设计思路已被越来越多的研究者采用（例如，Wells, Zhang, Lukito, & Pevehouse, 2020; Zhang et al., 2019; J. Zhu et al., 1993; 汪翩翩、黄文森、曹博林，2020）。

由于研究视角的独特性，加上数据获取上的限制和统计分析上的难度，时间序列分析方法在现今的传播学研究中并非主流。然而，舆论形成与演化是一个系统、动态且存在时间维度的复杂过程，时间的概念在传播学，尤其是舆论学研究中扮演着举足轻重的角色（Wells et al., 2019）。在理论层面，时间序列分析帮助我们理解事物发展的动态过程，为理论观点的发展提供新的视角；在实践层面，时间序列分析有助于我们认识研究对象不同阶段的发展水平，为我们评估研究对象提供更全面、准确的信息。随着计算传播学方法的发展,相信在不久的将来,时间序列分析将越来越受到研究者的重视,并且作为一种重要的研究方法,为传播学、舆论学的发展提供有力的支持,开拓更多可能性。

七、参考文献

何跃,帅马恋,余伟萍(2014).新浪微博加 V 用户特征分析.情报杂志,33(9),148-151.

吴喜之,刘苗(2014).应用时间序列分析:*R* 软件陪同.北京:机械工业出版社.

汪翩翩,黄文森,曹博林(2020).融合与分化:疫情之下微博多元主体舆论演化的时序分析.新闻大学,10,16-33.

Barberá, P., Wang, N., Bonneau, R., Jost, J. T., Nagler, J., Tucker, J., & González-Bailón, S. (2015). The critical periphery in the growth of social protests. *PLoS ONE*, 10(11), e0143611.

Baumgartner, F., & Jones, B. D. (1993). *Agendas and instability in American politics*. Chicago: University of Chicago Press.

Birkland, T. A. (1997). *After disaster: Agenda setting, public policy, and focusing events*. Washington, DC: Georgetown University Press.

Chen, J., & She, J. (2012, June). An analysis of verifications in microblogging social networks — sina weibo. *2012 32nd International Conference on Distributed Computing Systems Workshops*. Macau, China.

Chen, Z., Su, C. C., & Chen, A. (2019). Top-down or bottom-up? A network agenda-setting study of Chinese nationalism on social media. *Journal of Broadcasting & Electronic Media*, 63(3), 512-533.

Cobb, R. W., & Elder, C. D. (1983). *Participation in American politics: The dynamics of agenda-building*. Baltimore: John Hopkins University Press.

Cowan, N. (2001). The magical number 4 in short-term memory: A reconsideration of mental storage capacity. *Behavioral and Brain Sciences*, 24(4), 87-114.

Eagly, A. H., & Chaiken, S. (1993). *The psychology of attitudes*. Orlando, FL: Harcourt Brace Jovanovich.

Edy, J. A., & Meirick, P. C. (2018). The fragmenting public agenda: Capacity, diversity, and volatility in responses to the "most important problem" question. *Public Opinion Quarterly*, 82(4), 661-685.

Guo, L. (2019). Media agenda diversity and intermedia agenda setting in a controlled media environment: A computational analysis of China's online news. *Journalism Studies*, 20(16), 2460-2477.

Hertog, J. K., Finnegan, J. R., & Kahn, E. (1994). Media coverage of AIDS, cancer, and sexually transmitted diseases: A test of the public arenas model. *Journalism Quarterly*, 71(2), 291-304.

Hilgartner, S., & Bosk, C. L. (1988). The rise and fall of social problems: A public arenas model. *American Journal of Sociology*, 94(1), 53-78.

Jones, B. D. (2003). The reasoning voter: Communication and persuasion in presidential campaigns. *Journal of Public Administration Research and Theory*, 13, 395-412.

Karnstedt, M., Rowe, M., Chan, J., Alani, H., & Hayes, C. (2011). The effect of user features on churn in social networks. *Proceedings of the 3rd International Web Science Conference* (pp. 1-8).

Kingdon, J. W. (1995). *Agenda, alternatives and public policies*. New York: Harper Collins.

Lacy, S., Watson, B. R., Riffe, D., & Lovejoy, J. (2015). Issues and best practices in content analysis. *Journalism & Mass Communication Quarterly*, 92(4), 791-811.

Lee, F. L. (2018). Political scandals as a democratic challenge: Political scandals under responsive authoritarianism. *International Journal of Communication*, 12, 19.

Leetaru, K., & Schrodt, P. A. (2013). Gdelt: Global data on events, location and tone. *International Studies Association Meeting*. San Francisco, CA, USA. http://data.gdeltproject.org/documentation/ISA.2013.GDELT.pdf

Mauss, A. L. (1957). *Social problems as social movements*. New York: Lippincott.

McCombs, M. E., & Zhu, J. (1995). Capacity, diversity, and volatility of the public agenda. *Public Opinion Quarterly*, 59(4), 495-525.

McElroy, M. B. (1977). Goodness of fit for seemingly unrelated regressions: Glahn's $R^2_{y.x}$ and Hooper's $\bar{r}^2$. *Journal of Econometrics*, 6(3), 381-387.

Miller, G. A. (1956). The magic number seven, plus or minus two: Some limits on our capacity for processing information. *Psychological Review*, 63(2), 81-97.

Nip, J. Y., & Fu, K.-W. (2016). Challenging official propaganda? Public opinion leaders on Sina Weibo. *The China Quarterly*, 225, 122-144.

Page, B. I., & Shapiro, R. Y. (1992). *The rational public: Fifty years of trends in Americans' policy preferences*. Chicago: University of Chicago Press.

Peng, T. Q., Sun, G., & Wu, Y. (2017). Interplay between public attention and public emotion toward multiple social issues on Twitter. *PLoS ONE*, 12(1), 1-22.

Petty, R. E., & Cacioppo, J. T. (1986). *Communication and persuasion: Central and peripheral routes to attitude change*. New York: Springer-Verlag.

Popkin, S. L. (1991). *The reasoning voter: Communication and persuasion in presidential campaigns*. Chicago: University of Chicago Press.

Shaw, D. L., McCombs, M., Weaver, D. H., & Hamm, B.

J. (1999). Individuals, groups, and agenda melding: A theory of social dissonance. *International Journal of Public Opinion Research*, 11(1), 2-24.

Simon, H. A. (1957). *Models of man, social and rational: Mathematical essays on rational human behavior in a social setting*. New York: John Wiley and Sons.

Song, Y., & Chang, T.-K. (2017). Managing impressions online: Microblogs and the state media's adaptation of online logics in China. *Journalism*, 18(8), 1064-1081.

Stockmann, D. (2013). *Media commercialization and authoritarian rule in China*. Cambridge: Cambridge university press.

Van Alstyne, M., & Brynjolfsson, E. (1996). Could the Internet balkanize science? *Science*, 274(5292), 1479-1480.

Wang, C., Wang, P., & Zhu, J. (2013). Discussing Occupy Wall Street on Twitter: Longitudinal network analysis of equality, emotion, and stability of public discussion. *Cyberpsychology, Behavior, and Social Networking*, 16(9), 679-685.

Wang, P. (2019). Issue competition on social media in China: The interplay among media, verified users, and unverified users. *Telematics and Informatics*, 40, 1-13.

Wells, C., Shah, D. V., Pevehouse, J. C., Foley, J., Lukito, J., Pelled, A., & Yang, J. (2019). The temporal turn in communication research: Time series analyses using computational approaches. *International Journal of Communication*, 13.

Wells, C., Zhang, Y., Lukito, J., & Pevehouse, J. C. (2020). Modeling the formation of attentive publics in social media: The case of Donald Trump. *Mass Communication and Society*, 23(2), 181-205.

Wojcieszak, M. E., & Mutz, D. C. (2009). Online groups and political discourse: Do online discussion spaces facilitate exposure to political disagreement? *Journal of Communication*, 59(1), 40-56.

Wu, S., Hofman, J. M., Mason, W. A., & Watts, D. J. (2011). Who says what to whom on Twitter. *Proceedings of the 20th International Conference on World Wide Web* (pp. 704-714).

Xu, P., Wu, Y., Wei, E., Peng, T. Q., Liu, S., Zhu, J. J. H., & Qu, H. (2013). Visual analysis of topic competition on social media. *Visualization and Computer Graphics, IEEE Transactions On*, 19(12), 2012-2021.

Zellner, A. (1962). An efficient method of estimating seemingly unrelated regressions and tests for aggregation bias. *Journal of the American Statistical Association*, 57(298), 348-368.

Zhang, Y., Shah, D., Foley, J., Abhishek, A., Lukito, J., Suk, J., ... Garlough, C. (2019). Whose lives matter? Mass shootings and social media discourses of sympathy and policy, 2012-2014. *Journal of Computer-Mediated Communication*, 24(4), 182-202.

Zhu, J. (1992). Issue competition and attention distraction: A zero-sum theory of agenda-setting. *Journalism & Mass Communication Quarterly*, 69(4), 825-836.

Zhu, J., Watt, J. H., Snyder, L. B., Yan, J., & Jiang, Y. (1993). Public issue priority formation: Media agenda-setting and social interaction. *Journal of Communication*, 43(1), 8-29.

Zhu, L. (2015). Punishing corrupt officials in China. *The China Quarterly*, 223, 595-617.

八、延伸阅读

[1] Zhu, J. (1992). Issue competition and attention distraction: A zero-sum theory of agenda-setting. *Journalism & Mass Communication Quarterly*, 69(4), 825-836.

该文是议程设置竞争机制的经典研究之一，开创性地提出议程设置"零和游戏"的竞争机制，并提出能够结合议程设置经典研究设计思路和时间序列分析方法优势的新的方法进路。这篇文章对后续研究产生了深远的影响。

[2] Hilgartner, S., & Bosk, C. L. (1988). The rise and fall of social problems: A public arenas model. *American Journal of Sociology*, 94(1), 53-78.

不同于延伸阅读[1]的实证研究,该文从宏观和中观层面对议题竞争进行了更全面的理论阐述,提出影响议题竞争的社会、文化和政治等多重因素。该文提出的"公共舞台"概念和讨论的问题可视为议题竞争"零和游戏"的思想来源之一。

[3] Wells, C., Shah, D. V., Pevehouse, J. C., Foley, J., Lukito, J., Pelled, A., & Yang, J. (2019). The temporal turn in communication research: Time series analyses using computational approaches. *International Journal of Communication*, 13.

近年来,韦尔斯(Wells)及其团队发表了一系列以时间序列为方法的计算传播学论文。本文是韦尔斯团队对传播学领域中时间序列研究的转向所做的总结,梳理了时间这一概念在传播学中的应用,从理论上介绍了时间序列方法中的关键概念。

[4] 吴喜之,刘苗(2014). 应用时间序列分析:R 软件陪同. 北京:机械工业出版社.

该书通过案例讲述了有关时间序列分析的一系列概念和方法。该书介绍了 ARMA 模型、GARCH 模型等一元时间序列方法,也囊括许多新的多元序列方法。该书强调对真实的时间序列数据进行分析,通俗易懂,能够帮助初学者快速上手做时间序列分析。

九、数据代码

完整代码见 GitHub 链接:https://github.com/rainfireliang/CPOR/tree/main/Wang%20(2019)

十、思维导图

第十章 议题竞争与时间序列分析

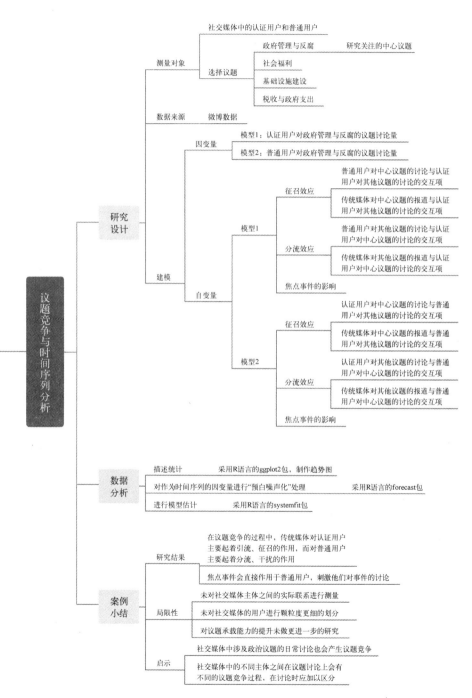

第十一章

第三层议程设置：网络议程设置模型*

一、理论背景

议程设置理论是新闻传播学最重要的理论之一。其理论内涵可以追溯到美国学者沃尔特·李普曼（Walter Lippmann）在1922年的著作《公众舆论》（Public Opinion）。通过对第一次世界大战之后美国新闻业的考察，李普曼在书中谈道：新闻并不是社会现实的再现，而是创造了一个"拟态环境"（pseudo-environment），反映在公众身上就是他们的"脑海图景"（pictures in our heads）（Lippmann，1922）。在这个想法的基础上，美国传播学家麦克斯维尔·麦库姆斯（Maxwell McCombs）和唐纳德·肖（Donald Shaw）分析并比对了新闻媒体对于1968年美国总统大选的报道和选民的意见，首次用实证的方法证明新闻建构的"拟态环境"与公众"脑海图景"之间的相关性。他们称之为议程设置理论，换言之，新闻媒体设置了公众的议程（McCombs & Shaw，1972）。

当然，最初的议程设置理论简化了新闻建构公众"脑海图景"的这个过程。第一层议程设置理论提出的是，新闻媒体可以建构客体（object）的"显著性"（salience），并将此"显著性"传递到公众的脑海中（McCombs，2014）。客体可以是一个议题、一个事件，或是一个人物。换言之，当新闻记者在报道中一再强调某个客体（如新冠肺炎疫情）的时候，大众也会认为此事是当前社会需要优先考虑的议题。议程设置理论的第二个层次关注的是客体的属性（attribute）。我们可以将其理解为事物的某一个方面，即新闻

---

* 本章作者为郭蕾。

媒体如何通过强调某个事物的其中一个方面来描述该事物。该理论认为，客体属性的"显著性"也是可以从新闻媒体议程传递到公众议程的(McCombs et al.，1997)。例如，当新闻媒体在报道新冠肺炎疫情时，如果报道经常侧重于疫情的某一个方面(例如对本国经济的影响)，那么公众就会觉得这个方面是在考虑该事件时最需要重视的因素。

　　议程设置理论的前两个层次关注的都是单一的、彼此分割的客体或属性。然而，在公众的"脑海图景"中，客体、属性都是错综相连的。我们可以将"脑海图景"理解为人们大脑中的认知网络。在这个网络中，每一个节点代表一个客体、属性、框架(frame)、意识形态，或者其他概念，节点与节点之间存在着千丝万缕的联系(Anderson，1983)。我们来设想一下某些人关于新冠肺炎疫情的"脑海图景"：他们也许会认为政府抗疫的决策与疫情对经济造成的影响紧密相连，他们也会想到个人对防护措施的重视可能会影响前线的医疗情况。新冠肺炎疫情作为一个客体，也是他们认知网络的一个节点，而此节点也与其他客体(如中美贸易谈判或者日本奥运会)息息相关。换言之，在每个人的认知网络中，客体与客体、属性与属性、客体与属性都可能存在关联。需要强调的是，这些关联及其强度并不是天然的，而是被新闻建构的。在当年美国媒体的语境中，"9·11"事件、萨达姆政权、大规模杀伤性武器、伊拉克战争等组成了一个严密的关联网络，而此网络与战争初期美国民众对英美联军攻打伊拉克高达七成的支持率不无关系。如今，当我们重新审视这张新闻媒体(及政治精英)编织的关联网络时，我们会质疑为什么有些节点或节点之间的关联性被强调(例如伊拉克战争和一直没有找到的所谓的大规模杀伤性武器)，而另一些被忽视(例如石油资源和战争的关系)。这就是"被建构"的关联性。郭蕾和麦库姆斯在2011年提出的第三层议程设置理论，即网络议程设置模型(Network Agenda Setting Model)，正是检视新闻媒体如何建构客体及属性之间的关联网络，并将之传递到公众的脑海里(Guo & McCombs，2011，2016)。该理论认为，当新闻媒体不断地告诉我们两件事情是有联系的(哪怕这种联系其实微不足道)，我们会以为这两件事情具有相关性因而值得被认真考虑。用正式的语言来表述，网络议程设置模型最基本的假设是：

　　　　新闻媒体所建构的关于客体或属性的关联网络的显著性会传递到

公众的脑海中。

需要注意的是,与传统的议程设置研究相比,网络议程设置模型极大地使李普曼描绘的"脑海图景"具象化。我们认为,新闻媒体不仅仅能够向公众传递单一的某件事或某个人的显著性,而是真的能够传递一幅广博的、错综复杂的"图景"。

郭蕾等在 2011 年国际传播学会年会上报告了第一个检验网络议程设置模型的实证研究(Guo & McCombs,2011)。该研究基于对 2002 年美国得州州长选举的新闻报道和问卷调查的二次数据分析。研究发现,在新闻记者报道两位州长候选人的时候,他们会将不同的个人特质联系起来。这里需要解释的是,在美国政治传播研究中,研究者对于新闻报道的分析不仅关注在选举过程中被广泛讨论的社会议题,也时常考量新闻媒体如何展现不同政客的个人特质,比如他们的候选资质、领导力、从政经验、口才,甚至外表等。根据网络议程设置模型的假设,媒体如何关联这些个人特质会对公众对政治人物的认知造成重要的影响。例如,有些新闻媒体会指出候选人的候选资质与其从政经验密切相关,但另一些媒体会反驳这两种特质并无特定的相关性,而是强调候选资质与个人的其他能力(如领导力)有关。(某些美国媒体对特朗普参选 2016 年美国总统的报道便可被认为是后者的一个例证。)回到上述研究,研究者发现,参加问卷调查的得州选民确实是以和新闻媒体同样的方式将这两位得州州长候选人的不同个人特质关联起来。换言之,新闻媒体所建构的关于得州州长候选人的个人特质关联网络和公众脑海中的关联网络是正相关的。网络议程设置模型首次得到验证。

值得注意的是,第一个网络议程设置模型研究的检验对象是属性关联网络:得州州长候选人被认为是客体,而他们的个人特质被认为是属性。此后,研究者们也证实了新闻媒体可以向公众传递客体关联网络的显著性(Vu et al.,2014)。此外,网络议程设置效果并不仅限于传统、主流的新闻媒体,也包括大量新兴媒体,包括社交媒体及党派媒体。例如,有研究发现,美国主流媒体对民主党支持者有显著的网络议程设置效果,而共和党支持者的想法更接近于他们自己的党派媒体(Vargo et al.,2014)。网络议程设置的传播过程也并不限于从媒体到公众,也可以是从公众到媒体(反向议程设置,reverse agenda setting)、从媒体到媒体(媒体间议程设置,intermedia agenda setting),或是从公关活动到媒体(议程建设,agenda building)。

自议程设置理论发展至今的50年中,全世界有超过500篇实证研究检验了该理论的假设(Kim et al.,2017)。即便在如今日益变化的新媒介环境中,新闻媒体仍然对公众舆论有重要的影响,其议程设置效果,不论是第一层还是第二层,都没有因时间、地域或研究的问题而产生显著的变化(Luo et al.,2019)。网络议程设置模型作为议程设置理论的第三层,为这个经典传播学理论提供了更新一层的思考方式,进一步揭示了新闻工作者对事件的报道及联结会影响公众对社会议题的认知和判断。最初的网络议程设置模型研究多聚焦于西方语境(Guo & McCombs,2016,Kiousis et al.,2015;Vargo & Guo,2017)。近年来,该模型也成为中国学者研究舆论与媒介效果的新热点。研究者们分析了中国一系列重要议题的新闻报道及其对公众的影响,证实了网络议程设置模型在中国大陆语境下的适用性(如蒋俏蕾、程杨,2018)。本章旨在详细介绍检验网络议程设置模型的基本方法,并探讨进行这项研究时需要注意的问题及未来的研究方向,希望更多学者能够在中国大陆语境下将网络议程设置模型进行本土化的理论创新。

二、方法背景

网络议程设置模型主要关注的是在新闻媒体的报道中或是在公众的脑海中客体与属性之间的关联。为了检验该模型,我们需要完成三个步骤:第一,量化新闻媒体建构的客体或属性关联网络(媒体议程网络);第二,量化公众脑海中的客体或属性关联网络(公众议程网络);第三,测量这两组议程网络之间的相关性。

和传统的议程设置研究一样,我们先需要采集两方面的数据:使用内容分析(content analysis)方法分析新闻媒体报道的内容,通过问卷调查了解公众的想法。检验网络议程设置模型的特殊之处在于数据分析。最适合量化关联网络的数据分析方法是网络分析(network analysis)方法,更确切地说,是语义网络分析(semantic network analysis)方法。和社会网络分析(social network analysis)方法一样,语义网络分析方法是网络分析方法的一个分支。该方法通过探究文本中语义元素(如词语、概念)之间的关联性来阐释文本深层次的意义。在检验网络议程设置模型的时候,我们关注的语义元素就是新闻报道中或者公众脑海中的客体或属性。在整个关联网络中,每个节点代表的是某个客体或者客体的某个属性,而客体之间、属性之间或者客体与属性之间的关联叫作边(edge)。在量化代表新闻媒体或者公众意见的关联网络时,我们不仅可以通过各种方法找出节点之间的关联性(A 和 B 是否有关),还可以量化每个关联的强度(A 和 B 关联程度有多高),甚至测量关联的方向(是 A 导致了 B,还是 B 引发了 A)。最后,代表新闻媒体和公众意见的关联网络可以被量化为两个矩阵。下面,我们分别讨论如何创建代表新闻报道和公众意见的矩阵。

1. 媒体议程网络矩阵

该网络矩阵来源于新闻报道或其他媒体文本的内容分析。研究者可以根据各自的研究问题自行决定分析单位,如一篇报道、一个段落、一个微博帖子等。当两个客体或属性同时出现在同一个分析单位中,我们可以认定它们存在关联性。以新冠肺炎疫情的新闻报道为例。假设我们想要了解美国《纽约时报》在报道新冠肺炎疫情时所建构的属性关联网络,第一步我们需要做的是通过内容分析来识别新闻报道中被强调的属性,并分析属性之间的关联性及其强度。假设我们以一个段落作为分析单位。我们来看下面这段美国《纽约时报》(中文版)在 2020 年 12 月 30 日的报道:

> 北京在很大程度上依靠其疫苗承诺来加强与发展中国家的关系,后者被视为对中国的利益至关重要。官员们在世界各地宣讲,承诺会将中国疫苗作为"全球公共产品",这一魅力攻势可能会令美国后院着火,并令美国可能寻求反击。

通过内容分析,我们可以看到,该新闻段落提到关于新冠肺炎疫情的两个属性:疫苗和国际关系。因为这两个属性同时出现在同一个段落中,所以我们可以认为这两个属性存在关联。假设我们分析了在一定时间内《纽约时报》关于新冠肺炎疫情的所有报道,发现疫苗和国际关系同时出现在 50 个段落中,那么我们可以将这两个属性之间的关联强度量化为 50。再假设我们的分析中一共考虑了 7 个关于新冠肺炎疫情的属性,那么我们可以通过一个 7×7 的矩阵来代表《纽约时报》所建构的关于新冠肺炎疫情的属性关联网络。如表 11.1 模拟的矩阵所示,矩阵中的每一行或每一列都代表一个属性。矩阵中的每一个格值则代表所对应的两个属性之间的关联强度,即这两个属性同时出现在同一个段落中的次数。当然,如果某两个属性从未同属于一个段落,那么它们的关联性则为0(如表11.1中的个人防护和国际关系)。每个属性(或客体)与自身的关联通常不在网络议程设置研究考虑范围之内,因此,矩阵中不存在对角线的格值。

表11.1 模拟媒体议程网络矩阵

	政府行动	经济影响	前线医疗	个人防护	在线教育	疫苗	国际关系
政府行动	—	85	10	40	5	35	60
经济影响	85	—	34	72	78	82	55
前线医疗	10	34	—	20	3	25	10
个人防护	40	72	20	—	15	28	0
在线教育	5	78	3	15	—	5	6
疫苗	35	82	25	28	5	—	50
国际关系	60	55	10	0	6	50	—

在创建媒体议程网络矩阵时有以下几点需要注意。

第一,表11.1模拟的矩阵是一个对称的、无方向的矩阵。换言之,属性A到属性B的关联强度等于属性B到属性A的关联强度。然而,研究者也可以通过更深入的内容分析来探究每一组节点关联的方向,甚至关联的性质。例如,有研究以媒体报道某一国际问题为例,所考虑的属性是涉及该问题的国家(Guo et al., 2019)。在分析国家与国家之间在该问题上的关联性的基础上,还进一步考量了关联的方向和情感属性。以下面的句子为例:"美国向菲律宾捐赠了价值约1 800万美元的国防物资,其中还包括精确制导导弹。"在这个句子里,关联的方向是从美国到菲律宾,关联的情感属性是正面的。那么,在这个研究中,媒体议程网络就可以用一个不对称的、有方向的矩阵来表现。

第二,测量关联性可以有多种方式。上文提到当两个客体或属性共存于一个分析单位时,我们可以认为这两个客体或属性有关联性。但问题是,如果记者在写新闻稿的时候只是提到了两件事情,却并没有清晰地解释这两件事的关系呢?这里我们需要厘清两种关联性:显性关联和隐性关联

(Guo，2013)。显性关联强调某两个客体或属性是有意识地被关联起来的，而隐性关联的关联性是无意识的。研究者可以用不同方式来区分这两种关联性。例如，就媒体分析而言，如果某两个客体或属性仅仅共同出现在同一个分析单位而并没有阐释其中的关系，那么我们可以认为这种关联是隐性的；如果新闻报道明确地阐释了两个客体或属性的关联性，那么这就是显性关联。研究者也可以通过区分不同的分析单位来界定显性关联和隐性关联。例如，在研究新闻单位在社交媒体上的活动时，隐性关联可以用天作单位。换言之，如果新闻单位在同一天发的两个帖子(如微博)分别提到某两个客体或属性，那么我们可以认为该新闻单位对这两个事物做出了隐性关联。如果该新闻单位在同一个帖子中提到两个客体或属性，那么我们可以认为这两个客体或属性的关联是显性的。下文会继续阐释如何测量公众脑海中的显性或隐性关联网络。

第三，就像传统议程设置研究一样，研究者需要借鉴相关文献并结合对所用数据的考察来决定所要研究的客体或属性的定义及数量。大多数议程设置研究使用上文提到的内容分析方法来识别在新闻报道中出现的客体或属性，也有研究者直接将关键词定义为客体或属性。近年来，越来越多的议程设置研究结合计算方法(如机器学习)来进行内容分析/文本挖掘。

2. 公众议程网络矩阵

研究者可以通过问卷调查或者分析社交媒体的方法来测量代表公众意见的网络矩阵。社交媒体分析方法与上文提到的媒体分析类似，这里我们重点讨论如何通过问卷调查来创建公众议程网络矩阵。这里的分析单位就是每个问卷调查受访者。以上文提到的新冠肺炎疫情传播效果为例，如果一个受访者认为疫苗和国际关系有关，那么这两个属性就可以被认为有关联性。如果在问卷调查中有30个被调查者认为疫苗和国际关系有关，那么我们可以认定这两个属性的关联强度是30。

但问题是，在实际操作中，我们怎样通过问卷调查的方式来了解受访者如何关联不同的客体或属性呢？在较早期的网络议程设置研究中，研究者通常使用传统的民意调查问题。例如："你认为对当前的社会来说，最重要的议题是哪些？"受访者通常会被要求写下多个答案。研究者会检视每个受访者列出的所有议题，并认为他们提到的每两个议题都有关联性。假设一个受访者提到了经济、教育和外交这三个议题，那么经济和教育、经济和外交、教育和外交都会被认为有关联性。这个方法操作相对比较简单,研究者甚至可以直接采用传统议程设置研究的数据进行二次分析。(上文提到的第一个网络议程设置研究就是使用了另一个传统议程设置研究的问卷调查数据进行二次分析的。)这个方法的局限性在于,仅凭受访者同时提到两个议题,我们只能估计他(她)认为这两者有隐性关联。至于受访者是否认为这两个议题显性关联,即他(她)是否有意识地将两个议题联系在一起,以及他(她)为何认为这两个议题相关,我们通过传统的议程设置问卷调查问题是无从得知的。

如要深入了解公众的认知网络,研究者可以通过各种方式改良传统的问卷调查。在已经发表的网络议程设置研究中,有至少两种方式可以更明确地测量受访者脑海中关于客体或属性的关联性。

第一,研究者借鉴思维导图的方法提出一种称为思维导图问卷调查(mind-mapping survey)的方法(Guo,2015)。在调查过程中,受访者会被要求根据提示填空,并用连线的方式表示填空内容的关联性。如图 11.1 所示,假设研究的客体是新冠肺炎疫情,研究者可以要求受访者首先在五个空格内填入他(她)所能想到的与新冠肺炎疫情有关的问题,然后请受访者将他(她)认为有关系的条目进行连线。

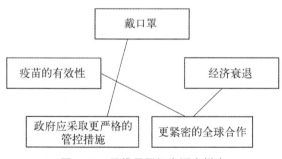

图 11.1　思维导图问卷调查样本

第二,研究者在设计问卷的时候可以先让受访者列出所有与研究问题相关的内容,然后让受访者指出每两个他们所列内容的关联性。这个方法会在下文的具体案例中进一步解释。需要指出的是,如果是网上的问卷调查,这两种方法都需要研究者对问卷进行一定的编程。当然,研究者也可以通过其他方式来了解受访者如何关联所研究的客体或属性,甚至进一步研究在受访者心中事物关联的方向。

在收集受访者关于所研究客体或属性的关联性之后，研究者可以用创建媒体议程网络矩阵同样的方式来创建公众议程网络矩阵。复述一下，矩阵中的每一行或每一列都代表一个客体或属性，矩阵中的每一个格值则代表所对应的两个客体或属性之间的关联强度，即同时提到（或关联）某两个客体或属性的受访者人数。有一点必须强调，为了检验媒体议程网络矩阵和公众议程网络矩阵的相似性，我们要保证这两个网络所包含的客体或属性是完全相同的。换言之，这两个矩阵的维度是相同的。例如，如表11.1所示，媒体议程网络是一个7×7的矩阵，那么公众议程网络也必须由一个7×7的矩阵来代表，并且必须包含相同的属性。这就意味着如果问卷调查的问题是开放式的，研究者必须再一次使用内容分析方法将受访者的答案归类于所考虑的客体或属性。

3. 测量矩阵相关性

最后一步是测量代表媒体议程网络和公众议程网络的两个矩阵的相关性。常用的线性相关分析不能用来比较矩阵。这是因为在矩阵中每一行或每一列中的格值（每条边的强度）之间存在相关性。如表11.1所示，可能因为新闻媒体着重强调疫情对经济的影响，所以导致经济影响这个属性与大多数其他属性的关联强度都相对较高。举例来说，在这个代表媒体议程网络的矩阵中，经济影响和政府行动的关联强度、经济影响和疫苗的关联强度都很高，说明这两个值并不是彼此独立的。而这种数据点之间的相关性违反了线性相关分析的假设条件。

使用网络分析方法的研究者一般会使用二次指派程序（quadratic assignment procedure，简称QAP）来测量矩阵的相关性。这个方法通过一种置换技术来解决前面提到的数据点存在相关性的问题。具体而言，这个方法的第一步是把两个矩阵分别转换为长向量，并且计算这两者之间的相关系数。第二步是对其中的一个矩阵的行或列同时进行随机置换，然后计算置换后的矩阵与另一个未被置换过的矩阵之间的相关系数。第二个步骤需要重复几千次。换言之，我们会得到几千个随机置换后计算出来的相关系数。第三步是计算随机置换后计算出来的所有相关系数大于或等于原始相关系数的比例。如果这个比例小于5%，就表明原来的两个矩阵之间在统计意义上存在相关性。

第十一章 第三层议程设置：网络议程设置模型

二次指派程序也可以用于矩阵回归分析，被称为二次指派回归程序（multiple regression quadratic assignment procedure，简称MRQAP）。研究者可以在时间点一创建多个不同的媒体议程网络作为自变量，在时间点二创建公众议程网络作为因变量，然后用二次指派回归程序来检测与公众议程网络有相关性的媒体议程网络。这种方法在一定程度上可以对网络议程设置效果进行因果推断。

4. 其他分析方法及方向

上文介绍了测试网络议程设置模型的三个基本步骤。除此之外，研究者也可以通过各种方法来进一步探究媒体议程网络和公众议程网络的性质及它们之间的关系。例如，通过网络分析方法，研究者可以获知一个网络的中心性（centrality），即一个客体或一个属性在整个网络中所在中心的程度。测量中心度（中心性的程度）有不同方式，如度中心度（degree centrality）、接近中心度（closeness centrality）、中介中心度（betweenness centrality）等。我们认为，中心度可以作为另外一个衡量客体或属性显著性的指标（Guo et al.，2015）。客体或属性的显著性通常是由它们在媒体报道中或在民意调查中被提到的频率来决定的。与频率不同的是，网络中心度体现的是某个客体或属性与其他事物关联的程度。再以新冠肺炎疫情报道为例，政府行动也许是在媒体报道中最多被提到的一个属性，但这个属性并不一定处于新冠肺炎疫情报道属性网络中最中心的位置。也许新闻记者在报道政府行动时大多只是单独提及这个属性，并没有将之与其他属性关联起来。相反，也许新闻记者总是将新冠肺炎疫情对经济的影响与其他属性相联结，那么经济影响可能才是这个媒体议程网络中最中心的属性。研究者可以继续探讨频率和中心度作为两种衡量显著性的方式。另外，对于节点比较多的媒体议程网络和公众议程网络，研究者还可以借鉴其他网络分析方法，如聚类分析（cluster analysis），来检测一个网络中的子结构。

随着社交媒体的兴起及其在当前社会中重要性的凸显，越来越多研究者将目光转向社交媒体并将社交媒体平台上的言论代表公众议程进行议程设置研究，包括检验网络议程设置模型。在研究传统媒体与社交媒体的议程互动时，研究者可以使用时间序列的方式来识别议程设置效果的因果关系。换言之，是传统媒体设置了社交媒体的议程还是相反？在进行网络议程设置研究时，时间序列的数据点可以用客体或属性的中心度，或者某对客体或属性的关联来表示。例如,上文提到的一个研究(Guo et al.,2019)想要回答的一个问题是,美国媒体对于中美关系的报道能否触发 Twitter 上网友关于中美关系的讨论? 这个问题关注的是中美关系(中国和美国这两个属性之间的关联性)的显著性能否从美国媒体议程转移到 Twitter 的议程上。这种基于时间序列的网络议程设置检验方法,能让我们深入剖析网络中某个节点或某条边在议程设置中扮演的角色。但这种方法并不能像二次指派程序那样检测整个网络的相关性。需要强调的是,因为无法排除所有的共变量,所以无论是二次指派(回归)程序还是时间序列分析,都只是对因果性的一种推测。

三、案例介绍

为了更全面地向读者介绍网络议程设置的研究方法,本章综合两篇文章(Chen et al.,2020;Vargo et al.,2014)进行案例介绍。其中,主要依据的案例为:

> Vargo, C., Guo, L., McCombs, M., & Shaw, D. L. (2014). Network issue agendas on Twitter during the 2012 U.S. presidential election. *Journal of Communication*, 64(2), 296-316.

瓦戈等(Vargo et al.,2014)聚焦 2012 年美国总统大选,探讨美国新闻媒体在社交媒体 Twitter 上如何报道两位总统候选人(民主党候选人奥巴马和共和党候选人罗姆尼)及其传播效果。学界普遍认为,美国除了主流媒体之外,有很多新闻媒体政治倾向明显,分别支持民主党或共和党,美国人相应地也可以被归入这两个阵营的支持者。在 2012 年美国总统大选前夕,美国民众可以被分为奥巴马支持者、罗姆尼支持者、其他政党的支持者或者其他摇摆不定的选民。

不同的新闻媒体对想法不同的公民会产生怎样的网络议程设置影响呢? 有学者将新闻媒体分为"垂直媒体"(vertical media)和"水平媒体"(horizontal media)(Shaw & Weaver,2014)。垂直媒体指代主流的、权威的新闻媒体,如报纸、电视,它们通常自上而下纵向地传递信息以贯穿所有人群。水平媒体通常服务于特定人群。这类媒体不仅包括新闻单位,如党派媒体,也包括其他新闻来源,如记者、博主、社会名人等,他们通过各种平台将信息横向地传递给不同的小众群体。垂直媒体对公众的影响力毋庸置疑,而在一个政治多元、两党针锋相对的社会,水平媒体,尤其是党派媒体的传播效果也是不容忽视的。根据选择性接触理论(selective exposure theory),受众会更倾向于接触与自己已有的想法及态度一致的媒体或内容,而规避与自己的立场相左的信息(Klapper,1960)。在案例研究中,这意味着奥巴马支持者应该更愿意选择使用倾向民主党的媒体,罗姆尼支持者则更可能使用倾向共和党的媒体。之所以选择性接触,是因为当人们接触与其既有观点不同的信息时,心里会产生认知失调(cognitive dissonance),从而形成不悦的感觉(Festinger,1962)。在选择性接触理论的基础上,研究者发现,人们在使用媒体的过程中还有选择性注意、选择性记忆等现象。这意味着受众更可能受到与他们想法一致的媒体议程设置的影响,即选择性议程设置(selective agenda setting)。同理,我们可以推断网络议程设置效果也应该是有选择性的。瓦戈等(Vargo et al.,2014)基于垂直媒体和水平媒体的特征提出了一系列假设。为了介绍网络议程设置的基本研究方法,这里集中讨论两个假设。

假设一: 倾向民主党的新闻媒体所建构的关于奥巴马的属性网络和奥巴马支持者的认知属性网络存在显著关联。

假设二: 倾向共和党的新闻媒体所建构的关于罗姆尼的属性网络和罗姆尼支持者的认知属性网络存在显著关联。

这里假设的关联网络分别以两位候选人为客体,以关于他们的议题(如经济、教育)为属性。

四、研究设计

瓦戈等(Vargo et al.,2014)采集了两方面的数据——新闻媒体报道和公众的想法,并在此基础上创建媒体议程网络和公众议程网络,最后根据假设测试各类媒体议程网络和公众议程网络的相关性。

1. 新闻报道分析

我们先通过调用 Twitter API 接口获取从 2012 年 8 月 1 日至 11 月 28 日(美国总统大选日之后的三周)提到两位候选人的所有推文。我们选择了美国 54 家垂直新闻媒体、65 家民主党媒体和 49 家共和党媒体,并且通过搜索这些新闻媒体的 Twitter 用户名收集它们在 Twitter 上关于奥巴马和罗姆尼的报道。基于文献梳理,最终的内容分析集中于 8 个属性(如经济、外交政策、移民问题等)。由于 Twitter 数据量太大(3 800 万条数据),我们使用关键词搜索的方法来识别每条 Twitter 是否提到这 8 个属性。如果其他研究者处理的并不是大数据(如传统新闻报道),建议使用传播学常用的内容分析方法来进行编码。具体编码方式建议使用二元编码:如果一篇推文(或新闻报道)提到了相关属性,编码者标识 1;如未提及,则标识 0。表 11.2 展示了采用二元编码方式的模拟编码样本,每一列代表一个属性,每一行代表一篇新闻报道。

表 11.2　内容分析二元编码演示

	属性 1	属性 2	属性 3	…	属性 8
报道 1	1	0	0	…	0
报道 2	0	0	1	…	0
报道 3	0	0	0	…	1
报道 4	0	1	0	…	0
报道 5	1	0	0	…	0
报道 N	0	0	0	…	1

需要指出的是,瓦戈等(Vargo et al., 2014)的研究认为,当两个属性同时出现在同一家媒体同一天的推文中,它们之间即存在一个关联。其他一些检验网络议程设置模型的研究,如陈等(Chen et al., 2020),则是将一篇新闻报道作为分析单位,当两个属性出现在同一篇报道中,它们之间即存在一个关联。研究者可以根据自己的研究问题确定分析单位,以及客体或属性关联的定义。另外,这种二元编码方式只能识别两个元素是否同时出现在同一个分析单位中。如果研究者想要剖析新闻记者是否在报道中明确建立了

两个属性之间的关联性,即是否存在显性关联,那么他们需要进行更深入的内容分析。相应地,编码结果需要以其他形式记录,如边列表(edge list)。

2. 公众意见分析

数据收集的第二步是采集反映奥巴马支持者或罗姆尼支持者对两位候选人看法的 Twitter 数据。瓦戈等(Vargo et al.,2014)通过一系列计算方法在 Twitter 上识别出两位候选人的支持者,并筛选出相关数据。同样地,由于 Twitter 庞大的数据量,我们通过使用与新闻报道分析相同的关键词搜索的方法来识别每一条奥巴马支持者或罗姆尼支持者推文中所包含的属性。当同一个 Twitter 用户在同一天提到关于某位候选人的两个议题,那么这两个议题被认为有一个关联。如上文所述,在这个研究中,候选人是客体,关于他们的议题是属性。

如上文所述,研究者也可以通过问卷调查来采集代表公众意见的数据。为了更好地解释这个方法的具体操作过程,这里借鉴另一篇文章(Chen et al.,2020)的研究方法来描述如何通过问卷调查了解美国选民对两位候选人的看法,从而建构公众认知关联网络。

调查问卷需要包括的问题有:受访者的政治倾向(奥巴马支持者、罗姆尼支持者、中立或其他),受访者对奥巴马和罗姆尼的看法。更确切地说,我们希望了解受访者心中与这两位候选人最相关的议题(属性)分别是什么,以及这些议题之间的联系。在问卷中,研究者可以先请受访者列出最多 5 个他们认为关于奥巴马和罗姆尼最重要的议题。例如,关于奥巴马的问题可以是:"请问当你想到奥巴马时,你会想到什么议题(最少填写两项)?"接下来,受访者需要指出他们提到的每两个关于奥巴马或罗姆尼的议题之间的关联性,用 0 至 10 来表示:0=没有关系,10=极其相关。关于奥巴马的问题可以是:"你认为以下你所列出的关于奥巴马的议题就奥巴马的施政纲领而言是否存在联系?请拖动拉杆来表现议题之间关联的强度。"例如,某个受访者可能会回答,他认为与奥巴马最相关的议题是就业、移民和环境问题,继而指出就奥巴马的施政纲领而言就业和移民的关联强度在 10 分中有 8 分,就业和环境的关联强度是 6 分,移民和环境的关联强度是 3 分。我们认为,这种问卷调查是一个比较有效地了解受访者如何关联事物的方法。相比于传统问卷调查,这个方法能够更直观地测量每一个受访者心中对事物的关联性。与思维导图问卷调查方法相比,这个方法就网上问卷调查而言更便于操作。因为每个受访者表述议题的方式不一样,所以研究者需要请编码者将受访者的回答归类于上文提到的 8 个议题。

表 11.3 展示了问卷调查结果的模拟样本。每一行代表一个受访者。属性 1 至属性 5 这 5 列代表受访者填写的关于某个候选人最重要的 5 个属性,每一个属性由代号 1—8 标记(共 8 个属性)。因为 5 个属性两两组合一共产生 10 种组合可能性,所以后 10 列代表受访者认为每一对属性之间的关联强度:0=没有关系,10=极其相关。举例来说,关联 1 代表某个受访者填写的属性 1 与属性 2 的关联强度,关联 2 代表属性 1 与属性 3 的关联强度,以此类推。需要指出的是,不是每个受访者都会填满所有 5 个属性。如表 11.3 所示,受访者 5 只填写了一个属性,说明这个受访者的脑海中没有建立任何属性间的联系。因此,这一行数据便无法用作后面的网络分析。

表 11.3　问卷调查分析结果演示

	属　　性				关　　联				
	属性 1	属性 2	…	属性 5	关联 1	关联 2	关联 3	…	关联 10
受访者 1	2	8	…	6	2	6	7	…	1
受访者 2	4	4	…	5	5	0	6	…	2
受访者 3	7	2	…	NA	7	4	7	…	NA
受访者 4	1	8	…	6	2	2	1	…	9
受访者 5	2	NA	…	NA	NA	NA	NA	…	NA
受访者 N	2	8	…	6	7	3	9	…	6

3. 创建媒体议程网络和公众议程网络

假设一和假设二分别涉及民主党媒体与共和党媒体,我们分别抽出这两类新闻媒体在 Twitter 上的新闻报道,并在此基础上创建两组媒体议程属性网络。相应地,我们也创建了垂直媒体在报道两位候选人时建构的属性网络。瓦戈等(Vargo et al., 2014)分析了 8 个属性(关于奥巴马或罗姆尼的 8 个议题),每个媒体议程属性网络由一个 8×8 的矩阵表示。矩阵中的每一行或列代表一个属性,矩阵中的每一格代表相应两个属性之间的关联性,即它们同时出现在同一家媒体同一天推文中的次数。

与媒体议程属性网络相对应,我们也创建了两个公众议程属性网络,分别代表奥巴马支持者对奥巴马的看法和罗姆尼支持者对罗姆尼的看法。每个公众议程属性网络也是由一个 8×8 的矩阵来表示。如前所述,在瓦戈等(Vargo et al.,2014)的研究中,两个属性之间的关联性是这两个属性同时出现在同一个 Twitter 用户同一天推文中的次数。或者,如果研究者使用上文提到的问卷调查的方法,即每个受访者用 0 至 10 来表明他认为两个属性之间的关联度,那么在每个公众议程属性网络中,两个属性之间的关联度则是将相关受访者回答的关于这两个属性之间的关联度相加得到的总和。

4. 测试网络相关性

瓦戈等(Vargo et al.,2014)使用上文介绍的二次指派程序来检测代表媒体议程属性网络的矩阵和代表公众议程属性网络的矩阵之间的相关性。为了进一步控制垂直媒体对公众舆论的影响,研究者可以借鉴陈等(Chen et al.,2020)的研究,使用二次指派回归程序来建立回归模型。为了检验假设一和假设二,研究者需要建立两个矩阵回归模型。以假设一为例,为了测试民主党媒体对奥巴马支持者产生的独特影响,代表民主党媒体的矩阵及代表其他两种媒体(共和党媒体、垂直媒体)的矩阵都被放入自变量,以控制后两者对因变量矩阵可能产生的影响。二次指派回归程序用到的双重半剔除(double semi-partialling)方法可以解决多个自变量矩阵共线性的问题(Dekker et al.,2007)。

五、数据分析

本节具体介绍如何将新闻内容分析编码和公众意见(调查问卷)编码结果转化为属性网络矩阵,以及如何使用网络分析方法来检验属性网络矩阵之间的相关性。将新闻报道内容分析(如表 11.2 所示)和问卷调查结果(如表 11.3 所示)转化为矩阵需要稍加编程。除此之外的大部分网络分析方法可以通过网络分析软件 UCINET 实现。初学者可以考虑使用 UCINET,因其操作相对比较简单,但缺点是目前的版本只适用于 Windows 操作系统。这里我们介绍如何结合 R 的软件包来进行数据转化和网络分析,并使用简化的模拟数据来演示最基本的网络议程设置分析方法。所有的模拟数据及代码可以在本章最后的 GitHub 链接中找到。在整个分析过程中,我们需要使用以下 R 的软件包。

```
library(readr) #用于读取 csv 数据
library(dplyr) #用于更简便的数据处理
library(tidyverse) #用于更简便的数据处理
library(magrittr) #用于运行管道运算符 %>%
library(gdata) #用于矩阵的数据处理
library(dils) #用于将边列表转换为矩阵
library(asnipe) #用于二次指派回归程序分析
```

1. 数据格式转换

我们需要先将新闻报道和问卷调查内容分析的结果转换成 8×8 的属性网络矩阵格式。新闻报道内容分析因为采取二元编码方式,其格式转换过程相对比较简单。我们先导入某类新闻媒体内容分析的二元编码结果(如表 11.2 所示)。这里以民主党媒体内容分析的模拟数据为例。数据转换的步骤,首先是将原来的数据格式转换为矩阵格式,然后计算该矩阵的转置矩阵,最后通过转置矩阵与原矩阵相乘的方式得到 8×8 的媒体议程属性网络矩阵。为了方便运行之后的二次指派程序,我们对矩阵的数据类型进行修正,并且将所有对角线数据(属性与自己之间的关联)全部设置为 0。我们以同样的方式分别得到民主党媒体、共和党媒体和垂直媒体三个媒体议程属性网络矩阵。

```
media_democ <- read_csv("media_democratic.csv")
# 读取民主党新闻媒体内容分析模拟数据
media_democ <- media_democ %>% select(attribute1a:attribute8)
# 提取 8 个属性(关于奥巴马的议题)的编码内容
media_democ <- media_democ %>% as.matrix # 转换为矩阵格式
media_democ_t <- t(media_democ) # 计算转置矩阵
media_democ_matrix <- media_democ_t %*% media_democ
# 计算 8×8 属性网络矩阵
```

```
media_democ_matrix <- media_democ_matrix %>% as.matrix
# 转换为矩阵格式
diag(media_democ_matrix) <- 0
```

在很多网络议程设置模型分析中,代表公众议程属性网络的问卷调查结果也是以二元编码的形式呈现的,研究者可以使用上述代码将数据转换为同样的 8×8 属性网络矩阵。然而,前文介绍的陈等(Chen et al.,2020)使用的问卷调查方法比较特殊,受访者不仅指出他们认为的属性之间的关联,还进一步说明关联的强度。我们需要通过进一步编程来处理这种数据格式(如表 11.3 所示)。具体而言,我们先读取问卷调查结果,并且分别建立两个变量,一个变量代表每个受访者填写的 5 个属性,另一个变量则代表每个受访者列出的每两个属性之间的关联度。同样以奥巴马支持者问卷调查结果的模拟数据为例,其数据格式与表 11.3 一致,数据可以通过本章最后的 GitHub 链接下载。

```
survey_obama <- read_csv("survey_obama.csv")
# 读取奥巴马支持者问卷调查结果
survey_obama_attributes <- survey_obama %>% select(respid, attribute1:attribute5)
# 创建变量,提取每个奥巴马支持者填写的 5 个属性;respid 为受访者的编号
survey_obama_weight <- survey_obama %>% select(respid, association1:association10)
# 创建变量,提取每个奥巴马支持者列出的属性之间的关联强度
```

然后,我们需要将数据转换成一个边列表。如前文所述,每个受访者填写了 10 个属性关联(边)。假设一共有 500 个受访者,则这个边列表有 5 000(500 * 10)条边。换言之,在这个边列表中有 5 000 行,每一行代表一个边关系(属性关联)。

# 通过 survey_obama_attributes 建立一个边列表
survey_obama_edgelist = data.frame()
for (i in 1: length(dimnames(survey_obama_attributes)[[1]])) {
 v = unlist(survey_obama_attributes[i, 2:6])
 v = t(combn(v, 2))
 survey_obama_edgelist = rbind(survey_obama_edgelist, v)
}
survey_obama_edgelist <- t(apply(survey_obama_edgelist, 1, sort)) %>% as.data.frame()

下面显示建立的边列表前 6 行。V1 和 V2 分别代表两种属性。由于受访者提供的关于奥巴马的议题有可能在归类后属于同一种属性，因此，V1 和 V2 也可能属于同一种属性

head(survey_obama_edgelist)
V1 V2
1   2   4
2   1   2
3   2   4
4   2   6
5   1   4
6   4   4

接下来，我们将属性与属性之间的关联强度附加到边列表中，之后汇总所有属性对（pair of attributes），再重新建立一个边关系列表，只保留独特的属性对。在这个最后形成的边列表中，一共有 36 行：所有独特的属性对 (8 * 7/2) 加上 8 个属性自己与自己的关联。

在原来的边列表 survey_obama_edgelist 中加上一列，即属性之间的关联强度值（weight）

```
survey_obama_edgelist_w = c()
for (i in 1: length(dimnames(survey_obama_weight)[[1]])) {
 w = unlist(survey_obama_weight[i, 2:11])
 w = t(combn(w,1))
 survey_obama_edgelist_w = append(survey_obama_edgelist_w,w)
}
survey_obama_edgelist $ weight <- survey_obama_edgelist_w

survey_obama_edgelist <- aggregate(weight~V1 + V2, data = survey_
obama_edgelist, FUN = sum)
# 整合同属性对之间的关联强度,只保留独特的属性对

# 下面显示更新后的边关系列表前 6 行
head(survey_obama_edgelist)
##      V1  V2  weight
## 1    1   1   358
## 2    1   2   703
## 3    2   2   486
## 4    1   3   798
## 5    2   3   849
## 6    3   3   474
```

最后,我们将建立的边列表转换成 8×8 的公众议程属性网络矩阵。

```
survey_obama_matrix <- AdjacencyFromEdgelist(survey_obama_
edgelist, check.full = TRUE) %>% as.data.frame()
survey_obama_matrix <- survey_obama_matrix[1:8, 1:8]
# 去除最后一列自动生成的 nodelist
# 注意,这里的数据转换只生成了矩阵上半部数据

# 对属性矩阵进行重命名和调整
```

```
colnames(survey_obama_matrix) <- paste0("attribute", seq(1:8), "")
rownames(survey_obama_matrix) <- paste0("attribute", seq(1:8), "")
survey_obama_matrix <- survey_obama_matrix %>% as.matrix
diag(survey_obama_matrix) <- 0
# 去除属性自身之间的强度值,即对角线的数据为0
lowerTriangle(survey_obama_matrix) <- upperTriangle(survey_obama_matrix, byrow = TRUE)
# 因为矩阵是对称的(无方向的),我们可以通过矩阵上半部数据生成下半部数据,从而创建整体矩阵
```

以相同的方式,我们可以建立罗姆尼支持者的属性网络矩阵。

2. 二元指派回归程序

数据分析的最后一步是使用二次指派回归程序来检验媒体议程属性网络矩阵与公众议程属性网络矩阵之间的相关性。我们使用 R 软件包 asnipe 来运行二元指派回归程序。研究者也可以使用 sna 软件包中的 netlm 函数来进行同样的数据分析。以假设一为例,它讨论的是美国民主党媒体的属性网络与奥巴马支持者的认知属性网络之间的关联性。在这个模型中,我们将前面得到的三个媒体议程属性网络矩阵放入自变量,将奥巴马支持者的属性网络矩阵设为因变量。本案例关注的矩阵是非方向性的,因而在模型中必须注明。

```
democfit <- mrqap.dsp(survey_obama_matrix ~ media_democ_matrix + media_rep_matrix + media_neutr_matrix, intercept = TRUE, directed = "undirected", diagonal = FALSE, test.statistic = "t-value", tol = 1e-07, randomisations = 1000)
democfit # 查看结果
MRQAP with Double-Semi-Partialing (DSP)
Formula: survey_obama_matrix ~ media_democ_matrix + media_rep_matrix + media_neutr_matrix
Coefficients:
```

第十一章 第三层议程设置:网络议程设置模型

```
                    Estimate      P(β>=r)    P(β<=r)    P(|β|<=|r|)
intercept           1621.570844   1.000      0.000      0.000
media_democ_matrix  -4.610045     0.029      0.971      0.054
media_rep_matrix    -1.926904     0.208      0.792      0.408
media_neutr_matrix  -3.253575     0.141      0.859      0.295

Residual standard error: 74.51 on 24 degrees of freedom
F-statistic: 2.094 on 3 and 24 degrees of freedom, p-value: 0.1276
Multiple R-squared: 0.2075   Adjusted R-squared: 0.1084
AIC: -94.074
```

在二次指派回归程序结果中,研究需要观察 Estimate,得到每个自变量矩阵回归系数,以及 $P(|\beta|<=|r|)$,即通过随机置换得到的矩阵而计算出来的所有相关系数大于或等于原始相关系数的比例(具体含义见上文)。如果这个比例小于 5%,就表明原来的两个矩阵之间在统计意义上存在相关性。这里使用的是模拟数据,因而结果是随机的。从瓦戈等(Vargo et al., 2014)的研究中真实数据的结果可以看出,民主党媒体议程的属性网络矩阵与奥巴马支持者的属性网络矩阵确实在大多数情况下有统计学上的相关性。同样的结果也适用于共和党媒体对罗姆尼支持者的网络议程设置效果。因此,我们可以接受假设一和假设二。

六、案例小结

瓦戈等(Vargo et al., 2014)探讨了美国舆论环境中政治倾向不同的新闻媒体对持有不同立场的 Twitter 用户有怎样的网络议程设置效果。和我们预计的一样,民主党媒体所建构的关于奥巴马的属性网络与代表奥巴马支持者想法的属性网络是高度一致的,同样的发现也适用于共和党媒体对罗姆尼支持者的影响。这个结果为网络议程设置模型和选择性议程设置的假设提供了证据,即人们很容易受到与自己立场相同的媒体议程设置效果的影响。除此之外,基于进一步的数据分析(详见案例原文),另一个重要的发现是垂直媒体对 Twitter 用户也有显著的网络议程设置效果,特别是对奥巴马支持者而言,垂直媒体对他们的影响甚至大于民主党媒体。这说明即便在一个政治观点多元的社会中,一大部分公众还是主要通过政治倾向中立的主流媒体来形成自己对于外部环境的认知网络。

回到本章的重点——网络议程设置模型。现有研究在充分的实证数据支持下证明,网络议程设置模型不仅适用于西方社会,也可以运用于其他社会语境预测媒体效果。研究者可以使用该理论框架来研究中国新闻媒体与公众舆论之间的关系。例如,有研究者分析了在萨德事件中中国报纸媒体的网络议程设置效果,发现该理论在中国舆论环境中也有显著的解释力(蒋俏蕾、程杨,2018)。与传统的议程设置理论相比,网络议程设置模型展现了新闻媒体对公众更强大的影响力。当我们发现某些新闻媒体有显著的网络议程设置效果时,这意味着这些媒体能将互相联结、错综复杂的社会现实映射到公众的脑海图景中。使用该理论剖析媒体或受众脑海图景中各个事件、人物、想法之间的关联,也能够帮助我们更好地了解议程设置的具体内容及其现实意义。例如,美国新闻媒体如何将个人防护措施与其他议题(如公民自由、政治利益)联系起来?这能否解释为什么在新冠肺炎疫情如此严峻的美国仍然有很多人反对戴口罩?如前文所述,虽然我们提出网络议程设置的主要目标是研究新闻媒体对舆论的影响,但研究者也可以使用同样的理论框架和方法研究其他议程之间的互动。例如,研究者可以探索各种公关活动或者意见领袖在社交媒体上的言论对新闻媒体的网络议程设置效果。该理论及方法也适用于研究各种媒体之间的相互影响,例如传统媒体与新媒体、中央媒体与地方媒体,甚至各个国家新闻媒体之间的网络议程设置。总而言之,网络议程设置模型为研究者更深入地探讨媒体传播效果提供了一种新的、有效的思路。

网络议程设置模型对媒体行业从业者也有很重要的启示。事实上,对于大多数传播活动而言,它们成功与否都取决于能否影响受众理解世界的认知网络。例如,当企业向市场推出一款新的车型时,它们的推广活动经常会将汽车品牌、具体车型和某些价值观(如安全、智慧、环保)联系起来。相关从业者可以使用网络议程设置模型有意识地安排各种元素的联结,并用此测试广告或公关活动对于不同目标群体的宣传效果,用于决定后续的传播策略。其实,探索受众思维导图是广告策划的常用方法之一,而网络议程设置模型为测试广告或其他类似传播活动的效果提供了一个更系统的量化途径。

最后需要指出的是,虽然网络议程设置模型作为第三层议程设置理论在过去十年中有长足发展,但仍有很大的空间可以在各个方面对其进行继续开拓。在理论上,研究者可以继续探讨不同性质的媒体议程网络和公众议程网络(例如基于有不同方向关联的网络),以及它们之间的关系。将网络议程设置理论与其他传播学理论相结合以更好地解释传播效果,也是一个值得考虑的理论创新方向。在方法上,研究者可以尝试其他网络分析模型(如指数随机图模型,exponential random graph models)来预测媒体议程网络对舆论的影响。总而言之,网络议程设置模型为议程设置理论注入了新的生命力,希望更多研究者能够在经典传播学理论的基础上继续进行理论创新,以更好地理解和阐释这个不断变化的媒介环境。

七、参考文献

蒋俏蕾,程杨(2018).第三层次议程设置:萨德事件中媒体与公众的议程网络.国际新闻界.40(9),85-100.

Anderson, J. R. (1983). *The architecture of cognition*. Cambridge, MA: Harvard University Press.

Chen, H.-T., Guo, L., & Su, C. C. (2020). Network agenda setting, partisan selective exposure, and opinion repertoire. *Journal of Communication*, 70(1), 35-59.

Dekker, D., Krackhardt, D., & Snijders, T. A. (2007). Sensitivity of MRQAP tests to collinearity and autocorrelation conditions. *Psychometrika*, 72(4), 563-581.

Festinger, L. (1962). *A theory of cognitive dissonance*. CA: Standford University Press.

Guo, L. (2013). Toward the third level of agenda setting theory: A network agenda setting model. In Johnson, T. (Ed.), *Agenda setting in a 2.0 world: New agendas in communication* (pp.112-133). New York: Routledge.

Guo, L. (2015). Semantic network analysis, mind mapping and visualization. In Guo, L., & McCombs, M. (Eds.), *The power of information networks: New directions for agenda setting* (pp. 19-33). New York: Routledge.

Guo, L., Chen, Y.-N. K., Vu, H., Wang, Q., Aksamit, R., Guzek, D., Jachimowski, M., & McCombs, M. (2015). Coverage of the Iraq War in the United States, Mainland China, and Poland: A transnational network agenda-setting study. *Journalism Studies*, 16(3), 343-362.

Guo, L., Mays, K. K., & Wang, J. (2019). Whose story wins on Twitter? Visualizing the South China Sea dispute. *Journalism Studies*, 20(4), 563-584.

Guo, L., & McCombs, M. (2011, May). Network agenda setting: A third level of media effects. *The ICA Annual Conference*. Boston.

Guo, L., & McCombs, M. (Eds.). (2016). *The power of information networks: New directions for agenda setting*. New York: Routledge.

Kim, Y., Kim, Y., & Zhou, S. (2017). Theoretical and methodological trends of agenda-setting theory. *The Agenda Setting Journal*, 1, 5-22.

Kiousis, S., Kim, J. Y., Ragas, M., Wheat, G., Kochhar, S., Svensson, E., & Miles, M. (2015). Exploring new frontiers of agenda building during the 2012 US presidential election pre-convention period: Examining linkages across three levels. *Journalism Studies*, 16(3), 363-382.

Klapper, J. T. (1960). *The effects of mass communication*. New York: Free Press.

Lippmann, W. (1922). *Public opinion*. Macmillan.

Luo, Y., Burley, H., Moe, A., & Sui, M. (2019). A meta-analysis of news media's public agenda-setting effects, 1972 - 2015. *Journalism & Mass Communication Quarterly*, 96(1), 150-172.

McCombs, M. (2014). *Setting the agenda* (2nd edition).

Cambridge: Polity Press.

McCombs, M., Llamas, J. P., Lopez-Escobar, E., & Rey, F. (1997). Candidate images in Spanish elections: Second-level agenda-setting effects. *Journalism & Mass Communication Quarterly*, 74(4), 703-717.

McCombs, M., & Shaw, D. L. (1972). The agenda-setting function of mass media. *Public Opinion Quarterly*, 36(2), 176-187.

Shaw, D., & Weaver, D. (2014). Media agenda-setting and audience agenda-melding. In McCombs, M. (Ed.), *Setting the agenda: The mass media and public opinion* (pp. 145-150). Cambridge: Polity Press.

Vargo, C., & Guo, L. (2017). Networks, big data, and intermedia agenda setting: An analysis of traditional, partisan, and emerging online U. S. news. *Journalism & Mass Communication Quarterly*, 94(4), 1031-1055.

Vargo, C., Guo, L., McCombs, M., & Shaw, D. L. (2014). Network issue agendas on Twitter during the 2012 U. S. presidential election. *Journal of Communication*, 64(2), 296-316.

Vu, H., Guo, L., & McCombs, M. (2014). Exploring "the world outside and the pictures in our heads": A network agenda-setting study. *Journalism & Mass Communication Quarterly*, 91(4), 669-686.

Wu, H. D., & Guo, L. (2020). Beyond salience transmission: Linking agenda networks between media and voters. *Communication Research*, 47(7), 1010-1033.

八、延伸阅读

[1] Guo, L., & McCombs, M. (Eds.). (2016). *The power of information networks: New directions for agenda setting*. New York: Routledge.

本章作者郭蕾和美国著名传播学家麦库姆斯(议程设置理论创始人之一)合著的这本书,详细介绍了网络议程设置模型的理论框架和研究方法。

作者邀请世界各地的学者将该模型运用于多个领域和各类语境。这些实证研究展示了网络议程设置模型的广泛应用性。

[2] McCombs, M., & Valenzuela, S. (2020). *Setting the agenda: Mass media and public opinion*(3rd editon). Cambridge: Polity Press.

这本书是介绍议程设置理论专著的最新版本,由麦库姆斯和智利知名学者瓦伦苏埃拉合著。在该书之前版本理论综述的基础上,这个版本详细介绍了近年来议程设置理论发展的若干个方向,包括网络议程设置模型。

[3] Schultz, F., Kleinnijenhuis, J., Oegema, D., Utz, S., & Van Atteveldt, W. (2012). Strategic framing in the BP crisis: A semantic network analysis of associative frames. *Public Relations Review*, 38(1), 97-107.

网络议程设置模型中概念联结的想法也被应用于其他传播理论的发展。例如,这篇论文借鉴网络议程设置模型提出了"联想框架"(associative frames)这一概念,并将其用以分析危机传播。

九、数据代码

完整代码见 GitHub 链接:https://github.com/chrischaosu/nas_demo

第十一章 第三层议程设置：网络议程设置模型

十、思维导图

第十二章

沉默的螺旋：多主体模型*

一、理论背景

作为启蒙运动的产物，舆论学的一个根本困扰来自现代公众本身的弱点。普赖斯(Price)在《舆论》(*Public Opinion*)一书中总结了现代公众的五个弱点：作为舆论主体的公众缺乏能力、缺乏资源、易被说服、容易陷入多数人暴政(tyranny of the majority)和精英主导(Price，1992)。其中，"多数人暴政"最早由托克维尔在其名作《论美国的民主》一书中提出，主要针对法国大革命期间雅各宾派以多数人名义行使无限权力这一现象。多数人暴政的另外一个有名的例子来自苏格拉底之死。公元前399年，雅典人以不敬神和败坏青年的思想的名义对苏格拉底进行审判(Linder，2002)。陪审委员会对苏格拉底的判决进行了两轮投票：第一轮投票以280票对220票判处苏格拉底有罪；听了苏格拉底的申辩后，陪审委员会进行第二轮投票以决定是否判处苏格拉底死刑，结果以360票对140票判处死刑。第二轮投票的结果具有明显的群体极化的特点，饮下毒酒的苏格拉底最终死于多数人暴政[①]。因畏惧孤立而服从多数人意见，成为舆论研究中的一个经典问题，也是沉默的螺旋理论的根源(Noelle-Neumann，1974，1984；Price，1992)。

1974年，诺埃勒-纽曼在《传播学刊》(*Journal of Communication*)上发表了题为《舆论是我们的皮肤》的文章，首次提出沉默的螺旋理论(Noelle-Neumann，1974)。她认为，舆论的力量来自社会对被禁止的观点和行为实

---

* 本章作者为王成军。
① 也有人认为苏格拉底避免在审判当中博取同情，可能因此激怒了陪审委员会。

施的严刑峻法,以及个人对于被孤立的恐惧。这一理论由三个命题构成。第一,个人意见的表达是一个社会心理过程:背离社会的个人将会产生孤独感,对孤独的恐惧使得个人不断估计社会接受的观点到底是什么,而估计的结果决定了个人的表达意愿。第二,意见表达和沉默的扩散是一个螺旋式的社会传播过程。当个人的意见与其所属群体或周围环境的观念产生背离时,人们便会因孤独和恐惧感而放弃自己的看法,逐渐变得沉默,最后转变支持方向,使得优势意见更加强大,进一步迫使更多持不同意见者转而沉默,循环往复并形成沉默的螺旋。第三,大众媒介通过营造意见气候来影响和制约舆论。纽曼认为,舆论不是社会公众"理性讨论"的结果,而是意见气候的压力作用于人们恐惧孤立的心理、强制人们对优势意见采取趋同行为这一非合理过程的产物。综上,在沉默的螺旋产生过程中,公众的弱点暴露无遗:既缺乏理性认知能力,又缺乏公共传播资源,容易被劝服,最终因畏惧而屈从多数人暴政和精英统治。

纽曼关于沉默的螺旋的研究来自德国1965年选举迷局。这场选举的竞争主要在基督教民主联盟和基督教社会联盟与社会民主党之间展开。从1964年12月到1965年8月,两党的公众选举意愿势均力敌、相差不大,但预测基督教民主联盟和基督教社会联盟胜出的比例不断攀升。对于选举的预测导致选举最后阶段出现了最后一分钟的动摇:选民在选举接近尾声时开始随大流,基督教民主联盟和基督教社会联盟与社会民主党之间的差距拉大。最终,基督教民主联盟和基督教社会联盟赢得选举。类似的结果在1972年选举中再次出现,不同的是这一次赢得大选的政党是社会民主党。纽曼发现人类具有感知意见气候的能力,她将这种能力称为准统计官能;选举意愿作为一种意见,随时间的波动幅度远小于感知到的意见气候。因此,她主张测量感知意见气候(如"大部分人赞成某件事"),而非意见本身(如"我赞成某件事")。纽曼发现,意见的实际变化情况能在对意见气候的感知中得到可靠的反映。"坐火车测试"进一步显示,有获胜保障者愿意表达,而可能失败者趋于沉默。

媒体意见与参考群体的意见构成个体所能感知到的"双重意见气候"。"参考群体"概念由海曼提出,用以表示与个人具有互动基础的群体(Hyman,1942;Shibutani,1955)。参考群体能够对个人判断产生影响,能够对群体成员给予奖励或施加惩罚(Kelley,1952)。纽曼在《沉默的螺旋》

(*The Spiral of Silence*)一书中详细介绍了"双重意见气候":个人通过两种途径观察多数人的意见,即直接观察现实环境中的意见和通过媒体观察多数人的意见(Noelle-Neumann,1993)。大众媒介传播的意见具有公开性和广泛性的特点,容易被当作多数或优势意见,从而导致对舆论的控制。参考群体在意见的形成与保持上扮演着非常重要的角色。笔者认为,纽曼所说的个人可以直接观察到的现实环境的意见就是参考群体意见。因为从媒体观察到的意见是一种全局意见,所以笔者也将参考群体意见称为局部意见。第一,参考群体建构了人们日常生活中直接接触的局部意见气候。萨蒙等人(Salmon & Kline,1983)认为,个体认识到的社会现实正是参考群体建构的社会现实。第二,基于参考群体的沟通将个人感知与社会影响衔接起来。第三,在个体形成对主流意见的判断过程中,大众媒介与参考群体之间存在着明显的竞争关系。萨蒙等人甚至认为,参考群体意见比多数人意见更重要。克拉莎(Krassa,1988)认为,影响人们乐意去表达的最主要因素是观察到参考群体意见在广为表达。肯纳默(Kennamer,1990)认为,只有当人们的观点不被同龄人群体支持或感到会被同龄人群体反对时,才会产生沉默的螺旋效应。值得注意的是,虽然参考群体的影响不断得到确认,但同时研究参考群体和媒体意见对于个体意见表达影响的研究依然匮乏。在沉默的螺旋研究中引入参考群体因素已经显得越来越重要。

　　沉默的螺旋理论是舆论学研究的经典理论,并且在数字媒体时代焕发出更强的生命力。随着互联网和社交媒体的崛起,越来越多的现象和证据表明,公众可能反对并对抗媒体意见。索恩和盖德纳(Sohn & Geidner,2016)的多主体模型定位于测量社交网络的作用(相当于沉默的螺旋理论中强调的参考群体的影响),大众媒介的影响反而没有得到很好的测量。他们的研究仅仅把握住"双重意见气候"当中的一层。他们在文末也认为这是未来研究中需要考虑的一个重要方面(Sohn & Geidner,2016,p.42)。他们发现,极化意见的传播需要来自中间群体的支持,如果连接极化意见的中间群体规模足够大,就可能出现沉默的螺旋;反之,极化意见难以通过社交网络扩散。数字媒体的发展使得社交机器人越来越普遍。社交机器人是否会导致沉默的螺旋呢?罗斯等(Ross et al.,2019)同样采用多主体模型来分析这一问题。他们发现,社交机器人在传播网络中的活动达到2%—4%时,就有较大的概率引发沉默的螺旋。

虽然纽曼的研究关注舆论演化过程,但此后的研究却往往将其窄化为横截面数据分析,即关注哪些因素影响表达意愿。例如,吉尔哈特和张(Gearhart & Zhang,2018)基于调查数据发现,议题类型对沉默的螺旋具有显著影响。库申等(Kushin et al.,2019)基于在线调查数据分析了2016年美国大选期间的沉默的螺旋现象,发现整个社会对希拉里的意见一致性和Facebook用户对特朗普的意见一致性通过影响个人对孤立的恐惧,间接地影响个人的表达意愿。马特斯等(Matthes et al.,2018)对66个沉默的螺旋研究进行了元分析,发现感知意见气候对政治意见表达有正向影响,并且这一关系不受线上或线下环境的影响,与意见表达对象的数量、对象的意见、意见气候特征,以及研究设计、测量和样本特征等因素无关。值得一提的是,他们发现,当人们与家人、朋友、邻居谈论强制性议题时,沉默效应最强。换言之,对于强制性议题,参考群体加强了沉默的螺旋。这些研究虽然仍以沉默的螺旋为理论框架,但其实质已经相差很远。

近年来,研究者开始逐渐强调时间对于沉默的螺旋研究的重要性,主张沉默的螺旋研究应当观察到螺旋随时间的变化过程。按照这一思路,马特斯使用面板数据构建潜变量增长模型来分析意见气候的变化如何影响意见表达的变化(Matthes,2015)。陈萱庭(Chen,2018)基于面板数据发现,对社会孤立的恐惧对于抑制不同意见的表达具有间接影响,这种间接影响通过以社交媒体上的自我审查意愿为中介实现,并受到意见分歧程度和个人网络的公开性调节:意见分歧程度和公开性越强,沉默的螺旋效应越明显。

二、方法背景

检验沉默的螺旋理论具有多种不同的方法。纽曼最初的沉默的螺旋研究的数据来自问卷调查。本章向大家介绍另外一种主要的分析方法——多主体模型(agent-based modeling,简称ABM)。与许多计算方法不同,研究者在计算社会科学兴起之前就开始使用多主体模型的方法。但在传播学领域,多主体模型的使用仍然较少。多主体模型是一种计算机仿真。应用多主体建模的方法刻画沉默的螺旋,具有明显的优势。多主体模型可以完整地模拟个人层面(如表达意愿)、群体层面(如参考群体)和社会层面(如大众媒介)的各种影响因素及其互动。

需要注意的是,舆论具有两种不同的定义方式。常见的一种方式是,将舆论定义为个人意见的简单相加,其背后的假设是"一人一票"。这种定义与民意调查的操作方式一致,但往往被批评为"方法论个体主义"。民意调查产业的巨大影响力逐渐使人们忽视了舆论的整体论定义。从整体论的视角来看,舆论是所有人意见的整体,个人与群体、个人与个人相互之间不断交换意见、不断互动,随着时间的演化,达到"一加一大于二"的结果。因此,舆论不能简化为个人意见的总和。需要关注作为整体的舆论及其演化过程才能真正把握舆论。这种定义源自美国城市化发展初期,彼时社会变革剧烈,产生了许多需要舆论解决的问题,如集会、罢工、游行、骚乱。芝加哥学派的研究者因而提出舆论是互相传播、互相影响的集体产物(Cooley,1909)。布鲁默进一步指出,争论和反驳是舆论得以形成的途径。稳态的社会通过讨论和争论来适应变化的环境,这种对舆论的理解被称为讨论模型(discursive model)(Price,1992)。显然,整体论的舆论定义更倾向于将社会看作一个复杂自适应系统,舆论是一种涌现的结果。舆论并非一开始就在那里,只有经过复杂的社会互动,舆论才会呈现。显然,这种对于舆论的理解与复杂性科学对社会的定义方式一脉相承。这也是为什么研究者坚持采用多主体模型来对舆论进行建模。

在正式介绍多主体模型之前,有必要回顾社会科学研究中的一个核心问题:宏观结构与微观行动者之间如何互动?"科尔曼之舟"是对这一问题的一种解释框架。詹姆斯·科尔曼在其著作《社会理论的基础》(*Foundations of Social Theory*)一书中开宗明义地指出,微观行动者与宏观结构之间的关系是社会科学的核心问题(Coleman,1990)。然而,现有的定量分析框架往往聚焦于微观个体的数据,忽视了社会系统的功能,造成理论与研究之间的鸿沟不断扩大。科尔曼提出,社会科学依然需要聚焦于社会现象,或者说社会系统的行为,而非个体行为。科尔曼指出,直接使用社会系统的结构解释社会后果是不能令人满意的。他赞同系统层面的现象来自微观行动者之间的互动,但在此之前,微观行动者的认知因素、社会系统因素都会对微观行动者造成影响。基于这种观点,科尔曼提出了著名的"科尔曼之舟"。社会结构对微观行动者的影响被称为"情境机制",即社会情境会对微观行动者的认知形成约束;微观行动者的认知对其行为的影响被称为"行动形成机制";微观行动者的行动对宏观社会后果的影响被称为"转型机制"。多主体模型可以较好地模拟这一过程。

1. 多主体建模

作为计算社会科学的一种研究方法,多主体建模(agent-based modeling and simulation,简称 ABM_s)是 20 世纪兴起的一种建模仿真范式。它以自下而上(bottom-up)的视角来刻画整个系统行为,被认为是研究复杂系统的一个有效途径。多主体建模方法源于冯·诺依曼的元胞自动机理论(Von Neumann & Burks,1966),已在物理学、数学、生物学、军事作战、生态学、经济学、社会学等众多学科领域中得到广泛应用。通过康韦(Conway)的"生命游戏"模型(Gardner,1970)、阿克塞尔罗德的针锋相对模型(Axelrod & Hamilton,1981)、谢林的种族隔离模型(Schelling,1971)等模型的应用,多主体模型较早被引入社会科学研究领域。

就传播学而言,多主体建模得到舆论动力学(Suo & Chen,2008;Weisbuch,Deffuant,& Amblard,2005;Weisbuch,Deffuant,Amblard,& Nadal,2002)、创新扩散(Bullnheimer,Dawid,& Zeller,1998;Rosenkopf & Abrahamson,1999;Strang & Macy,2001)、舆论极化(葛岩、秦裕林、赵汗青,2020;Song & Boomgaarden,2017)、沉默的螺旋(王成军、党明辉、杜骏飞,2019;Sohn & Geidner,2016)等研究领域的大量关注。社会结构呈现的宏观现象往往是由极其细微的因素引起的,多主体建模可以通过设计这些细微条件对社会现象进行探索。因此,多主体建模方法的应用,可以从微观到宏观完全跟踪,捕捉多米诺效应、舆论出现、危机形成的全过程,对我们全面辨析事件的演变过程有很大帮助。

2. 如何实现多主体建模

多主体建模构造出一个网格空间,一定数量的行动者(agent)散布在网格之中,行动者和网格都具有明确的属性。主体是多主体建模中的行动者。对应具体情景,行动者可以代表车辆(交通流模拟)、不同肤色人群(种族隔离模拟)、网站(互联网节点数量增长模拟)等。

行动者相互之间及行动者与环境之间依据简单的规则互动。例如,彼此交流对于舆论事件的观点,了解对方的态度,进而修正自己的表达意愿。当表达意愿低于某一个阈值的时候,个体就陷入沉默。他们在微观上相互依赖、相互适应(Macy & Willer,2002),在宏观上表现出特定模式(Nowak,Szamrej,& Latane,1990)。观察整个网格空间的群体表达行为的变化,就可以分析影响其演化的因素。

　　计算社会科学研究通常使用 NetLogo 来建立多主体模型。该软件是乌里·威伦斯基(Uri Wilensky)教授开发的一款环境模拟软件,被广泛应用于模拟复杂系统随时间的演变,探索个体微观行为与宏观模式之间的联系(Sklar,2007;Wilensky & Rand,2015)。本章研究设计部分将对 Netlogo 软件的使用进行更加详尽的介绍。

　　随着计算科学的发展,运用多主体模型分析数字时代的沉默的螺旋现象得到了更多重视。索恩和盖德纳的多主体模型构建也使用了意见表达的门槛,同时主要控制行动者的意见表达的意愿(或信心)(Sohn & Geidner,2016)。桑和博姆高登(Song & Boomgaarden,2017)将沉默的螺旋模型放在政党选举这样一个具体的情景中进行解释,重点考察媒介的选择性接触的影响(因而考虑了大众媒介的作用),同时控制社交网络的影响,为沉默的螺旋研究提供了一个更加综合的研究框架。

　　就具体操作而言,桑和博姆高登根据选民的态度将行动者区分为共和党支持者、民主党支持者和中立者。研究者测量了每一个行动者个体的总媒介接触和总媒介影响,认为媒介对个体的影响来自根据政治态度进行的选择性媒介接触。可以不失一般性地把共和党选民倾向于接触的媒体称为红色媒体(red media),把民主党选民倾向于接触的媒体称为蓝色媒体(blue media)。更进一步,红色媒体和蓝色媒体是行动者所在的局部环境(网格)的属性。如此,一个网格上的行动者的媒介影响可以定义为蓝色媒体的接触量减去红色媒体的接触量。例如,当行动者的政治态度分别小于 -1 和 0 的时候(共和党选民),强度和中度共和党支持者必然会接触红色媒体,而低度共和党支持者仅仅会随机接触红色媒体。基于以上策略,桑和博姆高登发现,态度极化和(不同政治派别的)选择性媒介接触的相互作用强烈地依赖于行动者的讨论网络与选举情境(Song & Boomgaarden,2017)。

三、案例介绍

本章采用的案例为:

　　　王成军,党明辉,杜骏飞(2019).找回失落的参考群体:对沉默的

第十二章 沉默的螺旋：多主体模型

螺旋理论的边界条件的考察. 新闻大学,4,13-29.

虽然纽曼提出了双重意见气候的想法,但她仅仅将参考群体视为"异常的环境形势或远景"。在随后的一系列研究中,"双重意见气候"的概念也没有很好地被纳入沉默的螺旋模型之中。缺乏对参考群体的分析使沉默的螺旋理论饱受争议(Donsbach & Stevenson, 1984; Glynn & McLeod, 1984; Glynn & Park, 1997; Salmon & Kline, 1983; Salwen, Lin, & Matera, 1994)[①]。经验研究中不一致的研究结果更增强了人们对该理论的批判(Donsbach & Traugott, 2007; Glynn & Park, 1997; Scheufle & Moy, 2000)。

越来越多研究证实参考群体的重要性。人们更倾向于表达与当地的意见气候一致的观点,而不是与全国的意见气候一致的观点(Salwen et al., 1994)。当参考群体意见与全社会主流意见得到同样的凸显的时候,参考群体具有更大的影响力(Oshagan, 1996)。人们更乐于说出从亲戚朋友那里得知的意见,而不是从全社会范围内得知的意见(Moy, Domke, & Stamm, 2001)。个人如果能得到他所在的组织的支持,则更倾向于说出他的观点(Bowen & Blackmon, 2003)。纽沃思和弗雷德里克(Neuwirth & Frederick, 2004)比较了同龄人群体和多数人意见的影响,发现同龄人意见的影响力更大。被低估的参考群体营造的意见气候值得我们重新予以思考。沉默的螺旋理论忽略了参考群体,这可能导致过高地估计媒体影响。当我们找回失落的参考群体之后,沉默的螺旋的出现并非必然。

沉默的螺旋模型经验研究中的缺陷促使研究者对其进行扩展和修补。引进参考群体是理论拓展的一个重要方面。从双重意见气候视角研究舆论的形成和沉默的螺旋效应主要有两条研究路径。一种是采用典型的分析框架,聚焦于测试和检验理论推导中的潜在假设的合理性,包含：感知媒体意

---

① 逻辑上讲,采用传统的研究方法也可以测量参考群体的作用,正如采用问卷调查的方法就可以测量意见气候一样。沉默的螺旋研究在操作化层面提出了一种新的提问方法,除了直接问意见之外,还可以直接问受访者感知到的意见气候。例如,在问卷当中设置问题："我认为,大部分人觉得基督教民主联盟和基督教社会联盟不错。"采用五级或七级量表让受访者选择。那么,实际上也就可以有类似的提问："我认为,我的参考群体觉得基督教民主联盟和基督教社会联盟不错。"当然,需要事先向受访者解释什么是参考群体。

见(Kim, Han, Shanahan, & Berdayes, 2004);假一致,即将自己选择的意见看作恰当的并认为别人的选择与自己的是一致的;多数无知,即个人意识到自己的观念或行为与媒介不一致,但认为其他人都与媒介意见一致(Taylor, 1982);中坚分子,即不论外界持什么见解都坚持己见者(Glynn & McLeod, 1984);跨文化差异(Huang, 2005; Lee, Detenber, Willnat, Aday, & Graf, 2004; McDonald, Glynn, Kim, & Ostman, 2001)。另一种研究路径认为,重要的不是纽曼所说的多数或少数意见,而是人们在乎的群体的主导意见。不管社会层面的意见气候如何,参考群体建构的局部意见气候对人们意见的形成都具有更强烈的影响。

本章案例将参考群体重新引入沉默的螺旋理论研究之中,提出基于双重意见气候的理论框架,以期探究沉默的螺旋效应的边界条件及其演化过程中的特征,在此基础上同以往的研究进行对话。与桑和博姆高登(Song & boomgaarden, 2017)的策略类似,本章案例也将大众媒介的影响看成一种弥漫的传播,并且采用行动者所处的局部空间的属性来定义媒介影响。与他们不同的是,本章案例考虑一个更简单也更一般化的刻画媒介作用的策略:将媒介影响看成从 0 到 5 的一个均匀分布,采用一个随机数来代表媒介接触的强度。同时,设置一小部分无媒介影响的区域(此时的媒介接触为 0)来刻画顽固派和前卫派的媒介环境。另外,还设置一个媒介影响的调节参数 α(一个全局的系数)。通过调整这个 α 参数,可以刻画具有不同媒介信任的社会中的意见演化。

四、研究设计

1. 理论框架

依据双重意见气候观点,本案例试图通过引进参考群体因素拓展经典的沉默的螺旋理论,提出一种综合模型(如图 12.1 所示)。这一模型认为,双重意见气候共同形塑了个体对多数意见的认知。如同舍费尔(Scheufele, 2008)所言,双重意见气候观点勾连了微观、中观和宏观三个层面的分析。第一,作为微观理论,沉默的螺旋考察了人们的表达愿望、畏惧孤立感、准统计官能和个体层面的人口统计学特征。第二,作为中观理论,沉默的螺旋理论强调参考群体的影响力:参考群体的大小、意见气候、群体来源都会影响个人对主流意见的判断,参考群体在信息传达和影响发挥方面拥有更重要的作用。第三,作为宏观理论,沉默的螺旋增加了大众媒介在社会层面的影响。大众媒介的影响力表现在三个方面:共鸣效应,即不同媒体的报道有一种相同的倾向;累积效应,即媒体不断地重复播出同样的报道;遍在效应,即媒体存在于我们社会各处,人们非常容易接触媒体发布的信息。因而,大众媒介成为全社会层面的重要因素,直接影响个体对社会强势意见的认知判断;大众媒介报道的意见成为全社会的意见气候,从这层意义上讲,大众媒介形成了一种社会控制。

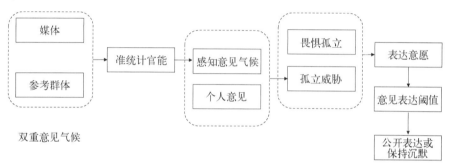

图 12.1　基于双重意见气候的沉默的螺旋

本案例对于沉默的螺旋模型进行拓展的一个最主要方向是找回被忽视的参考群体。从社会网络的角度对参考群体的概念进行拓展:处于舆论环境中的个体在面对大众舆论时,从其所在的社交网络感受到他人的观点和态度,受到这些人的影响,以这些人的态度作为行为的基础,这些位于其社交网络中的人即为其参考群体。这一定义的好处是使得我们可以捕捉社交网络在沉默的螺旋过程中的影响。

模型拓展的另外一个方向是引入意见阈值理论。谢林(Schelling,1971)提出种族动力学理论,将阈值引入居住隔离的研究之中。谢林指出,人们对于社区内与自己肤色不同的人群比例存在一个能够接受的最大限度,如果其居住的社区中与自己肤色不同的人群数量超过一定比例,为了避免成为少数,人们倾向于搬到别的社区。基于谢林的研究,格兰诺维特等(Granovetter & Soong,1983,1986,1988)正式提出门槛模型,认为个体的态度取决于有多大数量的人们具有同样的态度。门槛理论广泛地应用于人际交往对集体行动的影响研究之中,比如居住隔离研究、消费需求研究、创新扩散研究。在沉默的螺旋研究中,意见表达阈值被定义为个体表达意见所需要的公共支持的最低限度(Glynn, Hayes, & Shanahan, 1997; Krassa, 1988),只有超过这个阈值,人们才倾向于表达他们的意见,否则将保持沉默。与格兰诺维特等人的观点一致,意见的表达阈值同样可以采用社会网络的视角进行界定,即当一个个体由沉默变为表达的时候,其社交网络群体选择表达的比例。

沉默的螺旋是一个动态变化的过程,人们基于参考群体和媒体共同建构的双重意见气候作出判断。如图 12.1 所示,虚线内表示处于意见气候中的个体,他们害怕被孤立,通过采纳大众媒介的意见减少孤立感。然而,人们并不是一个个彼此分割的个体,他们可以从参考群体中获得信息,以及支持或反对的意见。人们使用准统计官能感知意见气候,并依据自己的意见阈值作出选择。

大众媒介与参考群体相互渗透,共同作用于人们,使得沉默的螺旋效应表现为一种宏观的理论规律。正如舍费尔所述:"但更重要的(一个方面),将来的研究必须考察整体层面的差异与个体层面预测公开表达行为的变量之间的相互作用。"(Scheufele, 2008)遗憾的是,大多数以往研究的统计模型没有考虑到整体因素与个体因素之间的动态影响过程(Donsbach & Traugott, 2007)。多主体建模方法可以将微观、中观和宏观层面连接起来综合考察,很好地解决这类问题。

参考群体推动个人局部社交网络的主流意见的扩散,但这种局部的社交网络意见可能与大众媒介相同(促进沉默的螺旋),也可能不同(抑制沉默的螺旋)。本案例的核心在于考察这种双重影响作用。如果建立单向的研究假设,不仅不能帮助厘清事实,反而事与愿违,于理论发展无益。为了更清晰地展现以上理论洞见,本案例采用研究问题的方式对以上理论框架进行进一步说明。本案例的研究重点在于揭示双重意见气候是沉默的螺旋效应的前提,对大众媒介和参考群体这两个相互竞争的因素进行比较。

首先,根据沉默的螺旋理论,就社会危机方面而言,媒体意见表明了大多数公众的意见,人们对大众媒介做出的反应证明社会结构对人们的强大影响力,因此,大众媒介能够明显推动沉默的螺旋效应的产生。大众媒介的作用体现了其社会控制功能,对于这一现象已有很多研究,本章不做重点考察。

其次,参考群体的影响是双重的,如果个体的意见与参考群体的意见一致,则会得到参考群体的支持,否则将会被反对(Kelley,1952)。在参考群体的意见与大众媒介的意见相同的情况下,参考群体将增强大众媒介的影响;在参考群体的意见与大众媒介的意见相反的情况下,人们倾向于寻求参考群体的支持。虽然概率较小,但也可能存在个人意见与参考群体的意见不同,而与大众媒介的意见一致的情况。此时,参考群体也会基于社会规范对个人的不一致行为进行惩罚。因此,参考群体可以减弱,甚至完全逆转大众媒介的影响。为了详细分析参考群体的这种双重影响,我们提出两个问题。

RQ1:参考群体如何影响人们的表达意愿和表达行为?

当参考群体对于舆论存在双重意向的时候,意味着参考群体的意见可能不同于大众媒介的意见,二者之间存在竞争关系。当参考群体的影响较大时,大众媒介的作用将会受到抑制,此时,沉默的螺旋不会出现,或者变得不稳定。那么,思考引入参考群体之后的沉默的螺旋的稳定性问题就变得非常有必要。据此,我们提出第二个研究问题。

RQ2:在引入参考群体后,沉默的螺旋效应稳定存在的边界条件是什么?

参考群体的影响受其群体规模的限制。从社会网络分析视角来理解参考群体可以带来更多洞见。参考群体的作用可以看作社会网络的影响,这种影响受到网络规模的限制。"小世界"是分析网络结构的重要视角,它符合绝大多数社会网络结构的特点。在这种网络结构里,网络的直径较小(任何两个人之间的网络距离小),聚类系数较大(任何两个人之间的共同朋友多)。小世界的程度与网络的规模(网络中节点的个数)有关。以社区总人口规模和参考群体规模分别为代表的社会结构约束了社会影响在局部范围与全社会层面的作用效应。根据纽曼1994年提出的观点,人口的总量规模越大,害怕孤立感越强,这个断言对于参考群体同样适用。以此类推,我们可以假设沉默的螺旋效应的强弱依赖于社区总人口规模和参考群体规模。

因此，辨析社区总人口规模和参考群体规模如何影响沉默的螺旋效应就显得很有意义，可以提出以下问题。

RQ3：参考群体规模如何影响沉默的螺旋效应出现？
RQ4：社区总人口规模如何影响沉默的螺旋效应出现？

沉默的螺旋是一个随着时间演化的过程。参考群体的作用通过社交网络进行扩散。群体意见从一个节点扩散到另外一个节点的过程具有明显的时间依赖特征。从时间的维度分析有助于评估沉默的螺旋效应的演化过程，揭示沉默人群的数量如何随着时间演变，为理解舆论动力学带来很多启发（Allport，1937）。基于此，本研究提出最后一个问题。

RQ5：保持沉默的人群如何随着时间的变化而改变？

2. 模型设定

具体而言，在本章案例建立的关于沉默的螺旋的多主体模型中，行动者遵循随着时间 t 变化的行为规则如下：使用 N 代表行动者的总数量，W 代表倾向公开表达的数量，$W_{n,t}$ 代表第 n 个行动者在时间 t 倾向于表达的数量，第 n 个行动者停留在第 n 个网格上，$M_{n,t}$ 代表第 n 个网格在时间 t 受媒体影响的频率，$R_{n,t}$ 代表参考群体在时间 t 对第 n 个行动者形成的意见气候，α 表示 $M_{n,t}$ 的系数，β 表示 $R_{n,t}$ 的系数。基于以上介绍，第 n 个行动者在时间 t 倾向于公开表达意见可以表述为公式（12-1）。

$$W_{n,t} = W_{n,(t-1)} + \alpha M_{n,(t-1)} + \beta R_{n,(t-1)} \tag{12-1}$$

此处需要强调的是，在索恩和盖德纳的模型中（Sohn & Geidner，2016），行动者在每一个时间步（time stamp）都可以随机移动一步，因此，行动者的社会网络是在不断变化的。考虑到社交网络的相对稳定性，本研究不允许行动者做这种随机移动。在初始阶段，让 1 000 个行动者随机散布在整个环境之中，通过设定每个行动者的可见半径数为 3，确定其参考群体的数量边界。随后，我们可以通过改变行动者的可见半径来控制参考群体的数量。为了简洁地模拟双方齐头并进的竞争关系，我们在初始阶段设定有一半行动者倾向于意见表达,另一半倾向于保持沉默(正如1965年德国选举一样,参见前文理论背景部分的介绍)。多主体建模是一种计算机模拟的社会实验,通过控制每个因素的影响,在给定的精确条件下,我们能够方便地测试出大众媒介和参考群体各自的影响。通过重复实验的方式,我们可以对某种行为模式的出现进行统计分析。

3. 测量

尽管多主体建模采用模拟仿真的研究方法,但其目的并不是提供对经验现实的精确陈述,而是为了寻找并理解替代性的解释机制(Axelrod & Hamilton, 1981)。沉默的螺旋受到多种因素的影响,本研究依据分析的三个层面,将目光聚焦于三个概念:表达意愿,参考群体的影响,大众媒介的影响。

第一,参考群体和大众媒介的影响。参考群体的影响和大众媒介的影响在本研究中是以模型参数的形式存在的,见公式(12-1)。我们用 α 代表媒体影响,用 β 代表参考群体影响。另外,我们明确界定对参考群体参与强度的测量和媒介使用频次的测量。

第二,表达意愿与意见阈值。本研究假设每个人的意见阈值为0,这一假设不影响模型的一般适用性。行动者行为变化(由表达变为沉默,或者由沉默变为表达)的实际成本是由初始表达意愿的绝对值决定的。多主体模型可以设置行动者的表达意愿符合正态分布,其均值是0,标准偏差是1。我们定义持有表达意愿取值小于0的行动者为沉默的人群,表达意愿取值大于0的行动者为表达者。在这种情况下,0成为表达意愿的平均值和意见阈值。受到双重意见气候的驱使,表达意愿会随舆论演化而改变。为了避免被孤立,人们观察到意见气候与自己的观点不一致的情况时将保持沉默。表达意愿的测量非常简单,按照公式(12-1),模型会记录每一个时间点行动者如何受到大众媒介与参考群体的一个影响,进而计算随着时间的变化,每一个行动者表达意愿的变化。

第三,沉默的人数。沉默的人数和表达的人数是测量沉默的螺旋的主要指标。为了便于进行分析,模型初始状态下沉默的人数和表达的人数相等。随着模型的演化,按照公式(12-1),每个行动者感受到大众媒介和参考群体的影响,其表达意愿发生变化,当表达意愿到达阈值时就会发生行为变化。多主体模型将会统计每一个时间点沉默的人数和表达的人数。

第四，群体参与强度。每一个行动者处于他的社会网络之中，得到他的参考群体的支持。根据准统计官能的观点，行动者可以准确评估他周围的意见气候（Noelle-Neumann，1974）。行动者有一个用以测量参考群体规模的最大观察范围。在多主体建模中，行动者不像想象中那样观察整个社会环境范围，而是具有一定的观测假设半径。行动者只可以感知局部范围内的双重意见气候，并据此计算群体对行动者 i 的作用强度，即在 i 的参考群体里面有意愿去表达的每一个行动者作用之和。

第五，媒介使用频率。因为媒体的影响无所不在，所以不需要设置专门的行动者代表大众媒介。我们模仿媒体的频次配置网格的属性，每一个网格配置一个随机从 0 到 5 的属性值，代表其接受大众媒介影响的程度，数值越大代表其受大众媒介的影响越大。一个重要的影响来自顽固派和前卫派，他们都可能抵制主流意见气候（Donsbach & Traugott，2007；Noelle-Neumann，1993）。为了把他们包含进来，我们设置一些没有媒介使用的区域（媒介频次属性为 0）。当顽固派和前卫派与参考群体的意见一致时，参考群体将对他们提供一个保护环境；当参考群体被大众媒介操纵，例如参考群体的意见与大众媒介保持一致而与顽固派和前卫派不同时，参考群体将迫使顽固派和前卫派保持沉默。

4．Netlogo 代码

本案例使用 Netlogo 软件编写代码模拟沉默的螺旋。需要指出的是，Netlogo 编程仍然具有一定的学习门槛。建议初学者先安装 Netlogo 软件①，并阅读乌里·威伦斯基（Uri Wilensky）和威廉·兰德（William Rand）所著书籍（*An Introduction to Agent-based Modeling: Modeling Natural, Social, and Engineered Complex Systems with Netlogo*）。此外，初学者还需要了解 Netlogo 的编程手册②，尤其是其中的 NetLogo Dictionary。Netlogo 官方网站还提供 NetLogo 4.0.2 用户手册（简体中文版）③。

安装 Netlogo 软件后，通过 File—Models Library 路径就可以找到内

---

① http://ccl.northwestern.edu/netlogo/.
② http://ccl.northwestern.edu/netlogo/docs/.
③ http://ccl.northwestern.edu/netlogo/4.0.4/docs/NetLogo_manual_chinese.pdf.

置的很多多主题模型。例如，在 Social Science 子目录下，可以找到名为 Segregation 的模型，它模拟了经典的谢林居住隔离模型。打开之后可以看到 Interface、Info、Code 三个界面。Interface 是用户使用界面，在这里可以看到 setup、go once、go 等按钮。Setup 是模型初始化按钮，go once 表示模型仅仅演化一个时间步，go 则是让模型一直演化，除非再次点击停止这一操作。Info 界面是对模型信息的文字介绍。Code 界面展示的是模型的 Netlogo 源码。

接下来，读者可以直接打开脚注中的链接并运行本案例的代码①，也可以在 GitHub 代码仓库②中下载后缀为 .nlogo 的代码到本地，安装 Netlogo 软件后运行。我们需要对案例使用的 Netlogo 代码进行简要介绍。使用 Netlogo 编写代码可以概括为七步：① 定义全局变量；② 定义行动者（Netlogo 称为 turtles）变量；③ 定义方格变量；④ 模型初始化；⑤ 设置模型更新规则；⑥ 迭代运行；⑦ 添加按钮和滑块等元素（见图 12.2）。

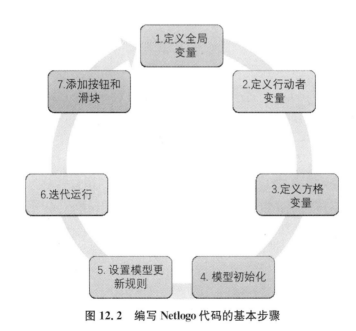

图 12.2　编写 Netlogo 代码的基本步骤

---

① https://socrateslab.github.io/sos/index.html.
② https://github.com/socrateslab/sos.

第一步，定义全局变量。Netlogo使用英文格式的分号";"来表示注释，";"后面的代码或文字不会被执行。通常使用两个或多个分号来强调注释行为。案例中定义的变量包括三种：tutles-own、patches-own、globals。Globals为全局变量，包括silent-people(沉默的人数)、marginal-change(边际变化)，这两个变量主要用于Interface界面的绘图展示。

```
globals
  [silent-people ;; The number of silent people (red colour).
  marginal-change]
```

第二步，定义行动者变量。使用tutles-own作为行动者定义新变量，分别是flockmates(行动者周围的人，即参考群体)、willingness-to-express(行动者的表达意愿，后面会具体定义)。

```
turtles-own
  [flockmates;; agentset of nearby turtles
  willingness-to-express]
```

第三步，定义方格变量。Netlogo默认的社会空间为方格宇宙，每一个行动者位于一个方格当中。因此，一个行动者最多有8个邻居。而这些方格同样可以赋予其属性。使用patches-own作为方格定义新变量，分别是patchmates(毗邻的方格)、media(媒体属性，后面会具体定义)。

```
patches-own
  [patchmates;; patchset of nearby patches
  media]
```

第四步，模型初始化。① 使用clear-all命令清除所有的全局变量、时钟计数、行动者、方格、绘图、输出等。② 使用crt(create-turtles缩写)生成行动者，并将其命名为population。population后面的方括号是对它的具体设定,包括:设置颜色为绿色,通过随机数设置行动者在二维坐标系当中的位置,设置行动者的形状(学生样式,人手一本书),设置大小为1.2。③ 使用ask命令设置方格的属性,包括:设置方格的颜色为0到1.5之间的随机浮点数值,设置媒介影响力为-5到0之间的随机数乘以一个名为media-amplifier的数值。其中,media-amplifier通过Interface界面中的滑块手工设置,读者可以将鼠标移动到Interface界面的media-amplifier滑块,右键点击Edit即可查看并修改其属性。④ 设置行动者的属性,设置表达意愿的取值来自均值为0、标准差为1的正态分布。

```
to setup
  clear-all

  crt population
  [set color green
    setxy random-xcor random-ycor
    set shape "person student"
    set size 1.2
  ]

  ask patches ;; setup patches
  [ set pcolor random-float 1.5
    set media (random -5) * media-amplifier
  ]

  ask turtles ;; setup-turtles
  [set willingness-to-express random-normal 0 1
  ]
end
```

第五步,定义模型更新的规则。在这里,我们需要更新行动者的变量。在正式迭代运行之前,我们还需要定义如何更新模型当中的变量,尤其是行动者本身的变量。① 每一个行动者的视野范围不一样,我们需要找到行动者周围的参考群体,设置参考群体 flockmates 为行动者视野内的人。注意,此处的 vision 也是通过 Interface 界面的滑块人工定义的,不需要像 flockmates 那样提前通过 turtles-own 声明。② 接下来,根据公式(12-1)来更新行动者的表达意愿。当然,前提条件是行动者本身有参考群体。大众媒介的影响(mass-media)定义为行动者所在方格周围的媒介影响的总和;参考群体的影响(reference-group)定义为所有参考群体成员表达意愿的总和;对双重意见气候进行加权计算边际变化(marginal change);行动者本身更新后的表达意愿为原来的表达意愿加上边际变化。注意,因为媒介影响为负值,所以边际变化可能为负值。最后,更新行动者的颜色。如果表达意愿大于等于 0,设置行动者颜色为绿色,否则颜色为红色且形状改为 person(注意,这种形状的人物手里没有书本了)。

```
to find-flockmates ;; turtle procedure
    set flockmates other turtles in-radius vision
end

to surveillance ;; turtle procedure
    find-flockmates
    if any? flockmates
        [let mass-media sum [media] of patch-set [neighbors4] of patch-here
        let reference-group sum [willingness-to-express] of flockmates
        set marginal-change alpha-media * mass-media + beta-reference-group * reference-group
        set willingness-to-express willingness-to-express + marginal-change]
end

to recolor ;; turtle procedure
```

```
ifelse willingness-to-express >= 0
  [ set color green ] ;; if >= 0, talk
  [ ( set color red ) ( set shape "person" ) ] ;; else, falling silent
end
```

除此之外,还需要设置更新绘图。在 Interface 界面绘制两张随时间步更新的图。第一张图名为"Spiral of Silence",包括两条线:一条是红色的沉默者人数,一条是绿色的发言者人数。第二张图名为"Marginal Change"。

```
to do-plots
set-current-plot "Spiral of Silence"
set-current-plot-pen "silent people"
plot count turtles with [color = red]
set-current-plot-pen "talking people"
plot count turtles with [color = green]

set-current-plot "Marginal Change"
set-current-plot-pen "marginal-change"
plot marginal-change * 10000
end
```

第六步,迭代运行。① 让行动者监视周围的双重意见气候,并且使用 reset-ticks 让模型时钟归零;② 使用 show 命令在 Interface 界面的命令中心窗口打印出表达意愿大于 0 的行动者数量;③ 设置沉默者人数 silent-people 为表达意愿小于 0 的人的数量;④ 更新每一个时间步的行动者颜色;⑤ 设置模型停止运行的条件,即当所有人都沉默或都发言时停止运行;⑥ 在每一个时间步绘图。

```
to go
  ask turtles [ surveillance ]
  reset-ticks
  show count turtles with [willingness-to-express >= 0]
  set silent-people count turtles with [willingness-to-express < 0]
  ask turtles [ recolor ]
  ask turtles [stop]
   if (silent-people = population)
     [ stop ]
   if (silent-people = 0)
     [ stop ]
  do-plots
end
```

第七步,在 Interface 界面添加按钮和滑块等元素。在 Interface 界面上方有一个名为"添加"的按钮,可以选择添加的元素类型包括:按钮、滑块、开关、选择器、输入框、监视器、图、输出区、注释。

五、数据分析

数据收集策略类似实验研究方法。基于不同的参数将计算机仿真实验分为实验组和对照组,然后让两组模型运行足够多的次数,并且记录下发言者和沉默者人数随时间的变化数据。接下来,需要对通过多主体模型仿真得到的数据进行分析。数据分析主要使用 R 语言进行,因为内容较为简单,不再赘述。完整的数据和代码(包括多主体模型代码)见文末 GitHub 链接。

1. 大众媒介的影响

为了说明大众媒介的影响,我们指定初始模型如下:人口数量=1 000,可见半径 radius=3,$\beta=0$,$\alpha=0.02$。我们将此实验运行 100 次,结果显示,仅仅通过大众媒介,沉默的行动者数量呈现出无阻碍的线性增长模式($\beta=0.997$, $R^2=0.993$, $p<0.001$)。大众媒介的效应是非常明显和稳定的：使得越来越多的人保持沉默,依赖大众媒介形成的公众舆论可以被看作一种社会控制(Noelle-Neumann,1993;Scheufle & Moy,2000)。

2. 参考群体的影响

RQ1 涉及参考群体的影响,在人口数量＝1 000,radius＝3,$\beta=0.02$,$\alpha=0$ 的条件下,我们通过 100 次实验,发现结果是混杂和不稳定的。在没有大众媒介参与的全社会层面的影响条件下,沉默的螺旋(48%)和公开表达的螺旋(52%)都可能出现。

更进一步,结果还表明,距离比较近的行动者之间容易形成聚集,几轮互动之后,沉默的群体和公开表达的群体分开到不同的聚类之中,双方在边界处展开争夺,强的一边占据主导意见并孤立弱的一方。不同颜色的行动者表现为不同的颜色;根据沉默(灰色)与表达(白色),社会群体可以划分为两个大的社群。在没有大众媒介影响的环境下,竞争意见的汇集取决于行动者的地理位置分布,就如同下围棋一样,将行动者放在对的位置非常重要。因此,仅仅依赖参考群体的舆论动力学演化对于社会网络结构具有路径依赖。

3. 沉默的螺旋的边界条件

沉默的螺旋的边界条件是本研究的重点。参考群体和大众媒介共同影响舆论过程。我们定义媒介的影响因子是 α,参考群体的影响因子是 β,因此,α/β 的比值代表大众媒介比参考群体的相对强度,形成了一个辨别沉默的螺旋的边界条件的很好的方法。在这种逻辑下,当 $\alpha/\beta<0.1$ 时,我们定义参考群体为强参考群体;当 $\alpha/\beta>10$ 时,我们定义大众媒介为强大众媒介。与 RQ1 保持一致,我们定义 radius＝3,N＝1 000,α/β 等于 0.1 和 10,将每个模型运行 100 次去比较其不同。

在强大众媒介情况下,我们设置 $\alpha/\beta=10$,radius＝3,N＝1 000 建立模型,群体行为引发的沉默的螺旋效应呈现出稳定的状态;在强参考群体状态下($\alpha/\beta=0.1$),沉默的螺旋效应呈现出不稳定的状态,结果与只有参考群体时相似,沉默的螺旋效应(62%)和公开表达的螺旋效应(38%)同时出现。

更进一步,在强大众媒介环境下,参考群体如何影响沉默的螺旋？我们设计了两个实验,控制组实验设置 $\alpha=0.002$,$\beta=0.000\ 1$,实验组实验设置

$\alpha=0.002$，$\beta=0.0005$。结果表明，控制组需要52.8步能达到汇聚稳定状态，实验组需要43.55步能达到汇聚稳定状态。对比强大众媒介环境下的参考群体强弱可以发现，在强大众媒介环境下，处于强势参考群体下的人们比处于弱势参考群体下的人们更容易成为沉默的大多数[$t(37.4)=10.7$，$p<0.001$]。换言之，当参考群体意见被大众媒介操纵的时候，参考群体将增强大众媒介的影响力。

综上所述，沉默的螺旋发生效应的边界条件取决于大众媒介与参考群体之间的强度对比，在参考群体起决定性作用的情况下，没有出现稳定的沉默的螺旋效应。相反，如果媒介影响比参考群体影响更大，参考群体将起到增强媒介影响所形成效应的影响。

4. 参考群体的规模

RQ3关注参考群体的规模。为了回答RQ3，我们设置$\alpha=0.002$，$N=1000$，$\beta=0.0001$，调整的可见半径分别为2、4、6。当可见范围为2时，行动者只接受他周围两步范围内行动者的意见影响。可见范围越大，参考群体的规模越大，行动者可以从周围得到的信息越多。三组平均汇聚时间分别是200、150、110。参考群体越大，群体达成一致的速度越快。使用one-way ANOVA方法分析三种规模的参考群体的差异性，发现汇聚时间与三种规模之间具有显著差异[$F(1,298)=2524.5$，$p<0.001$]。

5. 人群规模

RQ4关注社区总人口规模的影响。我们分别设置行动者的规模为1000、1500、2000，每种情况下运行实验程序100次。实验结果表明，三种规模的平均汇聚时间分别为200、180和170。通过one-way ANOVA测试三种规模人口的不同，结果发现，汇聚时间与三种规模之间具有显著差异[$F(1,298)=774.67$，$p<0.001$]。社区总人口规模越大，人群越快陷入沉默。

6. 舆论动态随时间的演变

为了回答RQ5，我们探索在相同的模拟人口数量下，陷入沉默的螺旋的人口数量如何随着时间的推移而变化。结果表明，单位时间内陷入沉默的螺旋的人口数量负相关于时间变量[$r(7970)=-0.746$，$p<0.001$]。舆论意见开始阶段，单位时间内陷入沉默的人口数量较大；随着时间的推移，单位时间内陷入沉默的人口数量将越来越少。

六、案例小结

互联网改变了人类传播环境,各种社交媒体进一步增强了参考群体的影响,弱化了大众媒介的影响。在此时代背景下,分析参考群体对于沉默的螺旋的意义,具有重要的理论意义和实际应用价值。在很多社交网络中,我们观察到反沉默的螺旋现象。如何理解社交网络时代沉默的螺旋理论的适用性,本章提供了一个适用的理论框架和分析方法。

本章案例将沉默的螺旋效应视为一种在时间序列中个体在双重意见气候共同影响下产生的群体行为模式。本研究的主要发现聚焦于参考群体的功能。个体在局部范围内受到参考群体的影响,可能增强媒介促成的沉默的螺旋效应,也可能抵消,甚至反转沉默的螺旋效应。媒介影响力与参考群体影响力的相对强度,不仅是沉默的螺旋效应是否发生的边界条件,也决定了参考群体是增强沉默的螺旋效应还是减弱沉默的螺旋效应。

研究结果与参考群体的基本功能相一致:倾向于惩罚与参考群体意见不一致的个体,增强与参考群体意见一致的个体的行为(Kelley,1952)。因此,沉默的螺旋发生在个体失去参考群体的支持的情况下(此时,参考群体的意见被大众媒介操控),否则(尤其在大众媒介的影响力小于参考群体影响力的情况下)将不一定发生沉默的螺旋效应。这个研究发现证明使用双重意见气候作为分析框架的重要性。事实上,尽管纽曼声称双重意见气候只产生于非常特殊的情况下,她仍然承认双重意见气候是一个非常具有研究吸引力的领域,尤其当人群的意见与主流媒体的意见不同的时候,这种双重意见气候可能扮演反对沉默的螺旋效应的角色。

本章案例还分析了沉默的螺旋效应存在的边界条件。参考群体的影响相对于大众媒介的影响较小时,参考群体中的意见气候将逐渐被大众媒介操控。此时,作为媒介的代理人,参考群体将进一步延展媒介的影响,迫使个体陷入沉默的螺旋。当参考群体意见与媒体意见一致而与个体意见不同时,参考群体越强大,沉默的螺旋效应越早出现;参考群体数量越大,整体人口数量越大,沉默的螺旋效应越早出现。例如,克拉莎(Krassa,1988)声称,社区越具有社会化整体性(强的参考群体),越不用担心沉默的螺旋效应出现(多数人的暴政),因为在一个联系密切的社会或社区,人们越对别人的行为或者观点敏感,越容易被动员。依据本研究的结果,当参考群体意见与大众媒介意见不同且媒介作用相对较弱时,克拉莎的观点成立;当媒介作用相对较强时,社会整合程度越高,社会系统越容易陷入沉默。研究结果丰富了我们对参考群体在沉默的螺旋效应中扮演的角色的理解。

与之类似,萨尔温等(Salmon & Oshagan,1990)假定大社区里人们的意见更加多元。因此,大社区里的人将难以判断什么是多数意见,也使得大众媒介更难让公众达成统一意见。根据本案例的研究结果,当参考群体相对较强时,这一论断显然是正确的;然而,当参考群体相对较弱时,社区人口越多,越容易出现沉默的螺旋效应。这符合纽曼声称的害怕被孤立会随着社区总人口规模的增加而增加的判断。因此,辨析沉默的螺旋的边界条件非常必要。

王成军等(2019)通过引入参考群体,勾连了沉默的螺旋理论的微观、中观和宏观三个层面的相互作用。第一,延展了沉默的螺旋模型,有助于理解在特定社会环境下参考群体扮演的增强媒介影响效应的角色,有助于解释其他公共意见模式。例如,布罗修斯和凯普林格(Brosius & Kepplinger,1990)研究的借助媒体获取信息时的议程设置效应,魏茨曼等(Weimann & Brosius,1994)提出的议程设置两步过程理论。第二,是否在边界条件以内决定沉默的螺旋理论能否发生效应,本研究提供了一种分析这种边界条件的可选方案,并且得出两个结论:① 当参考群体的意见不同于媒介的意见时,参考群体可能抵消、停止,甚至反转沉默的螺旋效应出现的趋势①;② 当参考群体的意见与大众媒介的意见相同或者被大众媒介操控时,参考群体将加强沉默的螺旋效应。第三,在关注参考群体的功能属性这条研究线索方面(Chen & West,2008),个人主义或者集体主义价值观都与参考群体的特征密切相关。本研究聚焦于沉默的螺旋理论的动力特征,研究认为:沉默的螺旋理论的有效性依赖于参考群体和整体社区总人口规模;沉默的螺旋效应的增长率随着时间的流转而递减。

除此之外,相对于在具体的社会环境中寻求沉默的螺旋效应,本章案例

---

① 此处需要注意,虽然参考群体可以抵消大众媒介的意见,但未必可以逆转大众媒介的意见。这依然取决于二者之间的强弱关系对比、网络的结构特点等因素。其中,网络结构决定了影响力蔓延的顺序和方向。虽然一方的总体实力较差,但采用合理的"排兵布阵",可以起到类似田忌赛马的作用。

的贡献在于设计了一个整体的规范模型,并将其用于分析沉默的螺旋理论发生作用的潜在机制。本研究也有一定的局限性。例如,我们使用规则化的网格作为测试沉默的螺旋的仿真环境,而现实社会网络可能是小世界网络(Watts & Strogatz,1998)或者无标度网络(Barabási & Albert,1999)。因此,有必要使用无标度网络或者小世界网络做更精细的分析。另外,数字媒体依然处于不断演化的过程中,智能媒体作为一种新型的媒介形式已经出现,基于算法的智能推荐已经改变人类接收信息的方式,社交媒体中的机器人账号越来越多并开始逐步影响人们的现实生活。这些不断涌现的新现象往往涉及复杂的社会互动过程,应该采用多主体模型对其进行探索。

人类比我们想象的更加依赖常识。即使是经过学术训练的研究者,也会倾向于用讲故事的方式来解释社会现实,而疏于思考具体的社会机制、约束条件、适用性边界等问题。多主体仿真可以帮助我们更加清晰地认识到这些问题,并且帮助我们更加缜密地思考。研究者之所以偏爱多主体模型,恰恰是因为从现实环境中获取数据并不容易,而多主体模型可以检验形式模型的演化结果,提出替代性的解释。

然而,无论采用什么样的仿真环境,仿真依然是仿真,并不是实证数据,不能完全满足实证研究的需求。恰如博克斯(Box,1976)所言,究其本质,所有的模型都是错的,但是一些模型是有用的。未来的研究应当提倡多主题模型与其他研究方法进一步融合。不仅仅是使用更加多元的方法,而且尝试基于实证数据建立更加契合社会现实的模型设定。例如,基于现实数据设置模型参数,通过现实数据检验仿真结果,甚至同步开展在真实世界的实验和多主体模型的仿真。

七、参考文献

葛岩,秦裕林,赵汗青(2020).社交媒体必然带来舆论极化吗:莫尔国的故事.国际新闻界,42(2),67-99.

王成军,党明辉,杜骏飞(2019).找回失落的参考群体:对沉默的螺旋理论的边界条件的考察.新闻大学,4,13-29.

Allport,F. H. (1937). Toward a science of public opinion. *Public Opinion Quarterly*,1(1),7-23.

Axelrod, R., & Hamilton, W. D. (1981). The evolution of cooperation. *Science*, 211(4489), 1390-1396.

Barabási, A., & Albert, R. (1999). Emergence of scaling in random networks. *Science*, 286(5439), 509-512.

Bowen, F., & Blackmon, K. (2003). Spirals of silence: The dynamic effects of diversity on organizational voice. *Journal of Management Studies*, 40(6), 1393-1417.

Box, G. E. P. (1976). Science and statistics. *Journal of the American Statistical Association*, 71(356), 791-799.

Brosius, H. B., & Kepplinger, H. M. (1990). The agenda-setting function of television news: Static and dynamic views. *Communication Research*, 17(2), 183-211.

Bullnheimer, B., Dawid, H., & Zeller, R. (1998). Learning from own and foreign experience: Technological adaptation by imitating firms. *Computational & Mathematical Organization Theory*, 4(3), 267-282.

Chen, F. F., & West, S. G. (2008). Measuring individualism and collectivism: The importance of considering differential components, reference groups, and measurement invariance. *Journal of Research in Personality*, 42(2), 259-294.

Chen, H.-T. (2018). Spiral of silence on social media and the moderating role of disagreement and publicness in the network: Analyzing expressive and withdrawal behaviors. *New Media & Society*, 20(10), 3917-3936.

Coleman, J. S. (1990). *Foundations of social theory*. Cambridge, MA: The Belknap Press of Harvard University Press.

Cooley, C. H. (1909). *Social organization: A study of the larger mind*. New York: Charles Scribner.

Donsbach, W., & Stevenson, R. L. (1984). Challenges, problems and empirical evidence of the theory of the spiral of silence. *Annual Conference of the International Communication Association*.

Donsbach, W., & Traugott, M. W. (2007). *The SAGE handbook of public opinion research*. London: Sage Publications Ltd.

Gardner, M. (1970). Mathematical games: The fantastic combinations of John Conway's new solitaire game "life". *Scientific American*, 223(4), 120-123.

Gearhart, S., & Zhang, W. (2018). Same spiral, different day? Testing the spiral of silence across issue types. *Communication Research*, 45(1), 34-54.

Glynn, C. J., Hayes, A. F., & Shanahan, J. (1997). Perceived support for one's opinions and willingness to speak out: A meta-analysis of survey studies on the "spiral of silence". *Public Opinion Quarterly*, 61(3), 452-463.

Glynn, C. J., & McLeod, J. M. (1984). Public opinion du jour: An examination of the spiral of silence. *Public Opinion Quarterly*, 48(4), 731-740.

Glynn, C. J., & Park, E. (1997). Reference groups, opinion intensity, and public opinion expression. *International Journal of Public Opinion Research*, 9(3), 213-232.

Granovetter, M., & Soong, R. (1983). Threshold models of diffusion and collective behavior. *The Journal of Mathematical Sociology*, 9(3), 165-179.

Granovetter, M., & Soong, R. (1986). Threshold models of interpersonal effects in consumer demand. *Journal of Economic Behavior and Organization*, 7(1), 83-99.

Granovetter, M., & Soong, R. (1988). Threshold models of diversity: Chinese restaurants, residential segregation, and the spiral of silence. *Sociological Methodology*, 18(6), 69-104.

Huang, H. (2005). A cross-cultural test of the spiral of silence. *International Journal of Public Opinion Research*, 17(3), 324-345.

Hyman, H. (1942). The psychology of subjective status. *Psychological Bulletin*, 39, 473-474.

Kelley, H. (1952). Two functions of reference groups. In Swanson, G., Newcomb, T., & Hartley, E. (Eds.), *Society for the psychological study of social issues: Readings in social psychology* (pp. 410-414). New York: Holt.

Kennamer, J. D. (1990). Self-serving biases in perceiving the opinions of others: Implications for the spiral of silence. *Communication Research*, 17(3), 393-404.

Kim, S. H., Han, M., Shanahan, J., & Berdayes, V. (2004). Talking on "Sunshine in North Korea": A test of the spiral of silence as a theory of powerful mass media. *International Journal of Public Opinion Research*, 16(1), 39-62.

Krassa, M. A. (1988). Social groups, selective perception, and behavioral contagion in public opinion. *Social Networks*, 10(2), 109-136.

Kushin, M. J., Yamamoto, M., & Dalisay, F. (2019). Societal majority, Facebook, and the spiral of silence in the 2016 US presidential election. *Social Media + Society*, 5(2).

Lee, W., Detenber, B., Willnat, L., Aday, S., & Graf, J. (2004). A cross-cultural test of the spiral of silence theory in Singapore and the United States. *Asian Journal of Communication*, 14(2), 205-226.

Linder, D. (2002). The trial of socrates. Retrieved from http://law2.umkc.edu/faculty/projects/ftrials/socrates/socratesaccount.html

Macy, M. W., & Willer, R. (2002). From factors to actors: Computational sociology and agent-based modeling. *Annual Review of Sociology*, 28(1), 143-166.

Matthes, J. (2015). Observing the "spiral" in the spiral of silence. *International Journal of Public Opinion Research*, 27(2), 155-176.

Matthes, J., Knoll, J., & von Sikorski, C. (2018). The "spiral of silence" revisited: A meta-analysis on the relationship between perceptions of opinion support and political opinion expression. *Communication Research*, 45(1), 3-33.

McDonald, D. G., Glynn, C. J., Kim, S. H., & Ostman, R. E. (2001). The spiral of silence in the 1948 presidential election. *Communication Research*, 28(2), 139-155.

Moy, P., Domke, D., & Stamm, K. (2001). The spiral of silence and public opinion on affirmative action. *Journalism and Mass Communication Quarterly*, 78(1), 7-25.

Neuwirth, K., & Frederick, E. (2004). Peer and social influence on opinion expression: Combining the theories of planned behavior and the spiral of silence. *Communication Research*, 31(6), 669-703.

Noelle-Neumann, E. (1974). The spiral of silence: A theory of public opinion. *Journal of Communication*, 24(2), 43-51.

Noelle-Neumann, E. (1984). *The spiral of silence: Public opinion — our social skin*. Chicago: University of Chicago Press.

Noelle-Neumann, E. (1993). *The spiral of silence: Public opinion — our social skin* (2nd ed.). Chicago: University of Chicago Press.

Nowak, A., Szamrej, J., & Latane, B. (1990). From private attitude to public opinion: A dynamic theory of social impact. *Psychological Review*, 97(3), 362-376.

Oshagan, H. (1996). Reference group influence on opinion expression. *International Journal of Public Opinion Research*, 8(4), 335-354.

Price, V. (1992). *Public Opinion*. London: Sage Publications.

Rosenkopf, L., & Abrahamson, E. (1999). Modeling reputational and informational influences in threshold models of bandwagon innovation diffusion. *Computational & Mathematical Organization Theory*, 5(4), 361-384.

Ross, B., Pilz, L., Cabrera, B., Brachten, F., Neubaum, G., & Stieglitz, S. (2019). Are social bots a real threat? An agent-based model of the spiral of silence to analyse the impact of manipulative actors in social networks. *European Journal of Information Systems*, 28(4), 394-412.

Salmon, C. T., & Kline, F. G. (1983). The spiral of silence ten years later: An examination and evaluation. *Annual Meeting of the International Communication Association*. Dallas, USA.

Salmon, C. T., & Oshagan, H. (1990). Community size, perceptions of majority opinion, and opinion expression. *Public Relations Research Annual*, 2(1-4), 157-171.

Salwen, M. B., Lin, C., & Matera, F. R. (1994). Willingness to discuss "official English": A test of three communities. *Journalism Quarterly*, 71(2), 282-290.

Schelling, T. C. (1971). Dynamic models of segregation. *The Journal of Mathematical Sociology*, 1(2), 143-186.

Scheufele, D. (2008). Spiral of silence theory. In Donsbach, W., & Traugott, M. W. (Eds.), *The SAGE handbook of public opinion research* (pp.175-183). London: SAGE Publications Ltd.

Scheufle, D. A., & Moy, P. (2000). Twenty-five years of the spiral of silence: A conceptual review and empirical outlook. *International Journal of Public Opinion Research*, 12(1), 3-28.

Shibutani, T. (1955). Reference groups as perspectives. *American Journal of Sociology*, 60(6), 562-569.

Sklar, E. (2007). NetLogo, a multi-agent simulation environment. *Artificial Life*, 13(3), 303-311.

Sohn, D., & Geidner, N. (2016). Collective dynamics of the spiral of silence: The role of ego-network size. *International Journal of Public Opinion Research*, 28(1), 25-45.

Song, H., & Boomgaarden, H. G. (2017). Dynamic spirals put to test: An agent-based model of reinforcing spirals between selective exposure, interpersonal networks, and attitude polarization. *Journal of Communication*, 67(2), 256-281.

Strang, D., & Macy, M. W. (2001). In search of excellence: Fads, success stories, and adaptive emulation. *American Journal of Sociology*, 107(1), 147-182.

Suo, S., & Chen, Y. (2008). The dynamics of public opinion in complex networks. *Journal of Artificial Societies and Social Simulation*, 11(4).

Taylor, D. G. (1982). Pluralistic ignorance and the spiral of silence: A formal analysis. *Public Opinion Quarterly*, 46(3), 311-335.

Von Neumann, J., & Burks, A. W. (1966). *Theory of self-reproducing automata*. Urbana and London: University of Illinois Press.

Watts, D. J., & Strogatz, S. H. (1998). Collective dynamics of "small-world" networks. *Nature*, 393(6684), 440-442.

Weimann, G., & Brosius, H. B. (1994). Is there a two-step flow of agenda-setting? *International Journal of Public Opinion Research*, 6(4), 323-341.

Weisbuch, G., Deffuant, G., & Amblard, F. (2005). Persuasion dynamics. *Physica A: Statistical Mechanics and its Applications*, 353, 555-575.

Weisbuch, G., Deffuant, G., Amblard, F., & Nadal, J. P. (2002). Meet, discuss, and segregate!. *Complexity*, 7(3), 55-63.

Wilensky, U., & Rand, W. (2015). *An introduction to agent-based modeling: Modeling natural, social, and engineered complex systems with NetLogo*. Cambridge, MA: The MIT Press.

八、延伸阅读

[1] http://ccl.northwestern.edu/netlogo/

Netlogo 是最常用的多主体模型建模软件。这是 Netlogo 的官方网站，提供 Netlogo 软件下载、用户手册（包括中文版）、大量代码示例、软件拓展及其他资源。

［2］Wilensky，U.，& Rand，W.（2015）. *An introduction to agent-based modeling: Modeling natural，social，and engineered complex systems with Netlogo*. Cambridge，MA：The MIT Press.

该书由 Netlogo 软件主要开发者乌里·威伦斯基（Uri Wilensky）及其合作者撰写，是初学者学习使用 Netlogo 建立多主体模型的必读书目。该书配套网站（https：//www.intro-to-abm.com/）提供了书中使用的各种模型，并且可以通过 Netlogo Web 在线运行。

［3］https：//github.com/SocratesAcademy/css/issues/5

本章作者王成军为高中生和本科生开设了"计算社会科学导论"课程（https：//github.com/SocratesAcademy/css/），其中一个重要的部分就涉及多主体模型。延伸阅读链接提供了更多关于多主体模型的信息。

九、数据代码

完整的数据和代码见 GitHub 链接：https：//github.com/socrateslab/sos

第十二章　沉默的螺旋：多主体模型

十、思维导图

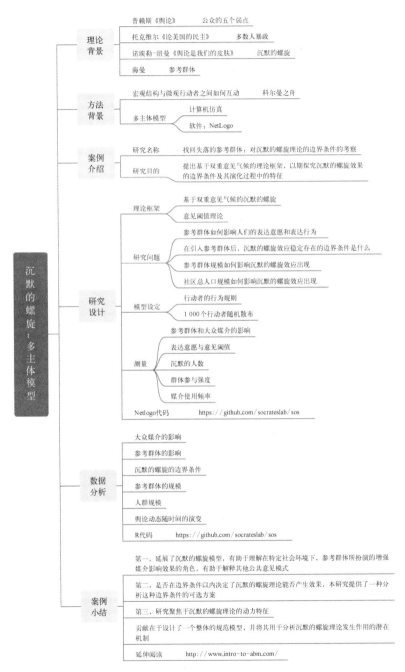

后记

在本书付梓之际，要衷心感谢各位同人和朋友的合作与帮助。

谢谢我的合作者梁海博士。我在构思本书的基本定位、框架和内容后，就想到邀请他合作。谢谢他对本书的构想和计划提出完善建议，并和我一起分工邀请、协同编辑，保证了本书能按时完成。

谢谢参与本书写作的所有作者。他们均是运用计算方法开展舆论研究的一时之选。他们的慨允撰稿、认真写作和精心修改，保证了本书的质量。

谢谢我的博士生苗榕。她不但帮助绘制了多章的思维导图，还从学生角度对本书内容提出若干建议，帮助我们完善。

谢谢"网络与新媒体传播核心教材系列"丛书的主编尹明华、刘海贵两位老师。深切怀念尹老师对新媒体教学科研的热忱推动。谢谢刘老师的鼓励和督促。也谢谢复旦大学和新闻学院各位同事，以及学界、业界诸多师友一直以来的鼓励与支持。

谢谢复旦大学出版社的资深编辑章永宏、编辑朱安奇。他们两位从一开始就对本书的定位、设计和内容肯定有加，并在写作、编辑过程中以他们的专业眼光、丰富经验和敬业精神扶持良多。

本书出版得到国家社会科学基金重大项目（20ZDA060）、国家自然科学基金重点项目（71731004）、复旦大学上海新媒体实验中心项目的支持，谨致谢忱。

衷心感谢我的家人。没有她们一直以来的包容与支持，我难以及时完成本书的工作。

最后，希望我们推进计算传播与计算舆论科学研究的初心和努力，能为广大读者（包括老师、同学及可能感兴趣的政府和业界人士）带来助益。也特别欢迎读者给我们提出建议与意见,帮助我们在未来推出更好的版本,共同促进计算传播与计算舆论研究在中国的发展。

周葆华　谨识

2022虎年新春

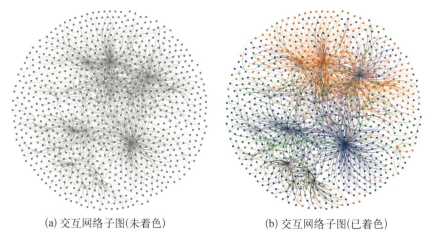

(a) 交互网络子图(未着色)　　(b) 交互网络子图(已着色)

彩图 1　交互网络某连通子图拓扑结构示例

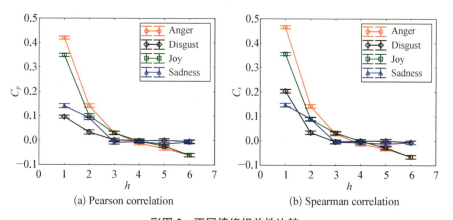

(a) Pearson correlation　　(b) Spearman correlation

彩图 2　不同情绪相关性比较

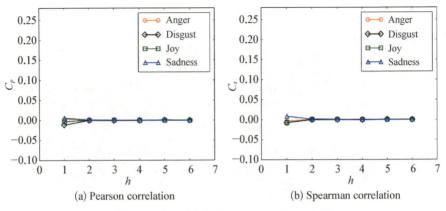

彩图 3 序列随机打散后四类情绪的相关性

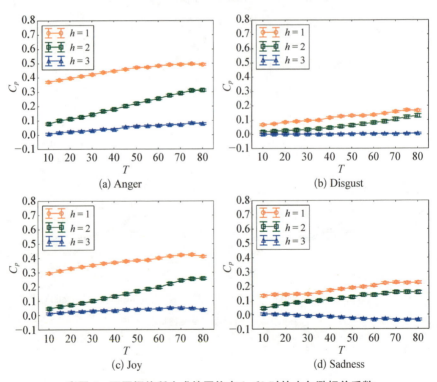

彩图 4 不同阈值所生成的网络在 $h \leqslant 3$ 时的皮尔逊相关系数

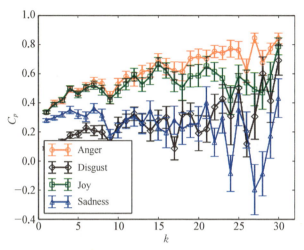

彩图 5 情绪相关性与节点度的关系

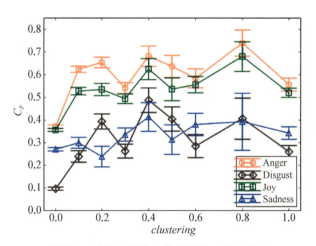

彩图 6 情绪相关性与节点聚集系数的关系

图书在版编目(CIP)数据

大数据时代的计算舆论学:理论、方法与案例/周葆华,梁海主编.—上海:复旦大学出版社,2022.8
网络与新媒体传播核心教材系列/尹明华,刘海贵主编
ISBN 978-7-309-15906-6

Ⅰ.①大… Ⅱ.①周…②梁… Ⅲ.①舆论-高等学校-教材 Ⅳ.①C912.63

中国版本图书馆 CIP 数据核字(2021)第 178474 号

大数据时代的计算舆论学:理论、方法与案例
DASHUJU SHIDAI DE JISUAN YULUNXUE: LILUN FANGFA YU ANLI
周葆华 梁 海 主编
责任编辑/朱安奇

复旦大学出版社有限公司出版发行
上海市国权路 579 号 邮编:200433
网址:fupnet@fudanpress.com   http://www.fudanpress.com
门市零售:86-21-65102580   团体订购:86-21-65104505
出版部电话:86-21-65642845
上海华教印务有限公司

开本 787×960 1/16 印张 27.5 字数 436 千
2022 年 8 月第 1 版
2022 年 8 月第 1 版第 1 次印刷

ISBN 978-7-309-15906-6/C·422
定价:68.00 元

如有印装质量问题,请向复旦大学出版社有限公司出版部调换。
版权所有 侵权必究